高等院校通识课教材

中国文化通论

第三版

顾伟列 ◎ 著

华东师范大学出版社
·上海·

图书在版编目(CIP)数据

中国文化通论/顾伟列著.—3版.—上海:华东师范大学出版社,2021
ISBN 978-7-5760-1974-2

Ⅰ.①中… Ⅱ.①顾… Ⅲ.①中华文化-高等学校-教材 Ⅳ.①K203

中国版本图书馆 CIP 数据核字(2021)第 140539 号

中国文化通论(第三版)

著　者　顾伟列
责任编辑　范耀华
责任校对　王丽平　时东明
装帧设计　俞　越

出版发行　华东师范大学出版社
社　　址　上海市中山北路 3663 号　邮编 200062
网　　址　www.ecnupress.com.cn
电　　话　021-60821666　行政传真 021-62572105
客服电话　021-62865537　门市(邮购)电话 021-62869887
地　　址　上海市中山北路 3663 号华东师范大学校内先锋路口
网　　店　http://hdsdcbs.tmall.com

印 刷 者　上海展强印刷有限公司
开　　本　787 毫米×1092 毫米　1/16
印　　张　20.5
字　　数　416 千字
版　　次　2021 年 8 月第 1 版
印　　次　2024 年 5 月第 6 次
书　　号　ISBN 978-7-5760-1974-2
定　　价　52.00 元

出版人　王　焰

(如发现本版图书有印订质量问题,请寄回本社客服中心调换或电话 021-62865537 联系)

简 目

导 论
　　一、文化的含义 / 3
　　二、中国文化的生成背景 / 7
　　三、中国文化的基本特征 / 10

第一编　制度文化
　　第一章　经济制度 / 23
　　第二章　政治制度 / 39
　　第三章　职官制度 / 49
　　第四章　宗法制度 / 63
　　第五章　科举制度 / 75
　　第六章　教育制度 / 88
　　第七章　婚姻制度 / 102

第二编　物质文化
　　第一章　服饰文化 / 117
　　第二章　饮食文化 / 131
　　第三章　建筑文化 / 147
　　第四章　交通文化 / 166
　　第五章　科技文化 / 181

第三编　精神文化
　　第一章　学术 / 207
　　第二章　宗教 / 230
　　第三章　文学 / 256
　　第四章　艺术 / 280
　　第五章　节日 / 306

目 录

导 论

一、文化的含义 …………………………………………………… 3
　(一) 对文化概念的理解 ………………………………………… 3
　(二) 文化范畴中的几组关系 …………………………………… 5
二、中国文化的生成背景 ………………………………………… 7
　(一) 地理环境 …………………………………………………… 7
　(二) 农耕经济 …………………………………………………… 8
　(三) 社会结构 …………………………………………………… 9
三、中国文化的基本特征 ………………………………………… 10
　(一) 人文性 ……………………………………………………… 10
　(二) 包容性 ……………………………………………………… 11
　(三) 伦理型 ……………………………………………………… 13
　(四) 和谐型 ……………………………………………………… 14
　(五) 务实精神 …………………………………………………… 17

第一编　制度文化

第一章　经济制度 …………………………………………… 23

第一节　古代经济形态、土地制度与经济结构 ………………… 23
　一、自然经济形态 ………………………………………………… 23
　二、土地所有制形式 ……………………………………………… 25
　三、经济结构特点 ………………………………………………… 26

第二节　中国传统经济思想 ……………………………………… 28
　一、重本抑末 ……………………………………………………… 28
　二、重义轻利 ……………………………………………………… 30

第三节　传统经济思想的现代转型 ……………………………… 33
　一、向市场经济转型 ……………………………………………… 33
　二、重义轻利向义利辩证统一转型 ……………………………… 34

第二章 政治制度 ... 39

第一节 中央集权：政治体制模式的确立 ... 39
一、周代：向心型政治结构的初建 ... 39
二、秦朝：中央集权政治模式的确立 ... 40

第二节 传统政治文化的特征 ... 42
一、为君之方：亲贤远佞 ... 42
二、为政之道：倡导德治 ... 43
三、治国之道：以民为本 ... 44

第三节 传统政治观念向现代政治观念的转化 ... 44
一、摒弃皇权至上观念，提高公民意识 ... 45
二、完善法治 ... 45

第三章 职官制度 ... 49

第一节 宰相制度 ... 49
一、秦汉的三公制 ... 49
二、隋唐宋元的三省制 ... 50
三、明清的内阁制 ... 52

第二节 监察制度 ... 53
一、御史制 ... 53
二、台院制 ... 54
三、都察院制 ... 55

第三节 地方官制 ... 55
一、秦汉两晋南北朝地方官制 ... 55
二、隋唐宋地方官制 ... 56
三、元明清地方官制 ... 56

第四节 古代官制的特点与官僚的政治人格 ·········· 57
一、文官制度的实施 ·········· 57
二、中央集权的强化 ·········· 58
三、官僚的政治人格 ·········· 60

第四章 宗法制度 ·········· 63

第一节 家族的产生与家族观念 ·········· 63
一、家族的产生 ·········· 63
二、家庭结构与家族观念 ·········· 64
三、以家族为本位的人伦关系 ·········· 66

第二节 宗法制度的形成、演变与影响 ·········· 67
一、宗法制度的形成与演变 ·········· 67
二、宗法制度对封建秩序的维系 ·········· 70
三、宗法制度对国民性格的模塑 ·········· 71

第五章 科举制度 ·········· 75

第一节 科举制度的起源与演变 ·········· 75
一、科举制度的起源 ·········· 75
二、科举制度的确立与演变 ·········· 77

第二节 科举制度的历史作用 ·········· 80
一、科举制度与知识阶层的流动 ·········· 80
二、科举制度与教育发展 ·········· 82
三、科举制度与儒家经学 ·········· 82
四、科举制度与诗文创作 ·········· 83

第三节 科举制度的负面影响 ·········· 84
一、思想的同化和僵化 ·········· 84
二、主体意识的丧失 ·········· 85

第六章 教育制度 ……88

第一节 官学制度 ……88
一、官学的形成 ……88
二、官学的发展 ……89
三、官学制度的完备 ……90
四、官学制度的衰落 ……91

第二节 私学制度 ……92
一、私学的发展和特点 ……92
二、蒙学读物 ……93

第三节 书院制度 ……94
一、书院的兴起与衰落 ……94
二、书院的办学特点 ……95

第四节 古代教育思想 ……96
一、伦理本位 ……96
二、因材施教 ……97
三、启发引导 ……98
四、学思结合 ……98
五、教学相长 ……99

第七章 婚姻制度 ……102

第一节 古代婚姻观念 ……102
一、婚姻的概念 ……102
二、婚姻的意义 ……103

第二节 古代婚姻的变迁 ……103
一、原始群婚 ……104
二、血缘婚 ……104
三、伙婚 ……105
四、对偶婚 ……105

  五、专偶婚 …………………………………………………… 106

第三节　古代婚姻政策 …………………………………… 107
  一、导民婚配 …………………………………………………… 107
  二、嫁娶有媒 …………………………………………………… 107
  三、同姓不婚 …………………………………………………… 108
  四、可纳媵妾 …………………………………………………… 108

第四节　古代婚礼程序与离婚制度 ………………………… 109
  一、婚姻六礼 …………………………………………………… 109
  二、"七出"与"三不去" ………………………………………… 110
  三、贞节和改嫁 ………………………………………………… 112

第二编　物质文化

第一章　服饰文化 …………………………………………… 117

第一节　纺织技术的发展 …………………………………… 117
  一、麻织 ………………………………………………………… 117
  二、丝织 ………………………………………………………… 117
  三、棉纺织 ……………………………………………………… 119

第二节　中国传统服饰的变迁 ……………………………… 119
  一、从上衣下裳到深衣 ………………………………………… 119
  二、汉衣与胡服的并存 ………………………………………… 121
  三、新潮的唐代衣装 …………………………………………… 122
  四、清初的服饰变革 …………………………………………… 123
  五、佩饰、首饰与面妆 ………………………………………… 123

第三节　中国服饰文化的制度形态 ………………………… 125
  一、冠服制度 …………………………………………………… 125
  二、丧服制度 …………………………………………………… 127

第二章　饮食文化 …… 131

第一节　饮食结构与烹饪技艺 …… 131
一、主食 …… 131
二、副食 …… 133
三、烹饪 …… 134

第二节　茶文化与酒文化 …… 135
一、茶文化 …… 136
二、酒文化 …… 138

第三节　饮食礼俗与饮食观念 …… 140
一、饮食与礼俗 …… 140
二、饮食与养生观 …… 141
三、饮食与审美观 …… 142
四、饮食与中和观 …… 143
五、饮食与娱乐 …… 143

第三章　建筑文化 …… 147

第一节　中国建筑的历史文脉 …… 147
一、先秦:中国建筑的萌芽与雏形 …… 147
二、秦汉至宋元:雄浑与清奇的交响 …… 148
三、明清:壮丽与精致的古典顶峰 …… 154

第二节　中国建筑的人文意蕴 …… 157
一、群体的和谐性 …… 157
二、组合的内向性 …… 158
三、阴阳的融合性 …… 159

第三节　中国园林的美学特征 …… 160
一、曲折含蓄之美 …… 160
二、疏密相间之美 …… 161
三、天趣盎然之美 …… 162

四、诗情画意之美 …………………………………………………… 163

第四章　交通文化 …………………………………………………… 166

第一节　古代车马与舟船 …………………………………………… 166
　　一、车的种类与部件 ………………………………………………… 166
　　二、造船术的发展 …………………………………………………… 169

第二节　古代水陆交通 ……………………………………………… 172
　　一、驿路系统的完善 ………………………………………………… 172
　　二、运河的开凿 ……………………………………………………… 174
　　三、古代交通设施与管理 …………………………………………… 176

第五章　科技文化 …………………………………………………… 181

第一节　传统科技的独特成果 ……………………………………… 181
　　一、农学的超前进步 ………………………………………………… 181
　　二、天学的一流成果 ………………………………………………… 184
　　三、数理化的杰出贡献 ……………………………………………… 187
　　四、医药学的独树一帜 ……………………………………………… 193

第二节　中国传统科技文化辨析 …………………………………… 196
　　一、以实际应用为研究目的 ………………………………………… 196
　　二、以整体思维为思维模式 ………………………………………… 197
　　三、以观物取象、直观类比为研究方法 …………………………… 199

第三节　中国科技近代落伍的反思 ………………………………… 200
　　一、国策导向与知识分子对学问的取舍 …………………………… 201
　　二、构建科技创新的文化环境 ……………………………………… 202

第三编 精神文化

第一章 学术 …………………………………………………………… 207

第一节 先秦诸子 …………………………………………………… 207
一、孔儒之学 ………………………………………………………… 207
二、老庄之学 ………………………………………………………… 210
三、墨家思想 ………………………………………………………… 212
四、法家理论 ………………………………………………………… 213

第二节 两汉经学 …………………………………………………… 214
一、经学流派 ………………………………………………………… 215
二、董仲舒的思想 …………………………………………………… 215

第三节 魏晋玄学 …………………………………………………… 217
一、正始玄学 ………………………………………………………… 217
二、西晋玄学 ………………………………………………………… 219

第四节 宋明理学 …………………………………………………… 220
一、理学的发展与演变 ……………………………………………… 220
二、理学对传统儒学的发展 ………………………………………… 221

第五节 实学与汉学 ………………………………………………… 223
一、明清之际的实学 ………………………………………………… 223
二、乾嘉汉学 ………………………………………………………… 225

第二章 宗教 …………………………………………………………… 230

第一节 中国早期的宗教信仰 ……………………………………… 230
一、原始宗教 ………………………………………………………… 230
二、正统宗教的产生 ………………………………………………… 232

第二节 儒学中的宗教色彩 ………………………………………… 233
一、孔子的天道观 …………………………………………………… 234
二、董仲舒对天信仰的阐说 ………………………………………… 235
三、朱熹的天理论 …………………………………………………… 236

第三节 佛教与中国文化的交融 ……………………………… 237
一、佛教的基本教义 ……………………………………… 237
二、佛教的中国化过程 …………………………………… 239
三、佛教对中国文化的影响 ……………………………… 242

第四节 道教与中国社会 ………………………………………… 244
一、道教的起源与发展 …………………………………… 245
二、道教的基本信仰 ……………………………………… 247
三、道教与中国文化 ……………………………………… 249

第三章 文学 …………………………………………………………… 256

第一节 中国文学的发展历程 …………………………………… 256
一、先秦:中国文学的奠基 ……………………………… 256
二、汉魏六朝:从重功利走向抒一己情怀 ……………… 258
三、唐宋:诗、词、文的空前繁荣 ……………………… 261
四、元明清:戏剧与小说的黄金时代 …………………… 266

第二节 中国文学的文化精神 …………………………………… 270
一、忧患意识 ……………………………………………… 270
二、超脱意识 ……………………………………………… 272
三、家国精神 ……………………………………………… 274
四、亲情情结 ……………………………………………… 275

第四章 艺术 …………………………………………………………… 280

第一节 气韵生动的中国绘画 …………………………………… 280
一、从萌芽到成熟 ………………………………………… 280
二、传神写照的人物画 …………………………………… 281
三、意境深远的山水画 …………………………………… 284
四、意味隽永的花鸟画 …………………………………… 286

第二节　骨力内敛的书法 288
　　一、汉字：一个图像的世界 289
　　二、书法艺术的发展与时代风格 291

第三节　和谐优美的乐舞 293
　　一、中国传统乐器的悠久历史 294
　　二、诗、乐、舞的水乳交融 295
　　三、多民族乐舞的交流融合 299

第四节　中国艺术的美学追求 299
　　一、崇尚天人合一 299
　　二、注重美善相兼 301
　　三、讲究中和之美 302

第五章　节日 306

第一节　中国传统节日的产生 306
　　一、传统节日与岁时历法 306
　　二、传统节日与原始信仰 307

第二节　传统节庆风俗与节日文化的当代价值 309
　　一、春节 309
　　二、元宵节 309
　　三、清明节 309
　　四、端午节 310
　　五、七夕节 310
　　六、中秋节 311
　　七、重阳节 311
　　八、传统节日文化的当代价值 312

导论

思维导图

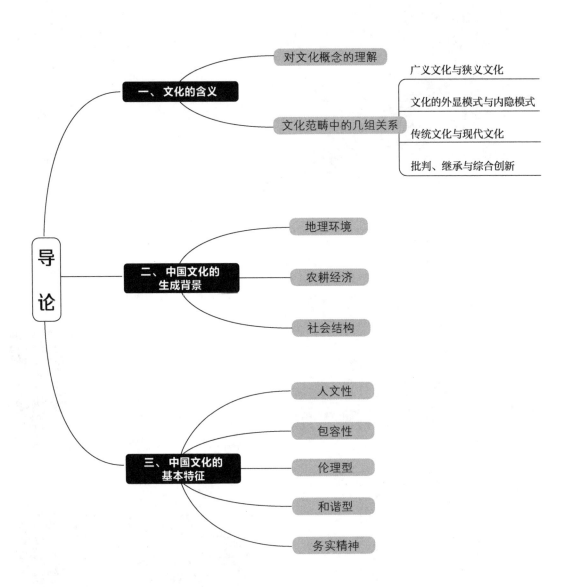

纵观人类文化史,世界上不同地区、不同国度的民族创造了各具特色的文化,其中尤为引人注目的是四大文化系统,即中华文化系统(也称儒家文化系统,它涵盖或辐射了中国、日本、朝鲜、韩国、越南等东亚和东南亚国家)、印度文化系统(也称印度佛教文化系统,它涵盖或辐射了印度等南亚地区)、阿拉伯文化系统(也称伊斯兰教文化系统,它涵盖或辐射了阿拉伯半岛、中近东、北非等地区)、西方文化系统(也称希腊罗马文化系统或基督教文化系统,它涵盖或辐射了欧洲、美洲和大洋洲等地区)。上述文化系统中,中国文化以其博大精深、源远流长、延绵不绝而独具特色。中国文化是在基本独立的背景下形成和发展起来的,研讨中国文化,首先应分析中国文化的生成背景,即地理环境、经济基础和社会结构。

一、文化的含义

"文化"是一个古老而又年轻的词语,古往今来,不同的学科或流派从各自不同的视角来界定文化,他们或从语义学的角度解释文化一词,或从各自学科的角度给出文化的定义,从而使文化成为一个具有多种涵义的概念。早在20世纪50年代,美国人类学家克罗伯(Kroeber)和克拉克洪(Kluckhohn)即在合著的《文化:关于概念和定义的讨论》一书中,对各家各派的"文化"定义作了综述性的介绍,据统计,西方学者关于文化的定义就有近160种。20世纪70年代后符号学盛行,文化研究出现了许多新的理论,产生了许多新的定义。及至今日,世界上出现的文化定义大约有300种之多。由于对文化的界定见仁见智,莫衷一是,要找到一个适用于所有学科的统一的文化定义,似乎还不太可能。然而,从词源学的角度探寻"文化"的原初意义,进而研讨确立一个准确的文化定义应遵循哪些基本原则,对于把握文化的含义还是有所帮助的。

(一) 对文化概念的理解

在中国,古人对文化现象的观察和思考由来已久,"文"或"文化"等词在古籍中也早有出现。《易·系辞下》说:"古者庖牺氏之王天下也,仰则观象于天,俯则观法于地,观鸟兽之文与地之宜,近取诸身,远取诸物,于是始作八卦。"这里的"文"是纹理的意思。按《说文解字》:"文,错画也,象交纹。"八卦的创立即缘于纹理的启发。随着"文"的词义的衍化,其内涵也趋于丰富,涉及整个自然与人文,即天文、地文和人文。如程颐所说:"天文谓日月星辰之错列,寒暑阴阳之代变。"[①]宋濂在《华川书舍记》中写道:"呜呼!文岂易言哉,日月照耀,风霆流行,云霞卷

---

① 程颐:《周易程氏传》,九州出版社,2010。

舒,变化不常者,天之文也。山川列峙,江河流布,草木发越,神妙莫测者,地之文也。"如果说,"天文"和"地文"的语义中蕴含着古代中国人的自然及宇宙意识,那么"人文"则体现着他们对人的合目的性活动的体认。刘向《说苑·指武篇》说:"凡武之兴,为不服也;文化不改,然后加诛。"《文选》卷19载晋束皙《补亡诗》其六云:"文化内辑,武功外悠。"南齐王融《三月三日曲水诗序》云:"设神理以景俗,敷文化以柔远。"这里的"文化"意谓文的教化传播,亦即以文化人,"文"的内容包含了知识、信仰、道德、风尚、习俗、教育等人文形态。古代中国人由自然之物的纹理,推之到天地宇宙(天文、地文),进而扩展到人伦社会(人文),虽与现代意义上的文化并不完全相合,但却隐含着一种极为可贵的文化通观。

在西方,"文化"一词德语是Kultur,英语是Culture,两者都源于拉丁文Cultura,其原义是指耕种和植物培育。以后,在古代欧洲人的视野中,"文化"的含义由物质生产领域拓展到精神领域。中国历史学家朱寰认为,"文化"(Culture)与"文明"(Civilization)从西方语言中的词义来看,"这两个词都来自古罗马,拉丁文cultio,cultura,原义为耕种和栽培,引申有开拓、教化、培养、修炼之意"。[①] 古罗马哲学家西塞罗曾提出"智慧文化即哲学"这一名言,其词义已具有人的心灵、智慧、情操、教育等内容。进入18世纪以后,法国启蒙思想家伏尔泰、德国古典哲学家康德等赋予文化概念以精神的或观念的意义。如伏尔泰认为,文化体系包括了在宗教、艺术、科学等领域所体现的具有高度精神价值的事物。康德在《判断力批判》中指出:"在一个有理性的存在者里面,产生一种达到任何自行抉择的目的之能力,从而也就是产生一个存在者自由抉择其目的的能力的就是文化。"简言之,文化乃是人作为有理性的实体的合目的的创造活动,他们的定义,突出了文化主体改造自然的活动、理想及其功能。

这里有必要对马克思主义的文化理论作一择要介绍。马列经典作家的贡献主要在于深刻揭示了文化的本质,即由于人有意识的活动(劳动),不仅创造了一个人的世界,而且使自然界也具有了人的意义——文化意义。马克思在《1844年经济学—哲学手稿》中说:"有意识的生产活动直接把人和动物的生命活动区别开来。正是仅仅由于这个缘故,人是类的存在物。……实际创造一个对象世界,改造无机的自然界,这是人作为有意识的类的存在物(亦即这样一种存在物,它把类看作自己的本质,或者说把自己本身看作类的存在物)的自我确证。……因此,正是通过对对象世界的改造,人才实际上确证自己是类的存在物。这种生产是他的能动的、类的生活。通过这种生产,自然界才表现为他的创造物和他的现实。""动物只生产自己本身,而人则生产整个自然界。"[②]

马克思的文化观为我们理解文化的内涵提供了下述启示:第一,人类文化的产生与发展,

---

① 朱寰:《从文明的冲突说起》,载《文明比较研究》创刊号,2000。
② (德)马克思:《1844年经济学—哲学手稿》,第50—51页,人民出版社,1979。

都是以人类的实践活动为基础,文化在本质上是人类实践的产物,人在实践过程中不仅改造了自然,同时也改造了自身,使人成为真正意义上的文化的人。第二,文化不同于自然,就如人不同于动物,然而自然物一经人的实践活动的介入,成为人的对象物,它便打上了人的印记,从而成为"人化的自然",并集中体现出人的本质力量。显然,人化的自然凝聚着文化的意义。第三,自然界的人和人类自身的文化,作为文化发展过程中的两个方面,是相互促进的,由于人是文化系统中的主体,因此,人的本质和价值的实现、人的个性的自由和全面发展,是评价文化发展状况的最主要的价值目标。

(二) 文化范畴中的几组关系

1. 广义文化与狭义文化

这是学术界对文化的两种界说,前者主张把人类创造的一切,即物质生产和精神创造的成果都视为文化研究的对象,文化应该指一个民族的整体生活方式及其价值系统;后者认为只有社会意识形态才是文化研究所要关注的对象,文化仅限于人类的精神生产及其成果的总和,包括知识、信仰、宗教、哲学、文学、艺术、法律、道德等。中国的权威辞书《辞海》对文化一词的释义,就综合了这两种说法:"从广义来说,指人类社会历史实践过程中所创造的物质财富和精神财富的总和。从狭义来说,指社会的意识形态,以及与之相适应的制度和组织机构。"

我们认为,应该把物质文化纳入文化范畴之中,物质文化是指人在从事以物质生活资料为目的的实践过程中所创造的文化成果,物质文化体现了人与自然的关系、人的生产活动和一切经济关系、人的物质生产能力以及体现这种能力的科学与技术等。倘若抽去物质文化,就无法全面说明人的实践和创造过程,无法解释文化世界中的"人化的自然",无法反映人们在从事物质文化的生产和创造中所结成的各种社会关系,诸如生产关系、家族和阶层关系、民族关系乃至国际关系等,而维系这些关系的制度文化也失去了存在的基础。

2. 文化的外显模式与内隐模式

有些学者把文化分成两种不同层次的模式来进行研究,即文化的外显模式和文化的内隐模式。如美国文化人类学家克罗伯对文化所作的解释为:"文化包括各种外显的和内隐的行为模式。"[1]文化的外显模式主要包括哲学、法律、历史、艺术、宗教、风俗、社会制度、行为规范、语言体系等,它们以文字等符号系统或人的具体行为为载体,一般都有外壳形式。文化的内隐模式大致包括价值观念、思维方式、情感取向等,这是人们在长期的文化历史发展中积淀而成的深层的东西。文化的外显模式与内隐模式在文化系统中既相互交叉,又相互渗透,因此,对民族文化的认识和研究不能仅仅驻足于外显的层面,从民族的物质文化、制度文化乃至观念文化

---

[1] A. L. Kroeber, C. Kluckhohn. *Culture: A critical Review of Concepts and Definitions*. Cambridge, 1952.

中,发掘蕴含与积淀其中的民族文化心理,应该是一项既艰难又有意义的工作。

3. 传统文化与现代文化

从发展文化学的角度看,中国文化包括传统文化、近代文化以及"五四"以后的新文化。传统文化产生于农业时代,主要是指封建社会的文化。现代文化产生于工业时代和信息时代,是今日中国在走向现代化进程中正在努力创造的新型文化。传统与现代之间本无一条明显的分界线可寻,文化转型也决不意味着文化断裂。实现传统文化向现代文化的转型,必须对两者关系有一个辩证的认识。

首先,"传统文化"和"文化传统"是两个不同的概念。中国传统文化是指产生和发展于传统社会的中华民族的整体生活方式及其价值系统。文化传统是指存在于传统社会并传承至今的一个民族的风尚、习俗、理念、信仰和道德规范等。其次,民族文化的发展,不能脱离在长期的共同地域、语言、心理等基础上所形成的民族创造精神,一部中国文化史,就是一部中国文化不断扬弃、更新和再生的历史。现代的中国文化植根于传统文化的深厚土壤中,在世界文化史中,中国文化历史悠久、绵延不绝而又不断推陈出新的现象,既令人瞩目,又是不可否认的历史事实。第三,传统文化并非静止不变,传统文化一经形成,随着历史的发展和时代的变更,其形式和内容都会发生不同程度的变化。传统文化既有流动性的特征,同时又有恒常性的一面,即它的合理内核不可能随时代的发展而消解,而是随着历史的推移被融入到现代文化中,生生不息,并不断自我更新。传统文化和文化传统中有价值的成分是现代文化中活的传统。在文化发展的历史长河中,"常"与"变"这一悖论是永恒的。传统文化与现代文化的关系,"不是结果的统一性而是活动的统一性;不是产品的统一性而是创造过程的统一性"。①

4. 批判、继承与综合创新

我们知道,世界上不存在只有精华、没有糟粕的文化,也不存在只有糟粕、没有精华的文化。中华民族在长期的封建社会中创造了优秀的文化,这是一笔宝贵的文化遗产,也是世界公认的文化宝库之一。我们不能因为它产生于封建社会而一笔抹杀。恩格斯在谈到黑格尔的唯心主义哲学遗产时曾指出:"仅仅宣布一种哲学是错误的,还制服不了这种哲学。像对民族的精神发展有过如此巨大影响的黑格尔哲学这样的伟大创作,是不能用干脆置之不理的办法加以消除的。必须从它的本来意义上'扬弃'它,就是说,要批判地消灭它的形式,但是要救出通过这个形式获得的新内容。"②这里提出了对待文化遗产的一个基本原则,即以科学的、辩证的方法审视和筛选文化遗产,批判封建性的糟粕,继承具有价值意义的精华。概言之,中国的发展不能割断文化传统的血脉,不能脱离传统文化的根基。

---

① (德)恩斯特·卡西尔著,甘阳译:《人论》,第90页,上海译文出版社,1985。
② 《马克思恩格斯选集》第4卷,第219页,人民出版社,1975。

传统文化不是一个纯粹的真理体系,而是一个糟粕与精华并存的复杂的文化系统,因此,整体的转换或不加批判、改造的继承,显然不能适应现代文化,只有批判、扬弃传统文化中的内在局限,继承、诠释和改造其合理内核,才能重新熔铸和发展民族的新文化。例如传统文化中的道德规范或范畴,有的在历史上就体现出鲜明的封建性特征,本来就是消极落后的东西,有的则超乎阶级或阶层之上,具有历史的合理性,经改造与继承,在今天仍有提倡和弘扬的价值。这就要求我们在对待文化遗产时,要体现出历史意识、民族意识、时代意识和世界意识。总之,批判、继承文化遗产的目的,在于创造我们民族的新文化。中国是一个文化积累深厚的国度,批判、继承和创新基于国民的文化自觉,指向于更新和重建文化传统。中国走向现代化是历史的必然,现代化绝非以否定传统为代价。现代化是中国的现代化,传统是中国的传统。因为,"继承性——不仅是人类文化进步的最重要的源泉,而且是社会生活各个方面发展的必要条件"。①

二、中国文化的生成背景

人类文化的发展史表明,任何一个民族的文化,都是在一定的地理环境中形成和发展的。不同的地理环境提供了不同的自然生态条件和资源,从而影响到生活在该地域的民族的生产方式和生活样式,以及与其生产、生活方式相适应的社会组织形态,最终形成具有民族特色的文化类型。

(一) 地理环境

世界上的古代文明几乎都诞生于北半球温带大陆。北半球陆地面积较大,相互毗连,由西向东形成了墨西哥文明、地中海文明、两河流域文明、印度河流域文明和黄河—长江流域文明。其中,中国位于北半球文明带的最东端。

《尚书·禹贡》对中华民族所栖息繁衍的东亚大陆作过如下的宏观描述:"东渐于海,西被于流沙,朔南暨声教,讫于四海。"尽管中国的东部是浩瀚的太平洋,渤海、黄海、东海和南海构成了大陆东部的边缘海,但是在古代中国,海上交通大多局限于近海,有时借助季风,往返于朝鲜半岛、日本列岛之间。当然,在中国历史上曾有过郑和下西洋的壮举,但由于闭关锁国的"海禁"政策,未能使中国文化在封建社会后期进一步融入世界。

中国东濒茫茫沧海,背靠的则是高山大漠。"就亚洲地理形势来看,全洲以帕米尔高原为核心,向四周辐射形成了一系列的高山大岭。……从帕米尔高原的东南,由北支喀喇昆仑山—阿尔金山—祁连山和南支喜马拉雅山—横断山包围形成了世界上最高、最大的青藏高原,其平

---

① (苏)尼·瓦·贡恰连科著,戴世吉等译:《精神文化:进步的源泉与动力》,第38页,求实出版社,1988。

均海拔在4000米以上,冰山雪峰,直插云汉,成为中西陆上交通的巨大屏障。从帕米尔高原向东北,天山—阿尔泰山—萨彦岭—外兴安岭横亘在蒙古高原外围,成为中国西北和北方的一道天然长城。这两条由帕米尔高原分别向东南和东北向延伸的巨大山系,对于地处亚欧大陆东端的中国来说,恰恰形成了'入'字型的包围之势,它们构成了封闭中国的骨架。"①而在中国的西南,中缅、中越边境同样山峦连绵,澜沧江、金沙江、乌江等大江大河从峻岭峡谷中奔腾而下,构成山高水险之势。加之热带丛林瘴疠盛行,风雨水泛,地广人稀,在古代与中原交往极为困难。

这种一面临海,其他三面与域外陆路交通极不便利的地理环境,造成了与外部世界相对隔绝的状态,一方面妨碍了中国与外部世界的文化交流,另一方面也有助于中国文化按其自身规律而自我发展。首先,相对封闭的地理环境,造就了华夏中心主义的心理定势,以华夏为天下的中心,视环绕华夏的邻邦为夷狄蛮戎。《皇朝文献通考》云:"中土居大地之中,瀛海四环,其缘边滨海而居者,是谓之裔,海外诸国亦谓之裔。裔之为言边也。"这种以我为尊,视栖身之地为天下中央的观念,主要缘于古代中国人与外部世界的缺少交流,疏于了解。历史上,古希腊、两河文明通过地中海有着频繁的交流,而在中国早期的古籍中,很难找到有关其他文明的记载。其次,偏居一方的地理位置,形成了中国文化的"保护反应机制",使中国文化具有超常的连续性和稳定性。与中国同处近似纬度地带的古老的尼罗河流域文明、两河流域文明和印度河流域文明,在其发展过程中相继中断,唯有中国文化在与外来文化的碰撞中,虽数度受到异质文化的冲击,却表现出对异质文化的巨大涵摄能力,最终将其融入本土文化中,其重要原因之一,在于中国与外部世界虽相对隔绝,但疆土广袤,腹里纵深,有着极为宽绰的回旋余地。

(二) 农耕经济

中国的地势西高东低,黄河、长江等大江大河由西向东奔流入海,它们所携带的泥沙积淀成辽阔肥沃的大平原。古代中原地区,黄河流域有很多支流,适宜于农业发展。从太平洋吹来的东南季风,给长江中下游地区带来了丰沛的降水,为农业文明的诞生和发展提供了有利的条件。

考古发掘证明,在距今约6000年的仰韶文化遗址、河姆渡文化遗址已见谷类遗痕或稻谷遗迹,在距今约4000至5000年的龙山文化遗址和屈家岭文化遗址,也出土有石锄、石镰等农具及粳稻等谷物,表明中华先民早在六七千年前,已逐渐告别狩猎和采集经济,步入以种植业为主的农耕时代。及至商周,农耕经济得到长足的发展。特别是崛起于中国西部的周人,是个典型的农业部族。被周人尊为先祖的后稷,即被奉为农神。在《诗经》的《七月》、《大田》、《生

---

① 王会昌:《中国文化地理》,第186页,华中师范大学出版社,1992。

民》、《良耜》、《载芟》诸篇中,我们可以看到对周代农业生产活动的真实描写。以农为本、以农立国是周人根深蒂固的经济和政治理念。早在西周,他们便提出:"夫民之大事在农,上帝之粢盛于是乎出,民之蕃庶于是乎生,事之供给于是乎在,和协辑睦于是乎兴,财用蕃殖于是乎始,敦庞纯固于是乎成。"①这是对农业在国民经济与社会政治中的重要地位所作的系统阐述。

周代以降,历代王朝都把重农作为治国之道。以农立国的国策、农耕工具的改进和耕作技术的提高,大大促进了农业文明的发展。长江流域稻作经济的普及,以及朝廷移民开边屯田政策的推行,使中国的农耕区不断拓展。在近代商品经济得到充分发育以前,中国经济结构的主体是农业型自然经济。农耕经济是古代中国立国的基础,也是传统文化赖以发生和发展的经济基础。

除农耕经济外,中国的北方草原自古生活着游牧民族,从早期的匈奴人到后期的突厥人、蒙古人,都是以游牧经济为主的强悍民族。农耕与游牧,两种不同的经济与文化的碰撞与融合,贯穿了中国历史的全过程。由于北方气候周期性的变冷变干,迫使游牧民族南下寻找新的宜牧地区。在中国历史上,东汉至魏晋南北朝、五代十国至宋元、明末至清代,北方游牧民族对中原农耕地区有过3次冲击。一方面,军事征伐和政治角逐伴随着文化的碰撞,另一方面,农耕文化与游牧文化在碰撞中得到了交流、互补和融合。除战争外,民族间的"和亲"、互市、迁徙、通婚等活动,也促进了中国境内不同类型的文化的融汇,中国境内的不同民族合构成中华大家庭,逐步形成了以农耕文化为主体、兼容并包、气象恢宏的中华民族传统文化。

(三) 社会结构

社会组织结构的本质在于人的社会关系,即人与人、组织与组织之间所存在的互动,它是社会秩序和谐统一的体现。中国古代是一个等级社会,从先秦迄于明清,尽管社会形态有所变化,但以血缘为纽带的宗法等级结构却长期沿袭未变。恩格斯曾指出:"一切社会变迁和政治变革的终极原因,不应当在人们的头脑中,在人们对永恒的真理和正义的日益增进的认识中去寻找,而应当在生产方式和交换方式的变更中去寻找;不应当在有关的时代的哲学中去寻找,而应当在有关的时代的经济学中去寻找。"②社会结构与社会经济(业缘)有着直接的联系,同时也是血缘、地缘等相关性要素复杂整合的结果。

就业缘而言,古代中国几千年来所沿袭的是一家一户为单位的传统农业模式,国民的主体——农民大多稳定地聚族而居,在一个相对封闭的区域,取资于土地,从事着程式化的劳动,"日出而作,日入而息,凿井而饮,耕田而食",③满足于自给自足。在小农经济基础上形成的社

---

① 《国语·周语上》,中华书局,1985。
② (德)恩格斯:《社会主义从科学到空想的发展》,《马克思恩格斯选集》第3卷,第425页,人民出版社,1975。
③ 《击壤歌》,《古诗源》卷1,中华书局,1977。

会关系,大体以"一村唯两姓,世世为婚姻,亲疏居有族,少长游有群"①为特征。人们的价值观、语言、风俗、生活方式以及生产劳动相近,加之与外界少有交流沟通,从而强化了安土重迁及服从权威的国民心理。他们认同宗法等级的"合法性",亦即对享有权威的人的服从和对作为神圣规则的礼的认可。

就血缘关系而言,一个宗族世代生息繁衍于一个地区,血缘的纽带自然地把宗族成员联结成一个宗族自治体。本来,依血缘而结合为群体的现象,普遍存在于各民族的氏族社会,在生产力水平低下的状况下,氏族成员曾藉以自助自卫。在人类向文明社会迈进时,各民族因其地理环境、生产方式和生活样式的差异,血缘的纽带作用也呈现出或弱化或强化的差异。

在古希腊,希腊人在跨海迁徙中不同种族的人出于利益驱动,打破了原有的血亲纽带,伴随着移民浪潮,出现了杂居和债务奴隶,传统上基于宗法血缘关系的氏族贵族统治日趋弱化,城邦式的国家随之诞生。中国却与之不同,血缘家族组合而成的农村乡社,世世代代保存了下来,土地转化为贵族专有,首领转化为地方官员,族人尊崇共同祖先以维系亲情。至少在西周,以嫡长子继承制、分封制和宗庙祭祀制度为标志的宗法制已经确立,从此奠定了中国传统社会结构的基本模式。尽管以后封建制取代了奴隶制,但形成于奴隶社会的宗法制又随之演变为封建的宗法制。梁启超认为:"吾中国社会的组织,以家族为单位,不以个人为单位,所谓齐家而后治国是也。"②以血缘为纽带的家族和宗族,是一种社会关系,也是一种政治组织,在结构上表现为由家庭而家族,由家族而宗族,再组合成社会。为维护这种组织形式,严格规定了辈分、嫡庶、长幼、主从等等级秩序。君民关系是"君父"与"子民"的关系,君权与父权互为表里,"家"与"国"彼此沟通。这种垂直型的社会结构,植根于农业经济的土壤,依赖于宗法制的维系,同时也给中国文化打上了极为鲜明的烙印。

三、中国文化的基本特征

不同民族的文化,产生并发展于不同的地理环境及经济和社会的土壤中,从而使不同民族的文化呈现出不同特征。就中国文化的总体面貌而言,具有人文性、包容性、伦理型、和谐型、务实精神等诸种特征。

(一) 人文性

中国传统文化的人文性,属于古典人文主义的范畴。中国古代先哲不同于古希腊人专注于自然哲学的探究,着意探究宇宙的终极本体,把人与自然置于对立的两极,思考人怎样去认识自然、战胜自然;也不同于中东—印度地区的古典文化,对超自然的东西刻意关注,以探求人

---

① 白居易:《白氏长庆集·朱陈村》,上海古籍出版社,1994。
② 梁启超:《饮冰室合集·专集》,中华书局,1989。

与神的关系。中国文化从思考人类自身的存在出发，以人为中心建构起自己的理论体系，强调人本位，将天、地、人三者并列，以人为宇宙的中心，认为人是"万物之本"，"最为天下贵"。

人文性的特征使中国文化具有鲜明的非宗教性倾向。自周代以来，神权在中国历史上从未占据统治地位，王权始终高于神权。周代统治者鉴于殷商灭亡的教训，已经认识到民意的重要，"重民轻神"的民本思潮开始兴起，殷商时代盛行一时的宗教意识得到抑制。《礼记》曾对殷人与周人对鬼神的不同态度作了这样的比较："殷人尊神，率民以事神，先鬼而后礼。""周人尊礼尚施，事鬼敬神而远之，近人而忠焉。"[1]重民轻神的传统随以后儒学的勃兴又得到进一步发展。作为中国思想文化主流的儒学，所关注的是现世人生，儒家创始人孔子"不语怪、力、乱、神"，[2]对神"敬而远之"。他说："务民之义，敬鬼神而远之，可谓知矣"，[3]"天道远，人道迩"，"未能事人，焉能事鬼？……未知生，焉知死？"[4]这种重人道轻神道的思想，体现了人文性的特征。

其次，中国文化的人文性又体现在人生价值的自我实现。它不主张人去追求灵魂的不朽，而是要求人们关注现实人生，把内在的道德修养和外在的道德实践，即"内圣"和"外王"结合起来，努力地立德、立功、立言，从而实现理想人格。中国文化重视人生、关注现世的思想，在历史上曾经起过积极的作用。当欧洲文化笼罩在中世纪基督教神学之下而黯然失色时，中国人却在世界东方创造了高峰迭起的封建文化。当然，上述中国文化的人文性不同于现代意义上的人文精神，它所说的人尚非具有独立性的个人，而是依附于宗法集团的人。现代意义的人文精神，主张以人为本，重视人的价值，尊重人的尊严和权利，关怀人的现实生活，追求人的自由和平等。因此，只有高扬现代人文精神，才能真正体现人的主体性。

（二）包容性

中国文化从来就不是一个自我封闭的僵死体系，中国文化的博大精深与绵延至今，在于它的兼容并包的宽容胸襟，在于从不同区域或民族文化的交汇与融合中，求得顽强的生存与发展。

就汉民族内部而言，主要的区域文化有黄河流域的中原文化，以及长江流域的巴蜀文化、楚文化和吴越文化等。早在秦统一中国前，不同的区域文化之间就有着密切的交流。例如，以屈原作品为代表的《楚辞》虽植根于南方楚文化的肥沃土壤，却是楚文化与中原文化交流的产物。就汉族与境内其他少数民族的关系而言，民族间的文化在双向传播中互采各家之长。早

---

[1]《礼记·表记》。
[2]《论语·述而》。
[3]《论语·雍也》。
[4]《论语·先进》。

在《尚书·尧典》中就提出"协和万邦"的理念,主张不同邦国和睦共处,彼此包容。周人灭商后,能吸纳殷商族群,在不同的诸侯国内,与当地土著民族共存同处。文化包容的传统有助于不同地域的文化融汇发展。仅以魏晋南北朝为例,南北的文化交流使中国文化呈现绚丽多彩的局面。从血统上看,北方民族的内迁与南方民族的出居平地,经杂居共处,通婚融合,给不同民族注入了新鲜血液。在文化方面,北方诸族日益汉化,他们将畜牧业生产的品种、技术传入中原,同时汲取汉族的农耕技术,生产水平逐渐接近汉族;中原地区诸族语言的差异渐渐消失,汉语逐渐成为通用语言;夷夏观念日趋淡薄,北朝的统治者大多精通经史,而汉族贵族子弟也以学习鲜卑语为时髦之举。文学艺术方面更是"各去所短,合其所长",本来,"江左宫商发越,贵于清绮;河朔词义贞刚,重乎气质",①胡乐、胡曲、胡舞的传入,大大丰富了中原艺术,及至唐代,南北民族文化融汇成有容乃大、汪洋浩瀚的局面。

对于境外文化,中国文化多能以宽阔的胸怀去迎接挑战,并加以采撷、消化和吸纳,使之成为中华文化的有机组成部分。钱穆说:"中国在世界上,是比较算得一个文化孤立的国家。但中国实不断与其四邻异族相交通相接触。中国的对西交通,有西北的陆线与西南的海线两条大路。尤其是汉、唐以下,中国那两条路线之交通频繁,是历历有史可征的。而且中国人常抱着一个'天人合一'的大理想,觉得外面一切异样的新鲜的所见所值,都可融会协调,和凝为一。这是中国文化精神最主要的一个特性。"②

如来自南亚的佛教于两汉之际传入中国,至隋唐达到鼎盛,佛教思想对中国社会产生了广泛的影响,但它并未取代中华文化,也无损于中国本土文化的独立性格。佛教在中国经受众吸纳、改造而日渐中国化,与儒、道互摄互融成为中国思想文化的重要组成部分。再如,明代中后期西方文化中的自然科学知识逐渐传入中国,此即学界所称的"西学东渐",它对中国的知识界具有启蒙和警醒的意义。当时以徐光启为首的"西学派"提出"欲求超胜,必先会通;会通之前,必先翻译"③的观点,主张学习西方然后超过西方。不幸的是,清代的闭关锁国导致中西文化交流阻碍重重,并进一步拉开了中西自然科学的差距。这也启示我们,当国力强盛时,中国文化在与外来文化的交流中,能自信而从容地加以选择,在选择中调适,在调适中融合;而当国力衰弱时,人为的文化隔离屏障只能导致文明大国的进一步衰落。但从中国文化的总体发展来看,虽屡经内忧外患却一次又一次地表现出顽强的再生能力,历经数千年而从未中断,这一现象固然与农业—宗法社会所具有的顽强的延续力有关,与半封闭的大陆环境所形成的隔离机制有关,同时,中国文化本身所具有的包容性特点也是重要原因之一。

---

① 《隋书·文学传序》。
② 钱穆:《中国文化导论》,第205页,商务印书馆,2004。
③ 徐光启:《徐光启集·历书总目表》,上海古籍出版社,1984。

(三) 伦理型

中国文化具有鲜明的伦理道德倾向,偏重道德的价值取向在中国传统文化中处于亘古不变的核心地位。马克思和恩格斯指出:"一切划时代体系的真正内容都是由于产生这些体系的那个时期的需要而形成起来的。"①中国文化中的传统道德,正是为适应家国一体的宗法社会的需要而形成的。宗法制社会结构以血缘宗法组织为基石,家族或宗族的存在与巩固,离不开以血缘关系为纽带的长幼尊卑秩序,传统道德的重要功能之一,即是维护这种尊卑秩序。传统伦理道德的形成经历了长期而复杂的积淀过程,对铸造中国人的道德品质和民族精神产生过深远的影响。今天看来,其中既有一定的封建性和历史局限性,需要后人加以批判、改造和更新,又有超越时代而体现价值理性的有益成分,值得我们汲取与继承。

中国文化的伦理型特点有以下几方面的显著表现:首先,历代统治者视道德感化为政治统治的重要手段,用有助于统治稳固、社会有序的道德规范去"教化"民众,以规范社会成员的思想与行为,此即所谓"以德治国"。早在周公,就已认识到"敬德"的重要性,他告诫人们:"惟不敬厥德,乃早坠厥命。"②汉代以后,"三纲五常"被统治者奉为"治国之要"。古代思想家也多希望以"仁政"治理国家,孔子主张"治国以礼","为政以德",③孟子主张统治者要有"不忍之心",④行王道,施仁政。将伦理道德思想与政治思想结合在一起,确立了先秦儒家民为国之本、道义高于一切的政治伦理,坚守政治的正当性,是儒家"道德的政治"的内核。

其次,强调个人的伦理义务,要求个人服从整体。中国传统文化不主张个人意志的高扬,而是强调个体与整体的融合,个体利益必须服从家庭、宗族乃至国家的利益,并以此为仁义道德之本。这种价值导向在实践上具有两重性的后果,一方面,它倡导子孝父、妇顺夫、弟敬兄、弟子敬师长、臣民忠国君,以增进人际间的依存关系,这在一定程度上强化了国家的凝聚力。另一方面,在强调个人的责任和义务的同时,却排斥了个人的权益,容易导致个人丧失人格的独立与尊严的倾向。再次,强调个人自身的道德修养,视"修身"为立命之根本。如《大学》所主张的:"自天子以至于庶人,壹是皆以修身为本",要求"修身"须从"正心"、"诚意"做起,"欲修其身者,先正其心;欲正其心者,先诚其意",认为只要端正认识,时时反省,就能做到趋善避恶。

中国的伦理型文化把上至天子、下及庶民都作为道德教育的对象,强调"为仁由己",突出个人道德修养的自觉性和主动性,旨在塑造"至善"的人格,培养具有理想品德的"君子"。就道德伦理中的合理内核来看,千百年来已融入民族精神中,有的在今天仍应加以批判继承和弘扬

---

① 《德意志意识形态》,《马克思恩格斯全集》第 3 卷,第 544 页,人民出版社,1960。
② 《尚书·召诰》。
③ 《论语·先进》。
④ 《孟子·梁惠王上》。

光大。例如,"修其身而天下平"①的理想人格,认为道德实践不能仅停留在举止应对的层面,而应贯穿在社会实践的各个方面,知行合一,内外合一,政治实践本身也就是道德实践。按照《大学》所描绘的理想人格,格物、致知、诚意、正心、修身是内在的道德修养,齐家、治国、平天下则是外在的道德——政治的实践。这种"内圣"与"外王"统一的人格模式,对中华民族的人格追求产生了重大影响。其突出的表现就是关心社稷民生的精神品格,所谓"天下兴亡,匹夫有责",②"先天下之忧而忧,后天下之乐而乐",③"亲亲而仁民,仁民而爱物"④,等等,都集中体现了成己、成人、成物的道德自觉。从屈原的上下求索,虽九死其未悔的道德及政治实践,到杜甫的"乾坤含疮痍,忧虞何时毕"、⑤"穷年忧黎元,叹息肠内热"⑥的忧国忧民,以至近代为寻求民族富强而以身殉自己理想的谭嗣同,这种人格精神,是中华民族的脊梁。为维护正义,传统道德要求人们应自觉培养"大丈夫"的人格,在道德上具有"至大至刚"的"浩然之气",⑦所谓"三军可夺帅也,匹夫不可夺志也"。⑧孟子对这种志笃心坚的理想人格作了具体的描绘:"居天下之广居,立天下之正位,行天下之大道;得志,与民由之,不得志,独行其道。富贵不能淫,贫贱不能移,威武不能屈,此之谓大丈夫。"⑨即使身处逆境,也不动摇信念,保持浩然正气,坚守刚正不阿的气节,这种精神境界,在铸造民族的精神品格方面,有着持久的影响,对志士仁人具有积极的激励作用。在每个历史紧要关头,总有志士仁人挺身而出,屡遭磨难而不屈,"杀身成仁",挽狂澜于既倒。

中国文化中的伦理道德思想内容宏富,良莠并存,在建构现代人格的今天,我们要发扬重视整体精神,强调为民族、为国家而奋斗的爱国主义思想,扬弃在"忠君敬长"范围内的皇权至上观念;要提倡用"仁爱"精神协调人际关系、稳定社会秩序的道德义务,改造只讲普遍之爱,重善而忽视真的传统人格模式的缺陷;要汲取人际关系中尊老爱幼、孝敬父母等美德,扬弃农业—宗法社会结构所形成的宗法等级的成分;要弘扬为正义而坚持节操的人格精神,扬弃传统士大夫为洁身自好而专注于内在自由的封闭倾向。

(四) 和谐型

李泽厚先生认为:"以农业生产为基础的人们,长期习惯于'顺天',特别是合规律性的四季

---

① 《孟子·尽心下》。
② 顾炎武:《顾亭林诗文集》卷4,中华书局,1983。
③ 范仲淹:《范文正公集·岳阳楼记》,上海商务印书馆,1937。
④ 《孟子·尽心上》。
⑤ 杜甫:《杜诗详注·北征》,中华书局,1979。
⑥ 杜甫:《杜诗详注·自京赴奉先县咏怀五百字》,中华书局,1979。
⑦ 《孟子·公孙丑上》。
⑧ 《论语·子罕》。
⑨ 《孟子·滕文公下》。

气候、昼夜寒暑、风调雨顺对生产和生活的巨大作用在人们观念中留有深刻的印痕,使人们对天地自然怀有和产生亲切的情感和观念。"①中国地理环境虽然相对封闭,但腹地辽阔,气候适宜,具有比较优越的农耕生产条件,生活在这片土地上的中华民族,与天地自然和睦相处,人要求与"天"合为一体的朴素愿望,随农业生产的发展而积淀为民族心理,也造就了中国文化的和谐精神。

汤一介先生曾经把"天人合一"、"知行合一"、"情景合一"作为中国古代哲学的三个基本命题,认为"天人合一"是中华民族对"真"的深刻理解和追求,"知行合一"是中华民族对"善"的深刻理解和追求,"情景合一"是中华民族对"美"的深刻理解和追求。②

天人合一的思想强调人与自然要和谐相处,认为人与自然不是截然分离的对立物,人的存在与自然的存在是互为包含的。首先,天人合一思想肯定天地、万物、人是齐同的,同类相通,统一成一个整体。庄子说:"天地与我并生,而万物与我为一。"③《周易·序卦传》说:"有天地,然后有万物;有万物,然后有男女;有男女,然后有夫妇。"王阳明提出"天地万物与人原为一体"的命题,强调人与自然和谐共处的必要性及其内在可能性。人的生存与天地自然的存在是不可分割的统一体,所以儒家的《周易》以"天"、"地"、"人"为"三材",道家的《道德经》以"道"、"天"、"地"、"人"为"四大",都把"人"视为与天地自然互为依存的重要实体。

其次,人是"天地之心",④为万物之灵长、宇宙之精华,人要爱万物。孟子主张"爱物",惠施提出:"泛爱万物,天地一体也",⑤张载认为万物都是人的朋友,"民吾同胞,物吾与也",⑥无不主张人与自然要亲和友善,宽厚容之。这种敬畏生命、博爱万物的思想,基于人与自然平等的宇宙观,体现了泛爱众生的终极关怀。

再次,人的活动要遵从自然的法则,与自然环境和谐交融。《老子》提出"道法自然",《吕氏春秋》提出"是法天地",《中庸》提出"万物并育而不相害",《易传》更明确表述了天人和谐的思想:"夫大人者,与天地合其德,与日月合其明,与四时合其序。"自然界有其自身秩序和规律,即"天行有常",遵从自然规律不仅要求人与自然和谐共处,而且要求人类对自然资源取之有度,用之有节。对人类赖以生存和发展的自然环境的重视,体现了中华文明的鲜明特征。在人与自然的关系上,传统中西文化的差异在于中国文化主张人与自然和谐相处,西方文化强调人要战胜自然,驾驭自然。在全球关注人类生态环境的今天,中国文化中强调人与自然界相互协调

---

① 李泽厚:《荀易庸记要》,载《中国古代思想史论》,第 13 页,天津社会科学院出版社,2003。
② 详见汤一介《论中国传统哲学中的真、善、美问题》,载《中国社会科学》1984 年第 4 期。
③ 《庄子·齐物论》,上海古籍出版社,2002。
④ 《礼记·礼运》。
⑤ 引自《庄子·天下》。
⑥ 张载:《张载集·正蒙·西铭》,中华书局,1978。

的合理内容,以及蕴含其中的古代东方智慧,将超越国界,在世界范围引起人们的重视。至于"天人感应"之类的神学怪异之说,则应坚决摒弃。

知行合一在古代哲学家和教育家的视野中,不仅是一个认识论的问题,更是一个伦理道德的问题。他们大多认为,只有"知"(认识)与"行"(实践)统一,才能达到追求至善的目的。首先,主张人应该增进道德认识,提高道德实践的自觉性,反对只说不做或言过其行。孔子说:"君子耻其言而过其行",①"始吾于人也,听其言而信其行;今吾于人也,听其言而观其行"。② 认为言行一致,是做人的正确态度。其次,"知"与"行"是相互依赖、相互促进的辩证关系。只有对仁义道德有了深入的体认,才可能在实践上避恶趋善。荀子在《劝学篇》中形象地表述了由知到行的过程:"君子之学也,入乎耳,著乎心,布乎四体,形乎动静。"朱熹也认为:"知行常相须,如目无足不行,足无目不见",③"知与行须是齐头做,方能互相发"。④ 王守仁更是强调知与行在道德修养中"合一"的重要性:"真知即所以为行,不行不足以谓之知","知是行的主意,行是知的工夫;知是行之始,行是知之成",⑤认为知与行是"合一并进"的关系,按照所知而行,知和行是同时发生的。知行合一避免了偏执、盲动与狂热,引导人们由领悟道德伦理而步入行为自觉,不玄想,贵领悟,讲辩证,重实践,在"知"与"行"的"合一并进"中努力达到"至善"的境界。

情景合一是中华民族在创造美和鉴赏美时所追求的一种境界,其深层文化内核在于"天人合一"。它要求在追寻、创造美的过程中,执著于人的情感与自然、社会的"合一",在再现自然之美、社会之真时渗透主体色彩,使审美客体成为被主体心灵所外化的客体,使"美"与"真"、"美"与"善"有机统一。在审美过程中,要求把人与自然、社会即审美主体与客体联系起来,强调客体与主体的和谐交融,这都体现了中国文化"和谐型"的特点。

中国传统文艺的几个主要门类,情景合一是殊途同归的重要原则。中国古代诗歌历来把"意境"作为最高的审美追求,把作为主客体双方的"情"与"境"联系在一起以建构古代诗学。唐代皎然说:"诗情缘境发";宋代苏轼说:"境与意会";范希文提出:"景无情不发,情无景不生";明代谢榛提出:"景乃诗之媒,情乃诗之胚,合而为诗";及至晚清王国维在其《人间词话》中提出了较系统的意境说。"境"指自然之境,亦即客体的形象,"情"、"意"指主体情感,两者在诗中要有机交融。所以,光有"表现"的"象内之象"不是好诗,只有突破有限形象,通过"再现",使自然之境与主体心灵高度契合与融会,跻于"象外之象",才是好诗。再如,富有东方艺术精神

---

① 《论语·宪问》。
② 《论语·公冶长》。
③ 朱熹:《朱子语类》卷9,中华书局,1986。
④ 朱熹:《朱子语类》卷117,中华书局,1986。
⑤ 王阳明:《传习录》上,广州出版社,2001。

的中国绘画,历来将生命情调与自然造化的交融互渗作为创作要旨。在中国绘画中,尤其是宋元山水花鸟画中,我们欣赏到的不仅是自然造化之工,而且可以感受到山水林木花鸟的精神性格,以及蕴含其中蓬勃生发的生命跃动,这种形神兼备的画境,为历代画家所推崇。清代笪重光云:"神无可绘,真境逼而神境生。"①方士庶说:"山川草木,造化自然,此实境也。因心造境,以手运心,此虚境也。虚而为实,是在笔墨有无间,故古人笔墨具此山苍树秀,水活石润,于天地之外,别构一种灵奇。"②又如,中国古代音乐追求的也是与宇宙造化、高山流水的和谐相通。《礼记·乐记》认为,乐产生于人心,依天地本性而作,"凡音之起,由人心生也。人心之动,物使之然也,感于物而后动,故形于声"。"人心"与自然相通相融,才有音乐的发生。所以,最好的音乐应该以有限的旋律传达无限的大化,"大乐与天地同和","乐者,天地之和也"。认为真正的音乐应当具有与宇宙和谐相通的特征,如此才能把人带入自身与宇宙融为一体的佳境。

总起来说,"合一"就是让并存的不同事物在矛盾中求得统一,从而达到平衡协调,以推动事物的发展。"天人合一"、"知行合一"、"情景合一"反映了中国文化重视平衡协调的理念,是古代中国人对天道运行规律的认识、追求人道政教的目标、建构"美"的运思构架。在思维方式上,注重事物间的互相依存、矛盾统一、和谐发展,体现了辩证因素和整体系统观念。在中华民族的发展史上,"天人合一"肯定自然万物的内在价值,主张人与自然和谐共处,对于建设生态文明具有重要意义。"政通人和"是中国社会及其民众的理想,"政通"以"人和"为目标,也以"人和"为基础。2000多年来,数十个民族合构成多元一体的中华民族,以追求社会和谐为向心力,长久保持统一而不分裂。"知行合一"引导人们不断完善自我,使个体生命充实,有意义,不虚妄,通过修己以安人、修其身而平天下来实现自我价值。"情景合一"体现了中华民族的审美取向,它包含了审美主体和审美客体,要求两者交流和融合,千百年来,无数文学艺术家围绕意境这一核心进行审美创造,留下了极为丰富的具有东方艺术情韵的宝贵遗产。

(五) 务实精神

务实精神作为一种民族性格,植根于农耕经济的厚实土壤。历史上以农为本的中华民族在长期的生产实践中,形成"一分耕耘一分收获"的共识,司马迁对此总结道:"夫纤啬筋力,治生之正道也。"③务实的民风使传统文化的价值取向定位于立足现世,倡导惜天时,尽地力,重本务,远离玄虚,鄙夷机巧奸伪。章太炎描述中国人的务实性格说:"国民常性,所察在政事日用,所务在工商耕稼,志尽于有生,语绝于无验。"④

---

① 笪重光:《画筌》,《知不足斋丛书》第12集。
② 方士庶:《天慵庵随笔》,《丛书集成初编》,中华书局,2010。
③ 《史记·货殖列传》。
④ 章太炎:《章太炎全集·驳建立孔教议》,上海人民出版社,1985。

中国文化的务实精神，使之成为一种非宗教的、世俗的文化，其文化精神不在于力求构造彼岸世界和灵魂永存的幻象，也不去深究空疏世界的玄奥，而是告诫人们立足于此岸世界，把"立德、立功、立言"作为实现人生价值的目标。在西方，从柏拉图到亚里士多德都将世界分为现实世界和超越本体的精神世界这两个部分，其哲学关注的焦点不在实用型的"公共事务"，而在于纷纭万象背后的不变原则，哲学的目的是为了求智慧，而不是为了解决日常实用的问题。中国则不同，中国文化走的是"经世致用"的道路，儒家为人们指出一条影响深远的成己、成人的路径："修身、齐家、治国、平天下。"这里，"修身"是道德，"齐家、治国、平天下"是须躬身笃行的政治。"经世致用"所强调的正是关注现世的务实精神，所以，中国古代知识分子大体都是"入世"型的。所谓"致用"指的是学必有用，求知要与躬行结合起来。《大学》中所说的"博学之，审问之，慎思之，明辨之"是学，"笃行之"就是用。孔子说"学而优则仕"，①"学"是学，"仕"则是用。孔子又说："吾岂匏瓜也哉，焉能系而不食？"②不肯系而不食，就是求其有用。他说"诵诗三百，授之以政"，③同样是强调学必有用。"用"就是参与社会生活，参与政治。在民间，中国人历来视吃苦耐劳、勤俭节约、稳健务实为美德，满足于现世生活的幸福，相对于追求来世灵魂的不朽，更偏重于现世的实践理性。

务实精神使中国人在宗教方面未陷入迷狂，尽管中国本土产生有宗教，也输入了一些宗教，但历史上从未有哪种宗教成为国教。在中国，自西周兴起轻"神文"的人文思潮后，至春秋战国，儒家学说开始占据了主要地位，儒家基本上是疏远宗教和不主出世的，入世精神是儒学的基本精神。与古代希伯来人追求出世，希望在天国得到解脱不同，中国文化把人生价值的实现、精神和事业的"不朽"建立在实实在在的现实世界。对此，李泽厚先生总结说："先秦各家为寻求当时社会大变动的前景出路而授徒立说，使得从商周巫史文化中解放出来的理性，没有走向闲暇从容的抽象思辨之路（如希腊），也没有沉入厌弃人世的追求解脱之途（如印度），而是执著人间世道的实用探求。以氏族血缘为社会纽带，使人际关系（社会伦理和人事实际）异常突出，占据了思想考虑的首要地位，而长期农业生产的经验论则是促使这种实用理性顽强保存的重要原因。"④实用理性的发达曾使古代中国在天学、农学、医学、数学等应用学科领域长期处于领先的地位，但同时，重经验、重直觉、重实际应用的基本取向，导致对理论探讨和逻辑论证的相对忽视，这一旧有框架阻碍了传统科技的进一步发展。反观欧洲文化，做学问要超越"经世致用"的价值取向，有力推动了思辨与理论科学的发展，西方近代科技的迅速崛起与中国科

---

① 《论语·子张》。
② 《论语·阳货》。
③ 《论语·子路》。
④ 李泽厚：《试谈中国的智慧》，载《中国古代思想史论》，第288页，天津社会科学院出版社，2003。

技在近代的落伍,与中国文化注重实际应用,较少关注理性主义和实验主义意义上的科学文化不无关系。

党的二十大报告指出,"增强中华文明传播力影响力。坚守中华文化立场,提炼展示中华文明的精神标识和文化精髓,加快构建中国话语和中国叙事体系,讲好中国故事、传播好中国声音,展现可信、可爱、可敬的中国形象"。因此,从中华文化中汲取养分,增强中华文明的传播与影响,正是展现中国文化、中国形象的途径。

关键词

文化	广义文化	狭义文化	文化的外显模式	文化的内隐模式
传统文化	现代文化	批判 继承	综合创新	地理环境	农耕经济
游牧经济	交流融汇	社会结构	宗法制度	血缘	地缘
业缘	人文性	包容性	区域文化	境外文化	伦理型
道德感化	个人与整体	道德修养	内圣与外王	和谐型	天人合一
知行合一	情景合一	务实精神	经世致用	入世精神	实用理性

思考与讨论

1. 马克思主义的文化理论给予我们哪些启示?
2. 何谓广义文化、狭义文化?
3. 应该如何看待传统文化与现代文化之间的辩证关系?
4. 对待文化遗产应该遵循哪些基本原则?
5. 地理环境对中国文化的产生与发展有怎样的影响?
6. 为什么说中国文化具有人文性的特征?
7. 为什么说中国文化具有鲜明的主体性以及善于吸收外来文化的包容性?
8. 中国文化的伦理型特点有哪些显著表现?
9. 谈谈你对天人合一思想的认识。
10. 何谓情景合一? 举例说明情景合一在艺术表现上的主要特点。

拓展阅读

1. 《中国文化史导论》(修订本),钱穆著,商务印书馆,2000。
2. 《中国文化读本》,叶朗、朱志良著,外语教育与研究出版社,2008。

第一编
制度文化

制度文化与物质文化、精神文化构成了文化的三维结构。在汉语中,"制"意为节制、限制,"度"意为尺度、标准,"制度"在词源学上的意义是节制人们行为的准则。从文化学的角度看,制度是一种调适社会关系、稳定社会秩序、整合社会结构、规范社会成员行为的文化现象。制度文化以一定历史时期的社会形态为其创设的前提,同时,制度文化又反映了一定历史时期社会的文明程度,因此,制度文化与社会形态呈表里对应的关系。制度文化包括社会的经济制度、政治制度、法律制度、教育制度、婚姻制度等,也包括实行上述制度的组织机构、运行机制和个体的参与形式等。制度文化中,又凝聚沉淀着人们的观念形态的内容。制度文化呈现着鲜明的民族特点,正如黑格尔所指出的:"每一民族的国家制度总是取决于该民族的自我意识的性质和形成,……所以每一个民族都有适合于它本身而属于它的国家制度。"[1]了解制度文化的构成、类型和特点,有助于丰富我们对文化的民族特点的认识。

---

[1] (德)黑格尔著,范扬、张企泰译:《法哲学原理》,第291页,商务印书馆,1982。

思维导图

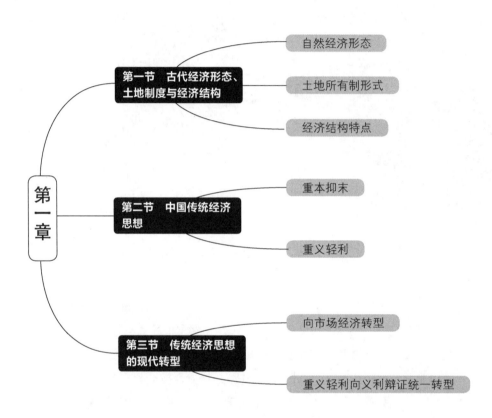

第一章　经济制度

马克思曾经把经济制度和经济形态、经济结构放在同一层面加以阐述,认为这是决定整个社会制度文明系统生成和发展的最根本的基础。他在《政治经济学批判》序言中指出:"人们在自己生活的社会生产中发生一定的、必然的、不以他们的意志为转移的关系,即同他们的物质生产力的一定发展阶段相适合的生产关系。这些生产关系的总和构成社会的经济结构,即有法律的和政治的上层建筑竖立其上并有一定的社会意识形式与之相适应的现实基础。"[①]在制度文化诸要素中,经济制度是基础。经济制度亦即生产关系,它包括生产资料所有制形式、生产过程中的人际关系或劳动组合方式、劳动产品的分配方式等。在本章中,我们将从中国古代社会的经济形态、土地所有制形式、经济结构的特征,以及中国传统的经济思想等角度,对此作扼要的讨论。

第一节　古代经济形态、土地制度与经济结构

一、自然经济形态

自然经济是中国古代基本的经济形态。在一个以自然经济为基础的社会中,每一个劳动单位的生产活动都是为了满足劳动者自身、家庭及家族成员物质生活的需要,而不是为了交换与积累,使财富保值和增值。自然经济以生产使用价值为目的,商品经济则以交换为目的,以营利为宗旨,即通过个别劳动获取交换价值,实现剩余价值,于是一切产品变为商品,个别劳动与社会劳动的关系表现为人们之间的物的关系和物之间的社会关系。概言之,自然经济与商业经济的区别在于,前者占支配地位的是使用价值,后者则是交换价值;前者是人的依赖关系型的,后者是物的依赖关系型的。在中国,自然经济一直延续到近代,从而形成几千年来稳定的生产格局和劳动组合方式。

第一,一家一户为生产单位的小农生产格局。中国自秦建立了统一国家后,以一家一户为一个经济单位来从事生产的格局,代复一代地延续了 2000 年。无数个体家庭依附于土地,依靠劳动取得衣食自给的生活。一方面,由于"农业是整个古代世界的决定性的生产部门",[②]在古代被称之为"天下之大业"。[③] 古代的物质财富,绝大部分是由农业创造的,封建国家财政收

[①]《马克思恩格斯选集》第 2 卷,第 82 页,人民出版社,1975。
[②]（德）恩格斯:《家庭、私有制和国家的起源》,《马克思恩格斯选集》第 4 卷,第 145 页,人民出版社,1975。
[③] 桓宽:《盐铁论·水旱篇》,人民出版社,1975。

入的主要来源,即是由无数个体家庭提供的。所以,小农经济格局的稳定与否,对于社会经济的兴衰,具有决定性的意义。从这个意义上说,一家一户的个体生产,构成了封建经济的基石。另一方面,尽管农业劳动力有一定的人身自由,但是以个体家庭为生产单位的格局,使劳动者陷于互相分离、难以组织起来的状态,其与社会劳动的联系相对封闭、松散和孤立,生产规模细小,生产技术因少有改进而较落后。小农经济在封建社会前期,对繁荣社会经济曾经起过积极作用,但是随着社会发展到一定程度时,安土重迁、农恒为农、世不徙业、不思变革的自然经济状态,抑制了资本主义的萌芽,使得中国封建社会屡经动荡和冲击而根基难以动摇。中国自明清起由先进转为落后,从16世纪初到17世纪中叶,世界经济处在重要的转折时期,西欧国家由封建时代进入资本主义兴起的时代,1784年蒸汽机的发明促成工业革命,使发达国家进入了工业时代,中国则因自然经济形态相沿未改,阻碍了生产力的发展,大大延长了封建社会的衰老期。

图1-1-1 男耕女织

第二,男耕女织的生产格局和自给自足的生产目的。上述一家一户为一生产单位的小规模生产,把农民束缚在家庭经济的框架之中,生产工具是自备的,生活资料的绝大部分是自己生产的,一家一户既是生产单位,又是基本的消费单位。家庭成员按年龄、性别实行原始分工,通过勤于耕织,自给自足,以解决生存所需的衣食。而衣食的来源则依赖于土地的耕种,所以小农经济的生产比较单一,在种植粮食的同时也种植桑麻。由于绩麻织布协作性低,所需工具也极简易,这样,纺织就成为农业家庭传统的手工业,耕织结构因此构成中国农民赖以生存的最基本的手段,同时也是个体家庭经济活动的主要内容。《墨子·非命下》中说:"农夫怠乎耕稼树艺,妇人怠乎纺绩织纴,则我以为天下衣食之财,将必不足矣。"事实也是如此,古代农民在劳动的组织与分工方面,始终围绕着家庭内部的小生产进行简单的成员分工,即所谓"男耕女织",其经济活动大体围绕着获取生活的基本消费品而展开。一般而言,除了食盐、铁制及陶瓷用具等外,他们确能做到无假他人。显然,这种以使用价值为生产目的,满足于自给自足、维持生计的自然经济,与通过生产商品以实现交换价值的商品经济判然有别。对此,毛泽东曾指出:在中国封建社会"自给自足的自然经济占主要地位。农民不但生产自己需要的家产品,而且生产自己需要的大部分手工业品。地主和贵族对于农民那里剥削来的地租,也主要是供自己享用,而不是用于交换。那时虽有交换的发展,但是在整个经济中不起决定的作用"。①

二、土地所有制形式

古代中国历来"以农立国",农业是国家的经济命脉,而农业的基本生产资料是土地,因此,土地所有权成为农业生产中一切经济关系的基础。历史上,中国土地制度的发展经历了三个阶段。

第一阶段是原始社会的土地氏族公社所有制。当时的氏族成员在脱离采集经济而步入原始农业的生产过程中,大家一起耕作,土地是公有的,产品也共同消费。

第二个阶段是奴隶社会奴隶主贵族土地国有制。商、周都以国家的名义将土地分配给各级奴隶主贵族使用。在周代,王室是全国土地名义上的所有者,"王畿"是他的直接领地,诸侯和他们的卿大夫也各有领地,这些领地可以世代相传,自由支配,但不准买卖。由于周天子是全国最高的统治者,因此也是最高的土地所有者,所谓"溥天之下,莫非王土",②实际上,土地国有和土地王有是合而为一的。周朝还沿袭并发展了殷商的井田制,所谓"井田",大约是指田亩与田亩间开渠灌溉、筑路交通的土地区划。各级奴隶主把井田分配给奴隶集体耕种,由于奴隶与奴隶主贵族之间保持着人身隶属关系,所以,奴隶的生产所得归奴隶主所有。周代后期,随着奴隶制度的没落、人口的增加和生产力发展,井田之外的土地得到开垦,私田出现,井田制开始瓦解,生产关系的性质也出现新的变化。奴隶逐渐转化为个体农民,获得了一定的人身自由,不少奴隶主转化为封建地主,一部分个体农民有了私田,破产的农民则成为佃农,以个体家庭为生产单位、耕织结合的自然经济逐渐形成。

第三个阶段是形成于战国、定型于秦汉的封建地主土地所有制。在长期的封建社会中,皇帝拥有土地的最高所有权,如秦始皇灭六国后,刻石自颂"六合之内,皇帝之土","人迹所至,无不臣者"。显然,土地所有权和政权在皇帝身上是统一的。皇帝以下,官僚、地主、商人通过土

---

① 《毛泽东选集》第2卷,第618页,人民出版社,1966。
② 《诗经·小雅·北山》。

地买卖和土地兼并大量占田,其结果是大批自耕农、半自耕农的破产,佃农激增。佃农因无私有土地,为了生计唯有通过租佃关系租种地主土地。他们将其全部剩余,包括部分必要劳动,以实物地租形式分成交给地主,同时还须承担无偿服各种劳役的义务。

农民失去土地将引发生存危机,游民的增加将扰乱封建秩序,小农经济格局的破坏最终将导致王朝颠覆。为了把游离于土地的农民重新附着于土地上,历代政府曾制定了某些制度。一是以行政干预的手段抑制土地兼并,但成效并不显著。二是整理户籍,使国家户籍上的户口增加。三是实行授田,为农民附着于土地创造条件。如三国以后,实行了几种形式的授田法。公元196年,曹操在北方屯田,把流民以军队形式编制起来,分给土地,用官牛耕种,以收成的十分之六为地租上交。西晋规定,男女农民都可分配到两种田,一是不向国家交地租的占田,一是向国家交地租的课田,所交地租除粮食外,还有绢和绵。北魏实行均田制,授田有专种谷物的露田和专种桑、榆、枣树等之用的桑田两种。露田不得买卖,年老免赋及身死须交还国家,桑田可传子女。受田的农户,须向国家交纳粮和帛,男子还须服兵役和徭役。唐朝均田制规定,18岁以上的男子受田100亩,其中20亩可传子孙,叫做"永业田";80亩归农民使用,死后由政府收回,叫做"口分田"。租庸调制规定,成年男子每年交谷物2石,叫"租";纳绢2丈或布2丈4尺,叫"调";服役20天,也可纳绢或布代役,叫"庸"。上述授田法的特点有三:一是逐步明确了农民对所受土地中的部分土地拥有私有权;二是纳税名目较多,劳役、实物乃至货币常常三者兼施;三是分给露田外,还分给桑田,粮食和织物一并征收,其出发点在于强化农业和家庭手工业的结合,以维持男耕女织的自然经济形态。

三、经济结构特点

在中国封建社会长达2000多年的发展史上,农业社会的根本面貌始终未得到彻底的改变,其经济结构也呈现不同于西方国家的特征。

第一,耕织结合的小农经济在经济结构中长期占据主导地位,以生产粮食为主,家庭手工业只是维持生计的补充手段。土地作为最基本的生产资料,被少数人所占有,广大劳动者处于无地或少地的境遇。在封建土地所有制结构中,租佃制是主要的表现形式,佃农与地主是隶属关系,其独立经营的自由受到限制,使之不可能扩大生产,生产积极性受到严重制约。明清时随着商品经济的发展,土地进入商品的流通领域,出现大规模的土地兼并,"田无定主,有钱则买,无钱则卖"。① 尽管土地进一步集中于少数人手中,但并未出现西方国家在资本主义时期所盛行的大规模农业生产的经营模式。占有大量土地的地主、商人仍沿袭传统,将土地小块分散出租,承租者依然是个体家庭。以个体家庭为生产单位的小农经济,就如马克思在《资本论》

---

① 戴兆佳:《天台治略》卷6《告示》,清康熙六十年刊本。

中所指出的:"是以土地及其生产资料的分散为前提的,它排斥生产资料的积聚,也排斥协作,排斥同一生产过程内部的分工,排斥社会对自然的统治和支配,排斥社会生产力的自由发展。"个体家庭生产规模小,工具简陋,生产技术因袭前代,基础薄弱,"对小农来说,只要死一头母牛,他就不能按原有的规模来重新开始他的再生产"。由于扩大再生产的能力低下,导致生产力水平发展缓慢,农业经济向工业经济的转型阻碍重重,这是中国资本主义很难形成和发展的重要原因之一。

第二,中国古代除农村封建土地所有制结构外,又存在城市经济结构。早在西汉,具有商业功能的城市即已出现。城市中的商业区称为"市",仅长安就有"九市",《三辅黄图》卷2引《庙记》云:"长安市有九,……六市在道西,三市在道东。"城市一般都具有交通便利、商贾集中、非农业人口众多、为地区性政治中心等特点,极宜成为商品的集散中心。《盐铁论·力耕篇》说,汉代"自京师东西南北,历山川,经郡国,诸殷富大都,无非街衢五通,商贾之所臻,万物之所殖"。可以想见城市商品经济的繁荣。汉代以降,各朝的城市商品经济在王朝的兴盛时期,均有过繁昌景象,史书中也不乏记载。特别是明嘉靖(1522)到万历(1573)年间,朝廷和地方放松对商品经济发展的管制,民营手工业和商业获得空前发展的机遇。城市扩大,新集镇兴起,农业人口脱离土地流入城镇,尤其是江南地区,明初仅是几十户人家的小村,至明末有的已发展成拥有几万人口的市镇。随着商品种类和数量的增加,消费需求随之增长,明代出现追求物质享受的奢侈之风。明朝中期(约15世纪后期至16世纪前期),江南的苏、松、杭、嘉、湖等五府,非农业人口已占人口总数的20%以上。16世纪末期,仅主营陶瓷业的景德镇,就云集了10万左右的手工业工人。除南北两京外,江南、东南沿海和运河沿岸等地区,出现许多手工业作坊和手工业工场,工人大多采取雇佣劳动方式,"计日授值",资本主义的因素缘此萌生。反观西方,商品经济也是从14世纪到17世纪的三四百年间逐渐发展并臻于繁荣的。英国人所编《泰晤士历史地图集》的说明文字中这样写道:"西欧在1500年仍站在文明世界的边缘,比起这个时期最强盛、最先进的中国的明帝国……西欧黯然失色。中国当时的财富和人口都遥遥领先。"

不可否认,商品经济的发展和交换的扩大,会逐渐瓦解自然经济的基础。问题在于,商品经济起步早并不意味着这个国家必然地较早进入近代工业社会。在西方,由于经济结构对传统农业的摆脱较为彻底,经济活动中自由贸易的准则得到社会的充分认同,城市的商品经济因此发育为国民经济的重要模式,加之工业化程度的日益提高,使西方国家在18世纪中叶以后由商业文明渐次发展为工业文明。在中国,商品经济起步虽早,但是其发展却显得步履维艰。首先,商品经济不能摆脱农业社会经济结构的制约,农民的贫困导致购买力极其低下,城市商品经济在浩如烟海的农村自然经济的抑制下,得不到充分发育,无法独立于农业文明的汪洋大海之外。其次,官商盛行,社会不能提供市场自发培育和良序运作的环境和条件。如票商、盐商和行商都是清代最富有的商人,这些多为官商。再如明清对于丝纺织业、矿业等有发展前景的生产部门,往往限制其生产或强制性低价收购,对于盐、茶、酒等商品,则以禁榷的名义课以重税,加之地方官吏的种种勒索,政治腐败与商品经济发展并存,这都制约了尚处微弱状态的资本主义萌芽的滋长。再次,城镇中形成的手工业行会制度,具有很强的封建性。行会对原料分配、产品规格、产品价格、学徒帮工人数等都有规定,其结果是限制了发展和竞争。而家族式的手工业作坊,其生产技术大多在家族内部世代相传,传子不传女,传内不传外,传授途径是口述秘诀,手教操作。由于祖传成为生产技术发展的重要途径,后代以世守家业为尚,抑制了开拓和创新的精神。第四,商人经商致富后,往往喜好置田产,开当铺,或放高利贷使利润增值,很少将财富向产业资本转化,不少人集商人、地主、高利贷者于一身,长期的自然经济所形成的价值导向,限制了商品经济的充分发展。

第二节 中国传统经济思想

"经济"在中国传统文化语境中有经时济世的含义。经济关涉国计民生,中国文化历来以人文性和务实性为其传统,所以古代不少思想家自觉关注社会经济生活的实际状况,在经济思想领域阐发了许多见解。司马迁著《史记》,专列《平准书》,记述西汉初期的经济生活。其后的正史,体例上多承此传统,在《食货志》中专述各时期的经济问题,以反映当时经济的运行状态、国家的经济制度与政策,并阐述一定历史时期的经济思想。此外,在浩繁的私人著述中,兼及大量的有关经济思想的论述。中国传统经济思想十分丰富,其中影响最为深远的是重本抑末、重义轻利等思想。

一、重本抑末

"重本抑末"又称之为"重农抑商","本"指的是耕织结合的农业生产,有时又指农民;"末"指的是工商业及工商业者,尤其是指商业和商人。"重本"即奖励农耕,"抑末"即限止工商业发展。重本抑末是历代封建统治者制定和实施的基本经济政策,有关重本抑末的论述贯穿于历代经济思想中,为统治者制定国策提供了理论依据。

历史上,诸子百家的治国主张各异,但在"重农"的问题上却殊途同归,见解一致。墨家主张"强本节用",后来的农家学派许行等人更身体力行了墨家的主张,倡导"君民并耕","国中无伪",他们"皆衣褐,捆屦织席以为食",四处宣扬重农主张。道家为倡导道德回归,鄙弃奸伪和贪婪,向往小国寡民的原始农村公社,主张弃舟车什伯之器而不用。法家思想的代表韩非撰《五蠹》,提出儒者、游侠、纵横家、近侍之臣、工商之民五种人都是社会蛀虫,认为对五蠹之民要实行严刑峻法;治理国家要提倡耕战,"使其工商游食之民少而名卑,以趣本务而外末作"。儒家思想的集大成者荀子也汲汲追求"足国之道",《荀子》一书明确主张"务本禁末",认为"工商众则国贫"。① 先秦各家的经济思想以重农抑商为旨归,对后世经济思想的基本定位产生了长远的影响。

秦始皇统一中国后,将重农抑商的政策推向全国。汉承秦制,贾谊、晁错等所阐发的重农思想,已构成严密的体系。如晁错的《论贵粟疏》一文,从正反两面论述了重农贵粟对于国家富强和人民生活安定所具有的决定性意义,并提出重视农业生产的具体措施:可用粮食买爵免罪。全文论说有据,办法具体,汉文帝读后采纳了晁错的建议,让百姓用粟输边买爵,规定600石粟可买到上造(二等爵),4000石为五大夫(九等爵),12000石为大庶长(十八等爵)。此外,晁错的《守边劝农疏》、贾谊的《论积贮疏》等政论文,皆集中阐述了"驱民而归之农,皆著于土,使天下各食其力"②的重农思想。在充分重视农业的同时,经商则被视为"末作",商人等同于奸巧小人,经商所获之利视同不义之财。

历史上,国家政权以上述思想为施政的理论基础,对经济活动进行引导和干预,历朝统治者在制定和实施经济政策时,"劝民农桑"与"禁民趋末"始终双管齐下。一方面奖励垦荒,轻徭薄赋,限制土地恶性兼并,兴修水利以扶植农业生产。一方面对商人课以重税,使之微利甚至无利可图;实行土贡制度,统治集团所需的大部分物品不从市场购买,而是直接向民间索取,以缩小商业活动的范围;实行官办手工业、矿业等制度,限止民间工商业者发展其产业;将商人置于"士农工商"四民之末,贬抑其社会地位。

重本抑末的经济思想与基本国策,作为一种历史产物,植根于小农经济的土壤之中。小农经济是封建国家赖以存在和发展的基础,统治者遵循重本抑末的思想原则,运用行政的权威将其推行到社会经济的各个领域,有其历史的必然性。首先,在决策者看来,农业人口为社会人口的主体,把农民牢牢地束缚在土地之上,避免其从置身稳定的格局向人口流动的格局转变,有利于社会秩序的稳定。《商君书·农战》说:"圣人知治国之要,故令民归心于农。归心于农,则民朴而可正也,纷纷则易使也,信可以守战也。"这实际上是以道德为纽带把经济与政治联系在一起。在统治者看来,农民一旦脱离土地,将"亡逃山林,转为盗贼",威胁到统治的稳固。其次,农民弃农经商致富,将引起物质主义的泛滥和物欲主义的放纵,从而导致道德体系崩溃,社会结构解体。所以传统文化一方面主张"不患贫而患不安",一方面提倡劝勉农事的勤农观。主张以农为本,诚实致富,所谓"不务天时则财不生,不务地利则仓廪不盈","仓廪实则知礼节,衣食足则知荣辱"。③ 再次,赋税是朝廷财政的主要来源,赋税又以丁

---

① 《荀子·富国》。
② 《汉书·食货志》。
③ 《管子·牧民》。

赋、田赋为主，只要男耕女织的自然经济格局稳定不变，国家既可获得稳定的赋税，又可获得大量无偿的劳役。

本来，建立在自然经济基础上的封建社会，国民经济的主体理应是农业，重视农业生产和农业生产者的地位，无可厚非。问题在于抑商思想极力排斥社会经济结构中不可或缺的工商业和工商业者，至少表明传统的经济思想体系存在着扭曲和偏差。经济理论的偏颇，抑商政策的执行，加之周期性的社会动乱造成经济的周期性凋敝，自给自足、不假外求的小农生活方式，以及百姓的普遍贫困化，这都导致市场需求的萎缩，因此，古代商品经济的发展步履艰难。尽管经济的发展有其自身的规律，从西汉到明清，中国的商品经济的发展并未停滞，但工商业始终不能摆脱种种消极因素的束缚，处于受自然经济支配的地位。重本抑末的传统思想直到中国进入近代社会之后，才逐渐失去昔日的主导地位。康有为在《请励工艺奖创新折》中称："国尚农则守旧日愚，国尚工则日新日智。"孙中山在《在上海中国社会党的演说》中疾呼："数百年前，美洲之地犹今日之地，何以今富而昔贫？是贵有商焉为之经营，为之运转也。商工能运转者，有国家为之维持保护也。谋富强者，可不急于保商哉？"显然，重新检讨重本抑末的思想与国策，主张发展工商业以使中国走上自强之路，成为近代中国先觉者的共识。

二、重义轻利

在中国文化中，重义轻利的思想不仅属价值与伦理范畴，也属经济范畴。就义、利二词的本义而言，"义"即道义，"利"即利益或功利。从个人的实践来看，"义"指主体在实践中所追求的道德价值，"利"指主体在经济活动中所期望获得的物质利益。重义轻利要求人们在义利关系的处理上，把履行道德义务放在第一位，而把获取个人利益放在第二位。如果"义"与"利"发生冲突，应以道义为上。

义利之辨贯穿于中国几千年的传统思想中。早在先秦，儒、墨、法三家即从不同的角度，对义利关系作了系统阐述，使先秦义利论形成了比较完整的理论形态。

在道义与功利的关系上，儒家一贯主张利是基础，所以，儒家对获取物质利益的生产行为是重视的。孟子提出"民事不可缓"，[1] 荀子强调"无夺农时"。[2] 但是，他们更关注将生产行为置于道德伦理的系统中，力主以道义来引导和规范生产行为。在儒家看来，利是基础，义是目的，是最高价值，利必须服从于义；在公利与私利的关系上，主张私利必须无条件地服从公利。具体而言，儒家的义利观包括以下三层意思：

其一，先义后利是价值导向。儒家承认"民之欲利"是人性的自然欲求，孔子说："富与贵，

---

[1]《孟子·滕文公上》。
[2]《荀子·富国》。

是人之所欲也,不以其道得之,不处也;贫与贱,是人之所恶也,不以其道得之,不去也。"①他不否定富与贵是"人之所欲",但认为对富贵的追求应该符合道义的要求,不可违背道义去追求富贵。因此他提出要"见利思义",②"义以为上",③即肯定伦理道德高于物质利益,而道义在本质上是社会整体利益的反映,因此,先义后利可理解为社会整体利益高于个人利益。孟子进一步发展了孔子的义利观,倡导"去利怀义"。他认为,如果人人以"利"为行动的目的,将会导致道德沦丧,家国不宁;反之,如果人人以"义"为行动指向,则会出现人伦有序、国泰民安的局面。他把道义视为比

图 1-1-2 孔子

地位、财富乃至生命更宝贵的价值归依,他说:"鱼,我所欲也,熊掌亦我所欲也;二者不可得兼,舍鱼而取熊掌者也。生亦我所欲也,义亦我所欲也;二者不可得兼,舍生而取义者也。"④在儒家看来,"义"是处理各种利益关系的最高准则。

其二,以义制利是调节手段。荀子提出"以义制利",⑤即以道德礼义节制人的私欲。荀子认为人皆有利欲,而且人的利欲是无止境的,由于社会财富有限,这就造成无限的个人利欲与有限的社会财富的矛盾。用道义来调节人的私欲,是解决这一矛盾的手段。显然,儒家不是禁欲主义者,儒家反对的是纵欲主义和极端的功利主义,肯定的是在以义制利的前提下有节制地满足人的求利之欲。

其三,以义生利是终极结果。儒家认为义的实现,本身就包含着利,在他们看来,一个国家的国民如果都把义放在首位,信守道德,奉行仁义,则国家一定兴旺发达,社会秩序也一定和谐井然,而这正是最根本和最长远的利。儒家把道德教化视为发展生产、长治久安的伦理动因,强化了道德对经济活动的渗透性,正如《大学》所指出的:"国不以利为利,以义为利也。"

关于义利关系,墨家与儒家同中有异。首先,墨家主张义利合一,墨子对此作了简洁的概括:"义,利也。"⑥认为义在根本上也就是

图 1-1-3 墨子

---

① 《论语·里仁》。
② 《论语·宪问》。
③ 《论语·阳货》。
④ 《孟子·告子上》。
⑤ 《荀子·正论》。
⑥ 《墨子·经上》。

利,这与儒家通常把义和利对立起来加以辨析有所不同。其次,墨家既贵义,又尚利,它把儒家的"仁义"具体化为"兼相爱,交相利",把自爱与爱人、利人以至利天下作为处理义利关系的最高准则。再次,墨家也重视发展社会生产,"食者,国之宝也",①其道德动因就是"利人"、"利天下"。为此,墨子提出了一条行为准则:"利人乎即为,不利人乎即止。"②在墨家看来,"义"不是空泛的,给他人乃至天下人带来现实的利益就是"义"。

法家的义利观以维护君权的绝对统治为最高准则,它把义利关系简化为公私关系,君主是公利的唯一代表,至于社会上普遍存在的私利,则应通过法治严加约束。法家认为利己之心与生俱来,人皆有之,"民之性,饥而求食,劳而求佚,苦则求乐,辱则求荣,此民之情也","民之生(性),度而取长,称而取重,权而索利"。③ 在法家看来,好逸、恶劳、利己是人之通病,若不加约束,将危及公利。法家很少提到义,在法家看来,义就是君主秩序,行义是君主的特权,"小人无义",④"明主之道,臣不得以行义成荣,不得以家利为功"。⑤ 法家也重视发展生产,与其政治的法典化相吻合的是,他们倡导的是有序化的经济,韩非曾在《六反》中描述理想中的经济活动:"明主之治国也,适其时事以致财物,论其税赋以均贫富,厚其爵禄以尽贤能,重其刑罚以禁奸邪,使民以力得富,以事致贵,以过受罪。"在法家看来,物质利益的获取,绝不可能超越专制政权对经济活动的干预,显然,在法家的理想社会中,商业是没有地位的。

综上所述,儒、墨、法三家的义利观各有特点,儒家重义轻利,墨家贵义尚利,法家重利贱义,相互批评又互为补充,使"义利之辨"成为先秦时期学派争鸣的一个热点。随着百家争鸣的消逝,儒家被定于一尊,重义轻利的思想从此成为官方的意识形态;墨家中断,几成绝响;法家的义利观随汉代儒术独尊似被遗弃,但名虽亡而实存,其扬公利、重君权的思想被继承下来,历代统治者大都儒表法里,吸取儒法之长,以王霸杂用为治国方略。就实际效果而言,汉代以后对"义"的弘扬已融入以德治国的体系中,更多地表现为恪守仁义、以德驭众的管理行为和道德自律,即要求管理主体在经济行为上重义轻利,自我约束,以良好的道德风范行使职权,以激发人们的生产热情,保证社会生产的正常运行,以及财富的合理分配;要求劳动者诚实劳动,勤劳敬业,并以此为社会美德。至于对"利"的贬抑,更多的只影响到人们的观念意识层面,因为在经济活动中,利益的驱动往往比空洞的说教更具力量。

---

① 《墨子·七患》。
② 《墨子·非乐》。
③ 《商君书·算地》。
④ 《韩非子·难一》。
⑤ 《韩非子·八经》。

第三节　传统经济思想的现代转型

一、向市场经济转型

在中国长期的封建社会中,小农业和小手工业紧密结合的小农经济,是社会经济结构的基本表现形式。土地作为最主要的生产资料趋向集中,而生产单位始终是分散的,生产规模狭小,社会分工极不发达,人和人的关系简单明了。土地经营者一是佃农,他们依附于地主的土地;一是自耕农,其自有土地极为有限。佃农和自耕农排斥协作,没有生产的社会组织,自给自足,远离市场。至于地主庄园,虽有一定的经营规模,除农业外往往还有渔业、畜牧业和手工业等,劳动者除从事家务的奴婢外,还有一定数量的农民,但是,庄园经济同样不依赖于市场流通和市场供给,庄园内部自成一个自给自足的体系。在经营管理方面,自耕农家庭的管理者是父家长,庄园经济的管理者则是庄园地主,没有成系列的管理制度,只有成员的简单分工,实行的是原始的人治。

再看中国古代的城市经济,由于农业文明的强大,它也不可能脱离农业文明的制约,形成独立自治的商业文明。

首先,大小不等的城市本来就是封建王朝统治机构的驻在地,它不像古代欧洲城市,最初由商人租得或购得位于交通要道的土地,经经营形成城市的雏形,随着商业经济的发展不断扩大规模,最终获得城市的自治权。中国古代城市既不独立,更不是自治的,因而摆脱不了重农抑商的政策的干预,摆脱不了中央集权对城市经济的支配。而且城市居民往往在农村拥有土地,他们与东方古老的亚细亚生产方式有着天然的联系,对官本位和人治习以为常,缺乏自治的意识。正如西方学者所分析的:"把经济的和政治的、宗教的和道德的、民政的和军事的这许许多多权力都集中在一个人身上,是以亚细亚生产方式为基础的社会的一种最明确无误的文化特点。"[①]

其次,中国古代的工商业者一般都是由一家一族发展起来的,以后由家族、宗族扩大为商帮、行会。欧洲中世纪也有城市行会,但行会成员都认同自由贸易的总原则,内部实行法治,并以议会制的方法实行民主管理,通过税制对本行业的生产进行调节,业主之间相互平等和独立,在生产关系上已具有不同于自然经济的新要素。反观中国古代行会一类的组织,其内部的组合纽带不外乎血缘和地缘,重人治而不重法治,而且行会与行会间帮派显然,壁垒分明,相互隔绝不群。显然,至少在 20 世纪初期以前,中国的工商业者尚未发展成为一支以法治和产权为纽带的群体社会力量。

---

① (意)翁贝托·梅洛蒂著,高铦等译:《马克思与第三世界》,第 81 页,商务印书馆,1981。

当中国迈入近代门槛后,一方面,农业时代向工业时代转移是整个20世纪的大趋势,以农业文明为胎盘的重农抑商和以人治为主导的传统经济思想面临剧烈的冲击;另一方面,由于中国的资本主义没有得到充分发育,近代中国仍为传统经济思想提供着丰厚的土壤。例如,在传统经济向近代经济转型时期,洋务派一依传统,把商品经济纳入传统伦理的范畴,把官权机制运用到近代企业;资产阶级革命派则主张经济自由主义,宣扬天赋人权,反对以官权干预近代实业经济。伴随着民族资本主义的产生和发展,自给自足的自然经济结构趋于解体,重农抑商的观念被重视工商业的思想所取代。但是,导源于中央集权的官权意识和人治经济依然占据统治地位。特别是在国民党统治时期,官僚和买办垄断并控制了国统区的经济,严重阻碍了资本主义的自由竞争经济。

新中国建立后,随着社会主义经济制度的逐步确立,计划经济体制也逐步形成。高度集中于中央人民政府的计划管理体制,把有关国计民生的主要产品几乎都列入计划产品的范围。国家对国营企业实行直接计划管理,对企业下达各种指令性指标,对农业和手工业实行间接计划管理,后来,为解决供求矛盾和打击市场投机,国家对农业也采取指令性计划。计划经济对国民经济的恢复曾经起过积极的作用,但是,一切由政府统管,政企不分,社会资源就难以得到合理配置,运行机制也缺乏灵活性。随着现代化社会的发展,上述经济体制的种种弊端逐渐暴露出来,它已不能适应现代经济发展的需要。

改革开放以后,中国由计划经济体制向市场经济体制转轨,正顺应了现代经济发展的规律。市场经济以市场为取向配置资源,它倡导自主性、竞争性、功利性、平等性、互惠性、交换性等。市场经济荡涤着重农轻商、重生产轻流通、重人治轻自主、重平衡轻竞争等一切陈旧的经济思想。随着市场经济的发展,人们的经济观念已经发生了明显的变化,摆脱平均主义的精神桎梏,在市场竞争中创造经济效益和社会效益已成为人们的价值追求。与市场经济相联系的竞争意识、效益原则、法制观念、自主精神等,已成为支配人们经济活动的重要观念。

二、重义轻利向义利辩证统一转型

由计划经济向市场经济转轨,是一次利益关系的大调整,人们的价值观念必然呈现多元化的趋势,价值选择冲突在所难免。如何正确把握义、利的辩证统一,是一个现实而重要的课题。

首先,坚持义、利的辩证统一,有利于现代经济的发展。传统文化高扬道义,主张社会本位、集体本位,其中不无具有理性精神的合理性内容。因为人是天生的社会动物,任何人都不可能脱离社会共同体而独立存在。在市场经济条件下的今天,尽管社会利益单元日趋细化,人们的利益关系日趋复杂,但是大至国家,小至一个基层单位,仍然是不同层次的利益共同体。重义就是要求人们认同利益共同体,个人的局部利益服从集体的整体利益。在过去计划经济时代,曾长期倡导并与之相适应的社会本位和集体主义的价值观,在特定的历史条件下,对社会发展起过积极的作用。但是,对"义"的强调并不意味着排斥个人利益,计划经济体制下形成的社会本位的价值观,确实也存在过分强调集体利益,忽视个人权益,以及个人价值得不到应有尊重等弊端。自由、法治的市场经济的发展,必然使集权与管制型的计划经济解体,公民的法制意识、维权意识和自由表达利益、自觉维护权益的诉求也随之提高。因而,坚持义、利的辩证统一,要求我们既要保障个人的正当权益,又要处理好个人和整体的利益关系,从而充分调动和发挥人的积极性和创造性。

传统文化高扬道义的价值导向,能否融入现代经济的管理体系中,日本儒家资本主义的经济文化模式或许给我们以启示。儒家倡导的整体化和集团意识,曾经成为日本战后恢复和发展的思想基础。日本企业的集体主义,就带有实业家和劳动者互相依赖的儒家经济伦理色彩。"由于强调效忠和集体主义,个人主义就受到了限制,个人主义淡薄可能是随后实现现代化的有利条件。"[①]这种集体意识曾经为日本经济带来成功。美国经济学家威廉·大内认为,日本模式是集体型的,美国模式是个人型的,代表着东方和西方不同的经济文化模式。[②] 日本企业家吸取了儒家的忠诚意识、集团意识和西方的竞争意识,将其融入企业管理中,劳动者的个人福利和企业利益密切地联系在一起,成为企业发展的动力。由此可见,源自传统文化精神母体的集体主义、整体观念、大局意识等合理性成分,与现代经济并不相悖,关键在于如何形成合适的义、利统一机制,即建立有效的激励机制,从根本上调动企业全体员工的积极性,让大家明白,自己的经济利益与企业的发展紧密相关,与企业的经济效益紧密相连,企业搞好了,不仅社会获利,而且企业中的每个成员也同时获利,只要企业能够保持可持续发展,企业成员将成为未来利益的最终受益者,从而促使员工关注企业的命运,全身心地投入到创造性的劳动中。

其次,坚持义、利的辩证统一,有助于控制腐败。自人类社会出现了私有财产制度,腐败就作为顽固的社会弊病应运而生,所以腐败被称为"古老的顽症"。腐败与国家经济发达程度无关,工业化国家并不能成为道德上的榜样。控制腐败除了制定严密的规章和法律,以形成约束机制外,义、利的辩证统一作为一种经济伦理观念,同样具有对市场秩序产生合理制约的作用。因为腐败行为中渗透着非理性的文化意识和价值观念,批判见利忘义,倡导道德自律,在经济活动中注入理性精神,有助于制约腐败的滋生,因为道德伦理的自觉,是反腐败的内驱力和约束力。建立和完善社会主义市场经济体制,要求增强社会的信用意识,要形成以道德为支撑、

[①] (美)西里尔·E·布莱克等著,周师铭等译:《日本和俄国的现代化——一份进行比较的研究报告》,第133页,商务印书馆,1984。
[②] (美)威廉·大内著,孙耀君、王祖融译:《Z理论——美国企业界怎样迎接日本的挑战》,第56页,中国社会科学出版社,1984。

产权为基础、法律为保障的社会信用制度，预防腐败的产生也要求建立和健全与社会主义市场经济相适应的教育制度和监督制度。

再次，坚持义、利的辩证统一，有利于人的自我完善。事实告诉我们，现代西方发达国家高度发展的经济在创造高度物质文明的同时，也可能产生社会的失衡和人的异化和物化，可能导致物质主义的泛滥和物欲主义的放纵。拜金主义、享乐主义冲击着固有的道德体系，也冲击着人的心理平衡，因此，重建价值世界的理性精神在当代世界受到了普遍的重视，在注重工具理性的同时更应弘扬价值理性，这已成为当代世界的共识。坚持义、利的辩证统一，其现实意义在于确立稳定而正确的价值导向，统一人们的信念，整合社会的价值观，明白地向世人昭示，现实生活中的哪些方面、哪些层次是符合历史必然和社会进步的，凡是有利于人的自我完善和民族的发展繁荣的，就是有价值的，是善的，是人们在实践活动中应该坚守的行为准则，也是自身价值的集中体现。可以坚信，市场经济最终将给中国带来高度繁荣的物质文明。同时也可以预见，物质文明的高度繁荣必然会使价值观呈现多元化，但是，价值导向只能是一元化而不能多元化，否则，社会将会失去正确的发展方向，其后果将会导致社会价值体系的混乱。正如孟子所说："仁，人之安宅也；义，人之正路也。旷安宅而弗居，舍正路而不由，哀哉！"①

关键词

制度文化　自然经济　土地所有制　井田　私田　佃农　自耕农　露田
桑田　租佃制　城市经济　商品经济　重本抑末　重义轻利
先义后利　以义制利　以义生利　农业时代　工业时代　市场经济

思考与讨论

1. 何谓制度文化？
2. 为什么说自然经济是中国古代基本的经济形态？
3. 自然经济与商品经济有何本质的区别？
4. 为什么说自然经济形态对资本主义的萌芽具有抑制作用？
5. 在中国古代经济史上，土地制度的发展经历了哪几个主要阶段？
6. 在中国历史上，政府为把游离于土地的农民重新附着于土地，曾经制定过哪些重要制度？
7. 为什么说耕织结合的小农经济长期占据中国经济结构的主导地位？
8. 中国古代城市经济的发展有哪些特点？
9. 试述"重本抑末"经济思想的产生基础及其对中国古代经济的影响。

---

① 《孟子·离娄上》。

10. 简述儒家义利观的主要内容。
11. 你认为应该如何正确把握义与利的辩证统一?

拓展阅读

1. 《中国制度史》,吕思勉著,上海教育出版社,1985。
2. 《中国封建社会经济史》,田昌五、漆侠著,齐鲁书社,1996。
3. 《中国历史通论》,王家范著,华东师范大学出版社,2000。
4. 《万古江河:中国历史文化的转折与开展》,许倬云著,上海文艺出版社,2006。

思维导图

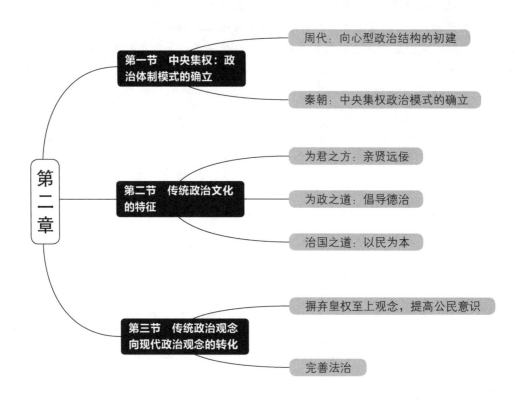

第二章　政治制度

在制度文化的诸要素中,经济制度是基础,政治制度是核心。马克思说:"无论是政治的立法或市民的立法,都只是表明和记载经济关系的要求而已。"[①]政治制度伴随着阶级和国家的产生而形成,并与特定时代的生产力及生产关系相适应,它体现着统治阶级的政治利益和经济利益,同时借助国家政权的力量得以确立和推行。政治制度既包括政体——国家政权的构成形式,又包括政治思想——与政治制度相适应的政治观念及社会意识形态。

第一节　中央集权:政治体制模式的确立

一、周代:向心型政治结构的初建

中国古代曾出现过奴隶制宗法贵族君主制和封建君主专制两种政体,前者存在于夏、商、周三代。夏、商、周三代的先民大都生活在黄河流域。商部族起于商丘,建都于亳(今河南商丘北),复迁于殷(今河南安阳);周部族崛起于渭水流域后,通过伐纣战争,会诸侯于盟津(今河南孟津),战于牧野(今河南新乡),营建洛邑(今河南洛阳)为东都,从而,黄河流域成为商、周经济和政治文化的中心。依托自然条件较为优越的黄河流域,周代的经济结构由殷商的农牧混合型转变为大面积的农业生产,至少在西周,中国已逐渐形成单一的农业经济结构。周人重农,"夫民之大事在农",[②]始终将农业生产置于国家经济的首位,而对商业活动则加以抑制和排斥。在周代,一方面重贾好货的商业经济得不到发展,使之不可能像雅典、罗马和日耳曼人那样,割断血缘关系的纽带,建立以地缘关系为基础的奴隶制政权。另一方面,周代保留了远自氏族社会遗存的血缘纽带关系,以单一化的农业型自然经济为基础,以长期定居、安土重迁、依赖于可耕土地的农业家族为社会的基层组织,巧妙地将血缘纽带与国家政体结合在一起,确立了"立长立嫡"、"世卿世禄"的宗法组织。

有学者指出,周代向心型政治结构的初建,有下述三方面的具体表现:其一是重农抑商的经济范型的确立。其二是树立君主权威。周天子不仅是天下的"共主",而且又是天下的大家长。《礼记·祭统》说:"忠臣以事其君",《左传·昭公七年》说:"王臣公,公臣大夫,大夫臣士",都对以等级制维护君主权威作了充分肯定。以君主为至尊,以王权为核心,以专制和集权为统

---

① 《马克思恩格斯全集》第 4 卷,第 121—122 页,人民出版社,1960。
② 《国语·周语上》。

治风格的向心型政治模式,在西周已具雏形。诚如王国维在《殷周制度论》中所指出的:后世"天子诸侯之分始定于此"。其三是实行分封制。将周室子弟姻亲及其在灭商战争中的功臣赐封到各地建立诸侯国,作为王室代理管理这些地区。在各诸侯国内,诸侯也依例分封自己的子侄为卿大夫。各封国虽有自己的土地、军队和民众,但在政治上要服从王室的统治,所谓"礼乐征伐自天子出";各封国要自觉承担向王室纳贡的义务,以及为王室出兵以捍卫王室的责任。分封制的实行,造就了一个向心型的统一大势,形成周王与诸侯共治天下的局面。①

二、秦朝:中央集权政治模式的确立

公元前221年,秦王嬴政兼并六国,统一中国,建立了中国历史上第一个封建专制主义的

图 1-2-1 秦始皇

中央集权国家。他将三皇五帝的尊称合二为一,自称"始皇帝",在中国的封建制度史上,"皇帝"的称号从此相沿不改。关于统一后政治体制的确立,秦朝内部有过两种对立的意见。以王绾为代表的多数官员,主张在齐、楚等地另设封国,立秦始皇诸子为王,以控制边地。廷尉李斯深知周代分封制的弊端,认为若另设封国,将会重蹈周代由"礼乐征伐自天子出",一变而为"自诸侯出"、"自大夫出"的覆辙。因此建议在全国推行郡县制,取消分封诸侯的政治惯制,而用赋税赏赐诸子功臣,以维护国家的统一和皇帝的绝对权威。秦始皇采纳李斯"置诸侯不便"的建议,开始在全国推行中央集权制度,建立以皇权为中心,从中央到地方,从行政到司法,从经济到军事,严密而又垂直的官僚机构网络。秦始皇"废封建,置郡县",这里的"封建"不是指社会制度,而是指政治制度和政治体制,即在中央建立以皇帝为首,由三公九卿组成的中央政府;在地方建立郡、县两级的地方政区。

中央集权的政治模式在秦的确立,并非偶然。首先,宗法制的农业社会异常稳固和持久。周秦之际的社会大变革,虽然一度破坏了它的原有秩序,但是,在国家最高所有权支配下的土地私有制度相沿未改。奴隶社会"溥天之下,莫非王土"的神圣原则在封建社会得以继承。无论在奴隶社会还是在封建社会,国家对土地始终具有不可替代的所有权,正如秦始皇在琅琊刻石上所明示的"六合之内,皇帝之土","人迹所至,无不臣者"。② 其次,尽管中央集权取代了贵族分封,官僚机构取代了血缘政治,然而,家族伦理本位的社会组织原则,经改容换形而得到继

---

① 详见周积民《论中华传统文化模式的创发》,《学术月刊》1989年第7期。
② 《史记·秦始皇本纪》。

承,以宗法传统制止权力重心下移的本质并未改变。再次,秦朝建立后借助政治上的一统,大力推行度量衡的统一、币制的统一、书写文字的统一和道路交通的统一等,这一系列文化一统的举措,有助于中央集权的强化。虽然,秦朝统治的时间并不长,但是"大一统"的理论与实践,在中国政治史上的影响至深且巨。秦朝以郡县制代替分封制,以官僚制代替贵族世袭制,顺应了历史潮流,强调大一统和皇权至上,是早期国家防止裂变的重要手段,有利于统一国家内不同民族的融合。秦朝所确立的封建中央集权制的君主专制政体,延续了2000年之久。这种政体具有下述三个基本特征:

第一,君权至上。国家的最高权力全部集中于皇帝一人,地方政府与中央各部门只是名义上的权力机构,一切政务的最高决定权掌握在皇帝手中。如秦始皇时,"天下之事无大小皆决于上",①又如明太祖朱元璋时,"中外奏章皆上彻御览,每断大事,决大疑,臣下唯面奏取旨"。② 清嘉庆皇帝说:"朕亲政以来……令出惟行,大权从无旁落。"③在中国历史上,尽管实行了君主专制下的宰相制,作为行政首脑的宰相和作为国家元首的皇帝在名义上是分职的,但在行政决策层面,最高执政者却不是行政首脑宰相,而是皇帝,皇帝凭借中央集权的行政体制和垂直型的官僚机构,一统天下。

第二,皇权不可转移,皇位父死子继。皇帝一旦即位,便终身任职。皇位的继承严格执行世袭制。在长期的封建时代,宰相可以由皇帝随意撤换,而皇帝是不可更换的,除了改朝换代,皇位不可动摇。

第三,官僚系统庞大。从中央到地方,官僚机构叠床架屋,官员职务分工细密,官员人数数目惊人。仅据《汉书·百官公卿表》载:"吏员自佐史至丞相十二万二百八十五人。"宋人洪迈《容斋随笔》四笔《今日官冗》条载,景德年间,官万员;皇祐年间,官二万员;治平年间,官二万四千员;绍熙年间,官二万三千五百员;庆元年间,官四万三千员。官员与日俱增,官制体系日益庞杂,一方面冗员众多,效率低下,一方面又像一张巨网,对专制王权起到了稳固的作用。英国学者李约瑟在比较了中西政治体制后指出:"西方经历过的是军事和贵族统治的封建主义,中国所经历的却是官僚封建主义。西方的军事封建主义貌似强大,事实上中国的官僚封建主义却更强大,更能防止资产阶级夺取政权。"④

事实也是如此,西方的奴隶社会较为发达,封建社会就不够发达;中国的封建社会发达而成熟,延续的时间几为欧洲的一倍,资本主义较难产生。其中原因,既与专制王权及庞大的官

---

① 《史记·秦始皇本纪》。
② 廖道南:《殿阁词林记》,明文书局,1991。
③ 梁章钜:《枢垣纪略》,中华书局,1984。
④ (英)李约瑟著,潘吉星主编,陈养正等译:《李约瑟文集》,第7页,辽宁科学技术出版社,1986。

僚系统对社会的严密控制相关涉,同时也缘于专制王权赖以存在的小农经济。个体农民一方面受到地主阶级的经济剥削,一方面又受到国家权力的支配,但是人身仍有一定的自由,这与西欧封建社会领主制的庄园经济和农奴制有很大的不同。小农经济的特点之一是缺乏社会凝聚力,马克思在《路易·波拿巴的雾月十八日》中指出:"小农人数众多,他们的生活条件相同,但是彼此间并没有发生多种多样的关系。他们的生产方式不是使他们互相交往,而是使他们互相隔离。""他们不能代表自己,一定要别人来代表他们。他们的代表一定要同时是他们的主宰,是高高站在他们上面的权威,是不受限制的政府权力。……归根到底,小农的政治影响表现为行政权力支配社会。"①秦朝所确立的中央集权的政治体制,从朝廷指向地方,一切权力向皇帝集中,民间可以自为和自治的范围越来越小。在中国经济结构发生新的变化前,由于小农经济沿袭未变,封建专制集权制度也为历朝所沿用,对此,谭嗣同曾概括道:中国"二千年之政,秦政也"。

第二节 传统政治文化的特征

政治文化从属于制度文化,由集权制度派生的政治理论和政治思想,不能不打上集权制度的烙印,同时,传统的政治文化对于集权政治体制的正常运行又有着重要的影响。亚里士多德有句名言:"人是天生的政治动物。"因为人要生存必然要生产,要分配,从而构成人与人之间的关系,由这种关系构成的社会,又产生了个体与公众、服从与支配、权力与制衡、决策与纠误、为官与治理等一系列关系。孙中山先生曾概括道:"管理众人之事便是政治。"②围绕着如何"管理",传统政治文化形成了自己的一套理论和思想。

一、为君之方:亲贤远佞

中国古代政治思想家大多认同中央集权的君主专制政体,肯定君主的绝对统治。在儒家,从来就把权力是否下移作为衡量国家治乱的重要标准。孔子说:"天下有道,则礼乐征伐自天子出;天下无道,则礼乐征伐自诸侯出。"③法家更是力主君权至上,韩非说:"道无双,故曰一。"④道是万物本原,君主就是道的体现者,君主在政治上支配一切。墨子一方面说"天子为善,天能赏之;天子为暴,天能罚之";⑤一方面又强调"天下之百姓,皆上同于天子"。⑥既然一切权力归君主,国家命运系于君主一人,那么,为君之方自然成为古代政治思想家所关注的内

---

① 《马克思恩格斯选集》第 1 卷,第 693 页,人民出版社,1975。
② 孙中山:《三民主义·民权主义》,中华书局,1946。
③ 《论语·季氏》。
④ 《韩非子·扬权》。
⑤ 《墨子·天志中》。
⑥ 《墨子·尚同上》。

容。综合他们的论述,其关注的内容主要有二:

其一,强调人的作用。《礼记·中庸》说"为政在人","其人存,则其政举;其人亡,则其政息";《荀子·君道》说"有治人,无治法","法不能独立,类不能自行,得其人则存,失其人则亡"。这里的"人"不是一个抽象的概念,所谓"人",一是指民,二是指臣。就臣而言,他是君主的股肱,君是首,臣是四肢,圣主离不开贤臣的辅佐。李觏说:"夫守国之政,行政在人。人不忠而乱乎政,政乱则国将从之。"①指出君主不得其人,将导致政乱国亡。

其二,强调为君者要亲贤臣,远小人。汤斌说:"自古有为之君,必亲君子,远小人,与君子日亲,自与小人日远。与小人日远,凡声色货利之欲、土木兴作之烦、奇技巧淫之物,俱耳目所不及见,心思所不及谋。……人君之职,在于安民;安民之道,在于择相。"②中国传统政治文化一再倡导"亲贤远佞"、"用忠去奸"、"慎选举"之类的主张,而衡量"贤"、"忠"与否的唯一标准便是道德高尚与否。事实上,权力是导致腐败的温床,在权力不加限止的作用下,道德高尚的人也可能腐败。以何种有效的监督机制来防止官吏的腐败,却历来为传统政治文化所忽视,其后果便是"小人乱政"、"权奸误国"在历史上一再重演。究其原因,在于古代政治思想家所期望的为君之方,是以"凡君皆圣皆贤"为假设前提的,荀子就说过"非圣人莫之能王",③问题是,理想中的圣人与现实中的君主并非等同,期望一个昏君来"亲贤远佞",在实践上往往事与愿违。

二、为政之道:倡导德治

儒家所倡导的"礼治"、"德治"、"王道"、"仁政"等理想模式,在中国政治思想史上长期占有主导地位。德治主义将政治伦理化,其本质是人治。这是因为传统社会的德治以君臣父子的等级关系和身份制度为基础,它与现代社会所强调的建立在人与人之间平等与民主关系基础之上的德治,不可同日而语。黑格尔认为:"在中国人那里,道德义务的本身就是法律、规律、命令的规定,……道德包含有臣对君的义务,子对君、父对子的义务以及兄弟姐妹间的义务。"④传统德治作为一种政治思想,包括三个层面的内容:

第一,要求执政的官员注重道德修养,严于律己,以身作则,为民表率。孟子说:"以德行仁","以德服人。"⑤孔子说:"其身正,不令而行;其身不正,虽令不从。"⑥都认为只有端正自身,才能去端正别人。那么执政者如何使自身端正呢?儒家反复规劝人要克己,以抵御物欲的引诱。

第二,要求执政者以道德教化百姓,以礼规范百姓的行为,使之有羞耻之心,安分守己,服

---

① 李觏:《李觏集》卷 21,《庆历民言·本仁》,中华书局,1981。
② 汤斌:《汤潜庵集》卷上,《语录》,中华书局,1985。
③ 《荀子·正论》。
④ (德)黑格尔著,贺麟、王太庆译:《哲学史讲演录》第 1 卷,第 125 页,商务印书馆,1997。
⑤ 《孟子·公孙丑上》。
⑥ 《论语·子路》。

从统治。孔子说"远人不服,则修文德以来之",①认为唯有文德教化才能服人,如果施以刑罚,百姓不会心悦诚服。

第三,道德教化是为政的重要手段,但不是唯一的手段,传统的政治文化既将德治置于为政的首位,又主张德、礼、政、刑四者兼施。《孔子家语·刑政》载有孔子对此的一段表述:"圣人之治化也,必刑政相参焉。太上以德教民,而以礼齐之。其次以政焉导民,以刑禁之。刑,不刑也。化之弗变,导之弗从,伤义以败俗,于是乎用刑矣。"先施以德教,再辅之以行政命令,如果教育无效,管理不从,危害社会安定,则可使用刑罚。强调先教后刑,不能不教而刑。事实也是如此,历史上的帝王无不"霸王道杂之"或"霸王并用",以此维护专制王权。

三、 治国之道:以民为本

"以民为本"是中国传统政治文化最有特色的思想之一。古代中国的"民"主要是指农业劳动力,这是农业国家存在和稳定的基石。一旦农民安居乐业的格局遭到破坏,民不聊生引发民怨沸腾,将导致王朝崩溃。早在周初,统治者已认识到"保民"、"安民"的重要性。及至春秋战国,以民为本的思想更为丰富,以何种措施"富民"、"养民",也得到具体的阐述。例如,孟子在比较了尧、舜之所以得天下,桀纣之所以失天下的历史经验后总结道:"得天下有道:得其民,斯得天下矣",②"民为贵,社稷次之,君为轻"。此类"民为邦本"、"民贵君轻"③等有关"民"的思想,为古代政治思想家所认同,类似的论述屡见不鲜。孟子认为,"重民"、"爱民"要落实到"养民",其具体措施为"制民之产",即给人民固定的产业,使耕者有其地。通过劳动,解决温饱,"仰足以事父母,俯足以畜妻子,乐岁终身饱,凶年免于死亡,然后驱而之善,故民之从之也轻"。④ 百姓老有所养,幼有所教,就会出现安居乐业的局面。封建中国是个以农立国的国度,土地是最重要的生产资料和社会财富,解决农民的土地问题,不仅关系到其生存,而且关系到封建政权的安危。孟子提出"制民之产"的设想,虽未实行于当时,却代表了传统治国之道的理想模式,对后世有着深远的影响,后世封建统治者在解决土地问题上曾提出的各种设想或实施的一系列政策,孟子的主张实为其滥觞,其实行的结果是在一定程度上缓和了阶级矛盾。

第三节　传统政治观念向现代政治观念的转化

一定内容的政治文化是一定历史时期的产物,中国2000多年的政治文化传统本质上属于人治文化。在中国告别传统社会,迈入现代社会的进程中,传统政治观念须向现代政治观念转

---

① 《论语·季氏》。
② 《孟子·离娄上》。
③ 《孟子·尽心下》。
④ 《孟子·梁惠王上》。

化,以顺应民主制度和法治文化的建设。民主是法制的基础与产生的前提。法治国家和法治社会所体现的是全体公民的共同利益和共同意志,因此法治在本质上是民主的程序化、规范化与制度化的实现。

一、摒弃皇权至上观念,提高公民意识

传统社会的行政决策,完全由集权者专断,国家机关只是君权的工具,既缺乏决策的民主化程序,也没有民主参与和民主监督。行政决策是君主的权力,所谓"君者,出令者也;臣者,行君之令而致之民者也"。① 臣的职能就是听令,以"奉命而行事";民众的社会责任只是"出粟米麻丝,作器皿,通货财,以事其上"。② 因此,传统政治只有君权,没有民权,民意不得伸张,民众无权参与行政。从中央到地方的行政官员,只是君主政令的贯彻执行者,具有社会责任的思想家和政府官员,除了对君主提出为政设想或"犯颜直谏"外,无任何纠误机制约束君主。权力的高度集中,使君主在政治生活中具有决定性的作用,其后果是一言可以兴邦,一言可以丧邦。

传统政治观念认同皇权至上,现代政治观念则认同政治民主化,即人民有充分的参政权,政府官员是人民的公仆,不是特权阶层。权力越界被视为权利侵犯,国家应该有权力制衡的机构和机制。在公民与政权的关系上,公民享有广泛的权利,并通过人民代表大会行使国家权力。公民的权利由宪法赋予,神圣不可侵犯,其政治权利体现在政治参与过程中。同时,公民也要履行相应的义务,正如马克思所指出的:"没有无义务的权利,也没有无权利的义务。"③新型民主表现为民主集中制,它要求少数服从多数,个人服从集体,地方服从中央,局部服从全局。由于传统政治观念在中国延续了 2000 多年,至今仍影响着人们的观念意识,人们往往缺乏运用公民权利的自觉和履行公民义务的自觉。这表明,现代国家法律赋予国民以公民的资格,并不意味着每一个公民已具备了公民意识。在传统政治观念向现代政治观念的转化过程中,让公民真正从法律赋予的公民,成为自为的、具有现代民主与法治精神的公民。坚持自由平等、公平正义的理念,保障人的权利平等,促进人的全面发展,是一项重要任务。

二、完善法治

传统政治观念以政治伦理化为显著特征,儒家历来把社稷安危系附于圣君、贤臣个人的道德品质上,对其提出很高的道德要求,希望君主任人唯贤,要求统治者"以德服人"。历史证明,在没有任何权力制衡的体制下,儒家的规劝与忠告只能成为软弱的空谈。而法家倡导的"刑治"、"法治",只是以权力制约权力,以集权势和严刑罚来树立君主的权威,与现代意义上的民主与法治截然对立。

---

①② 韩愈:《韩昌黎文集校注·原道》,上海古籍出版社,1986。
③ 《马克思恩格斯选集》第 2 卷,第 137 页,人民出版社,1975。

诚然，中国历史上曾制定了各种法律制度，各时期的思想家也提出了许多法律观点和主张。例如在世界范围内，《罗马法》是奴隶制法典的典型代表，《拿破仑法典》是资产阶级法律的典型代表，中国的《唐律》则堪称封建专制主义法典的典型代表。但是，有法律并不意味着中国古代社会已是法治社会，事实上，重人治而轻法治始终是古代为政的一大传统。首先，皇权至上是法律思想的最高原则，君主是国家最高的立法者和司法官。君主"口含天宪"，可以以言代法，令高于律，君主的诏令就是最高的法律，诚如《中庸》所言："非天子不议礼，不制度，不考文。"君主可以随意地制定法律，代替法律，更改法律，乃至废除法律，可见对君主而言，法律不是一种强制性的规范体系，而只是一种"术"，即法家所称的"法术"，儒家所称的"辅教之术"。总之，皇权高于法权、"法自君出"是恒定不变的通则。

其次，法律只是道德教化的一种辅助手段，并未获得独立的地位。古代思想家大多主张礼法并用，以礼为主，以法为辅。西汉思想家总结了秦朝"仁义不施"却一味运用严刑峻法以致速亡的教训，提出礼法并重。董仲舒论证了"德主刑辅"的思想，认为"刑者，德之辅；阴者，阳之助也"，①把法律作为一种手段来维护封建的纲常伦理。古代封建社会中，历代统治者把伦理道德与政治相结合，礼与刑融为一体，从而构成了古代法系的基本特点。

在现代社会，民主与法制在国家政治生活中占有举足轻重的地位。随着法制的日益完备，以及改革开放和中国加入世界贸易组织（WTO），我们从引进技术、管理和市场，到引进成套规则，包括贸易规则和环保规则等，规则的背后是价值体系，这都要求人们由传统的政治观念向现代政治观念转变。首先，要维护法制的权威和尊严。法律、法令、法规一经制定，不会因领导人的改变而改变，也不会因领导人的看法和注意力的改变而改变。② 其次，要有法必依，执法必严，违法必究，以体现法律最根本的特征——平等精神。第三，要辩证处理法律与道德的关系。法律与道德虽分属不同的范畴，具有相对的独立性，同时又有相同的价值导向和功能。自律和他律相互补充和促进的运行机制，能更有效地引导人们的思想、规范人们的行为。因此，国家既要依法治国，凭借法的强制力来维持长治久安；又要以德治国，加强公民的道德建设。这是由于法律的实施和遵守，有赖于公民道德的支持。就后者而言，传统德治思想中强调道德教化、重视社会道德水平的提高等，其中所包含的合理性内容仍值得借鉴。

关键词

| 政治制度 | 政体 | 向心型 | 中央集权 | 君权 | 政治文化 | 亲贤远佞 |
| 德治 | 以民为本 | 制民之产 | 法治 | 礼法并用 | 德主刑辅 |

---

① 董仲舒：《春秋繁露·天辨在人》，上海古籍出版社，1989。
② 详见《邓小平文选》，第134—136页，人民出版社，1983。

思考与讨论

1. 周代的政治结构有什么特点?
2. 为什么说中央集权的政治模式在秦朝已经确立?
3. 封建中央集权的君主专制政体有哪些基本特点?
4. 中国古代政治思想家所提倡的亲贤远佞的为君之方有哪些基本内容? 其实践意义怎样?
5. 中国传统社会所倡导的"德治",与现代社会所主张的"以德治国"有何区别?
6. 简要评析中国传统政治文化中"以民为本"的思想。
7. 为什么说在中国道德史上,公民道德曾经是空白点? 在现代社会,强化公民意识、提高公民的道德水平有何现实意义?
8. 试论法治与德治的辩证关系。

拓展阅读

1. 《中国政治制度史导论》,张鸣著,中国人民大学出版社,2010。
2. 《古代中国政治制度十六讲》,刘建军编著,上海人民出版社,2009。

思维导图

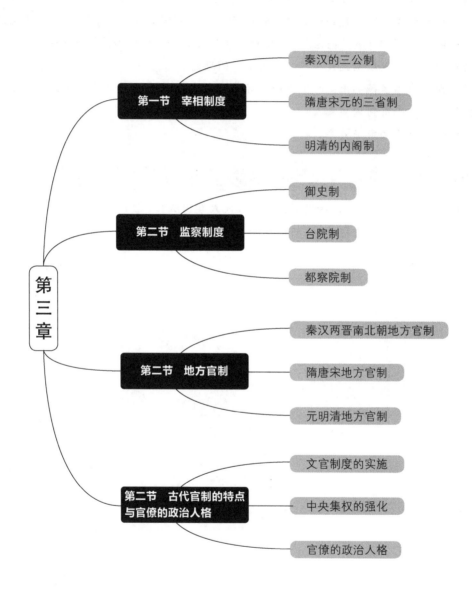

第三章　职官制度

"职官"是古代文武百官的通称，早在 4000 多年前的夏代，随着阶级分化并产生国家机关，就开始设官分职，来治理国家和民众。中国古代从中央职官到地方职官，种类众多，官制体系庞杂，而且不同职官的设置和同一职官的名称，在不同朝代或同一朝代的各个时期演变嬗递，它反映了古代官僚制度在各个历史时期的特点，也反映了古代政治文化的某些特点。

第一节　宰相制度

宰相一词意为辅助君王、宰制万端。古代一般都把执掌朝政、统领百官的中枢职官泛称为宰相。宰相之称始于先秦，用以称谓政治权力和地位仅次于帝王的官僚。宰相位处"一人之下，万人之上"，既是君主的最高幕僚，又是百官的首长。类似的职务历代都有，但官称各有不同，人数也可少至一二，多至十余，而且宰相并非都是当朝一品，有时四、五品官也可拜相。在中国古代职官制度史上，宰相无定称，无定职，无定员，因时而异。战国时代，封建的官僚体制已粗具规模，各国先后设相职，统领百官。官名除称"相"外，有时也称作丞相、相邦、令尹等。战国以降，宰相制度经历了三个基本阶段，即秦汉的三公制、隋唐的三省制和明清的内阁制。

一、秦汉的三公制

秦始皇统一中国后，建立了中央集权的封建帝国，古代行政机构的框架大体形成。秦朝中央设丞相、太尉、御史大夫，为中央政府最高官员，并称三公，位同后世的宰相。其中丞相之职，"掌丞天子，助理万机"，是最高的行政长官。太尉是最高的军事长官。御史大夫为副丞相，既是皇帝的机要秘书长，又掌管朝廷内外监察，是全国最高的监察长官。

汉初官制因袭秦制，仍立丞相，与掌军事的太尉、掌监察的御史大夫并称"三公"，执掌朝政。秦与汉初的丞相，虽主持全国政事，但丞相须由皇帝任命，因此皇帝才是实际的最高行政首脑。汉武帝时，政事日渐繁杂，皇帝的侍从与随员大量增加，因皇帝宠任外戚与近臣，相权被逐渐削弱。汉武帝晚年，更把决事地点由外廷移至内廷，尚书等皇帝身边的内朝官因有出入禁中之便，形成所谓的"内朝"。皇帝是内朝的领袖，尚书的权力日益扩大，丞相则逐渐变为听命于内朝的执行官，失去参与最高决策的权力。武帝死后，霍光就以"大司马大将军领尚书事"辅政数十年。

尚书在汉初本是宫中掌管章奏、图籍的小官，因在皇帝近侧，颇得宠任。随着决策权由外朝向内朝转移，权力甚大，再以大司马大将军来兼任，从而成为中央的重臣。西汉末，丞相改称大司徒,与大司马、大司空并称"三公",东汉初仍设太尉、司徒、司空为"三公"。至此,三公的职权已有了很大变化,成了并无多少实权的挂名宰相。另一方面,尚书有审驳诏命、参议朝政与选署诛赏之权,加之正式成立尚书台,长官称尚书令,以尚书仆射为副职,尚书成为独立机关,名义上虽仍属少府,且尚书令官品不高,但实权已超过三公。《后汉书·王充王符仲长统传》称:"虽置三公,事归台阁。自此以来,三公之职,备员而已。"李固说:"今陛下之已有尚书,如天之有北斗。斗为天喉舌。……尚书出纳王命,赋政四海,权尊势重,责之所归。"[1]

尚书令本由士人充任,但有时也有以宦官充当的,称为中尚书令,或中书令,所以汉代的尚书令与中书令,是同职而异名。东汉时,作为皇帝侍从之官的中常侍一律由宦官担任,因在皇帝左右,掌传达诏令等事,所以权力颇大,成为新的内朝,可控制尚书台事,于是尚书与皇帝逐渐疏远,转变为行政机关,这是宰相制度在东汉的又一变迁。

二、隋唐宋元的三省制

隋唐建立了以三省六部为主体结构的中央官制。三省指的是尚书省、中书省和门下省。三省的建制和三省的重要职官始于魏晋。曹魏时,尚书台脱离少府,为最高行政机关,尚书令即是宰相,其副手尚书仆射为副相。魏晋时专设中书省,以取旨为职掌,即秉承皇帝旨意起草诏令,长官为中书令;又添设门下省,掌驳议,即审察诏令,同意者签署,不同意者驳回重议,长官为侍中。三省的职责分别为决策、审核和执行。三省的首长均为宰相,共议朝政,较之于秦汉,他们之间的权限和分工已趋明晰。

始于魏晋的三省制到隋唐时已成定制。隋代避隋文帝杨坚之父杨忠的名讳,改中书省为内史省,中书令改称内史令;门下省首长侍中泛称纳言,尚书省之名则相沿未改。隋仍实行三省分权,其长官都是宰相。

唐循隋制,以三省首长为宰相,对三省的职权作了调整。

其一,由于李世民即位之前曾任尚书令,所以在他即位后,尚书令基本不再设置,而以尚书左、右仆射为尚书省首长。尚书省下设吏、户、礼、兵、刑、工六部,每部下辖四司。各部的职责为:吏部掌管官吏的任免、考课、升降、调动;兵部掌管武官的选用和兵籍、军械、军令;户部掌管土地、户籍、赋税、财政;刑部掌管司法、刑狱;礼部掌管朝廷礼仪、祭享、贡举、学校;工部掌管工程、水利、屯田、交通。尚书省作为执行政令的机构,其具体事务由六部分理。"六部"的名称,一直沿用到清末。

其二,中书省正式成为制定政令的机构,主官为中书令,次官为中书侍郎,下面的骨干官员

---

[1] 《后汉书·李杜传》。

为中书舍人。唐代诏敕多由中书舍人执笔撰写,故中书舍人有"文人之极任,朝廷之盛选"①之说。

其三,门下省主官为侍中,次官为黄门侍郎,下面的骨干官员为给事中。给事中掌封驳之任,"封"指封还诏书而不行,"驳"指驳正诏书之缺失,从而形成门下省的审议制度。

其四,唐朝因中书令、侍中位高权重,皇帝为了制衡其权力,常差遣三品以下的官员参与宰相事务,为此给他们加上"参知政事"、"参议朝政"、"参预朝政"、"参议得失"等名号,或加上"同中书门下平章事"、"同中书门下三品"等头衔,使其行使宰相职权。因此,唐代宰相并不限于三省的首长,通常少则数人,多则十余人。

其五,唐朝禁内的翰林学士本为文学侍从,既无官阶,也无实权,以后皇帝授予承旨拟撰重大诏令的职责,于是中书省内中书舍人的制诰之权被分解。唐朝凡由翰林学士所拟的诏令称"内制",用白麻纸书写;由中书舍人所拟的诏令称"外制",用黄麻纸书写。翰林学士因此被称为"内相",其中以加上"翰林学士承旨"头衔者,权任尤重。

其六,由于中书与门下两省一主制定政令,一主审议政令,有时不免各执己见。唐太宗时专设政事堂于门下省,侍中出席议政,而给事中仍有权封驳,政令的决定,由两省共同负责。唐玄宗开元年间,将政事堂改设于中书门下,又列吏房、枢机房、兵房、户房、刑礼房于其后,从此,政事堂由议政之所变为宰相机关。

其七,唐朝为避免决策失误,于中书、门下二省设讽谏之官,包括散骑常侍、谏议大夫、拾遗、补阙,他们各分左、右,"左"属门下省,"右"属中书省,其职责为议论朝政得失,要求有失辄谏。

宋代加强中央集权,中央行政机构名义上三省并立,但三省长官"不预朝政",成为虚衔,而且中书令、尚书令与门下省的侍中,也不常置,有时以他官兼领。宋代在三省之外另设宰相的办公机构于禁中,称为"政事堂"或"中书门下",简称"中书"。真正的宰相是"同中书门下平章事",简称"同平章事"。其下设"参知政事",是为副相。宰相的名称在宋代大体有五次变化,例如北宋神宗时元丰改制,以尚书左仆射兼门下侍郎,或称"左相",以尚书右仆射兼中书侍郎,或称"右相",他们都是正宰相。又增设4名副宰相,分别为门下侍郎、中书侍郎、尚书左丞、尚书右丞。宋代掌管全国军务的最高机构是枢密院,以枢密使、枢密副使为其长官。在宋代,一般把副宰相与枢密院首脑称为"执政",而把宰相与执政合称为"宰执",共理朝政。宋代的宰相一般都没有与皇帝或同僚的议政之权,有事须以折子向皇帝请旨,由皇帝最后定夺,宰相听命执行,所以较之于唐代,宋代宰相在决策、军事、财政、用人诸方面的权力大为缩小。

---

① 杜佑:《通典·职官三》,中华书局,1988。

元朝以中书省总理政务,枢密院执掌兵权,因袭宋代文武分权的体制。尚书省则废而不设,其职权归中书省,六部也改由中书省统辖,这样,中书省就成为全国最高的行政机关。元朝中书省长官为中书令,必以皇太子担任,为荣誉性虚衔,实际是以左右丞相、平章政事为宰相,下有左右丞、参知政事为副宰相。右丞相必以蒙古人充任。

图1-3-1　中书省印(1)、(2)

三省制起始于魏晋,经隋、唐、宋演变至元,最高政务机关已由多元变为一元。

三、明清的内阁制

明初的职官设置承袭元朝,以中书省总领政务,以左右丞相为宰相,统辖六部。洪武十三年(1380),丞相胡惟庸以谋反罪被诛,朱元璋撤消中书省,废丞相,一切政务统归六部,由皇帝亲自辖制,传统的宰相制度从此废除。因政务繁杂,由皇帝一人日理万机,毕竟力不从心,于是朱元璋从翰林院选择官员为其阅看奏章,草拟诏旨,规定仅备顾问,并无实权。明成祖时,始命翰林院官员入值文渊阁,参与机务,因这一机构设在宫廷,故称内阁。仁宗、英宗以后,内阁权位日益提升,凡中外奏章,皆由内阁大学士先用小票墨书贴于疏面进呈皇帝,由皇帝批后交六部办理,称为"票拟"。内阁大学士"朝位班次,俱列六部之上",[①]号称"辅臣"。首席大学士称"元辅"或"首辅",权力最重。尽管内阁大学士类似于过去的宰相,但仍与宰相有所差别。一方面,执行政务的六部不是内阁的下属部门,因此内阁不是正式的最高执行机构;另一方面,宣宗、英宗以后,皇帝深居内宫,内阁难以与其面议朝政,而要受制于司礼监秉笔太监的批红。加之皇帝荒怠政事,宦官擅权,宦官多通过司礼监与外廷往来,内阁之权被内臣侵夺,司礼监因此得到"太上内阁"之称。

---

① 王圻:《续文献通考》卷52《宰相》,现代出版社,1986。

清代仍设内阁大学士,不设丞相。乾隆时以三殿三阁为定制,即保和殿、文华殿、武英殿、体仁阁、文渊阁、东阁。三殿三阁总称内阁,内阁中所设大学士,加殿阁头衔,满汉各半。仿明朝制度,规定凡各处官员所呈奏章,先由内阁代拟批旨,再呈皇帝审处,皇帝的诏令,由内阁下达六部执行。

清初在内阁大学士之外又设议政王大臣数人,均为满人,凡军国重务,都交其议奏。雍正时用兵西北,为加强皇权,始设军机房。雍正十年(1732)正式改称办理军机处,简称军机处,任命满汉亲信为军机大臣,每日晋见皇帝,草拟和转达皇帝旨意,处置军国要务。《清史稿·军机大臣年表序》称:"军国大计,无不总揽,自雍乾后百八十年,威命所寄,不于内阁而于军机处,盖隐然执政之府矣。"尽管军机处不是正式官署,但皇

图 1-3-2　故宫军机处

帝实际通过军机处总揽军国大政。政务中心移归军机处后,内阁依然存在,但已无实权,大学士成为文臣的荣誉称号。乾隆后期,取消了议政王大臣会议,内阁已形同虚设,皇帝更加独断专行。军机处的设立与运作,一方面在于提高行政效率和确保机密,一方面在于削弱群臣议政的权力,使皇权专制达到顶峰。

第二节　监察制度

监察意为监视和督察。监察组织的职能是监督各级机关和官员的工作,检察违法失职的机关和官员,施行检举纠劾。监察官制的确立和监察组织的制度化,始于秦汉,延续 2000 多年,这是中国古代官制的又一特点。

一、御史制

御史在战国时期本是职掌文书及记事的官吏。秦统一全国后,御史除秘书职能外,又赋予其监察职能,地位仅次于丞相。秦朝以御史大夫为御史之长,其下设有御史中丞、侍御史、监御史等,专司监察,不仅在内廷中监督百官,而且派监御史到各地监察郡县,基本形成了从中央到地方的监察系统。

汉代中央设置御史府,为最高监察机构,首脑为御史大夫,统辖各级御史,监察考核百官,并可监督丞相。其副手为御史中丞,简称中丞,为御史府中从事实际工作的主干官员,一方面

在殿中掌秘书和图籍,一方面有双重监察的职权,既"内领侍御史","外督部刺史",又有举劾违法官员的权力。汉武帝时将全国划为13个监察区,称"刺史部",后又以"州"为名,每个州设刺史一员,以中央监察官的身份,监察地方官员。刺史在地方上监察范围广,实权很大。东汉中期以后,州由监察区演变为行政区,州刺史也转变为地方长官,改称州牧。

两晋南北朝仍设御史台,以御史中丞为其长官,唯北魏称御史中尉。御史台监察百官,权限很大,所谓"自皇太子以下,无所不纠"。[①] 对于地方监察,虽未设固定机构,但仍不定期派遣巡御史到各地巡视监管。

二、台院制

唐代认同前代监察组织的功能,所设监察机构分工明确,编制扩充。唐代以御史台为最高监察部门,由御史大夫主持台务,御史中丞为其副。御史台下设三院:一为台院,由侍御史6人组成,职责为纠察百官,弹劾不法,并参与大理寺审理大案;二为殿院,由殿中侍御史9人组成,职责为维持朝会典礼时官员纪律;三为察院,由监察御史15人组成,职责为监察地方官吏。唐代以"道"为监察区,初分10道,后分为15道,每道设监察御史1人,后又改称为按察使、采访处置使、观察处置使等,其职权范围与汉代刺史相似,巡按州县,纠劾百官,在地方有很大的权威。

唐代监察制度的又一特点是发展了谏官制度,前述给事中、左右散骑、谏议、拾遗、补阙等谏官,分别集中于中书、门下两省。其职责为驳正政令之违失,"凡发令举事,有不便于时,不合于道者,小者上封,大者廷诤"。[②] 唐代的谏官制度,对于政令之纠误、法纪之遵行,曾起过积极作用。

宋、元承唐代台院制而略有官员设置上的变化。宋代以御史中丞为台长,侍御史为其副,负责监察中央官员,肃正朝廷纲纪,但不监察地方,地方官吏主要由地方的通判、转运使进行监察。宋代也重视谏官,专门从门下省分出一个谏院,为中央的独立机构之一,以左、右谏议大夫为长官,加上门下省之下的给事中,合称"给谏"。宋代由于谏官不得兼纠弹,而御史又可兼谏职,造成"言察相混"的现象,开后世台、谏合一的先河。宋代的给谏在政治生活中的实际作用,已不如唐代。至元代以后,谏官谏诤君王、匡正得失的功能,随君主独裁的加强而日渐丧失。强化地方的监察是元代监察制度的一大特色。元代将全国划分为22个监察区,称为"道",又以行御史台为中央派出机构,分驻江南和西北。各道的监察官和行御史台的御史,组成严密的监察网,实施对地方的监察。

[①] 杜佑:《通典·职官六》,中华书局,1988。
[②] 《旧唐书·白居易传》。

三、都察院制

明清的监察制度随中央集权的进一步强化而臻于严密。明代由过去的台院制演变为都察院制,中央监察机构由都察院和六科都给事中两部分组成。都察院"主纠察内外百司之官",设左、右都御史为正职,左、右副都御史和左、右佥都御史为副职。六科都给事中为明代新创,由给事中负责审查六部的上奏,若有不妥,即行驳回。明代地方性监察官有两种,一为由中央派住地方的监察御史,共110人,分13道巡视,考察、举劾地方官,"大事奏裁,小事立断",品阶不高,权力极大。一为常驻各省的按察使,既是主持行政的地方大员,又履行监察地方的职责。

清朝仍以都察院为全国最高监察机构。六科都给事中并入都察院,以左都御史、右副都御史为正副长官,满汉各一人,下辖六科15道,清末随省区增加,增至23道。科设六科给事中掌谏言,道设监察御史掌稽察,合称"科道"。科道的主要职能是监察行政、考核官吏、弹劾官吏、稽核大案、检查会计,至于当廷谏诤的职能,此时已丧失殆尽。

综上所述,监察制度在历代政治生活中起着重要作用,2000多年来,朝代更迭频繁,政坛风云变幻,监察制度也演变嬗递,但监察组织所具有的整饬吏治、检举不法、维护纲纪、巩固君权的功能,为历代统治者所重视。好的"吏治"离不开严格的"治吏",古代监察制度自成系统,独立行使行政监察,在考课、惩贪及防止官吏权力滥用等方面曾起到重要作用。监察官作为君主之耳目,一般品秩不高,但位卑而权重。在古代庞杂的官僚体系中,监察官以其集弹劾、谏诤、司法、巡视诸权于一身而受人瞩目。

第三节 地方官制

中国疆域辽阔,地方官与京官相比,在官员总数中占多数。古代也按行政区划分级设官治理,最基层的行政机构是县。由于各朝行政区划的建置时有变化,所以地方官的设置及其官称也随之演变。

一、秦汉两晋南北朝地方官制

秦统一中国后,废封国,初分全国为36郡,后增至40郡,郡直属中央,下设县。郡的长官称郡守。县有大、小之分,凡万户以上的县,其长官称县令,万户以下的县则称县长。郡县长官下有郡丞、县丞为其辅佐,又有郡尉、县尉分掌地方军事和治安。

汉代地方长官沿秦制设郡守和县令两级,在京师设京兆尹、左冯翊、右扶风三种官职,合称"三辅",地位同于郡守。汉武帝时,设十三部(州)刺史,为监察区,以后部(州)刺史的权力不断扩张,除掌监察外兼管民政和军事。汉末刺史改称"州牧",13州成为事实上的行政区。

由东汉末形成的县令、郡守、州牧三级地方长官制,通行于魏晋南北朝时期。东晋以后,北方因战乱导致士族及流民移居江南,政府为安置他们而划分区域,称侨州、侨郡和侨县。州郡越划越多,越分越小,出现一州辖二郡,一郡辖二县的状况,行政机构也因此重叠,有的州郡徒有虚名,所谓"十羊九牧"正是对此现象的形容,这就引发了隋初的官制改革。

二、隋唐宋地方官制

隋将州、郡合并,地方官制改为州、县二级,以州直接统县。州设刺史,县设县令。隋后期又改州为郡,郡的行政长官称太守。

唐前期仍实行州(府)、县二级地方官制。州的长官为刺史,刺史之下有别驾、长史、司马、录事参军等官。录事参军统领司功、司仓、司户、司法、司兵、司曹等,其职能与中央六部对应,负责处理地方具体政务。县的长官统称县令,其下有县丞、县尉、主簿等官。

唐代的首都长安和陪都洛阳设府,长官为牧,牧一般由亲王挂名遥领,实际政务由府尹主持。

唐代设道,本如汉初设州,起初只是监察区,唐中后期则演变为行政区,从而形成道、州、县三级制。唐代曾在边镇地区设都督府,具有大军区的性质,长官为都督,后称节度使。安史乱起,出于战争需要,节度使制度行于内地。节度使不仅领兵,又兼任州刺史,兼理民政,成为权势尤重的地方大员。中唐以后,节度使的辖区也称道,节度使总揽数州军、政、民、财之权,不服朝廷之命,传位于子或部下,从而形成藩镇割据的局面。

宋初地方官制为州、县二级,宋太宗以后发展为路、州、县三级地方官制。

宋代最基层的地方行政区是县,设知县为其长官。所以称"知",是因为宋代加强中央集权,多派京官以本官职衔去掌管一县政务,故称"知某县事"。县以上是州,州的行政大官也由中央委派朝臣担任,称"知某州事",简称"知州"。与州同级的还有设于首都及重要州郡的府,长官为府尹或知府。州之上为路,路大体相当于唐代的道。宋代吸取唐代节度使因诸权集于一身而演为割据势力的教训,每路设置四个机构,分别是掌管军事和民政的经略安抚司,又称"帅司",长官为经略安抚使;掌管钱粮征收和谷物转运的转运司,又称"漕司",长官为转运使;掌管司法、刑狱、监察的提点刑狱司,又称"宪司",长官为提点刑狱公事;掌管贷放钱谷和茶盐产销专卖的提举常平司,又称"仓司",长官为提举常平司。上述四个机构简称"帅、漕、宪、仓"。宋代将地方权力分解,一方面避免了权力的过分集中,一方面也造成冗员过多而相互推诿的弊端。

三、元明清地方官制

元代把全国划为10个行省,以行中书省为中央派驻行省的机构,后因行省成为地方最高一级的行政机构,于是行省长官成为地方的高级官员,其官名与中央官称大致相同,称丞相、平章、左右丞、参知政事等。行省之下为路、府(州)、县三级,长官分别为总管、知府(知州)、县尹。又在地方三级政区的原有长官外,另设一名达鲁花赤。达鲁花赤在蒙语中意为镇压者、制裁者或掌印者,照例由蒙古人担任,通常是各地的真正掌权者。

明代地方行政为省、府(州)、县三级。省的长官为左、右布政使,一省之中,布政使司是最高行政机构,主管民政和财政。同时还设提刑按察使司,掌管司法刑狱,以提刑按察使为长官。设都指挥使司,掌管一省军事,长官为都指挥使。三个机构合称"三司",三权分立,共治一省,以防专权。省下设府,长官为知府。府下设县,长官为知县。明代的州分为两种,一种与府同级,直属布政使司,叫直隶州,下辖县;另一种与县同级,由府统辖,叫散州或属州。其长官都称知州。

清代一级地方政区为省,康熙时全国共 18 省,至光绪时增至 23 省。地方行政机构分为省、府(州、厅)、县三级。省的最高长官为总督、巡抚,总督一般管辖 1 至 3 省,总揽辖区内行政、军事、监察大权,又称制军、制宪、制台等。巡抚主管一省军政刑狱,又称抚台、抚军、中丞等。布政使、按察使为督、抚属官,并称"两司"。布政使掌一省财赋,简称藩台、藩司;按察使掌一省司法和监察,别称臬司。乾隆时期又专设分守道、分巡道,带兵备衔,管辖府、州,成为省和府州之间的行政长官,叫做道员或道台。府(州)、县一级长官的官称与明朝相同。

第四节　古代官制的特点与官僚的政治人格

中国自秦统一全国至清朝灭亡,王朝帝国体制的延续达 2000 余年。其间,完备的官僚制度和庞大的官僚体系,对于君主专制集权的运作起了有效的作用。另一方面,君主专制集权既赋予古代官制以鲜明的特点,又塑造了官僚的政治人格。

一、文官制度的实施

中国地广人众,主要靠文官体系来维持国家机器的运转和对民众的治理,文官体系在历史上曾经担任了重要角色。

早在春秋战国时代,不少诸侯国为在列国纷争中增强国力,纷纷改革内政,以建立有效的治理机构,其中官分文武,并依靠文官执行政务已是各国的普遍现象。及至秦朝,文官制度已基本完备。汉朝以降,随着察举制、九品中正制和科举制的实施,使各地受过教育的文士经推荐或考核进入各级政府。在中国的政治舞台上,儒者出身的文官始终是官僚队伍的主体。

文官组织的持续运转离不开后备官员,即等待选拔的文士的支持,因此,文官制度对知识分子的导向功能十分明显。传统意义上的知识分子,是封建文化的主要占有者,但他们并不愿以文化人自限,不满足于单纯地创造和传播精神文化,而是把参政济世视为人生正途,渴慕在社会舞台上演出治国平天下的活剧。因李陵之祸而遭宫刑的司马迁如是说:"上之,不能纳忠效信,有奇策才力之誉,自结明主;次之,又不能拾遗补阙,招贤进能,显岩穴之士;外之,不能备行伍,攻城野战,有斩将搴旗之功;下之,不能累日积劳,取尊官厚禄,以为宗族交游光宠。四者无一遂,苟合取容,无所短长之效,可见于此矣。"①上、次、外、下四个层面,莫不以入仕参政为目的,司马迁貌似自卑的自我评价,正揭示了"士以求仕"这一一元化的价值取向,知识分子首先要把自己造就成一个官僚,然后才能借助知识,上谏于君,下抚于民,即知识和权力联姻,方能体现人生价值。

本来,知识分子所接受的主要是儒家思想的教育,他们一般都怀着儒家的理想渴望入仕参政,他们既是中国政治史上最活跃的一群人,也是一种对现实政治时时发出批判性声音的制衡力量。在古代中国,作为文人的士大夫的主体意识在于"羽翰乎教化之声,献酬乎仁义之醇,上以德于君,下以风于民",②作为政治家的士大夫的主体意识在于"以天下为己任",二者相吻不悖,文官制度的实行,则强化了士大夫文人的上述意识。

在中国封建社会,影响国家统一的势力主要是那些以狭隘地域为中心的世袭贵族,以及拥兵自重、割地为王的武装力量,而文官制度造就了一大批脱离狭隘地域,以儒家思想为共同信仰的知识分子。较之于贵族政治或武人政治,文官政治崇尚的是"大一统"理念。产生于春秋末年的大一统思想,从孔子的"一匡天下"、孟子的"定于一"、荀子的"文王载百里,而天下一"、董仲舒的"大一统者,天地之常经,古今之通谊",一直到清末康有为的"大同世界",都是一脉相承的。大一统作为一种理性自觉,始终是文官政治的价值取向,因此文官政治有利于国家和政体的统一。其次,儒家强调修身,主张为政以德,要求在以德治国的原则下为官治民,较之于武人政治,文官政治显得较为温和,加之文官大凡具有一定的文化素养,因而文官政治也体现了中华民族"尚文"的传统,对于文化的发展是较为有利的。

二、 中央集权的强化

中央集权以对帝王的绝对崇拜和无条件服从为依归,它是中国古代官制的基础与内核,也是古代官制嬗递演变的直接动因。

中国自秦始皇称帝至清王朝终结,君主专制政治延续达 2000 多年之久。从设官分职的角度看,君主专制制度的发展,大体经历了两个阶段。元代以前是宰相制的君主专制,宰相辅君佐政,听命于君而支配百官。明清两代,为加强中央集权和皇帝专制,取消了宰相制,皇帝直接行使中央政府的各种权力。出现上述演变的动因,正是中央集权的不断强化,君主专制的趋于

---

① 萧统编:《文选》卷41,《报任少卿书》,中华书局,1977。
② 范仲淹:《范文正公集·唐异诗序》,上海商务印书馆,1937。

极致。

中央集权下的官僚体制,其显著特征之一就是君主独揽最高权力。在全国范围内,君主只有一个,所谓"天无二日,民无二主",国家与百姓的命运,系于君主一人。君主的绝对权威依靠礼制、独裁、庞大的官僚机构,以及严密的监察网络得以维系。秦汉以后规定的一整套礼制,强化了君主的威严。在人们的观念中,天地君亲师代表了古代社会的绝对权威,天地是天人体系中的绝对权威,君是政治体系中的绝对权威,亲是宗族体系中的绝对权威,师是学术体系中的绝对权威。而君权天授,家国一体,君权与神权、族权合而为一,所以在政治统治方面,君主的地位至高无上。表现在政治权力的行使上,国家一切重大事务由君主一人作出制裁,庞大的官僚机构只是驯服于君主的政治工具。由于政治权力的高度集中,往往会诱发一些人对皇权的觊觎,以致君主专制异化。历史上诸如相权之变、宦官乱政、外戚专权、地方重臣割据等时有发生。为保证绝对权力不发生动摇,构建严密的监察网络被历代君主所重视。监察机构协助君主监督考察百官,充当君主耳目,旨在肃正纲纪,拨邪反正,以巩固君主的绝对权威。

中央集权下的官僚体制的又一特征是君尊臣卑,君臣关系本质上是主奴关系。帝国的社会公共机关和社会公职异化为君主的工具。唐代韩愈将君与臣的政治定位概括为:"君者,出令者也;臣者,行君之令而致之民者也。"[①]在君临天下的帝王面前,臣只是唯命是从的工具。在官吏的任用上,君主直接掌握任命大权,从将相到地方要员,都由君主任命。君主还有权给任何人以各种勋爵、财产和特权的赏赐,同时也可以随时收回这些赏赐。从中央到地方的各级官员,都要谨慎地执行君主的决策。君主一方面须有庞大的官僚机构为他处理繁杂的政务,一方面又不能容忍政府机构权势和威严的扩大,所谓"威震主者不畜"。[②] 当皇权与相权此消彼长时,君主往往采用架空或分权加以调整。汉魏时权力由外朝(常设政府机构)向内朝(近侍官员)的转移,就是为了架空以丞相为首的政府。明清时废除相权,提升六部地位,设内阁与军机处,也是为了通过分权以加强独裁,而内阁与军机处实际成了君主私人的办事机构。

我们还可通过宰相职权的落实,进一步说明"君尊臣卑"的事实。传统相权在法理上应定位于秉承君主信托以主掌国家政务,其职权包括大政方针、皇家事务、民政、军政、财政、外交、立法、司法,以及官员的考课、监督、奖惩等;其权力行使的方式包括朝议、谏诤、封驳、奏请、施政等。然而在实际运作中,由于皇权至高无上,宰相的自主性和客观性得不到保障。宰相的正确意见,君主未必采纳;宰相直言极谏或封还诏书,君主可以不接受;君主不出诏敕,宰相无权自主实施政务。因此,相权能否生效,不在于法理,而在于能否备受君王的宠信。尽管宰相"位极人臣",但既定位于"臣",就须恪守"君尊臣卑"的法则。

---

① 韩愈:《韩昌黎文集校注·原道》,上海古籍出版社,1986。
②《汉书·霍光传》。

三、官僚的政治人格

君尊臣卑的政治背景，模塑出传统官僚的复杂人格。首先是强烈的参政意识与企盼知遇意识。作为传统意义上的知识分子，其主流是以经世致用、兴邦治国、教民化俗为己任，在实践上努力追求"立德、立功、立言"。所谓"立功"，是指建功立业，古代作为启蒙读物的儿歌说："天子重英豪，文章教尔曹。万般皆下品，唯有读书高。"民间流行的谚语说："学成文武艺，货与帝王家。"读书是为科举，科举及第才能打通仕进之路。知识分子发挥自己学识才干的主要途径，就是"货与帝王家"，于是，入世参政的意识从一开始就少有个人奋斗的独立色彩。

其次是自觉的忠君意识。由于君主独尊，权力高度集中，个人出于自由意志独立奋斗已无实际意义，只有得到皇帝青睐，才有可能实现自我价值，正如东方朔在《答客难》中所说："尊之则为将，卑之则为虏；抗之则在青云之上，抑之则在深泉之下；用之则为虎，不用则为鼠。"从而，臣僚极易养成一种依附性人格，把人生价值与崇高理想都寄托于高高在上的君主。即便像李白这样傲视权贵，具有反抗性格的知识分子，一旦得知君主招其入宫，也要高唱"仰天大笑出门去，我辈岂是蓬蒿人"，显得踌躇满志。事实在于，历史上能不拘一格用人才的君主毕竟少有，加之奸臣当道，贤者遭弃，以及不少朝代以门第取士，所以当正直文人怀抱济世拯物之志步入仕途时，大都痛苦地发现仕途多舛，举步维艰，而桀骜不驯，只能遭逸贬弃，正如李白所述："欲渡黄河冰塞川，将登太行雪满山。"缘于此，中国文化一方面倡导"天下有道"这一理想化的圣王政治，一方面又在忠君的前提下主张"从道不从君"，认为忠臣义士应以道义为准绳。对于君主的失道之举，要仗义谏净，匡正违失，从而"纳君入礼"。表现在实际的政治斗争上，当君主宠任外戚或宦官，逞威肆志，导致君权异化时，总会有以天下为己任的正直臣僚冒死谏净。由于君尊臣卑的基本前提未变，所以这种抗衡力量尽管体现了一定的主体性，但本质上并未超越君臣的名分。由此不难理解，"精忠报国"的岳飞在庸君前却唯命是从；杨继盛忠言谏君，临刑前却仍死而有憾地吟道："生平未报恩，留作忠魂补。"①

再次是主奴意识。西方政治学认为，权力越界是对权利的侵犯，由此引起的冲突是社会秩序遭受损害的主要根源。中国传统思想对权力的界定常常是模糊的，尽管官僚体系组织严密，但在实际运作中权力越界比比皆是，上级对下级颐指气使，下级对上级曲意逢迎，奴性十足。鲁迅先生对此"差序格局"有过精辟的分析："有贵贱，有大小，有上下。自己被人凌虐，但也可以凌虐别人；自己被人吃，但也可以吃别人。一级一级的驾驭着，不能动弹，也不想动弹了。因为倘一动弹，虽或有利，然而也有弊。我们且看古人的良法美意罢——'天有十日，人有十等。下所以事上，上所以共神也。故王臣公，公臣大夫，大夫臣士，士臣皂，皂臣舆，舆臣隶，隶臣僚，

---

① 《明史》卷290。

僚臣仆,仆臣台。'"①这种一级驾驭一级的政治格局,塑造出传统官僚主子与奴才兼具的人格。即便是品秩不高的基层地方官县令,在官贵民贱的格局下,也有更卑贱的"民"可供役使。县令被称为"父母官",如有德政,叫做"牧民有方",民只是"牧"的对象。本来,权力可以为善,也可以为恶,在监督机制不健全的政治环境中,为善或为恶取决于用权者的品质。一般而言,在主子与奴才的双重身份中长于互换者,往往能循着权力的阶梯上行,而耿介不阿、不善曲附奉迎者则极易从权力的阶梯上跌落。例如据萧统《陶渊明传》载,东晋的陶渊明因厌恶官场上亦主亦奴双重身份对其自由意志的拘束,"叹曰:'我岂能为五斗米折腰向乡里小儿。'即日解绶去职"。唐代高适在封丘县尉任上,难以适应亦主亦奴对其人格的扭曲——"拜迎长官心欲碎,鞭挞黎庶令人悲",②遂弃官不就。诚然,权威与服从对于维护社会秩序是必要的,问题在于古代官僚组织中的权威与服从,既未经民主程序的认定,又模糊了权力的界限,导致权威者和服从者的关系异化为人身依附关系,从而在一定程度上扭曲了官僚的政治人格。

关键词

职官	宰相制度	三公	外朝	内朝	尚书制	谏官制度	都察院制
郡守	县令	州牧	刺史	节度使	行中书省	达鲁花赤	总督
巡抚	文官制度	中央集权	官僚体制		政治人格	主奴意识	

思考与讨论

1. 中国古代的宰相制度经历了哪三个演变阶段? 演变的深层原因是什么?
2. 何谓"三省六部"?
3. 在中国古代,法理上的相权与实际运作中的相权是否一致? 为什么?
4. 监察制度在历代政治生活中曾经起过什么作用?
5. 文官制度的实施对于古代知识分子有什么影响?
6. 文官制度与贵族政治、武人政治相比,其特点是什么?
7. 中央集权下的官僚体制有什么显著特征?
8. 试析传统官僚的政治人格。

拓展阅读

1. 《中国古代官制概论》,李世愉、孟彦弘著,中国社会科学出版社,2009。
2. 《中国制度史》,吕思勉著,上海教育出版社,1985。
3. 《中国官僚政治研究》,王亚南著,商务印书馆,2010。

---

① 鲁迅:《坟·灯下漫笔》,人民文学出版社,1980。
② 高适:《高适集校注·封丘作》,上海古籍出版社,1984。

思维导图

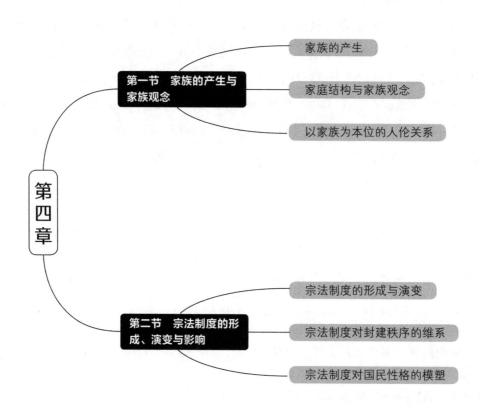

第四章 宗法制度

宗法制度是古代维护贵族世袭的一种制度。宗法建立在宗族的基础之上,宗族由若干个同血缘的家族集合而成,由家庭而家族,再集合成宗族,结成乡社,进而成为国家的基石,这是中国古代社会结构的基本事实。在宗法制度下,家族—宗族是以血缘关系为纽带、以统治和服从为内核的政治、经济、乡俗和道德的共同体。它与国家政权合二为一,在家族—宗族内部起到维护父家长统治权力的作用,在意识形态领域具有道德制约的作用,对国家与社会具有维系秩序的功能,同时,对国民性格的塑造也有着深刻的影响。

第一节 家族的产生与家族观念

一、家族的产生

家族是个历史的概念。在原始群婚时期,人类处于血亲杂交状态,还不可能产生家族。随着母权制氏族的形成,始出现母系大家族,即男子居住女方,世系依母系计。到了父权制氏族时代,形成了父系大家族,女从夫居,世系依父系计。随着原始公社制度的逐渐解体,又形成私有制下的父系大家族。父系家族内部包容了若干个个体家庭,家族内部所容纳的个体家庭或多或少,但都秉承同姓一家族的观念。在中国长期的封建社会中,父系家族中拥有父权和夫权的家长,即拥有掌握家族所有财产和支配家族所有成员的绝对权利。家长的这种统治权力,在地主家庭和农民家庭都是一样的。只是地主在其家族经济的支撑下,大都聚合多个个体家庭而居,三世、四世乃至五世同堂,家长的地位愈显尊严。农民家庭的家长通常是生产的主要劳动力,是仅有的少量生产资料的占有者和支配者,同时又是生产的管理者和组织者,其统治权只限于"一夫挟五口,治田百亩"[①]的范围。家族的血缘纽带,适应了界定家族成员的辈分关系和维护家长统治权的需要,在私有制下愈益牢固。

普列汉诺夫曾指出,一个民族的文化,都是由它的精神本性所决定的,它的精神本性是由该民族的境况所造成的,而它的境况归根到底要受生产力状态和它的生产关系所制约。[②] 氏族本是人类社会最原始的血缘集团,由血缘纽带组成的氏族社会,是世界各民族都曾经历过的发展阶段。然而,不同民族在氏族制解体后的发展形态却有差别。例如,生活在多岛的海洋型

[①] 《汉书·食货志》。
[②] 详见(俄)普列汉诺夫著,曹葆华译:《没有地址的信》,生活·读书·新知三联书店,1973。

地理环境中的希腊人,很早就从事跨地域的海上商品交换,频繁的迁徙流动,使他们挣脱血亲的束缚,构建起以地域和财产关系为基础的城邦社会。由于跨海迁徙造成不同种族的融合,导致城邦国家在政治上不是以血缘纽带为基础,而是以契约为基础。正如汤因比所指出的:"在民族大迁移的过程中,跨海迁移的苦难所产生的另一个成果不是在文学方面,而是在政治方面。这种新的政治不是以血缘为基础,而是以契约为基础的。"①

反观中国,当栖息于由大河灌溉的辽阔原野上的古代中国人告别了采集与渔猎经济后,即开始了定居式的农业活动。农业型的自然经济有下述重要特征:第一,固守土地,只要没有威胁到生存的灾荒或战乱,一般很少有流动迁徙。第二,每个家庭或家族就是一个自给自足的经济单位和社会单位。他们在相对封闭的区域内,代复一代地从事着简单的再生产,因此,维系家族成员的关系显得尤为重要。第三,传统农业生产技术的传承,主要凭借长辈的口传身教,具有丰富生产经验的家长自然成为一家的权威。显然,农业型的自然经济是血缘纽带无法割断的根本原因。在血缘(家族血亲)、地缘(农村乡社)、业缘(农耕经济)的共同作用下,同一家族的成员长期生活、劳作于同一地区,世代繁衍,家族本位成为根深蒂固的群体意识。

二、 家庭结构与家族观念

中国封建家庭的结构是以父子、婆媳为主轴的典型的父子型家庭。家族关系以亲子的血统关系与夫妻的婚姻关系为基本构造。

就血缘关系言,古代社会中比较典型的家族是由至少两代人的夫妻关系及亲子关系连锁结合而成。若干个有着血缘联系的个体家庭同居聚合成大家族,诸如祖孙三代家族、四世同堂家族或五世同堂家族。《红楼梦》中的贾府,就是这种大家族的典型代表。大家族内部实行严格的家长制,所谓"父者,家之隆也,隆一而治,二而乱"。② 家族中的成员存在着明显的等级差别。首先,父家长重子轻女,形成家族内部男尊女卑的不平等关系。其次,男子中长子或长兄的地位高于家族同辈中其他成员。再次,家族内部的财产分配不是均等的,所得财产的多少,取决于该成员在家族中所处的位置。总之,家族成员的关系受制于血缘关系。

就姻缘关系言,它决定着家族的绵延,是构成家族关系的重要因素。在父权与夫权支配下的家族关系中,姻缘关系从属于血缘关系。首先,娶妻须由家族中主要成员过问和决定,所娶女子的贞操对全家族负责,以确保家族血缘世系的纯度。亡夫之妻再嫁须得到家族长辈认可,并征得全家族的同意。其次,家族中女性处于从属地位,她们既受制于直系长辈,又听命于自己的丈夫,严格遵从家族内部既有的等级秩序。再次,同一家族中的女性,其地位也有高下之

---

① (英)汤因比著,曹未风等译:《历史研究》上册,第132页,上海人民出版社,1997。
② 《荀子·致仕》。

别。婆媳之间,媳要听命于婆;嫡长子之妻与庶子之妻,前者的地位高于后者;主妇与媵妾之间,主妇为正室,媵妾为偏房,地位自有高下之分。

上述家庭结构,派生出古代社会的家族观念,举其要者,约略有三:

一是血缘观念。古代大到历代帝王的世系,小到普通个体家庭或家族的延续,都把巩固血缘联系、维护血缘世系的纯度视为头等大事。这从世家大族竞修家牒宗谱可见一斑。郑樵说:"自隋唐而上,官有簿状,家有谱系。官之选举,必由于簿状;家之婚姻,必由于谱系。……此近古之制,以绳天下,使贵有常尊,贱有等威者也。所以,人尚谱系之学。"①家谱、族谱记录同一血缘世系中重要成员的事迹,使族内子孙不忘先祖,族内成员尊卑有序,亲族间凝聚成强大的向心力,同时也为人们的仕宦、婚姻、社交等提供可信的家族背景。修谱之风不仅盛行于上层社会,而且延及普通百姓,对谱牒的重视,折射出古代中国人"万世一系"的血缘观念。

二是门第观念。"门第"是指封建时代地主阶级内部家族的等级,以族姓、门户、地望为标志。姓氏作为家族的符号,有高低贵贱之别,南朝的王、谢二姓,北朝的崔、卢、郑、李等姓,都以门第高贵显赫于时。由于家族人丁日繁,分支者自立门户,虽属同姓,地位却有不同,所以除族姓外,门户和所著籍之地也是区分家族贵贱的要素。古代显贵之家称为"世族"、"世家"、"高门"等,卑庶之家则称为"寒门"。门第观念曾渗透到政治生活和社会交往中,维护了贵族门阀的特权。中古时期选用官员,高门中选,寒门则遭排斥。隋唐以科举取士,有力地冲击了门阀制度,唐以后改以当代官爵高下为区分门第的标准,旧的门第区别虽不复存在,但门第观念仍影响着人际交往,如婚姻讲究门当户对,即源于这一传统观念。

三是孝悌观念。儒家伦理以孝悌为本,《论语·学而》说:"孝弟也者,其为仁之本与。"孝悌观念源于早期血亲家庭,《尚书·酒诰》就记载了西周初年周公对殷遗民说的一段话:"肇牵车牛,远服贾,用孝养厥父母。"后经儒家的弘扬,作为家庭道德标准的"孝",在国家和民间的倡导下成为社会道德规范。怎样孝父?孔子认为有三个层次:"养"—"敬"—"无违"。如果说,"养"和"敬"与我们今天所提倡的子女要赡养和敬重父母有着超越时代的历史联系,那么,"无违"则强调子女对长辈的绝对服从。于是,传统孝道便超越了子辈对父辈的亲情,而转化为父子关系的尊卑有序,成为子对父须无条件服从的强制性规范,报恩事亲之孝,被纳入了维护父家长制的轨道。

尤须指出的是,汉代随着《孝经》的流传,以及统治者倡导"以孝治天下",孝悌观念经放大与升华,其内涵有了新的引申,此即"移孝于忠"。所谓"君子之事亲孝,故忠可移于君;事兄悌,故顺可移于长;居家理,故治可移于官。是以行成于内,而名立于后世矣"。②用孝的内容解释

---

① 郑樵:《通志》卷25,《氏族略第一·氏族序》,浙江古籍出版社,2007。
② 《孝经·广扬名章》。

忠的意义,把家庭关系扩大至社会,把君主与社会成员的关系比附成父子关系,事父如事君,要求在家事父,竭其力尽孝;在外事君,致其身尽忠。不孝不忠,在家为逆子,在外则为叛臣,孝父成了忠君的前提,忠君成了孝父的必然结果。于是,对父辈的道德与义务,被推演为臣民对君主的绝对服从。显然,提倡孝道一方面强调血亲观念,以加强家族内部的凝聚力;一方面移孝于忠,以维护封建等级制度和专制主义的中央集权。

三、 以家族为本位的人伦关系

中国传统文化把己身、家庭、国家视为一个整体,儒家提倡"修身、齐家、治国、平天下",又有"一家仁,一国兴仁;一家让,一国兴让;一人贪戾,一国作乱"[①]之说。这里的"国"或"天下",就是家的放大,家就是"国"或"天下"的基本单位。这种家、国一体化的结构,就是家族本位或家国同构。在家、国一体化的古代中国,从家到国都实行父家长制。

早在孔子创立儒家伦理思想体系时,已体现出政治伦理的倾向。孔子提倡的人伦,其主要内容是"君君、臣臣、父父、子子"。[②] 强调君臣父子各有其名分,"正名"是为政的重要原则。西汉把具有政治色彩的儒家伦理定型化为"三纲五常",于是"纲常名教"成为儒家伦理的代名词,同时也成为封建社会官方的统治思想。其间,虽经魏晋玄学和佛、道思想的冲击,但其作为正统思想的地位无法动摇。到了宋代,程、朱又用"天理"论证了"三纲五常"的实践意义,其神圣性愈显突出。从宋代迄于明清,纲常名教为历代统治者所重视,如明太祖朱元璋于开国之初,就提出"立国之初,当先正纲纪"[③]的治国原则。

"三纲五常"是封建礼教所提倡的人与人之间的道德标准。"三纲"指"君为臣纲、父为子纲、夫为妻纲",它是五常的纲纪。"五常"说法不一,通常指仁、义、礼、智、信。三纲五常所表示的是一个包罗社会诸多关系的网络。在这个人伦关系的网络中,尽管个人所处的位置各有不同,但都有着被规定好了的为人之道,此即父慈、子孝、兄良、弟悌、夫义、妇听、长惠、幼顺、君仁、臣忠等"十义"。人伦之道要求个体从修养"己身"出发,按照被规定好了名分去行事。所以,三纲五常所带来的最明显的后果之一,就是使个人具有强烈的隶属感,臣隶属于君,子隶属于父,妻隶属于夫,表现在人格上就是受制于人。这种以家族为本位、以父家长制为原则的伦理纲常,实际上代行了宗教的职能。

把国与家、君与臣的关系,经推演而附以血缘的纽带,涂上亲子的色彩,使它在外观上洋溢着温馨的气息。《礼记·表记》引《诗经·大雅·泂酌》"岂弟君子,民之父母"二句后说:"君天下……子民如父母。"君主与臣民的关系被比附为父母与子女的关系,后世每称地方官为父母

[①]《大学》。
[②]《论语·颜渊》。
[③]《明史·太祖本纪》。

官,都是基于家国同构的传统观念。就一家而言,家长对家庭成员具有绝对的权威;就一地而言,地方官对该地民众具有绝对的权威;就一国而言,君主对全国臣民具有绝对的权威。以家族为本位的伦理纲常,就是如此推演比附,由己及家,由家及国,使每个臣民都以"敬父忠君"为天职。

以家族为本位的人伦思想,重家族而轻个人,重群体而轻个体,重人治而轻法治。历史上,它一方面有效地维护了等级秩序,束缚了个体的独立意识和创造意识;另一方面,当社会动荡分裂之际,又以其凝聚力和向心力,对社会的整合起过一定的积极作用。若干同血缘家庭构成家族,由家族扩大为社群,"认祖归宗"至今是中国人的集体意识,家族是凝聚人心的重要纽带。

第二节 宗法制度的形成、演变与影响

宗法制的形成与演变,与中国古代独特的社会结构相适应,从奴隶制时代到封建时代,由于社会组织没有根本改变,原来适应奴隶制的宗法制度,又发展演变为封建宗法制度。在中国漫长的封建社会中,宗法制对于封建秩序的维系,起过重要的作用;对于国民性格的模塑,也产生过深远的影响。

一、宗法制度的形成与演变

所谓宗法,就是中国古代社会以家族为中心,按血缘远近区别亲疏,以及规定嫡、庶系统的法则。宗法关系是由氏族社会的父家长制蜕变而来的一种以血缘关系为基础的社会关系。关于宗法制的起源,不少学者有过深入的研究。一般认为,中国古代的宗法制是由原始社会末期父家长制的氏族组织变质和扩大而成。"氏族末期的祖先崇拜,此时扩展为宗庙制度;氏族的公共墓地,此时变为族墓制度;氏族成员使用氏族名称的权利,此时发展为姓氏、名字制度;氏族的族外婚制,此时变为同姓不婚制和贵族等级内婚制;氏族的相互继承权,此时变为嫡长子继承制。""至于氏族彼此予以帮助、保护及支援的相互义务,此时变为宗族内部大小宗族之间相互帮助、保护及支援的义务。"[①]这是对氏族制与宗法制相互关系所作的寻根溯源的探讨。认为宗法制起源于原始氏族时代的见解,是符合中国古代实际的。

宗法制源于原始氏族时代,于商代逐渐形成,到周代逐渐完备。西周时期,已确立了嫡、庶之分和大宗、小宗制度。西周的社会组织,是一个亲疏严明、系统显然的血缘实体。

首先,确立了亲亲、尊尊的规则。宗法以宗族为范围。宗族是指同一父亲的家族,其成员不包括出嫁的女性。所谓"族",本指一群兄弟结合而成的血缘实体。《尚书·尧典》提出"以亲九族",表明"亲亲"(意谓亲其所亲)即以自身为起点,上溯父亲、祖父、曾祖、高祖,下延亲子、孙、曾孙、玄孙,这九代亲属以嫡长子为中心,成为一脉。所谓"宗"亦即"尊"的意思,班固《白虎

---

① 杨宽:《古史新探》,第166、192页,中华书局,1965。

通义·宗族》曰:"宗者何谓也? 宗者,尊也,为先祖主也,宗人之所尊也。"这里所说的"为先祖主",是指主持宗庙祭礼的人,他就是宗子,亦即嫡长子。《礼记·曲礼》说:"支子不祭,祭必告于宗子。"可见,嫡长子在族人中为同族之弟所共尊。所以,亲亲、尊尊也就是以嫡长子为中心,亲其所亲,尊其所尊。

其次,宗分大宗、小宗。嫡长子为全宗族的大宗,旁系庶子为小宗,所以,宗有大、小之分。周王自称天子,王位由嫡长子世袭继承,他是姬姓宗族的大宗。除嫡长子外的庶子分封为诸侯,是姬姓宗族的小宗。在诸侯国内,也是依据嫡长子世袭的原则,由嫡长子继承父位为下一代诸侯,他在封国内被奉为大宗,对周天子而言则是小宗。他的诸弟被封为卿大夫,在本家为大宗,相对于诸侯为小宗。卿大夫再按大宗、小宗的原则分封士。由此可见,天子、诸侯、卿大夫、士,在血缘上是大宗、小宗的关系,在政治上则是隶属关系。

第三,大宗、小宗的关系是等级从属关系。班固说:"大宗能率小宗,小宗能率群弟,通其有无,所以纪理族人者也。"①大宗、小宗角色不同,享有的等级、名分、权利也不同。天子为天下的共主,从诸侯到士,一方面对天子有应尽的义务,一方面又依其等级经层层分封而"受民受疆土",在自己的封国或采邑内,享有掌握本族财产、负责本族祭祀、管理本族成员的权利。从而形成金字塔式的等级制度,温情脉脉的血缘外衣之下,是统治与被统治的关系,政治关系与血缘关系合一。以后的宗法地主即凭借这种制度,以巩固政权、族权、神权和夫权。

第四,礼对等级次序的维护。周立国之初,便有了周公"制礼作乐",经完善增补,形成所谓"礼仪三百,威仪三千"。广义的礼指典章制度,狭义的礼指礼节或仪式。出于化繁为简,通常将周礼归纳为"吉凶军宾嘉"五类。吉礼为祭祀之礼,用于祭祖先鬼神;凶礼属丧葬灾荒之礼;军礼与出征、凯旋、征讨相关;宾礼涉及朝聘过从;嘉礼为婚、冠、宴饮等吉庆之礼。每个贵族在家庭生活、社会交际和政治活动中,都要将自己的身份等级与礼乐规定对应起来,做到言行举止、舆服器用与礼乐制度相符。所以,礼乐制度体现了贵族的等级序列,具有维护等级次序的功能,所谓"礼者,贵贱有等,长幼有差,贫富轻重皆有称者也"。②周礼种类繁多,下面仅举祭祀之礼二例,以了解等级序列的严明。一是庙制,按《礼记·王制》载:"天子七庙,三昭三穆,与大祖之庙而七。诸侯五庙,二昭二穆,与大祖之庙而五。大夫三庙,一昭一穆,与大祖之庙而三。士一庙。庶人祭于寝。"可见等级不同,规格有别。二是祭山川,据《礼记·王制》载:"天子祭天下名山大川,……诸侯祭名山大川之在其地者。"天子祭天下山川,诸侯只能祭封国内的山川,卿大夫是没有资格祭祀山川的。用礼制来规定等级差别,于此可见一斑。在西周的数百年间,土地分封形成等级鲜明的社会结构,宗子主祭和礼乐制度,又使整个社会产生强大的向心

---

① 班固等:《白虎通义》卷三下,《宗族》,商务印书馆,1940。
② 《荀子·富国》。

力,从臣仆庶民到公侯大夫,一层一级地向周天子聚合,从而有效地维护了贵族等级秩序,形成周王与诸侯共治天下、家国统一的局面。

到了春秋战国,随着地主阶级的兴起以及井田制的瓦解,郡县制取代分封制,出现了"礼崩乐坏"的局面。但是,礼乐制度的模式并未在社会变革中被完全打破,诸如皇位的嫡长子继承制、贵族世袭爵位、父家长制等,又在新的历史条件下得以传承与发展。原来适应奴隶制的宗法制,演变为封建宗法制,成为维护封建等级秩序的有效手段。

首先,在统治集团上层,封建宗法制也是按血统亲疏承袭特权。皇位的继承以嫡长子继承制为原则,"立嫡以长不以贤,立子以贵不以长"。① 贵族则享有世袭爵位的特权。在地方,宗法地主势力不断壮大,他们大多聚族而居,既是基层家族或宗族的家长,有的又兼任封建政权的基层属吏,具有多重身份。早在秦汉时,在农村家族宗法组织的基础上就出现了掌"教化"的三老、掌狱讼赋税的啬夫、掌一地巡察缉捕的游徼等乡官。汉代地方政府首长虽多由外籍人士出任,但掾吏则由本籍贤良担任,他们得到当地宗族支持,从而形成地方的政治权力与社会力量的平衡。及至东汉,土地兼并趋于激烈,宗法地方势力进一步扩大。魏晋以后,以门阀士族的家族组织为表现形式的封建宗族制臻于全盛。士族编订"百家谱",不与"杂类"通婚,士、庶界限严明,地位相差悬殊。唐代行科举,废"九品",为庶族地主打开了晋仕之门。又三次官修姓氏书,即太宗时的《氏族志》、高宗时的《姓录》、中宗时的《姓系录》,国家专设"谱局",起用名儒修撰姓氏谱录,意在重新划定前代士、庶差别,以现职为等级划定的标准。这些举措,抑制了门阀士族势力。但同时又在前代礼制的基础上编制规模更大的《大唐开元礼》,以明晰等差,确保社会有序。在宋代,中下层士大夫有较多机会参与政治,官僚地主多以购买方式占有土地,按等级世袭占有土地的传统受到冲击,封建宗法制一度衰颓。但是,以购买方式获得土地的非身份地主,很快意识到本家族经济与政治地位的不稳定性,为了把农民束缚在宗法社会组织内,巩固自己的特权,又祭起古老的宗法制,以稳定主从隶属关系。理学家倡导"管摄天下人心,收宗族,厚风俗,使人不忘本,须是明谱系世族与立宗子法"。② 于是,编订新族谱之风再度兴起,私家之谱卷帙浩繁,诸如家谱、宗谱、族谱、支谱、家乘、世谱等层出不穷。元、明、清各代,皇朝屡经更迭,但宗法制度始终沿袭未改。

其次,封建宗法制与封建礼教伦常思想相结合,一方面作用于权力、财产的再分配,一方面又制约着嘉、宾、婚、丧、祭乃至日用起居等生活形态。例如,婚娶以门当户对为尚,门阀士族间的异姓联姻,结成盘根错节的社会关系,并借助政治权势互相庇护。丧葬之礼等级鲜明,棺椁、随葬品、服丧期均据尊卑亲疏而定。此外还流行有附葬之风,子孙从其父祖而葬,人称"归旧

---

① 《公羊传》隐公元年。
② 张载:《张载集·宗法》,中华书局,1978。

茔",实为聚族而葬。族中祭祀由嫡长子主持,族人聚集一堂,以示家族成员对共同祖先的敬献与祈求。日常生活中的衣冠舟车、住房祠堂家庙、婚嫁丧祭,以至妇女首饰、日常起居中的座次等,都有身份等级的限定。例如,清代规定官吏军民不能用黄、紫两色服装,器皿不能用龙、飞鱼、斗牛刻造的式样,禁饰龙凤纹。普通妇女只能戴金首饰一件,金耳环一对,翠翼许用银质,但不能有花样金线装饰。家用的帐幔,官员品级不同,刺绣色彩不一,庶民只能用纱绢。

宗法制度是礼教伦常思想的生成土壤,伦理纲常又起到维护封建宗法制的作用,使之衍为礼俗,渗透到人们日常生活的各个领域。一方面,宗法制度在历史上曾具有整合民间乡俗、区域文化和道德教化的功能,发挥了集聚地方资源、抵御灾害风险等作用;另一方面,宗法制度以统治与服从、等级与威权为内核,个体权益得不到保障。

二、 宗法制度对封建秩序的维系

中国封建社会的超常稳定,其原因之一在于宗法制度的历代相沿。宗法制度对于封建专制政体的巩固、封建等级关系的维护起到了重要作用。

首先,无数分散的宗族组织是封建专制政体赖以存在的基础,以家族为核心的地方社团一旦解体,必然是礼崩乐坏。中国自古以农立国,自然经济长期延续,无数村社构成中国社会的细胞群。村社中由家庭而家族,再集合为宗族,组成社会。族长、宗长往往既是庶民的剥削者,又是乡村基层行政的治理者,从而集族权与政权于一身。他们又受制于郡县制各级长官,代政府"陈朝廷之法纪",所谓"奉有官法,以纠察族内子弟"。[1] 许多宗族都有成文的族规,这族规就相当于宗族内部的法律,凡违犯族规及不服仲裁的宗族成员,族长有广泛的惩罚权,族规因此成为国法的补充。如曲阜《孔氏族规》:"忤逆父母,凌辱尊长及纵容妻妾辱骂祖父母、父母……笞责三十……至大反常,处死,不必禀呈致累官长。"于是上至中央政府、下及村社的宗族组织,层层相驭,形成封建专制政权的统一体。北魏孝文帝曾下诏令云:"邻里乡党之制,所由来久。欲使风教易周,家至日见,以大督小,从近及远,如身之使手,干之总条。"[2]维护和巩固封建宗法制的意义,正在于保证封建政权的长治久安。《永定邵氏年谱》载《祠规六条》云:"立宗原以佐治。"《朱子家礼》卷一《通礼杂录·祠堂》云:"若宗子法立,则人知遵祖重本。人既重本,则朝廷之势自尊。"《二程集》载程颐《易传》云:"家人之道,必有所尊严而君长者,谓父母也。虽一家之小,无尊严则孝敬衰,无君长则法度废。有严君而后家道正,家者国之则也。"上述诸说都表明,阐扬宗法的目的,在于由家族、宗族进而推演到国家,以此"佐治",以此尊朝廷,借血缘纽带,形成对君主的向心力,维护社会秩序,巩固专制政权。

---

[1] 陈宏谋:《培远堂存稿》卷40。
[2]《魏书·食货志》。

其次，封建宗法制具有维护封建等级、界定尊卑贵贱的作用。宗法制度强调尊卑有别、贵贱有等，这恰与父家长制政治模式吻合不悖。如果说，父亲在家庭内部"君临一切"、宗长是宗族组织中的主宰，那么，君主则是全国的严父或宗长。《大明律》载："主仆有别，等于君臣。"族内的贵贱有等，等同于政治上的君臣关系。这样，就可从社会基层的宗族组织入手，别尊卑，明亲疏，分等级，自下而上，构成封建秩序的网络。在封建社会中，每个人在这一网络中的身份地位都是被规定的，个人不可能独立于这一网络之外。他们的权利和义务、对财产和土地的占有，以及日常生活行为，无不由他在这一网络中所处的地位、所规定的等级所决定。社会成员的行为合乎规定，就能保证宗法社会的和谐，反之则"上替下陵，此谓大乱"。这种宗法网络结构，把封建等级划分得异常精致和全面，使"大一统"的集权体制得以持久运行。

三、宗法制度对国民性格的模塑

中华民族自古以来就是农业民族，封建社会以血缘宗法关系为纽带的社会结构，以及衍生于这种社会结构的宗法制度，都离不开农业型自然经济这一特定的经济基础。社会造就国民，国民创造文化，文化塑造国民。以西周"文明"为开端，中国古代的历史文化始终没有摆脱"泛宗族"的范型，宗法的血缘纽带未曾斩断，从而模塑出具有历史个性的国民性格及其社会心理。

其一是倾心于安居乐业，缺乏创业与创新意识。宗法制度在财产继承方面规定诸子均分，所谓"后世骨肉之间，多至仇怨忿争，其实为争财。使之均布，立之宗法，官为法则无所争"。[①] 家族中男性后代自其出生后，就意味着他将从父辈手中继承一份家业，从而在封闭的区域内，取资于土地，依赖于精耕细作，在狭小的耕地上从事程式化的劳作，以求自给与温饱。他们的人生历程大多是既定的，即与父祖一样，生于斯，长于斯，劳作于斯，死于斯，葬于斯。这就使得传统乡村的非知识阶层男孩吝于迁出，而以固守家业为自足。儒家历来主张"制民之产"，认为有恒产才有恒心。传统家庭以子继父业为常态，宗族内通常采取租佣制，使每个劳动者有恒产而后有恒心。有恒心的结果是使国民满足于日出而作，日落而息，男耕女织，自给自足，倾心于安居乐业，习惯于知足常乐，以守成为通例。春播，夏管，秋收，冬藏，农耕文明的规律性和稳定性，使古代中国人注重顺应自然节奏，固守家园，脚踏实地，安土重迁，祈求平安，以和为贵，而不愿冒险扩张，把重视亲情、和睦共处、安土乐天视为理想的生活状态。汉元帝曾概括中国人的社会心理说："安土重迁，黎民之性，骨肉相附，人情所愿。"[②] 汉语中"背井离乡"这句成语，就包含有生存绝望的特殊含义。在中国历史上，因人口大迁徙而引发的生态、人种和文化的革命是少见的。在世代的绵延中，后辈通常与先辈一样，在同一环境中生活劳作，走着

[①] 程颢、程颐：《二程遗书》卷17，上海古籍出版社，1992。
[②] 《汉书·元帝纪》。

相同的生活道路。

其二是崇敬祖先。宗法制极为重视家族—宗族的血缘关系。传统的儒家文化,崇尚的不是神仙鬼怪,而是亲亲、尊尊的规则;传统的农业生产,重视的是经验的因袭和知识的传承。本家族的前辈,显然代表着经验和真理,具有绝对的权威,足令后辈顶礼膜拜。《礼记·冠义》说:"自卑而尊先祖",要求人们自我克制,学会容忍,以先祖为尊。因此,中国古代祭祖之风盛行不衰,上自天子,下及庶民,无不尊祖祭祖。直到近代,中国的乡镇仍普遍建有祠堂宗庙,奉祀祖先牌位。科举掇名以耀祖荣宗,是中国古代知识分子的人生理想;重视祖坟风水,将子孙祸福系之于祖宗荫德;不同职业的行会,大都有本行道的祖师供同业祭拜,如鲁班或公输班是木匠家具行的祖师,而华佗或孙思邈则被医药行奉为祖师。凡此种种,无不折射出中国人"慎终追远"的传统观念。

其三是尊重传统。父权和孝道观念是宗法社会的核心内容,它强化了人们世代相续的认同意识。一般而言,前辈总是要求后辈因袭传统,固守既有的生产方式、生活格局和行为模式,后辈对前辈的认同,亦即对传统的认同,由此极易形成国民保守安分、重古轻今、以传统为尚的社会心理。人们信奉的格言是"述而不作,信而好古","祖宗之法不可擅变"。在政治上迷信"正统",诸如尧、舜、禹、汤、文、武、周公,都是古代政治家其心所尚的明君贤臣,即使是改革派倡言变法,也要打出"先王"的旗号,所谓"举先王之政,以兴利除弊"。① 正如康有为所指出的:"孔子改制托古大义,全见于此。一曰素王之诛赏;一曰与先王以托权。守经之徒,可与立者也。……布衣改制,事大骇人,故不如与之先王,既不惊人,自可避祸。"② 在学术上尊崇"道统",书以经典为尊,言论以圣人为高,真理的确立似乎皆出于古代圣人的创设,人们的思维容易被限定在"诗云"、"子曰"一类的前人学说之中。对此,严复曾深刻地指出:"中国由来论辩常法,每欲求申一说,必先引古书,'诗云'、'子曰',而后以当前之事体语言,与之校勘离合,而此事体语言之是非遂定。"在文学上,拟古之风盛行文坛。宋人主张诗须"无一字无来历",重视学习古人;明人倡导"文必秦汉"、"诗必盛唐",以复古为尚;清代则"宗唐"、"宗宋"各有所执,这都体现了古代文学家趋同性的尚古意识。就古代文学作品的题材言,咏史、怀古、史论数量之浩繁,也可见古代中国人好古、尊古的文化心理。

上述满足于安居乐业、尊祖尚古的国民心理,是中国传统文化心理模式的主要特征,它虽有助于文化传统的传承,但又在一定程度上制约了个性发展、创新意识的培养和多样化的追求,成为社会发展的滞化剂。社会文化总是在发展中更新的,剔除国民性格中的陈腐旧习,依据新的时代精神,重塑国民性格,这是时代赋予我们的任务。邓小平曾指出:"宗法观念的余毒

---

① 王安石:《临川先生文集·答司马谏议书》,中华书局,1959。
② 康有为:《孔子改制考》,中华书局,1958。

不能轻视。"①任人唯亲,排斥异己;安贫乐命,不为最先;一人得道,鸡犬升天;拉帮结派,唯我独尊等,都是宗法观念的表现。铲除宗法观念,将有利于民主法制的健全。随着城市、集镇、乡村自治权力的建立,家国同构的社会结构已经荡然无存,提升公民的法制与独立意识,在领导人中倡导责任伦理,使社会的所有公民平等地具有对应的权利和义务,将有利于社会稳定、有序、健康的转型。摩尔根在论述雅典所发生的政治社会的转变时,曾讲过这样一段话,它对我们不无启示:"给国家带来安全与秩序的新因素是享有完全自治权的乡区和地方自治政府。以类似方式组织起来的一百个乡区将决定雅典共和国的总体活动。基本单元是怎样的,其复合体也是怎样的。如前面所指出的,人民如果要学会自治之术,要维护平等的法律和平等的权利与特权,那就必须从基本单元开始。"②

关键词

家庭　家族　宗族　家庭结构　血缘　姻缘　血缘观念　门第观念
孝悌观念　家国同构　三纲　五常　人伦　宗法　宗法制度
嫡庶　大宗　小宗　嫡长子　封建秩序　封建等级　国民性格
创业与创新意识　崇敬祖先　尊重传统

思考与讨论

1. 简要说明家庭、家族、宗族的区别和联系。
2. 举例说明古代社会的家族观念。
3. 为什么说中国封建社会的人伦关系是以家族为本位的?
4. 通过对国与家、君与民的关系的分析,试述"家天下"政权模式得以长久传承的原因。
5. 为什么说宗法制度在周代已经完备?
6. 为什么说与奴隶制相适应的宗法制,到了封建社会又演变为封建宗法制?
7. 宗法制对封建秩序的维系起了什么作用?
8. 宗法制对国民性格的塑造有哪些影响?

拓展阅读

1. 《宗法中国——中国宗法社会形态的定型、完型和发展动力》,刘广明著,南京大学出版社,2011。
2. 《周代社会辨析》,赵光贤著,人民出版社,1980。
3. 《中国家族制度史》,徐扬杰编著,武汉大学出版社,2012。

---

① 《邓小平文选》,第295页,人民出版社,1983。
② (美)摩尔根著,杨东莼等译:《古代社会》上册,第二编,第10章,商务印书馆,1981。

思维导图

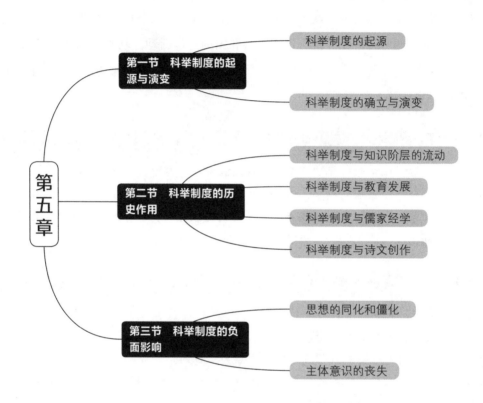

第五章　科举制度

以君主为中心的官僚机构,包括君主的办事机构、派出机构和私人服务机构。官僚机构有效而持续运行的前提,是人才资源的保障。如何培养、选拔与录用人才,中国古代经历了周代的世卿世禄制、春秋战国的军功爵制、汉代的察举制与征辟制、魏晋以来的九品中正制,以及始于隋而终于清末的科举制。科举制度不仅是中国文官制度的基础,而且直接影响于社会的文化教育,对知识阶层的社会流动具有导向功能,对中国传统文化的发展,起了既在规范中促进、又在规范中制约的双刃剑的作用。

第一节　科举制度的起源与演变

科举制度作为由皇帝亲自主持、以分科考试形式选拔人才的取士制度,创始于隋,确立于唐,完备于宋,延续至元、明、清。科举制度的起源,可以追溯到隋代以前。

一、科举制度的起源

周代官吏的录用,主要采用世袭制,国君和宗室贵族按大宗、小宗的规则分封官职、爵位和食邑,官爵和食邑世代相袭,因此世袭制又称"世卿世禄"制。世卿世禄制由贵族血缘和身份决定一切。只有大夫以下的低级职务由乡里荐举,被荐举者称"秀士",择其优者送入国学学习,所谓选拔,只限于低级官吏的层面。

在更大范围内选拔官吏,始于春秋战国时期。在社会的剧烈变动中,处于贵族和庶民之间的士阶层发生分化,一部分贵族沦落为士,一部分平民则上升为士,他们成为官吏的候补者。不少诸侯国为实现霸主之业,纷纷改革。打破世袭制,按照"选贤任能"的原则录用官吏,就是一种新的取士机制。

一是实行客卿制。诸侯国君为争取人才,大多能"礼贤下士",奉行"选贤任能"、"论功赏爵"的原则,不少将相正是从士阶层脱颖而出的。例如,秦孝公为革新内政下求贤令,商鞅由魏入秦,为相十年,变法有功;秦惠王用魏人张仪的连横计策,化解了六国联合抗秦的合纵之举;秦昭襄王任魏人范雎为相,采纳其远交近攻的计策,使秦蚕食诸侯。"得士则昌,失士则亡",就是各国统治者在政治实践中所总结的历史经验。客卿制的实施,促进了人才的流动,士阶层"朝秦暮楚",在政治舞台上扮演了重要角色。

二是养士之风盛行。据《史记·田敬仲完世家》载:"(齐)宣王喜文学游说之士,自如驺衍、淳于髡、田骈、接予、慎到、环渊之徒七十六人,皆赐列第,为上大夫,不治而议论。是以齐稷下学士复盛,且数百千人。"政府搭台,"揽天下诸侯宾客",成为治国争霸方略中吸引人才的有效措施。以后,国君养贤扩大为卿相养士,贾谊《过秦论》中所列战国四君——齐之孟尝君、赵之平原君、楚之春申君、魏之信陵君,皆以养士数千著称于时。战国时代的士虽然流品不齐,不乏鸡鸣狗盗之徒,但确有不少杰出人士从中脱颖而出,得以仕进为官。

到了汉代,官吏的选拔形成制度,此即察举制与征辟制。所谓"察举",是指中央和地方高级官员将经过考察的优秀人士推荐给朝廷,以备录用,所以又叫"荐举"。朝廷规定的察举人选有很多名目,如"贤良方正"(品德贤良、行为端正)、"能言极谏"(敢于批评建议)、"孝廉"(孝敬父母、办事廉洁)、"秀才"(才华出众)等。被荐举者须经考核,汉文帝时首次实行"策问"的考试方式。考题涉及国家治理的重大问题,由主考官将问题写在竹简(策)上,由被荐举者书面解答(对策)。董仲舒、公孙弘的对策就深得汉武帝赞许,董仲舒的"天人三策"为武帝采纳,开其后2000年以儒学为正统的先声;公孙弘因对策第一,几年后官至宰相。所谓"征辟",是指朝廷或三公以下召举布衣之士授以官职。皇帝征聘社会知名人士叫"征",三公以下高级官吏聘布衣为自己幕僚属官叫"辟"。

汉代通过察举这一制度化的人才选拔方式,为中央和地方行政提供了干练的官吏,使汉朝的强盛有了人事上的保证。这种制度以察举为主,科目的多样化有利于专门人才的发现,又辅之以考试,尤其是"策问"的考试形式,被后世的科举考试所沿用。因此,汉代的策问考试可视为古代科举的起源,它对隋唐科举制的产生有着直接影响。当然,察举的弊端也很明显,由于察举制实如保送制,西汉时已有因选举不实而被免官的事例,及至东汉,因郡国官员滥用职权,裙带之风的腐蚀使托请之风蔓延,以致所举之人往往名不符实。桓灵时流行的童谣对此讽刺云:"举秀才,不知书;察孝廉,父别居;寒素清白浊如泥,高策良将怯如龟。"东汉官僚队伍的冗滥可见一斑。

魏晋南北朝以九品中正制为选官制度。东汉末年,曹操当权,力倡"唯才是举",凡"有治国用兵之术"及"高才异质"者,予以拔用。在做法上,一是打破族姓阀阅旧习,识拔奇才,不拘微贱;二是不重虚名,唯重实际能力;三是"能用度外之人",即使反对过自己的人,只要有才,也予录用。因此俊才贤士争相归附,一时"猛将如云,谋臣如雨"。曹丕即位为魏文帝后,采纳吏部尚书陈群的建议,建立"九品官人法",将唯才是举的选官原则制度化。由朝廷选择"贤有识鉴"的官员,兼任本郡"中正"官,负责考察各地士人,按其品德才识的高下,分别评定为上上、上中、上下、中上、中中、中下、下上、下中、下下9等,每10万人推举1人,作为吏部录用的依据。九品中正制初行时,尚能按人才优劣以定品第,而不是专重家世阀阅。按《宋书·恩幸传序》的说法,当时以九品中正制品评人物,"盖以论人才优劣,非为世族高卑"。及至司马懿执政,各州所设大中正多由豪门世族担任,他们出于根深蒂固的门阀观念,评定士人等级不重真才实学,只看出身门第,这就严重阻遏了中下层士人的晋身之阶,从而出现了"上品无寒门,下品无世族"的不正常局面。

二、 科举制度的确立与演变

隋代废除九品中正制,改行朝廷开科考试的办法选拔官吏。隋炀帝大业二年(606)设进士科,实行以试策(时务策)取士,这是科举制的真正开端。唐代继承并发展了隋代创设的科举制度,使科举考试进入鼎盛时期。

隋唐科举制的确立与兴盛有其经济、政治和文化的背景。首先,以土地国有和计口授田为原则的均田制在隋唐推行,使一部分自耕农和庶族地主有了经济基础。国家的统一强盛,也激发起他们参与政治的强烈愿望,而豪门世族的庄园经济则一蹶不振。其次,三省六部制的创设和官僚机构的完备,客观上须有大批文士入仕参政。再次,社会阶层的划定不拘于士、庶之别,而以现任官爵之高下为依据,使中下层文人由科举而入仕有了现实可能。最后,造纸术的普及和雕版印刷的日渐流行,有利于纸质文本的传播,有助于在全国范围内实行统一考试。

唐代科举分常科和制科两种。常科每年举行,所设考试科目有秀才、明经、进士、明法、明算、明书等50多种。又有开元礼、童子、道举等特设科,随帝王喜好不同而有增减。武则天亲行殿试,又增设武科。制科由皇帝临时定科目,下令考试。制科考试通常由皇帝亲自主持,但士人往往视其为非正途出身,不甚重视。在常科和制科的诸科目中,最受士人重视的是明经和进士两科。

明经主要考对经义的记诵。考试方法是先考帖经,即主考官任择经书中某页,遮盖左右,只留出中间一行,另裁纸为帖,帖盖数字,令考生读出。然后考"墨义",即让考生默写出某一段落的经文和经疏。进士科考时务策五道,帖一大经,经策全通者为甲第。唐玄宗时,又将诗赋列入进士科的考试内容。由于考进士比考明经难度大,加之录取比例不一,进士百人取一二名,明经约十人取一二名,所以进士科尤为士人瞩目。当时人把进士及第比作"登龙门",所谓"一举首登龙虎榜,十年身到凤凰池",此外又有"三十老明经,五十少进士"之说。

唐代进士考试初由吏部主持,后改归礼部负责,通称"省试"。考前各地举子先向礼部报名,投递履历表,称"投状",故后世称进士第一为"状元"。唐代州县学馆及国学、太学的学生叫"生徒",每年经学校考试合格,即可直接参加省试。未入学的考生,须先向在籍郡县报考,叫"乡贡",经初试后方可参加省试。新进士录取后,同榜新科不论年岁大小,互称"同年",并在长安慈恩寺大雁塔下题名,又同去拜谒主考官,之后同榜进士在曲江聚会游宴,叫做"曲江宴",游宴活动中还要推选一二名年轻俊秀的新进士踏游长安名园,采折名花,称"探花使"。从上述文化景观中,可见社会对新进士的荣宠。

唐代进士及第,只是取得做官的资格,还须经过吏部的选试,合格后才授予实际的官职。选试的内容包括"身"(体貌是否丰伟)、"言"(言词是否清楚)、"书"(字迹是否遒美)、"判"(断狱是否得当),四者合称"四才"。此外还要考察其"三实",包括"德行"(道德品行)、"才用"(实际才能)、"劳效"(工作效率)。这种既考书本知识,又兼顾品德才能的选官制度,对于提高官僚队伍的整体素质起了一定的作用。

宋沿唐制,但对科举的内容和形式作了改革。一是改唐代一年一考为三年一考,并扩大录取名额。唐代平均每年录取进士、明经约为70名,宋代通常为300至400名。二是增设乡举一级考试,即在应省试之前,须先试于本籍州府。三是确立殿试制度,取消唐代的吏部选试,由此形成州试、省试、殿试三级考试制。四是进士分列等级,由一甲至五甲分为5等。宋太宗即位次年,进士及第即可授官,后因官员冗滥,规定进士第五甲守选,前四甲免选授官。五是进士科成为科举中的唯一科目,其他科目多存虚名。六是考试内容侧重经义,注重通经致用。王安石主持变法时,以经、义、论、策取士,要求阐释经义与议论时事结合,即"通先王之意而可以施于天下国家之用",[①]由于保守势力的抵制,王安石的改革未能得到长期贯彻。

科举制度发展到明清,已极严密和完备。明清科举考试的程序为院试、乡试、会试和殿试,分别录取秀才、举人、进士并评定甲第,考试内容则以八股文为主。

明清两代,凡经过本省各级考试入府、州、县学的,通称"生员",俗称"秀才"。没有取得生员资格的,无论年龄大小,均称"童生"。童生考秀才,要经过县试、府试、院试3次考试,统称"童生试",简称"童试",又叫"小考"。县试由知县主持,考期多在每年2月。应试童生除须到本县礼房报名,填写姓名、籍贯和三代履历外,又规定同考的5个童生互结连环保,叫做"五童保",还需请本县秀才中的廪生作保,称"廪保",以保证应试者不是冒籍、匿丧和卑贱出身。县试考八股文、试帖诗等。考试及格称"出案"。府试由知府主持,考期多在4月,录取后即获院试资格。

院试是录取秀才的考试,由各省学政主持,因学政全称"提督学院",故名"院试"。院试分两场进行,第一场为正试,第二场为复试。考试内容仍为八股文、试帖诗等。录取名额因各县钱粮人丁多少而不等,一般大县50名,中县30名,小县20名。院试录取者即取得秀才资格,被送入府学或县学学习,俗称"入学",雅称"入泮"(因学宫前有半圆形池水叫泮水,故称)。秀才入学期间,还要参加学政举行的巡视考。第一年有"岁考",乡试前一年有"科考",这是为乡试而举行的预考。岁考成绩分为6等,三等以上获奖,四等以下受罚;科考获一、二等及三等前10名者,准予参加乡试。

---

① 王安石:《临川先生文集·上仁宗皇帝言事书》,中华书局,1959。

图 1-5-1 科举考试考场图

图 1-5-2 科举看榜图

乡试是录取举人的考试，每 3 年一届，逢子、午、卯、酉年为正科，遇庆典加科为恩科。因考期在秋季 8 月，又叫"秋闱"。参加乡试者须具有秀才或国子监监生的身份，但也有出钱买了生员身份而获应试资格的。乡试考试设在各省省会的贡院，贡院院墙高筑，上植荆棘，故又称"棘闱"。贡院内依次排列号舍，每一号舍高 6 尺，深 4 尺，宽 3 尺，仅容一人。乡试共考 3 场，每场 3 天。考生自带笔墨灯烛、饮食衣被。入号前须经严格的搜查，以防夹带，入号舍后不得出入。考试内容为八股文、试帖诗、表、判、策、论等。如顺治二年（1645）规定三场考试内容为："首场'四书'三题，'五经'各四题，士子各占一经……二场论一道，判五道，诏、诰、表、内科一道，三场经史时务策五道。乡、会试同。"既考八股文，也考表、判、策、论等政治性论文和官场应用文。乡试取中者为举人，第一名称"解元"。明清各省每届录取举人，依各省钱粮人丁的多少而有不同定额，如清嘉庆二十五年（1820）顺天府取中举人 185 名，而贵州仅 46 名。乡试考罢正式发榜，叫做"正榜"，正榜取中者皆为正式举人。此外，还取副榜举人若干名，其定额为每正榜 5 名取副榜 1 名，虽非正式举人，但下届应试可免岁科试而直接应乡试。

考中举人后，其身份地位与秀才已有明显不同。明清时秀才尚无入仕资格，通常只在乡村教私塾，故有"穷秀才"之称。举人则不同，或可参加会试考进士，或可在地方衙门任低级行政官，或在官学任教职。即使会试未能通过，也可凭其"乡绅"身份，享有特权。

会试是录取进士的考试。3 年一考，考场为北京贡院，应试者须是举人。会试在乡试的次年春 3 月举行，由礼部主持，所以又叫"春闱"、"礼闱"或"礼部试"。会试主考官叫"总裁"，正职一副职三，由一、二品大员担任，须进士出身。另有同考官 18 人，叫做"十八房"，此外还有两名监考官，叫"知贡举"。会试也考 3 场，每场 3 天，考试内容仍以八股文为主。取中名额原无定数，清代最多一届进士达 406 名，最少的一届 96 名，后改分省定额。会试取中者叫"贡士"，第一名叫"会元"。

会试考罢即在保和殿举行殿试,以决定新进士的名次排列。按制度殿试本由皇帝亲临主持,但实际只是虚设御座。考试题型为时务策一道,"惟务直陈,限一千字以上"。就文体言,时务策虽非八股,但明清时已形成固定程式,首尾照例为颂圣之辞,评卷重书法而不重内容。阅卷大臣 8 人轮流批阅后,拟出前 10 名人选,呈皇帝钦定名次。殿试的前 3 名通称一甲,一甲第一名称"状元",第二名称"榜眼",第三名称"探花"。二甲和三甲若干名,二甲第一名称"传胪"。前 10 名的名次排定后,皇帝首先接见,叫做"小传胪"。10 名以下的名次由阅卷大臣排列,然后皇帝于太和殿接见全体新进士,叫做"大传胪"。新进士名单用黄绫榜公布,张挂在长安街,此即所谓"金榜题名"。其后礼部赐宴,叫"恩荣宴"或"琼林宴"。每科进士名单,由礼部刻石碑立于太学,叫做"进士题名碑"。殿试后还有一次朝考,以分配官职。

第二节 科举制度的历史作用

科举制度实行面向社会公开考试,考试有相对稳定的客观标准,具有一定的公正性和法定性。国家通过科举考试,能够较广泛地从社会各阶层选拔人才,使古代中国的文官体制得到人才资源的保障。科举制度对于文人士子的人生道路具有影响深远的导向功能,攻读—考试—做官,成为他们既定的人生轨迹,这有助于在整体上提高候补官员的人文素质。科举制度把考试与教育结合在一起,因此也带动了学校教育的发展。由国家命题的考试,对学校、社会、家庭乃至文化教育具有引导和规范的作用,从而将儒家思想全面推进到社会的各个层面。

一、科举制度与知识阶层的流动

科举制的特点之一是文人士子不论出身、地位及家产,都可自由报名考试,也无须官员举荐,录取与否的唯一依据是考试成绩。不重门第,只重才学,从而限止了魏晋以来门阀世族垄断选举的特权,使更多的下层士人可以通过科举途径进入社会上层。

考试制度造就了竞争机制,寒门士子苦读修身,以真才实学科举入仕。"寒士"本是一个比较宽泛而流动的范畴,大致上指地主阶级内部居于中下层的文士,其门第和出身并不显赫。由于他们来自社会中下层,对中国社会有着一定的感性认识,其中不乏为官清廉、政绩卓著者,有的则在文艺、学术、科技等领域取得过杰出成就。唐代以降的历史名人,不少为进士出身,如刘知己、颜真卿、王维、裴度、韩愈、柳宗元、刘禹锡、白居易、柳公权、李商隐、杜牧、寇准、吕蒙正、范仲淹、欧阳修、王安石、苏轼、包拯、沈括、程颢、黄庭坚、李纲、朱熹、陆九渊、王十朋、范成大、文天祥、刘基、于谦、王守仁、张居正、汤显祖、董其昌、徐光启、史可法、吴伟业、王士禛、沈德潜、郑板桥、全祖望、纪昀、钱大昕、章学诚、王念孙、阮元、龚自珍、林则徐、魏源等。他们中的不少人家庭背景并不显贵,而是凭借个人的德行和才能步入仕途,有的还进入上层,位至宰相。

据孙国栋先生的统计,宋代"取士不问家世",北宋见于《宋史》的官员有 46.1% 来自寒族,南宋的比例更高。① 又据何炳棣先生的研究,他依据明清进士、举人及贡生的登科录、同年录等资料,统计了 12226 个进士和 23480 个举人、贡生的家世材料,发现明清两代的进士有 42.3% 来自寒族的家庭。② 这些统计未必完整,但它反映了这样一个历史事实,科举考试向社会全面开放,作为制度本身具有一定的公正性。正如马

图 1-5-3　孔庙进士题名碑

克思·韦伯所说的:"获取官职的机会对任何人开放,只要他们证明自己有足够的学养。"③明清两代约有近 40% 的进士和约占一半的举人为平民出身,他们经科举入仕,名列绅籍。在明代,绅士是地方赈灾、迎神送神赛会、纠纷评判、孝子节妇人选上报、地方志编纂等地方事务的中坚。科举入选者有的在地方行政中扮演着重要角色,有的进入中央政府任职。显然,科举制度推动了知识阶层自下而上的社会流动,这种流动在人事上保证了文官体系有源源不断的后备力量。当然,能有幸科举入选的毕竟只是少数,换言之,知识阶层中的少数人能够自下而上流动,成为权力组织中的一分子,更多的则活跃在社会上,成为文化的创造者、传播者乃至政府的监督者。例如,明清的秀才虽无资格入绅籍,但他们却承担了中国广大乡村的启蒙教育。许倬云教授对中国的文官体系和取士制度有这样的论述:"文官选士的背后有一大堆社会菁英,他们受过专业训练,等着出仕,但能够出仕者往往只是其中少数,而未出仕的人仍留在社会的一端,站在儒家意念的立场,监督政府的作为。为了要培养文官制度,中国也同时培养了一大群以天下为己任的士大夫,带动社会来抗衡国家。"④

文官系统能够在古代中国长期运作,关键在于背后有一超越地域和特权阶层的人才选拔方式,科举考试制度作为封建社会最公平的人才选拔制度,在世界制度史上具有开创意义。中国的文官制度和科举取士制度在历史上曾东传西渐。在东方,东亚部分国家曾仿照中国科举在本国实施科举考试制度。在西方,明代时西方传教士即将中国文官和科举制度介绍到欧洲,对西方的文官制度和选官制度产生了很大的影响。1569 年葡萄牙传教士克鲁兹离华回国后

---

① 孙国栋:《唐宋之际社会门第之消融》,载《新亚学报》1959 年第 4 期。
② 引自李宏祺《科举——隋唐至明清的考试制度》,载《立国的宏观》第 289—290 页,台湾联经出版事业公司,1983。
③ (德)马克思·韦伯著,洪天富译:《儒教与道教》,第 141 页,江苏人民出版社,1997。
④ 许倬云:《中国文化与世界文化》,第 45 页,贵州人民出版社,1999。

所著的《中国游记》、1586年西班牙修道士门多萨出版的《伟大中国之历史及其现状》、1615年耶稣会教士金尼阁根据利玛窦的日记和言论编写的《基督教远征中国史》等,对中国科举的各级考试、录取名额、贡院规章、考试程序、评卷方式、官职授予等环节不仅详加介绍,而且赞赏有加。以后,欧洲的启蒙思想家伏尔泰、孟德斯鸠等对中国的科举制度也推崇备至,认为公开考试有助于人才竞争,以儒家经典为考试内容,有助于依据儒家理念来治理国家。

二、 科举制度与教育发展

科举制度的实施对于发展教育起了一定的积极作用。首先,科举考试向社会各阶层开放,调动了地主阶级,特别是中小地主子弟的学习积极性。他们自幼刻苦攻读,把"求取功名"、"忠君报国"作为不懈追求的目标,即便老于文场,也不以为憾。《通典》称唐代社会的学习风气说:"父教其子,兄教其弟,无所易业者。大者登台阁,小者仕郡县,资身奉家,各得其足。五尺童子,耻不言文墨焉。"①甚至皇室贵族子弟,也不因门荫可恃而忽略学习。科举制度的推行大大调动了各阶层读书做官的积极性,使更多人有机会通过学习提高自己的人文素质,这都有利于民智的开发。

其次是促进了学校数量的发展。学校教育是应考的主要渠道之一,科举与学校教育的密切联系,刺激了官学与私学的发展。唐代有中央官学,也有地方官学,官学制度已相当完备,由国子监而科举及第者人数众多。宋代庆历、熙宁和崇宁时期掀起3次兴学高潮。王安石于熙宁、元丰变法期间实施太学"三舍法",即在太学分立外舍、内舍、上舍等三舍,实行升舍考试。又把上舍生的学校考试成绩分为优等、中等和下等,根据成绩决定其能否免除科考中某一级别的考试,从而把科举与学校学习的成绩挂起钩来。王安石的教育改革虽然随其变法失败而中断,但他的大胆尝试提升了学校的社会地位。明代朱元璋建国后,极为重视国子学的创办,他在诏文中谕国子学官说:"治天下以人才为本,人才以教导为先。"设于府、州、县的地方官学也较前代普及,据《明史·选举志》载:"盖无地方而不设之学,无人而不纳之教。庠声序音,重规叠矩,无间于下邑荒缴,山陬海涯。此明代学校之盛,唐宋以来所不及也。"科举制度促进了学校的发展,在一定程度上推动了教育的普及化和平民化。

三、 科举制度与儒家经学

传统儒学在汉代经改造而形成经学化的儒学,汉末迄于魏晋,经学衰微,玄学流行。东晋南北朝时期,玄风犹存,佛、道二教兴盛,从而形成儒、释、道三者并存的格局。随着隋唐统一帝国的建立,迎合大一统集权政治需要的儒学重新受到重视,其标志之一是孔颖达等奉帝王之命考定、编纂《五经正义》,从而,儒家经学在版本和经义两方面得到了统一,并借助国家行政命

---

① 杜佑:《通典·选举三》,中华书局,1988。

令,将《五经正义》定为科举考试的统一教材。唐高宗永徽四年(653)"颁孔颖达《五经正义》于天下,每年明经,令依此考试"。① "自《正义》定本颁之国胄,用以取士,天下奉为圭臬。唐至宋初数百年,士子皆谨守官书,莫敢异议矣。故论经学,为统一最久时代。"②《五经正义》作为官定教科书和科举考试所遵依的范本,不仅有利于考试内容和评阅标准的统一,而且通过科举考试的价值导向,使教育服务于政治,将儒家思想全面推进到社会各层面。

由宋代迄于明清,科举以儒家经籍为考试内容的做法相沿未改。唐代以前,历代朝廷均以《五经》为太学读本。北宋之后,《四书》地位上升,尤其是朱熹整理和注释《四书》,结撰为《四书集注》。此后的元明清三代,无论是太学乡校或科举考试,《四书》与《五经》都是官定的教科书,朱子经注成了科举考试的标准答案。

科举考试与儒家经学结合,对儒学的普及化和大众化无疑起了推进的作用,凡应试士人,儒家经籍是其必修教材,儒家思想成为士大夫知识分子的精神源泉和道德力量,儒家文化的价值观念广泛地被大众社会接受。于是,国家通过科举考试选拔文官的政策导向,使儒家思想成为统一知识分子行为思想的统治思想,以凝聚人心。向外指向社会政治,用"修齐治平"来稳定和治理社会;向内指向身心性命,用"正诚格致"来追求道德完善。一方面,儒家文化凭借科举制度的力量绵延传承;另一方面,科举的制度优势令中国的传统思想文化在儒家学说的框架内,难以求得更新与发展。

四、 科举制度与诗文创作

唐代是中国古典诗歌创作的黄金时代,唐诗的繁荣与科举制度有着某种因果联系。唐代科举名目繁多,其中进士科最为文人看重。进士科考杂文、帖经和策问,杂文主要是试诗赋。在诗赋取士的利益驱动下,唐人创作热情高涨,学诗与写诗蔚然成风。他们广泛涉猎典籍,以提高文化修养;研讨字句音律,以丰富写作技巧。正如大诗人杜甫所夸称的:"读书破万卷,下笔如有神。"③唐诗繁荣的原因是多方面的,但诗赋取士制度的推行,扩大了诗歌创作的队伍,促进了诗歌创作技巧的讲求,这无疑是唐诗繁荣的原因之一。宋人即已注意到科举与唐诗之间的关系:"唐以诗取士,故多专门之学,我朝之诗所不及也。"④

唐代科举尚未实行宋以后试卷糊名的规则,科举及第的前提不仅在于答题优秀,而且还要在考前为自己制造声誉,以获得名流的赏识,于是"行卷"之风盛行。所谓"行卷"是指士子们在应试前,向名公贵人投献自己平时所作的诗文。有的则将习作直接投到礼部,称为"纳卷"。投

---

① 《旧唐书·高宗本纪》。
② 皮锡瑞:《经学历史·经学统一时代》,中华书局,2004。
③ 杜甫:《杜诗详注·奉赠韦左丞丈二十二韵》,中华书局,1979。
④ 严羽:《沧浪诗话校释·诗评》,人民文学出版社,1961。

献的习作除诗歌、散文外，还有传奇小说。由于行卷之作多为士子平日精心结撰之作，其中不乏流传后世的名篇佳作。行卷之风有助于文学作品的传播，也有助于文学新人被社会所接受。钱易《南部新书》甲卷载："项斯始未为闻人，因以卷谒江西杨敬之。杨甚爱之，赠诗云：'几度见诗诗总好，及观标格过于诗。平生不解藏人善，到处逢人说项斯。'未几，诗达长安，斯明年登上第。"此即著名的"说项"典故。又如白居易曾以诗投献顾况，顾谑之曰："长安百物贵，居大不易。"及至读到《赋得古原草送别》中"野火烧不尽，春风吹又生"二句，不由赞叹道："有句如此，居天下有甚难！"①行卷之风固然助长了科场上的请托之风，同时却为年青学子打开了与名流宿老的沟通渠道，有利于文学新人的脱颖而出。

宋代科举由唐代的重诗赋转向重经义及策论，排斥纯粹的训诂章句之学，偏重于义理的阐发，对于文风的新变具有积极的影响。欧阳修知贡举时，利用主持科举的优势，排抑浮靡晦涩的文风，拔擢文章晓畅的"二苏"、曾巩等英才，引领文坛崇尚流畅自然、平易流转的风格。苏轼于嘉祐中应制科所作的《进策》25篇，用古体散文纵论天下形势，剖析政治弊端，提出应对方针，析理透辟，雄辩滔滔，既明晓犀利又文采斐然。王安石执政时，要求应贡举者"务通义理，不须尽用注疏"，②从而促成具有理性精神的宋学的兴起。

唐宋是科举制的成熟期，也是诗文创作蓬勃发展的时期。及至明清，科举考试重八股文、试帖诗，文人极尽模仿遵从之能事，以诗文为代表的传统文学样式的地位不及唐宋，以戏曲、小说为代表的通俗文学则空前繁荣，逐渐占据文坛的主导地位，从中可见科举考试对文学创作的间接影响。

第三节　科举制度的负面影响

历史上的科举制度，广开仕门，鼓励竞争，促进了文化的发展，在一定程度上纠正了官僚制度贵族化的倾向，为文官体系的运转提供了生机活力。同时，官方的意识形态和集权专制的政治模式，以及追名逐利的世风形成了强大的社会合力，使其负面影响随时间推移而日显突出。

一、思想的同化和僵化

从试卷本身看，科举考试的内容限于经学、文学、史学等学科，而与国计民生以及与社会生产力发展密切关联的科技文化则遭排拒。在推崇政治、鄙薄技术、视科技为"奇技淫巧"的价值取向下，中国一代又一代的知识分子为了能够科举入仕，在研习儒家经学方面投入了毕生精力，他们将"修齐治平"视为人生的最高目标，从事科学研究只是作为业余爱好或不得已而为之

---

① 王定保：《唐摭言》卷7，古典文学出版社，1957。
② 李焘：《续资治通鉴长编》卷220，中华书局，1979。

的选择。因此,社会上一方面有着一支数量庞大的文官候补队伍,他们娴于治经,能熟练地写诗作赋,但知识结构较为单一,思维空间也较狭窄;另一方面,却很难形成一支崇尚学术自由和思想自由的独立的科技人员队伍。

及至明清,科举考试已趋僵化,考试重时文(八股)、试帖和小楷。尤其是八股文的盛行,严重束缚了应试者的思想。八股文又称"制艺"、"时文",对作文的格式、体裁、语言和字数都有限定,本是为纠正"下笔千言,离题万里"而定的作文规范,但命题的主导思想是以程朱理学为考试的中心内容,实质上体现的是重守成而轻创新的求同思维。试文的命题,都要取自《四书》、《五经》,考生必须"代圣贤立言",文章的主旨只能照搬宋儒程朱学派的注释,不能自由发挥。而且行文格式有严格的规定,每篇文章须有破题、承题、起讲、入手、起股、中股、后股、束股 8 部分组成。股是对偶的意思,八股之内,句子的长短、文字的繁简、声调的缓急都要相对成文。所谓破题要直奔主题,承题要申叙有法,起讲要总摄下文,……各股之间要虚实相映,排偶精警,最后要结穴有力,余味无穷。士人专注于揣摩八股形式,酸腐迂拙之气日增,经世致用之才却得不到培养。所学非所用,八股文自然成了"敲门砖"。考中一甲二名进士的冯桂芬曾总结自己应试的切肤之痛云:使"聪明智巧之士,穷志尽气,销磨于……无用",[①]确是鞭辟入里之论。

二、主体意识的丧失

实行科举制是为了较广泛地从社会各阶层选拔人才,其根本目的是为了扩大政治统治的基础,因此,科举制度本质上是为王权服务的制度。相传唐太宗于贞观初放榜日,"私幸端门,见进士于榜下缀行而出,喜谓侍臣曰:'天下英雄,入吾彀中矣。'"[②]又唐人赵嘏诗云:"太宗皇帝真长策,赚得英雄尽白头。"宋太祖创殿试制,不仅为了取士公平,防止世族垄断科举,更主要的是在收兵权之后,将录取士大夫之权收归皇帝,变"恩归有司"为"恩由主上",使贡举及第者成为"天子门生",从而进一步加强中央集权。文人士子怀着"朝为田舍郎,暮登天子堂"的美好憧憬,皓首穷经,从读书到科场,再到官场,考试成功,自然身价百倍,俨然以"天子门生"自居,效忠于君主。这条由道、德、功、名、利、禄交织在一起的科举求仕之路,是君主政治为文人士子所设计的实现人生价值的唯一途径。明代归有光在《与潘子实书》中说:"科举之学,驱一世于利禄之中,而成一番人材世道,其蔽已极。士方没首濡溺于其间,无复知人生当为之事。荣辱得失,缠绵萦系,不可解脱,以至老死而不悟。"作为科举求仕者,他们或注重功业,或贪图利禄,目的虽然有别,但实现目标的路径则是相同的,即唯有晋身拔擢一途,亦即"货与帝王家"。因此他们都有着企盼知遇的心态,这极易使他们养成依附于王权政治的人格。

---

① 冯桂芬:《校邠庐抗议·制洋器议》,上海书店出版社,2002。
② 王定保:《唐摭言》卷 15,古典文学出版社,1957。

在极端专制的明清时代,科举考试作为文化高压政策的组成部分,对知识分子的创造性思维束缚更严。应试者在程朱理学的藩篱中"代圣贤立言",主体意识丧失殆尽,极易成为善于考试却丧失独立思考的驯服工具。这一现象发展到清代更为明显,随着政风日腐,士风日坏,学风日薄,应试者读书唯习八股,考试唯求名利,加之考生的竞相钻营,考官的舞弊不公,使科举成为社会痼疾。一些有识之士或对科举制度展开抨击和鞭挞,有的则鄙视和远离科举,以清代而论,黄宗羲、顾炎武、王夫之、万斯同、颜元等,对科举都不屑一顾,李颙甚至以绝食来对抗博学鸿儒的荐举。

清光绪三十一年(1905),在中国资产阶级兴学校、废科举的舆论压力下,清政府下令自丙午科(1906)开始,所有乡试、会试和各省岁科考试一律停止,至此,绵延达1300年的科举制度彻底废除。

关键词

科举	世袭制	选贤任能	察举制	征辟制	九品中正制	明经科
进士科	秀才	举人	进士	院试	乡试	会试
殿试	八股文	文官制度	教育	儒家经学	诗文创作	行卷
策论	负面影响					

思考与讨论

1. 何谓"察举"制?它对隋唐科举制的形成与确立有何影响?
2. 何谓"九品中正制"?
3. 为什么说科举考试在唐代进入了鼎盛期?
4. 明清科举考试的程序是怎样的?
5. 科举制对中国传统文化的培育和维系起了哪些作用?
6. 科举制的实行对中国古代的知识分子有何影响?
7. 简述科举制度的负面影响。

拓展阅读

1. 《中国科举制度史》,刘海峰、李兵著,东方出版中心,2004。
2. 《中国科举制度研究》,王炳照、徐勇主编,河北人民出版社,2002。

思维导图

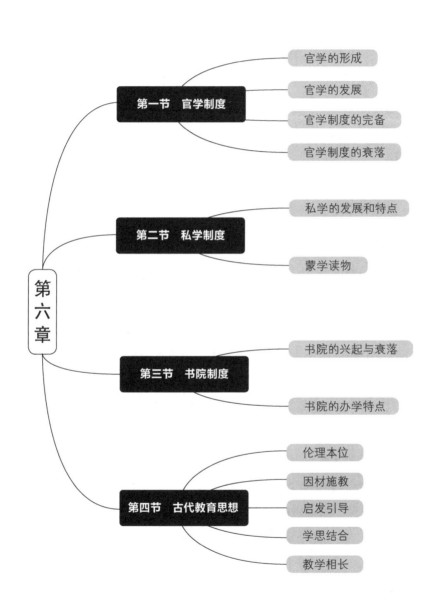

第六章　教育制度

在世界教育史上，中国是学校教育发展很早的国家之一。早在周代就有了比较定型的学校，并建立起初步的学校教育制度。秦汉以后学校教育继续发展，教育制度也不断完善。至19世纪中叶以后，随着新式学堂的建立，古代教育制度开始过渡到近代教育制度。中国的传统教育具有重人文、重伦理道德等鲜明特色。历史上，中国视教育为民族生存和发展的命脉，有着尊师重教的优良传统，并在实践中积累了十分丰富的教育思想。中国古代学校教育按其性质可分为官学、私学和书院三大类。它们互相补充，构成多元化的学校教育网络，共同承担了人才培养的重任。

第一节　官学制度

一、官学的形成

根据传说及古籍记载推断，中国在夏代已有庠、序、校三种学校，奴隶主阶级的成员及其子弟在这类学校中，接受生产技能以及与战争相关的武士教育。又据甲骨卜辞记载，商代学校除庠、序外，又增加了右学、左学、瞽宗等校名。《礼记·明堂位》说："瞽宗，殷学也。"又《礼记·王制》："殷人养国老于右学，养庶老于左学。"从商代文字的发展水平来看，这些学校的存在，似非传说，而是可靠的历史。商代贵族子弟在学校接受识字、写字和阅读等基础教育外，还须接受礼、乐、射、御、书、数等文化和技能教育。后者在周代称为"六艺"，六艺教育在商代已被列入学习科目，这为西周的学校教育奠定了基础。

西周官学分国学和乡学两类，在中央办有国学，在地方办有乡学。西周将官学划分为中央官学和地方官学两种类型，影响深远，中国古代一直沿袭类似的办学格局。国学在办学规格上分小学与大学两级，乡学因规模较小，只设一级。修业年限小学为7年，大学为9年。国学的教学内容包括了德、行、艺、仪四个主要方面，主干课程有礼、乐、射、御、书、数等"六艺"。大学教育以礼乐为重点，小学教育则以书、数为重点。这是一种文武结合、知能兼备的教育。办学目的是为了培养奴隶主贵族的年青一代，使其成为有文化教养、有道德威仪、有行政管理能力和军事技能的统治者。

西周官学制度的显著特征是"学在官府"，学校教师由贵族官僚担任，学校招收的学生是贵族子弟，奴隶主贵族垄断教育，庶民子弟则没有接受教育的权利。

春秋战国时期，奴隶制生产关系逐步解体，国学与乡学衰微，私学兴起，"学在官府"一变而为"学在四夷"。一些诸侯国适应新的时代需求，以公室养士作为官办教育的主要模式，其中以战国时齐国设于稷下的高等学府稷下学宫最为著名。教师择优聘请，教学内容不受官方限制，学者以其专长讲学。稷下学宫的创办，促进了诸子学派的形成。稷下学宫以教学与研究相结合为办学原则，以不同学派兼容为办学方针，以百家争鸣为学风，对后世产生了深远的影响。

图 1-6-1　稷下学宫

二、官学的发展

汉代自汉武帝独尊儒术起，儒家思想上升为国家的统治思想，经学的兴起促进了学校的发展。汉代官学也分中央官学和地方官学两类。中央官学包括具有国立大学性质的太学、专门学习书画辞赋的具有艺术专科性质的鸿都门学，以及专为外戚所设的四姓小侯学。

图 1-6-2　汉代太学讲学图

汉武帝时在首都长安创办了太学，这是中国当时的最高学府。太学由国家选派名师巨儒充任教师，学生的来源为中央选拔或地方保送。东汉建都洛阳后，又在洛阳重建太学，校舍 240 所，教室达 1850 间，太学生最多时达 30000 人，各地学士云集京师，形成"诸生横巷"的教育盛况。如此规模的大学，出现在 2 世纪中叶，可谓世界教育史上的一大奇观。

太学以传授儒家经典为唯一的教学内容，其中《论语》、《孝经》是公共必修课，《五经》是专业选修课，儒学在课程设置上占据绝对地位，限止了百家之学的传承和普及。教学方法以严守"师法"、"家法"为特色。所谓"师法"是指经学大师所讲的经说，"家法"是指个别弟子在师法的基础上，经发挥而自成的一家之言。过分强调师法、家法，容易形成门户之见，从而限制学生的视野，制约学生的独立思考。其弊端如《后汉书·儒林列传上》所指出的："章句渐疏，而多以浮华相尚。"在教学形式上，太学开创了两种模式，一是大班讲课与高年级学生辅导低年级学生结合，二是课堂教学与自修结合。凡入太学 2 年以上者，便可参加考试，考试以通二经为起点，到通五经为止，根据通经的多少，授以相应官职。

汉代经学的勃兴促进了官学的空前发展,官学培养出一个新的阶层,即儒学之士,他们靠儒学起家,成为庞大的官僚机构的骨干力量。儒学是国家政治的一部分,又是国家高等学府的基本教学内容。学生由通经而入仕途,汉代文教政策的这一特点,对以后历代的文教政策有着长远的影响。

汉代的地方官学按行政区划设置,汉平帝时规定:"郡国曰学,县、道、邑、侯国曰校,……乡曰庠,聚(村)曰序。"①这里的"学"与"校"相当于中学程度,"庠"与"序"相当于小学程度。地方官学的教学内容除儒学外,还包括识字教育。

魏晋南北朝时期,南方教育有所发展。南朝刘宋设立儒学、玄学、史学、文学四馆,学校按学科分类,这是官学制度上的创新,对于隋唐专科学校的设立和分科教学制度的实施,具有开创意义。

三、 官学制度的完备

唐宋社会经济的高涨带动了文化教育的繁荣。唐代的中央官学是设在首都的国子监,它既是学校教育的行政管理机构,也是级别最高的国立大学。唐代的地方官学也有长足的发展,府、州、县都有学校。

唐代的官学制度已相当完备,堪称中国封建社会官学制度的代表。首先,多种形式办学。中央官学依学校性质分为不同类别,有专修儒学经典的学校,如国子学、太学、四门学、广文馆等;也有专修法律、数学、书法等学科的专科学校。专科学校中数学的教学,包括了算术、代数、几何学等科目,并和工地测量、历法推算、水利及建筑工程营造等实际问题结合。这类实用学科的学校的创办,在世界范围内也是较早的。其次,教师管理完善。学校教师分为博士、助教、直讲等。他们教职的大小,以其在政府部门所具职位的高下为依据。第三,学生管理上有升学、退学的规定,也有考试与作息的规定。如考试包括旬考、月考、岁考和毕业考;假期有旬假、田假和授衣假等。

宋代中央官学所设学校的门类与唐代相近,值得注意的是王安石的教育改革以及中央官学对人文美育的重视。王安石变法,创立三舍法,以严格升级考试制度。初入太学为外舍生,定额 2000 人,通过平时学习和严格考试,成绩优良、操行合格者升入内舍。内舍生定额 200 人,学制 2 年,学习成绩和本人操行合格者升入上舍。上舍生定额 100 人,学习 2 年后参加毕业考,按其学业和操行分为上等、中等、下等和不及格 4 种。上等生的资格等同于进士,中等生可免尚书省试,下等生可免乡试,不及格者除名。三舍法尝试把考核和科举结合在一起,提升了学校的地位,宽进严出也有利于提高学生的学习积极性。

---

① 《汉书·平帝纪》。

宋代在官学中创办画学,这是宋代在人文美育史上的贡献。画学教授的绘画题材有佛道、人物、山水、鸟兽、花竹、屋木六科。课程内容除绘画专业课外,还有文字学、经学等基础知识和基础理论课。宋代画学曾为社会培养了一批杰出的绘画人才。

四、 官学制度的衰落

明清两代狭隘的立国思想,制约了官学的发展。自明朝中叶起,封建官学在官方的严格钳制下,一步步走向衰落。

明清两代官学制度相近,中央有国子监,为国家最高学府,明代有北京、南京二监,清代只有北京一监。国子监内设有率性、诚心、崇志、修道、正义、广业六堂,为分班学习的教室。教学管理上实行考试积分制,如明代规定学通《四书》而未通《五经》者,在正义、崇志、广业堂学习,一年半后升修道、诚心堂,学制仍为一年半,兼通经史,成绩优秀者升入率性堂。考试内容有经义等科,积满8分准予毕业并给予出身任用,一般充任县丞或参加会试。明清政府

图 1-6-3 国子监外观图

对国子监学生的思想控制极严,剥夺其言论、结社和上书陈事的自由,加之教学内容空疏,所以国子监较难培养出具有真才实学的人才。

明清地方官学有府学、州学和县学,统称"学宫"。入学者须取得生员(秀才)资格。课程内容与国子监相类,学生专治一经,并分习礼、射、书、数四科。生员入学纯粹为了应举,明清以八股文取士,学生在八股文上口诵手抄,不厌其烦,不少沦为不通世务的禄蠹。

综观中国古代的官学制度,儒学独尊的教学体系是其鲜明的特点。汉代太学以经学教学为主的课程结构,对以后封建社会的学术和教育的发展都有着深远影响。到了宋代,儒学教育又在《五经》的基础上新增《四书》,从而《四书》、《五经》就成为学校教育的基本课程。这种课程结构的特点是以道德伦理为本位,同时也容纳了一定的自然科学、文学艺术等内容。它曾与封建宗法社会对人才的需求相适应。到了明清,西方世界迅速崛起,中国已经被裹挟到世界格局之中,但政府的文教政策与官学的课程体系并未作出与时俱进的调整。相反,在严厉的思想钳制与八股取士的导向下,教学内容流于空疏,官学教育朝着不利于民族振兴的方向发展。及至近代,中国从封闭的状态中逐渐摆脱出来,开始接纳西方近代文化的新鲜养料。近代工业文明的出现、交通运输的发展、沿海城市工商业的繁荣,以及西学东渐,无不呼唤与新时代需要相适

应的人才,传统的教育内容面临着空前的危机。于是,教育改革被提上了日程,新式学校教育终于取代了穷途末路的封建官学教育。

第二节 私学制度

一、私学的发展和特点

中国历代由私人开设的各类学校统称"私学"。西周以前,学在官府,春秋时,孔子首开私人讲学。孔子倡导"有教无类"的教育主张,据《史记》记载,孔子招收的学生来自不同的诸侯国,出身于不同的社会阶层,其中不少学生出身低贱,这一创举,有利于学术文化的下移和平民教育的普及。战国时私学大盛,汉以后,私学成为中国封建时代学校制度的重要组成部分。

图1-6-4 孔子讲学图

汉代私学按学生程度和学习内容,大致可分为三个阶段:一是启蒙阶段,当时称为"蒙学"或"书馆",所收儿童以识字、写字为主。二是专经的预备阶段,使用教材为《孝经》和《论语》。三是专经的研修阶段,学生从经师专研某一种儒家经典,其程度已相当于太学。汉代不少名师巨儒从事于私人讲学,吸引了大批学生,如马融、郑玄等经学大师,门下学生多达数千,私学之兴盛可见一斑。

唐宋私学也很发达,许多乡里之学多为民间自发形成,国家也"许百姓任立私学"。[①] 唐代经学家孔颖达、颜师古,文学家韩愈等均私人授徒讲学,这类学者型官员热衷于为人师,以"传道授业解惑"为己任,教学层次和质量都达到相当高的水准。他们致力于传播经学、写作学等,对于学术文化和文学创作的活跃起了很大的促进作用。部分私学教师还讲究教法,注重理论联系实际,如宋初胡安定在私学教学实践中创立苏湖教法,其教学方法以经义与时务相结合为

---

① 王溥:《唐会要》卷35,上海古籍出版社,1991。

特点,在当时影响很大。

元明清三代,民间的启蒙教育也主要依靠私学。明清私学分三类:一是私塾,由教师在家设馆授徒;二是义学,由官员富商出资,聘教师为乡村贫寒子弟授课;三是专馆,富裕人家聘教师上门教授本家子女。明清士人中的正统派大多走科举仕进的老路,官学迎合了他们的需要。而非正统派如黄宗羲、王夫之、顾炎武等人士则不愿涉足学风僵化的官学,他们中有的边著书立说,边讲学授徒,治学主张经世致用,学风严谨,体现了一定的民主色彩。

私学作为中国古代社会民间的主要办学形式,其贡献和特色约略有三:第一,私学是官方办学力量的补充,在普及平民教育、开发民智方面有其历史功绩。古代社会的启蒙教育实际上是由私学承担的,因此,私学又称"蒙学"。私学遍布村落市井,教师依托私塾教授学童,靠学童所交学费维持生活,收入虽然微薄,但大多教学勤勉。儿童则通过识字、读书、习礼而接受基础教育,包括洒扫、应对、事长等道德教育。第二,办学层次较高的私学,其教学内容具有一定的独立性。官学经师多为章句之士,唯守旧说,排斥他义,教学气氛较沉闷。私学授课则较自由,既可不囿于成说,又可开展学术争鸣。而且私学教学不限于儒家经学,有的传授道学,有的传授佛学,有的传授医学、算学、文艺等,教学内容较为灵活。第三,学生可以自由择师受业。如西汉私学兴盛,不少学生远道寻师,以接受符合个性需求的教育。

二、蒙学读物

蒙学作为古代社会的基础教育,为许多教育家所重视。他们在教学实践中探索总结,编写出一系列蒙学读本。它们中有综合各种常识的识字课本,有浓缩中国历史的历史知识读本,也有学诗作文的诗文选本等。其中较著名的通行教材有:

《三字经》,成书于南宋,全书356句,每句3字,共有1068个汉字,其中生字约有800个,是一种融入做人道理、教育重要性以及学习方法等方面知识的识字课本。

《百家姓》,成书于北宋,将姓氏编于一书,为"尊国姓",故以"赵"居首。全书由四言韵语组成,虽无文理,却便于诵读,是古代通行的识字课本之一。

《千字文》,梁周兴嗣编,选取王羲之遗书不同的字1000个,编为四言韵语,共250句。除识字教育外,还旨在传授有关自然、历史、伦理、教育等方面的知识。隋代即开始流行,历唐宋元明清,成为蒙学的通行教材。

《千家诗》,南宋刘克庄编,选录唐宋律诗和绝句,按题材分为时令、节候、气候、昼夜、百花、竹木、天文、地理、宫室、器用、音乐、禽兽、昆虫、人品14类。既是学诗的范本,也可通过读诗获得天文地理、鸟兽鱼虫等自然常识。

此外流行较广的蒙学课本还有《名物蒙求》《龙文鞭影》《幼学琼林》《唐诗三百首》等。

这些课本大多能根据少年儿童的心理、生理和思维特点,融知识性、伦理性和趣味性于一体,从最基本的识字起步,融入伦理道德、历史典故、自然常识、生活常识、人文教育等内容,以开启心智。在形式上,蒙学读物大都句式整齐,韵律和谐,如《三字经》中"玉不琢,不成器;人不学,不知义"等,易记易诵,朗朗上口,所以流行极广。

古代子女教育除蒙学教育外,家训教育也是重要的家庭教育形式。自北齐颜之推撰《颜氏家训》后,家训著作层出不穷,较流行的有司马光的《居家杂议》、朱熹的《蒙学须知》、吕本中的《童蒙训》、焦循的《里堂家训》、曾国藩的《曾文正公家训》等。家训著作中包含了不少生活真理和传统美德中的精华,如为官要勤政廉政、为人要正直诚信、学习要勤奋刻苦、志向要宏大高远等,鼓励人们依照时代的价值标准进行自我完善。而且说理恳切周详,述事委婉生动,内涵凝重朴实。正如范文澜评论《颜氏家训》时所说的:"保持平实的作风,自成一家之言,所以被看作处世的良轨,广泛地流传在士人群中。"①注重对子女进行人文和伦理教育,是中国古代教育的一大传统。

第三节　书院制度

一、书院的兴起与衰落

书院是中国古代社会特有的教育机构,是封建教育制度下与官学并存的高级形态的私学。书院之名始于唐代,原为官方藏书、校书之所,而不是学校。五代战乱时官学衰废,书院在此消彼长中发展为学者私人讲学的学校。宋初天下初定,学术研究之风日盛,理学逐渐兴起。理学内部展开"重心"与"重道"的学术争鸣,书院作为专事讲学、研究学问、不以科举为目的的教学与研究园地,迎合了学者自由讲学、士子学习修身的需要,加之政府倡导文治,鼓励兴办书院,宋代书院在此背景下蓬蓬勃勃地发展起来。

北宋初是书院发展的全盛期,当时最著名的书院有6所:白鹿洞书院(江西庐山)、岳麓书院(湖南长沙)、应天府书院(河南商丘)、嵩阳书院(河南登封)、石鼓书院(湖南衡阳)、茅山书院(江苏江宁)。这些书院兴办于宋初的文化高涨时期,分流了一部分求学心切的士子,在一定程度上弥补了官方办学力量的不足,因此得到官方的褒奖和资助,或赐以匾额,或划拨学田。朱熹在《衡州石鼓书院记》中说:"前代庠序之教不修,士病无所于学,往往相与择胜地,立精舍,若岳麓、若白鹿洞之类是也。"北宋中后期书院一度衰落,原因在于政府将教育的重心转移到发展官学,士子就学机会增多,科举取士的人数也大大增加,读书人的兴趣又转到官学。南宋是书院的衰而复兴期,书院数量迅速膨胀,达136所,为宋代书院总数的70%余。首开复兴书院之

---

① 范文澜:《中国通史简编》修订本第二编,第525页,人民出版社,1964。

风的是理学大师朱熹。他于淳熙六年(1179)重建白鹿洞书院,并制定书院学规,讲授和传播理学,培养了大批学生,为书院重树了威信。白鹿洞书院一时名闻天下,许多理学家受其影响纷纷重修或新建书院,一些著名学者也由官学转入书院讲学,读书士子或趋慕名师,或淡于荣利,或不满官学囿于科举的教学内容,纷纷选择书院求学,南宋书院因此盛极一时。书院林立,接纳四方学子,名儒学者邀集会聚,游学互讲,理学也在各学派的论辩和交流中得到了发展,书院的勃兴促进了讲论心理学问之风的流行。

元代的儒士也多在书院讲学,书院数量之多不亚于宋代,但已无南宋书院独立讲学、自由论辩的气象。元代政府委派山长总领书院事务,山长一职为政府定员,因此书院与官学已无本质的区别。明代统治者为了加强独裁,于嘉靖、万历、天启年间三次冲击书院,书院因此进一步趋于衰落。如万历年间张居正认为当时士大夫竞相讲学,聚党营私,下令毁散书院;天启年间顾宪成等讲学于东林书院,论及朝政,魏忠贤传旨毁书院,东林党人被一网打尽,天下书院同遭厄运。及至清代,书院已完全处于政府的监控之下,官学化倾向显著,从书院的主持人,到书院的教学内容及在院师生名单,均须官府审批,书院的独立性和自主性丧失殆尽。

二、书院的办学特点

在中国古代的教育体系中,书院是有别于官学和一般私学的教育组织形式,书院的发展虽几经起伏,但其独特的办学特色却在中国教育史上留下了浓重一笔。尤其是宋代的书院制度,以传道、求道、学道为精神旨意,充分发挥教育"涵养德性,变化气质"的功能,特点尤为鲜明。

第一,接受教育的目的主要是完善自我。官学教育与科举有着紧密的联系,通常是科举考什么,官学就教什么,而学子也多以猎取功名为读书目的。书院的学子则多以求知、修身、敦品为目的,他们引以为豪的不是官职和钱财,而是学问和修养。书院的办学宗旨之一就是高扬"内圣"之学,书院不是将学校视为单纯传授知识或谋生技能的场所,而是注重培养学生品格和性情,以提高人的德性与学养。朱熹制定的白鹿洞书院学规,即贯穿了这一精神,其学规也成为许多书院的楷模。例如,长沙岳麓书院的学规为:时常省问父母,朔望恭谒圣贤,气习各矫偏处,举止整齐严肃,服食宜从俭素,外事毫不可干,行坐必依齿序,痛戒评短毁长,损友必须拒绝,不可闲谈废时,日讲经书三起,日看纲目数页,通晓时务物理,参读古文诗赋,读书必须过笔,会课按刻蚤完,夜读仍戒晏起,疑误定要

图 1-6-5 岳麓书院

力争。学规的第1、2、7条要求敬老尊贤;第3、4、5条强调修身养性;第6、8、9条讲处世交友之道;第10、16、17条要求惜时和守时;第11、12、14条规定读书内容和要求;第13条主张通晓当世的国家大事和事理;第15、18条指明学习的方法和要领。综合起来看,学规要求学生在求知的同时陶冶性情,通晓事理,涵养德性,变化气质,以完善自我。

第二,注重教学与研究结合,形成自由争鸣的学风。书院的课程内容以《四书》《五经》为主,兼及文史,体现文史哲融通的特点。教学中师生可以充分发表自己的学术观点,而且不同书院之间互派名师,交流讲学,切磋研讨,从而促进了教育和学术研究的繁荣。不可否认,中国的传统知识阶层因其知识观念的局限,导致书院的课程体系存在着重基础理论而轻实用知识的缺陷,但是,书院注重教学与研究相结合的办学特色,对于加深人类对自己、对世界、对自然和宇宙的一般认识与理解,还是起了一定的历史作用的。

第三,注重学生自修和教师指导的结合,培养学生独立研究的能力。书院除集体讲学外,教师更多的是指导学生读书和自修,例如大教育家朱熹在主持白鹿洞书院时,就很强调学生自学,并经常带领学生到野外考察,随机指导。他说,自己只是"做得个引路底人,做得个证明底人,有疑难处,同商量而已"。[①] 人们把这种教学方法概括为"质疑问难"、"循序渐进"、"熟读精思"等。书院教师多能启发、鼓励学生在自修的基础上提出问题,并帮助他们解决问题,此即朱熹所言:"读书无疑者,须教有疑。有疑者,却要无疑,到这里方是长进。"[②]

第四,注重优美的自然环境和和谐的人文环境的结合。书院一般都建立在山林名胜之地,如宋代最著名的几大书院,白鹿洞书院在江西庐山五老峰下、岳麓书院在湖南长沙岳麓山抱黄洞下、嵩阳书院在河南登封太室山麓、石鼓书院在湖南衡阳石鼓山、茅山书院在江苏南京茅山,所处环境无不是青山环抱、佳木葱茏、幽静秀美之地。书院内师生关系融洽,教师们秉承孔子"学而不厌"、"诲人不倦"的传统,注意为人师表,师生间真诚相待,建立起亲密的人际和谐关系,形成了良好的人文氛围。

第四节 古代教育思想

中国古代教育有着悠久的历史,其间涌现出众多的著名教育家,他们丰富的教育思想,记载在《论语》《孟子》《荀子》《礼记》《大学》等典籍中,是中国传统文化的重要组成部分之一。

一、伦理本位

古代教育家十分重视人文思想的传授和道德伦理的教化功能。主张以教育为手段,把一

[①] 朱熹:《朱子语类》卷13,中华书局,1986。
[②] 朱熹:《学规类编》卷11。

种完善的德性,通过人的自觉和自我完善逐步推广到民众,以构建理想的社会。《论语·子路》载,冉有问孔子,百姓既已富裕,还须如何施政? 孔子答曰:"教之。"孔子认为治理国家除了要让百姓富足外,还须对民众进行伦理教育,主张"子以四教:文、行、忠、信"。[①] 孟子认为治理国家既要"制民之产",解决百姓的温饱,又要"谨庠序之教,申之以孝悌之义",[②]前者关乎人的生存,后者关乎人的道德。荀子从性恶论出发,认为人性是恶的,因此必须通过教化,用道德规范来引导人们向善。先秦儒家关于教育目的的论说,影响着整个封建社会的办学宗旨,即教育的目的一是培养英才,二是社会教化。汉代以降,儒学独尊,伦理本位被全面贯彻到教育实践中。伦理本位的教育思想,基于不学无以为人的理念,充分关注人的道德品格的培养,以加强人际之间的道德凝聚力,有其合理的因素。问题在于它偏重的是道德修养的提高,忽视的是对自然科学的学习和研究,这就限制了知识分子探索、开发和利用大自然,从而最大限度地创造社会物质财富的热情,所谓"正其义不谋其利、明其道不计其功",因此,伦理本位教育思想的偏颇也是明显的。

二、 因材施教

因材施教要求教育者针对学生的不同特点,从学生的实际出发,选择不同的教学内容和教育方法,以提高教学效率。孔子是因材施教的最早实践者,《论语》中记载了不少这方面的事例。如《论语·先进》载:"德行:颜渊、闵子骞、冉伯牛、仲弓。言语:宰我、子贡。政事:冉有、季路。文学:子游、子夏。"孔子根据弟子的不同天赋,将他们分列为德行、言语、政事、文学四科,这是教学内容上的因材施教。再如《论语·先进》中的另一则记载:"子路问:'闻斯行诸?'子曰:'有父兄在,如之何其闻斯行之?'冉有问:'闻斯行诸?'子曰:'闻斯行之。'公西华曰:'由也问闻斯行诸,子曰:有父兄在。求也问:闻斯行诸,子曰:闻斯行之。赤也惑,敢问。'子曰:'求也退,故进之;由也兼人,故退之。'"对于子路和冉有就同一问题的提问,孔子做了相反的回答。他解释这样做的原因是,子路和冉有性格不同,子路好勇争胜,所以回答问题时约束他;冉有过于谨慎,所以就鼓励他。这个例子生动表明了孔子在教学方法上的因材施教。孟子也善于因人而异地采用不同教法,他曾根据学生的不同特点,总结了五种因材施教的方法:"君子之所以教者五:有如时雨化之者,有成德者,有达材者,有答问者,有私淑艾者。"[③]就是说对于资质聪颖的学生,可以像时雨对草木那样一经点化即能领悟成长;有些学生只应注重培养其德性;有的学生对其所提问题要详加解答;有的学生可以私下间接地给予教育。因材施教的方法,被历史上许多教育家所广泛采用。

[①]《论语·述而》。
[②]《孟子·梁惠王上》。
[③]《孟子·尽心上》。

三、启发引导

孔子是长于启发教学的大师,他说:"不愤不启,不悱不发,举一隅不以三隅反,则不复也。"①就教而言,当学生经思考却不能透彻理解时,教师要启发引导之;就学而言,则要求学生能举一反三,从已知的拓展到尚未知的。《论语》中就记载了一些孔子进行启发式教育的实例,他充分利用学生已有的知识,使之"温故而知新";②他善于运用浅近事例阐发出深刻的原理,以激发学生的学习兴趣;他注意掌握学生的学习心理,启发引导,适时施教,从而收到事半功倍的效果。孟子对启发式教学也有深切的体会,他说:"引而不发,跃如也。"③教学应当像射箭那样,把弓拉满,跃跃欲试,箭在弦上却引而不发,以启发学生,引导他们积极思考,主动学习。朱熹根据自己多年的教学经验,认为培养学生的学习能力,应是教学的关键,教师的任务是将有效的学习方法传授给学生。他说:"书用你自去读,道理用你自去究索,某只是做得个引路底人,做得个证明底人,有疑难处,同商量而已。"④

四、学思结合

学习和思考是学习过程中的两个环节,对于二者的关系,古代教育家主张学与思结合,学思并重,相互促进,以提高自己的认识、思考和辨析问题的能力。孔子最早提出学思结合的学习原则。孔子说:"吾尝终日不食,终夜不寝,以思,无益,不如学也。"⑤有人因此认为孔子重学甚于重思,其实孔子认为脱离学习的思考只会流于空幻。他对学与思的关系曾有精要的概括,"学而不思则罔,思而不学则殆"⑥,指出二者不可偏废。孔子关于学思并重的论述,成为历代教育家共同遵循的原则,学思结合的教育思想,也在教学实践中得到不断的丰富和发展。思孟学派在《中庸》一书中提出"博学之,审问之,慎思之,明辨之,笃行之"这五个学习步骤,孟子有句名言:"尽信书,则不如无书",⑦其中都贯穿着独立思考的精神。为了培养学生的思维能力,古代教育家提倡学生要"有疑",认为因读书思考而有疑,因有疑而求师问友,最终疑惑渐解,这一过程既是思考不断深入的过程,也是把客观的知识转化为主体化知识的过程。朱熹说:"疑渐渐之解,以致融合贯通,都无所疑,方始是学。"⑧王夫之对学与思相互促进的关系也有深刻论述:"致知之途有二:曰学,曰思。……学非有碍于思,而学愈博则思愈远;思正有功于学,而思

---

① 《论语·述而》。
② 《论语·为政》。
③ 《孟子·尽心上》。
④ 朱熹:《朱子语类》卷13,中华书局,1986。
⑤ 《论语·卫灵公》。
⑥ 《论语·为政》。
⑦ 《孟子·尽心下》。
⑧ 朱熹:《朱子语类》卷10,中华书局,1986。

之困则学必勤。"①博学可以促进思考的深入,深入的思考又可以促进博学,这正是学思结合的精髓所在。

五、教学相长

"教学相长"的命题是由《礼记·学记》首先提出来的,《学记》说:"虽有佳肴,弗食,不知其旨也;虽有至道,弗学,不知其善也。是故学然后知不足;教然后知困。知不足,然后能自反也;知困,然后能自强也。故曰:教学相长也。"这段名言深刻阐明了教与学相互促进的辩证关系。首先,人们通过学习,方知自己知识能力的不足;通过教学,会发现自己仍有困惑。不足和困惑是激励人们接受继续教育的动力。其次,教学过程是师生交流、互动和互补的过程,教促进学,学有助于教。到了唐代,韩愈发展了孔子"后生可畏"和"教学相长"的思想,在其《师说》中提出"闻道有先后,术业有专攻",以及"弟子不必不如师,师不必贤于弟子"等著名论断,"能者为师"的观念也得到人们的普遍认同。

综观中国古代教育思想,在教育目的、教学方法、学习规律等方面,留下了丰富的思想资料。它们在历史上曾经为人才的培养、民族素质的提高、中华文明的传承和发展,起过正面的影响,不少符合教学规律的思想,至今仍有借鉴的价值。例如在道德教育方面主张通过教育的感化和劝导功能,化民成俗,培养德性,知行合一,立志持志;在教学方法方面主张因材施教,启发引导,举一反三,教学相长,文道结合;在学习方法方面提倡循序渐进,温故知新,学思结合,由博返约,熟读精思,学贵多疑等。这些经实践检验的合理性内容,经现代诠释可以融入到现代教育思想中。对于不合理的成分,则可在辨析中加以剔除,例如同为道德教育,古代以道德教育为教育的中心内容,现代的道德教育则是整个课程体系中的有机组成部分;古代道德教育是以君臣父子的等级关系和身份制度为基础,现代的道德教育则是以人与人之间平等的、民主的关系为基础,道德的内涵有着明显的差异。

关键词

官学　六艺　国学　乡学　学在官府　学在四夷　太学　中央官学
三舍法　私学　有教无类　启蒙教育　蒙学读物　家训教育　书院
伦理本位　因材施教　启发引导　学思结合　教学相长

思考与讨论

1. 为什么说官学制度发展到唐宋已经相当完备?

---

① 王夫之:《四书训义》卷6,《船山全书》第8册,岳麓书社,1996。

2. 中国古代的官学在教学体系方面有哪些鲜明的特点?
3. 私学作为中国古代的办学形式之一,有何历史功绩?
4. 中国古代流行的蒙学课本有哪些特点?
5. 古代书院的办学特点主要体现在哪些方面?
6. 择要评述中国古代的教育思想。
7. 中国古代的教育思想对于现代教育教学有何借鉴意义?
8. 应当如何评价古人对教育的社会作用的认识?

拓展阅读

1. 《中国教育史》,孙培青主编,华东师范大学出版社,2009。
2. 《中国古代教育思想史》,朱永新著,中国人民大学出版社,2011。
3. 《中国古代教育家语录类编》,顾树森编著,上海教育出版社,1961。

思维导图

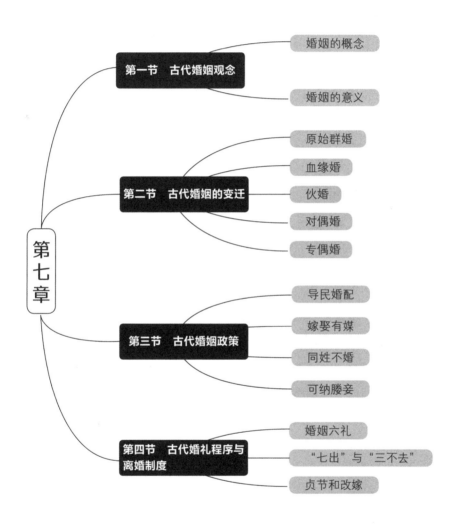

第七章 婚姻制度

在早期原始人群内部,男女之间的性关系是杂乱的。随着人类的进化,两性关系中出现了道德和理性的曙光。乱伦禁忌的形成和族外婚姻的实行,标志着性的需要开始服从于"人"的需要,婚姻制度正是随着原始经济的发展、人类互助的日益广泛以及亲属关系的趋于明晰,而逐渐建立起来的。在古代中国,婚姻制度是一种重要的社会规范,被纳入礼的范畴,婚礼是中国文化的有形部分。《礼记》中说礼是"始诸饮食","本于婚"。"饮食"包括物质的生产和分配的方式,"婚"是人本身的生产,包括男女交往方式和婚姻的方式。婚姻沟通着物质与观念、道德与法律,折射出社会的风尚和礼仪。

第一节 古代婚姻观念

一、婚姻的概念

古籍中有关"婚姻"的词义学解释约略有三:一是指夫妻的称谓,《礼记·经解》郑玄注:"婿曰婚,妻曰姻。"二是指嫁娶的仪式,《诗经·郑风》孔颖达疏:"男以昏时迎女,女因男而来,……论其男女之身谓之嫁娶,指其好合之际谓之婚姻。嫁娶婚姻,其事是一。故云婚姻之道,谓嫁娶之礼也。"三是指亲家,《说文解字》释"婚"、"姻"说:"婚,妇家也"、"姻,婿家也"。《尔雅·释亲》说得更明确:"婿之父母为姻,妇之父母为婚。……妇之党为婚兄弟,婿之党为姻兄弟。"上述三说虽然不尽相同,但已关涉到婚姻的基本特点。其一,表明婚姻是一种社会关系,它是婚姻双方结为姻亲关系的标志。其二,表明婚姻依礼而行,其仪节约定俗成,是礼仪系统中的组成部分。

婚姻在本质上是一种人与人的关系,两性的结合,反映了社会经济生活的要求和社会文化的特点。在儒家经典中,婚姻问题被视为家庭、社会的大事。首先,婚礼被视为人伦之始。《礼记·经解》云:"昏姻之礼,所以明男女之别也。……昏姻之礼废,则夫妇之道苦,而淫辟之罪多矣。"其次,婚礼被视为礼的根本。《礼记·昏义》云:"敬慎重正而后亲之,礼之大体,而所以成男女之别,而立夫妇之义也。男女有别,而后夫妇有义;夫妇有义,而后父子有亲;父子有亲,而后君臣有正。故曰:昏礼者,礼之本也。"再次,社会的婚姻状况还与社会治乱相关涉。《新唐书·后妃传上》说:"礼本于夫妇,……治乱因之,兴亡系焉。"儒家把两性结合为夫妻看作是文化的、社会的现象,这是一种具有文明色彩的认识,古代婚姻礼仪正是基于儒家的婚姻观念而逐渐形成。必须指出的是,儒家对婚姻强调的是"人伦之始"、"夫妇之义",即"三纲五常"、"三从四德"等社会规范,对"情"和"爱"则相对忽视。儒家又以婚姻为起点,推衍出父子、君臣一类的等级关系,于是,婚姻关系成为构成尊卑上下等级关系的基础。

二、婚姻的意义

在古代宗法社会,婚姻不是当事者的个人行为,而是关乎两姓宗族利益的大事,因此,男子与其说是为个人娶妻,毋宁说是为宗族娶妇。就婚姻的目的而言,首先是传宗接代。婚姻是构成家族、产生亲族的基础,宗法观念支配下的婚姻,以广家族、繁子孙为首要目的。《礼记·昏义》说:"昏礼者,将合两姓之好,上以事宗庙,而下以继后世也。"孔子说:"大昏,万世之嗣也。"① 有夫妇而后有子嗣,由合法婚姻所生之长子才是嫡子,在实行嫡长子继承制的宗法社会,传宗接代关系到家族的延续,"继后世"自然成为娶妻的首要目的。

其次是共承祖先。宗法社会重视血缘,把祖先血脉不绝视为家族的头等大事。古代婚礼常在祖先牌位前举行,叫做"庙见",表示新婚夫妇共承祖先,同奉宗庙。《白虎通义·王者不臣》说:"妻者与己一体,恭承宗庙,……上承先祖,下继万世。"《唐律疏议·户婚》也说:"妻者,传家事,承祭祀。"传统婚礼仪式中的夫妻拜堂,就包括拜公婆、拜天地及拜祖先的内容。

第三是增加劳力。自进入父系社会后,男尊女卑被视为天经地义。《易·系辞上》说,"天尊地卑,乾坤定矣;卑高以陈,贵贱位矣","乾道成男,坤道成女"。这些哲学概括把男尊女卑视同自然法则,不可违背。男子娶妻可得内助,而妇女只能"专心纺织,不好戏笑,洁齐酒食,以供宾客"。② "妇主中馈,惟事酒食衣服之礼耳。"③ 按封建礼法规定:"子妇无私货,无私畜,无私器,不敢私假,不敢私与。"④ 妻子操持家务,侍奉姑舅,奉养公婆,却无经济地位。

第四是防止男女淫乱。《礼记·坊记》说:"夫礼坊民所淫,章民之别,使民无嫌,以为民纪者也。故男女无媒不交,无币不相见,恐男女之无别也。"以婚制来别男女,防淫乱,尤其强调妇女要恪守贞节,本质上顺应了宗法制的需要,以确保女子所生子女血缘的纯正。然而,封建贞淫观对女性有诸多制约,对男子的淫乱却是少有约束力的。

第二节　古代婚姻的变迁

美国著名学者摩尔根在其《古代社会》一书中,对婚姻家庭的演变作过专力研究。他对人类婚姻的演变作了如下的梳理,首先是处于乱婚状态的人群;其次是以群婚为基础的血缘家庭取代了媾合无禁的人群;再次是普那路亚家庭,实行的是两个集团间的通婚;接着由群婚制过

---

① 《礼记·哀公问》。
② 班昭:《女诫》。
③ 颜之推:《颜氏家训》,中国社会科学出版社,2003。
④ 《礼记·内则》。

渡到对偶婚制,它以单偶婚姻为基础,但不是排他性的同居;最后由对偶婚制过渡到专偶婚制,此即一夫一妻制。恩格斯在1884年出版的《家庭、私有制和国家的起源》一书中,吸收摩尔根的研究成果,将人类的家庭婚姻变迁与人类社会的三个发展阶段相对应,就其发展轨迹作了精要的概括:"群婚制是与蒙昧时代相适应的,对偶婚制是与野蛮时代相适应的,以通奸和卖淫为补充的一夫一妻制是与文明时代相适应的。"以上述论述为参照,中国古代婚姻的变迁可以划分为五个阶段。

一、原始群婚

原始群婚是人类祖先实行的一种两性偶合的关系,它出现于人类的童年时期。当时,"其民聚生野处,知母不知父,无亲戚兄弟夫妻男女之别",①"未有夫妇妃匹之合"。② 人们群居野处,既无固定的配偶,两性交往也无任何习俗和理性的约束,因此不可能构成家族。男女无别,媾合无禁,两性关系纯任自然。在古代文献的记载中,就保留着有关神奇诞生和异类婚配的传说,例如《帝王世家》载:"神农氏,姜姓也。母曰任姒,有蟜氏之女,名登。为少典妃,游华阳,有神龙首,感女登于常羊,生炎帝。"又据《史记·周本纪》载:"周后稷名弃,其母有邰氏女,曰姜原。姜原为帝喾元妃,姜原出野,见巨人迹,心忻然说,欲践之,践之而身动如孕者,居期而生子。"《诗经·商颂》也有"天命玄鸟,降而生商"的记述。这些奇异诞生的传说,应是远古时代杂乱婚姻的曲折反映,正如郭沫若先生所推断的:"黄帝以来五帝和三皇的祖先的诞生都是'感天而生,知有母而不知有父',正表明是一个野合的杂交时代或者血族群婚的母系社会。"③

二、血缘婚

随着原始经济的缓慢发展和原始人生活经验的积累,特别是学会了火的利用,于是,"原始集团为了生计必须分成小集团,它就不得不分成血缘家族"。④ 在血缘家族内部,开始产生婚姻禁例,即排斥亲(父母)子(子女)通婚,只允许同辈男女(兄妹)发生两性关系。这种同辈血缘婚制,在中国古文献中多有记载,如《后汉书·南蛮传》记述了高辛氏之女和盘瓠结合,生育六男六女,其子女相互婚配的传说。《风俗通》中说女娲是伏羲之妹,后世出土的汉墓石刻上,伏羲、女娲为"人首蛇身,两尾相交"的造型,"两尾相交"亦即夫妻的象征,表明女娲、伏羲既是兄妹,又是夫妻对偶神。我国少数民族的民间传说中,兄妹通婚的故事也流传甚广。如苗族的《伏羲姊妹制人烟》、彝族的《梅葛》、布依族的《姊妹成亲》、壮族的《盘古》、纳西族的《创世纪》中,都有兄妹通婚的记述。这类传说虽多主观虚构的成分,但反映的却是原始社会血缘婚的普遍现象。

---

① 《吕氏春秋·恃君览》。
② 《管子·君臣下》。
③ 郭沫若:《中国古代社会研究》上册,第20页,河北教育出版社,2000。
④ (德)马克思:《摩尔根〈古代社会〉一书摘要》,人民出版社,1965。

三、伙婚

伙婚又称亚血缘婚,伙婚制家庭亦即普那路亚家庭。① 伙婚与血缘婚的最大区别,在于两性关系中又出现了一种新的禁例,即禁止亲兄弟姐妹发生婚姻关系。伙婚制的特点是,一群兄弟和不是自己姐妹的另一群女子通婚,兄弟共妻,姐妹共夫,男女之间互为"亲密的伙伴"。据《史记·五帝本纪》载,舜一次娶尧的两个女儿娥皇、女英为妻,从这一传说中可以窥见伙婚制下姐妹共夫的特点。

伙婚制的出现,较之于血缘婚取代原始群婚,意义更为重要。由血缘婚发展到伙婚,自然选择的原则起了主要作用。以自然选择取代血亲婚配,人口的数量和质量都显著提高,恩格斯在《家庭、私有制和国家的起源》中引摩尔根的话说:"没有血缘亲属关系的氏族之间的婚姻,创造出在体质上和智力上都更强健的人种。"②古代中国人正是基于这一事实,有了"男女同姓,其生不蕃"③的认识。伙婚制的历史作用,还在于促成氏族制度的萌芽。由于有了兄妹间乃至旁系兄妹间的婚配禁例,任何男子和女子都必须到别的血缘集团去寻找自己的配偶,所生子女归女系集团,最终导致母系氏族的出现。正如恩格斯所指出的:"看来,氏族制度,在绝大多数场合下,都是从普那路亚家庭中直接发生的。"④

四、对偶婚

对偶婚的特征是一个男子和一个女子在或长或短的时间内形成的一种不牢固的夫妻关系。较之于群婚,它是个体婚;较之于一夫一妻的专偶婚,它又是一种脆弱的、不稳定的夫妻关系。它是由群婚到专偶婚的过渡,所生子女仍然归属母系。

对偶婚制产生于蒙昧时代与野蛮时代的交替时期,它的出现首先在于原始经济的发展,使剩余产品可供分割和交换。其次在于亲属通婚的限止日趋广泛,人们已难维持群婚或伙婚等方式,"妇女也就迫切要求取得保持贞操,暂时地或长久地只同一个男子结婚的权利作为解救的办法"。⑤ 构成对偶婚的方法大体是,由母亲议婚缔结婚约,通过物品交换达成婚配,或以武力到别的氏族抢夺配偶。因此对偶婚的双方不是以感情为基础,而是以"方便和需要为基础"。⑥ 由于男子在野蛮时代的战争中大批死亡,导致女性过剩,而男子在家庭内部又承担着获取食物的主要责任,这都使男子在对偶婚的形式下,仍享有多妻和偶然通奸的特权。对偶婚双方的离异不受氏族习俗的约束,其婚姻关系是不牢固的。

---

① "普那路亚"一词出自夏威夷岛上的土著,意为"伙伴"、"亲密的同伴"。
② 《马克思恩格斯选集》第4卷,第42页,人民出版社,1975。
③ 《左传·僖公二十三年》。
④ 《马克思恩格斯选集》第4卷,第36页,人民出版社,1975。
⑤ (德)恩格斯:《家庭、私有制和国家的起源》,《马克思恩格斯选集》第4卷,第48、51、50页,人民出版社,1975。
⑥ (德)马克思:《摩尔根〈古代社会〉一书摘要》,人民出版社,1965。

由伙婚制发展到对偶婚制，又萌生出新的社会因素，在对偶婚家庭中，除亲生母亲外，已有可能确定亲生父亲。其次，男子在生产劳动中所负责任的日趋重要，使之在家庭经济中渐占主导地位。丈夫地位的实际提升与母权制发生前所未有的矛盾，解决这一矛盾的唯一办法是按男系来计算世系，这就导致废除母权制，确立父权制这一"人类所经历过的最激进的革命之一"。① 男子在家庭中跃居主要地位，便发生了父家长制家庭这一中间形式，这一形式是对偶婚制家庭向专偶婚制家庭的过渡形式。特别是到了对偶婚制后期，劳动工具的进步促进了生产的发展，个体家庭已可能成为独立的经济单位。工具和产品逐渐变为私有，又促成私有制和奴隶制的出现，从而"给了以对偶婚和母权制氏族为基础的社会一个有力的打击"。② 家长制家庭和私有制的萌生，必然要求一种与之相适应的新的婚姻家庭，即由一夫一妻制婚姻家庭来取代对偶婚制家庭，这一新的婚姻家庭，已孕育于对偶婚制的后期。

五、专偶婚

专偶婚俗称一夫一妻制婚姻。专偶婚制的确立，是以父权制取代母权制，以及生产资料私有制为基础的。基于这一事实，马克思指出"导向一夫一妻制的动力是财富的增加和想把财富转交给子女，即合法的继承人，由婚配的对偶而生的真正后裔"，因此，"结婚的主要目的即是生育合法的子女"。③ 在专偶婚家庭中，妻子、财产及子女均为丈夫私有，妻子的职能主要是生育子女，延续父权世系。

专偶婚制自其产生之时起，就表现出男权至上的特点。就夫妻地位而言，由于丈夫取得了家庭经济的支配权，因而也就获得了对妻子的统治权。《礼记·郊特牲》说"男帅女，女从男"，谚语云"娶到的媳妇买到的马，由人骑来由人打"，这些都是妇女卑下地位的写照。就婚姻关系而言，专偶婚较之于对偶婚要牢固、持久得多，在通常情况下具有不可离异性。儒家从伦理角度强调夫妻关系的恒久性，所谓"夫妇之道，不可不久也，故受之以恒"，"礼，始于谨夫"，④从婚姻进化的角度看，以"恒"来荡涤对偶婚制遗风，有其合理的一面。但是正如恩格斯所指出的："一夫一妻从一开始就具有了它的特殊的性质，使它成了只对妇女而不是对男子的一夫一妻制。"⑤早在周代，天子的妻妾就数量惊人，据《礼记·昏义》载，周朝的制度是"天子后立六宫、三夫人、九嫔、二十七世妇、八十一御妻"。整个封建社会，贵族官僚一般都拥有众多妻妾。就亲属关系而言，专偶婚的确立使亲属关系明晰而完整，血亲、姻亲、嫡、庶等关系都清晰了然，从而形成以父系家长为线索的宗亲网络。

---

①② （德）恩格斯：《家庭、私有制和国家的起源》，《马克思恩格斯选集》第4卷，第48、51、50页，人民出版社，1975。
③ （德）马克思：《摩尔根〈古代社会〉一书摘要》，人民出版社，1965。
④ 《礼记·内则》。
⑤ （德）恩格斯：《家庭、私有制和国家的起源》，《马克思恩格斯选集》第4卷，第58、26页，人民出版社，1975。

由原始群婚发展到专偶婚,是古代社会由蒙昧、野蛮走向文明的标志。恩格斯指出:"被共同的婚姻纽带所连结的范围,起初是很广泛的,后来越来越缩小,直到最后只留下现在占主要地位的成对配偶为止。"①随着婚姻纽带连结范围的缩小,婚姻礼俗反而趋于繁复,并逐渐形成条文规定。

第三节　古代婚姻政策

中国古代的婚姻政策,是指历代政府对婚姻所奉行的基本方针和原则,它反映了历代政府对婚姻所持的基本态度。总起来看,古代婚姻政策从未越出礼的规范,在礼的框架内,历代律令又根据各时期经济、政治的需要,对婚姻作出了一系列的条文规定。

一、导民婚配

西周时期,已设有"大司徒"、"媒氏"等管理婚姻的官员。据《周礼·地官·司徒》载大司徒"以阴礼教亲,则民无怨"。郑玄注曰:"阴礼谓男女之礼,昏姻以时,则无旷怨。"这是说大司徒一职的职责是用婚姻礼仪去教化百姓,帮助他们及时嫁娶,以减少社会上的怨女旷夫。古代男二十、女十五即行成年礼,表示成人,可以婚嫁。倘若男三十、女二十尚未婚嫁,政府就要督促其婚配。《周礼·地官·司徒》说,媒氏的职责之一,就是"凡男女,自成名以上,皆书年、月、日、名焉。令男三十而娶,女二十而嫁"。古代统治者大多关注男女婚姻和人口增长对国家富强的重要影响,因此奉行鼓励婚配和生育的国策。《韩非子·外储说右》载:"(齐桓公)下令于民曰:丈夫二十而室,妇人十五而嫁。"唐太宗在贞观六年(632)曾下诏规定:"民男二十,女十五以上,无夫家者,州县以礼聘娶。"这是说对于民间因经济能力不足或其他条件限制,以致不能依"六礼"聘娶的,地方政府要为他们提供资助。古代统治者导民婚配、鼓励早婚的动因大致有二:一是保持社会安定,减少怨女旷夫;二是鼓励繁育人口,以保证征人役夫有充足的来源及增加赋税,从而增强国力。

二、嫁娶有媒

父母之命、媒妁之言是封建聘娶婚姻的必备条件。《礼记·曲礼》说:"男女非有行媒,不相知名;不受币,不交不亲。"《诗经·豳风·伐柯》云:"伐柯如何?匪斧不克。娶妻如何?匪媒不得。"这里都提到无媒不成婚配的重要原则。朱熹说:"媒,通二姓之言者也。"媒妁的作用,本是受托于婚姻当事人的家长,通过在男女双方间的沟通,以促成婚姻的成立。古代"男女授受不亲",不同席,不杂坐,不同行,两性之间,界限分明,于是,作为"通两性之言"的媒人,自然成为不可或缺的社会角色,媒妁的作用,本无可非议。问题在于封建聘娶婚把媒妁之言作为婚姻成

---

① (德)恩格斯:《家庭、私有制和国家的起源》,《马克思恩格斯选集》第4卷,第58、26页,人民出版社,1975。

立的必备条件,规定"男不亲求,女不亲许",凡是不经媒人沟通而自行结合者,都属不法,社会也不予认可,甚至被斥为"私奔"、"淫乱",这就束缚了男女的自由恋爱和自主婚配。特别是封建政府以法律的形式,对媒聘的履行作了严格的规定,更使其具有强制的作用。如《唐律疏议·户婚》规定:"为婚之法,必有行媒。""行媒"经绝对化和强制化,就与父母之命结合在一起,成为青年男女自由恋爱的桎梏。孟子说:"不待父母之命,媒妁之言,钻穴隙而相窥,逾墙相从,则父母国人皆贱之。"①《管子·形势》中也有"自媒之女,丑而不信"之说。对"自媒"的禁绝,本质上是借此保证父母之命的实施,以维护宗法社会的秩序。

三、同姓不婚

古人很早就认识到同血缘婚配对于繁衍后代的害处,族外婚正是基于这一认识而取代血缘婚的。"姓"本是从母系氏族社会发展而来的血缘关系的标志,在父权制度建立后,"姓"更是宗族系统的标志。西周确立的宗法制就包括立子立嫡制、庙数之制和同姓不婚之制,同姓不婚成为西周重要的婚姻政策。其实施的目的一是为了确保宗法等级关系的明晰,使权力的继承归属不致紊乱。二是出于优生的考虑,《左传·僖公二十三年》说:"男女同姓,其生不蕃。"《国语·晋语中》也有相似的表述:"同姓不婚,恶不殖也。"同姓婚配不利于优生,是社会的共识。西周以降,世卿世禄制逐渐瓦解,但同姓不婚作为礼俗惯制仍得以传承。如唐代就明文规定:"诸同姓为婚者,各徒二年,缌麻(为同宗高祖父母服丧)以上,以奸论。"②唐代所谓的"同姓"是指同一高祖的后代,即同姓共宗,其血缘关系相近,禁止婚配,对优生有积极作用。明、清法律也是严禁同宗婚配,对同姓不同宗者则是开禁的。

四、可纳媵妾

历代婚姻政策都以巩固父系家长制下的一夫一妻制为原则,但同时又允许男子"一夫多妻",因此,一夫一妻只是针对女子的婚姻规范,对少数男子而言,实行的却是以一夫一妻为名义的、以纳妾为表现的多偶制。秦以前,贵族男子中盛行媵妾制。媵指的是陪嫁的女子。《公羊传·庄公十九年》说:"媵者何?诸侯娶一国,则二国往媵之,以侄娣从。侄者何?兄之子也。娣者何?弟也。诸侯一聘九女。"又刘熙《释名》说:"侄娣曰媵。"陆德明《释文》说:"妻之女弟为娣。"据此可知,诸侯娶妻,女方多以兄弟之女和新娘的妹妹为随嫁,这些陪嫁之女,叫做"媵"。周代,媵制在上层社会十分流行,《诗经·大雅·韩奕》写道:"韩侯娶妻,汾王之甥,蹶父之子。韩侯迎止,于蹶之里。百两彭彭,八鸾锵锵,不显其光。诸娣从之,祁祁如云。韩侯顾之,烂其盈门。"诗中对韩侯迎妻,新娘陪嫁之女相随如云的情景,作了生动的描绘。媵制实为上古姐妹

---

① 《孟子·滕文公下》。
② 长孙无忌等:《唐律疏议·户婚》,中华书局,1985。

共夫婚俗的遗存,秦以后,媵制消亡,但妾制依然盛行。妾与妻的区别在于,妻为明媒正娶,地位远高于妾;其次,妾可以像一般物品那样进行买卖、赠送、交换和赏赐。在男尊女卑以及"不孝有三,无后为大"的社会观念主导下,妾制从先秦到民国经久不衰,上至达官贵人下及平民百姓都可纳妾。《唐律》明确规定纳妾为合法,《明会典》也规定:"庶人四十岁以上无子者,许娶一妾。"

第四节 古代婚礼程序与离婚制度

一、婚姻六礼

传统聘娶婚的成立,以父母之命、媒妁之言为必备条件,同时婚礼要完成六礼的仪式。所谓六礼,据《仪礼·士昏礼》载,它包括纳采、问名、纳吉、纳征、请期、亲迎六个仪节。一般认为,六礼创始于周而完备于汉,成为中国传统婚礼的基本模式,不仅在民间流传广泛,而且曾远播到朝鲜、日本等国,影响很大。

(一)纳采。《仪礼·士昏礼》说:"昏礼,下达,纳采用雁。"意思是男家先派媒人去女家转达求亲之意,女方同意男方求亲后,男方致送求亲的礼物,表示已选择其女为婚配对象。行纳采礼何以用雁,说法不一,一说雁终生专一,以此象征婚姻的和谐牢固;一说雁是随阳的候鸟,以雁随阳表示妻随夫。

(二)问名。《仪礼·士昏礼》说:"宾执雁,请问名,主人许。宾入,授,如初礼。"问名是指男家请媒人询问女子的姓氏、名和生辰八字,以便同姓不婚,并据男女双方的生辰八字进行占卜,以测定婚姻吉凶。《艺文类聚》卷40引《婚礼谒文》说:"问名,谓问女名将归卜之也。"

(三)纳吉。《仪礼·士昏礼》说:"纳吉,用雁,如纳采礼。"问名之后,男家取得女子的生辰八字,归卜于庙,如果获得吉兆,要请媒人把合婚佳音通知女家,此礼称为"纳吉",这是订婚阶段的主要仪节。

(四)纳征。《仪礼·士昏礼》说:"纳征,玄𫄸、束帛、俪皮,如纳吉礼。"纳吉之后,男家派媒人到女家致送聘礼,女家纳聘后,婚姻之事乃成。"征"是成的意思;"玄𫄸束帛"是指黑、红两色的帛,共5匹,两端相对而卷,成5匹10端;俪皮是指成双的鹿皮。所送之礼取双忌单,以示吉祥如意,束帛为黑、红二色,象征阴阳大备。

(五)请期。《仪礼·士昏礼》说:"请期,用雁。主人辞。宾许,告期,如纳征礼。"男家卜定吉日,由媒人到女家询问婚期,古人称为"请期"。吉日虽由男家依卦而定,但仪节上仍要先问于女家,以示尊重。"主人辞"意谓古人认为阳倡和阴和,婚期应该由男家决定,所以女家主人推辞,表示听命于男家。择定吉日成婚,是婚礼程序中的大事。《孔雀东南飞》写道:"登即相许和,便可作婚姻。媒人下床去,诺诺复尔尔。……府君得闻之,心中大欢喜。视历复开书,便利此月内。六合正相应,良吉三十日。今已二十七,卿可去成婚。"这里的"六合"是指月建与日辰相合的吉日,即子与丑、寅与亥、卯与戌、辰与酉、巳与申、午与未相合,诗中描写的,正是"请期"的具体过程。

(六)亲迎。娶妻之日,黄昏初临,新郎与宾客前往女家迎娶。将新娘迎回后,男家设宴共食。夫妻同食共饮,称为"同牢";将瓠分为二瓢做成的饮器,称为"卺";新婚夫妇各取一卺饮酒,称为"合卺",后世又称"交杯"、"合欢杯"或"合瓢"。就寝时,新郎入室中亲手解下新娘束发的丝绳,称为"结发"。《礼记·曲礼》云:"女子许嫁,缨。"缨是一种丝绳,女子许配人家后,用以束发,表示已有了对象,直到成婚时,才由新郎亲手解下,所以"缨"是夫妻关系的信物。唐中叶以后,婚仪中的结发仪式改为男女各剪下一绺头发,绾在一起作为信物,称为"合髻"。翌日清晨,新妇沐浴梳妆后拜见公婆,并侍候公婆进食,表示孝顺。至此,婚礼基本结束。

上述六礼,概括起来实为婚仪的三个阶段,即相亲(纳采、问名)、定亲(纳吉、纳征)、成亲(请期、亲迎)。封建聘娶婚的婚礼程序,基本上都遵循古之六礼。尽管岁月推移,但其中的某些基本因子依然根植于民族的习俗文化之中,例如,当下中国人结婚,一般都是由新郎到女家迎娶,这就是亲迎。

二、"七出"与"三不去"

在群婚与亚群婚时期,男女双方的离异具有很大的随意性。到了专偶婚出现以后,结婚有了一定条件的限制,婚姻关系的解除自然要受到一定条件的制约。特别是封建聘娶婚,以明媒正娶、六礼具全为条件,结婚得到社会认可,所以离婚要符合古代的出妻制度,此即所谓"七出"与"三不去"。在夫权至上的古代社会,婚姻关系的解除主要出于男方的意志,因此离婚称为"出妻"或"休妻",被弃之妻称为"弃妇"。

古代丈夫遗弃妻子有七条理由,叫"七出"。《孔子家语·本命》:"七出者,不顺父母,出;无子,出;淫僻,出;嫉妒,出;恶疾,出;多口舌,出;窃盗,出。不顺父母者,谓其逆德也;无子者,谓其绝世也;淫僻者,谓其乱族也;嫉妒者,谓其乱家也;恶疾者,谓其不可供粢盛(操办祭品)也;多口舌者,谓其离亲也;窃盗者,谓其反义也。"这是"七出"一词及其内容的最早记载。"七出"又叫"七去",见《大戴礼记·本命》、《烈女传·宋胞氏女宗》,又叫"七弃",见《公羊传·庄公二十七年》何休注,所称有异,但内容基本相同。"七出"的确立,当不迟于汉代。《唐律疏义》载有七出明文,说明至少到唐代,按照七出条款遗弃妻子,不仅合礼,而且合法。

(一)不顺父母。古代以"顺"为妇德之首,对公婆不顺从或侍奉不周到,都可成为公婆出妻的理由。《礼记·内则》说:"子甚宜其妻,父母不悦,出。"意思是即使夫妻感情深笃,但公婆看不顺眼,仍要休妻。《孔雀东南飞》中所写焦母逼迫焦仲卿"出妻",以致焦、刘双双殉情,依据的就是"不顺父母"。又如宋代陆游与前妻唐婉伉俪情深,只因陆母不喜唐婉,迫于母命难违,陆游与唐婉被迫离异,陆游至晚年仍为此憾恨难已。

（二）无子。古代男子娶妻是为了生子继宗,夫妻婚后不育,责任全在女方。即使妻子贤惠,但在"不孝有三,无后为大"的宗法观念支配下,男方可以"无子"为由,休妻另娶或纳妾生子。

（三）嫉妒。过去官宦富商多广置妻妾,或携妓淫乱,妻子对此不能稍有不满。按《公羊传》何休注的说法,女子嫉妒"乱家",所谓"乱家",实际是指乱了一个男子可以同时占有多名女子的家庭秩序。

（四）多口舌。这是指女子说话啰嗦。古代强调"女子无才便是德",以顺从为行为准则。妇女结婚后被剥夺了独立人格,她的责任是谨慎侍奉公婆、丈夫、舅姑,抚育子女,操持家务。所谓"妇事舅姑,如事父母","适父母舅姑之所,下气怡声,问衣燠寒",[1]"专心纺织,不好戏笑"。[2] 如果对家庭事务发表独立见解,或按自己意愿行事,则被斥为"多口舌",而男方可据此与她离异。

（五）淫。古代认为万恶淫为首,淫的后果是导致家族血缘的紊乱,因此妻子与他人通奸,古代男子最不能容忍,即使与其他异性过于亲密,都会被视为"污身"、"失身"而遭遗弃。而且妇女犯了禁淫的原则,得不到"三不去"条款的保护。事实上,古代对贞操的要求,宽于夫而严于妇。《诗经·卫风·氓》写道:"士之耽兮,犹可说也;女之耽兮,不可说也。"笺曰:"士有百行,可以功过相除。至于妇女,无外事,惟以贞信为节。"男权主义支配下的公众舆论,要求女子严守贞操,而对男子的淫乱通常是宽容的。

（六）有恶疾。恶疾指难以治愈的疾病,古代夫妻之间任何一方患有麻风一类的恶性传染病,法律允许离异。从立法的原则看,"七出"中"有恶疾出"的离婚理由,还是包含着客观事因的。

（七）窃盗。窃盗除本义外,还包括妻子自主地处分夫家的财产。《礼记·内则》规定:"子妇无私货,无私畜,无私器,不敢私假,不敢私与。"即不允许积攒私房,即使接受他人的馈赠,也要交给公婆,可见古代妇女是没有财产权利的。

除"七出"外,古代在离婚制度方面又有"三不去"的规定。据《大戴礼记·本命》载:"有所取(娶),无所归,不去;与更三年丧,不去;前贫贱,后富贵,不去。""三不去"的意思是,妻子因娘家无人,没有归处不能去;和丈夫共同为过世公婆服表的妻子不能去;娶时男方贫贱,日后富

---

[1] 《礼记·内则》。
[2] 班昭:《女诫》。

贵,不能去。《唐律》中也有类似的规定。

综合起来看,古代离婚制度有以下几个特征:第一,古代尚无现代意义上的协议离婚,所谓"七出",均属单意离婚,离与合均取决于丈夫一方的意志,显然,这是以夫权为中心的离婚制。第二,"七出"的基本点是维护夫权与封建家长制,是为保障丈夫特权制定的。丈夫遗弃妻子,理由随手可得,离婚易如反掌。第三,离婚还可以第三方的意志为转移,即通过男方家长的干预,强制当事人解除婚姻关系,这是封建家长制在离婚制度上的反映。第四,"三不去"从道德主义出发,对离婚有所限制,这是对已婚妇女仅有的一点保护。

三、贞节和改嫁

古代妇女恪守贞节的观念,形成于汉代。"贞节"的"贞"意谓"正",女子能以礼自守者谓之"贞"。汉代刘向著《烈女传》,强调女子要谨守女德,"以专一为贞"。班昭著《女诫》,提出女子要有"四德",即妇德、妇容、妇言、妇功。后人将"四德"和"三从"合并为"三从四德",作为妇女言行举止的基本准则。概括起来说,贞节观念有四层含义:一是治好家内,以敬顺为德;二是夫死不嫁,从一而终;三是不淫乱;四是处女贞。

四层含义中,从一而终和寡妇不许改嫁,曾得到儒家的大力倡导,但从实践的层面看,古代离婚制对妇女改嫁的限止,有一个从宽容到严格限止的过程。明清以前,尽管"贞女不更二夫"、"妇人贞节,从一而终"之说已很流行,但是公众舆论并未把再嫁视为非礼,甚至皇亲国戚,也不忌讳妇女再嫁。例如,汉景帝为太子纳已生育的金氏妇,汉武帝姐平阳公主因丈夫"病"而与之离异,后改嫁卫青,曹丕的元配之妻甄氏本是袁绍中子袁熙的妻子等。唐代对妇女改嫁的束缚更为松弛,据王昭华等所著《中国婚姻与婚姻管理史》一书中的统计,唐代共有公主211人,除了幼年早夭和出家入道者外,其中再嫁的就有23人,约占出嫁总人数的五分之一。宋代理学倡导贞节,谴责改嫁,但宋代法律仍明令允许妇女改嫁,《宋刑统》虽有寡妇居丧27个月内不准更嫁的禁令,但哲宗时即"以敕代律",将寡妇居丧期缩短为100天,逾期准予改嫁。《名公书判清明集·户婚》更明确规定:已成婚而夫移乡编管,或夫出外三年不归,即可改嫁。此外,作为国法补充的乡规里约、家法族规,也允许妇女再嫁。宋代范仲淹生母谢氏、王安石儿媳庞氏、岳飞前妻刘氏、陆游前妻唐婉,以及女词人李清照等人的改嫁,都广为人知。

宋代赋税以户等、丁口核计,而妇女改嫁可以增加人口,有助于国家财政增收,因此,一方面理学家对妇女改嫁口诛笔伐,一方面政府律令却允许改嫁。禁止妇女改嫁的流弊事实上形成于明清,明清政府大力表彰贞节烈女,大树贞节牌坊,对寡妇守节采取奖励政策。据《明令典》记载,朱元璋曾发布诏令:"民间寡妇,三十年前亡夫守志,五十以后不改节者,旌表门闾,著为规条,除免本家差役。"许多妇女被迫接受贞节观,甚至为礼教殉身,造成不少人间悲剧。

贞节观要求女性婚前不与任何异性同居,保持"童贞";婚后只与丈夫同居,保持"妇贞";夫死不再嫁,保持"从一之贞"。贞节观单方面要求妇女注重操行,守身如玉,从其形成之初就表现出明显的不平等。贞节观束缚下的古代妇女,已无独立人格和自我意识可言,其地位卑下也是历史的必然了。

关键词

群婚　　血缘婚　　伙婚　　普那路亚家庭　　对偶婚　　专偶婚　　母权制
父权制　导民婚配　嫁娶有媒　父母之命　　　同姓不婚　　媵妾　　　婚姻六礼
七出　　三不去　　贞节观　三从四德　　　　改嫁

思考与讨论

1. 试析儒家婚姻观念的历史功过。
2. 在古代宗法社会,人们对婚姻的意义有怎样的认识?
3. 中国古代婚姻的变迁经历了哪几个阶段?
4. 为什么说专偶婚自其产生之日起,就表现出男权至上的特点?
5. 在中国传统社会,历代政府对婚姻作出过哪些最基本的条文规定?
6. 封建聘娶婚成立的必备条件和基本程序是什么?
7. 何谓"七出"与"三不去"? 古代离婚制度有哪些基本特点?
8. 试析贞节观的含义及其在社会生活中的负面影响。

拓展阅读

1. 《家庭、私有制和国家的起源》,(德)恩格斯著,人民出版社,1972。
2. 《〈家庭、私有制和国家的起源〉读书札记》,吴铎著,华东师范大学出版社,1984。
3. 《中国婚姻史稿》,陈鹏编,中华书局,2005。

第二编
物质文化

物质文化是指人类为满足生活需要而生产的物质文化产品。它既包括物质生活资料,如饮食文化、服饰文化、建筑与园林文化、日用器物文化、舟车交通文化等,也包括人们的物质生产能力,即科学、技术、工艺等。例如,舟车是实用的交通工具,属于物质产品,但不同历史时期的舟车往往是生产力发展的标志之一,它标志着科技和工艺的水平,舟车的样式和功能又具有民族和区域的特征,因此它们也是文化产品。物质文化中凝聚着制度文化的因素。例如,舟车交通文化中就包含着古代的车舆制度,皇家及官员坐乘的饰物、车盖乃至驾车的马匹数量等,都有制度上的相应规定。物质文化中又凝聚着观念形态的因素。例如建筑与园林文化中宫殿的布局,体现着君权至上、尊卑有序的观念;中国园林"虽由人作,宛自天开"的艺术特色,体现了中国人物我同一的精神旨趣和形神兼具的审美取向。对于物质文化,我们不仅应该关注它的物质性的表象,还应关注它的文化内涵,即人文特征和民族特色。

思维导图

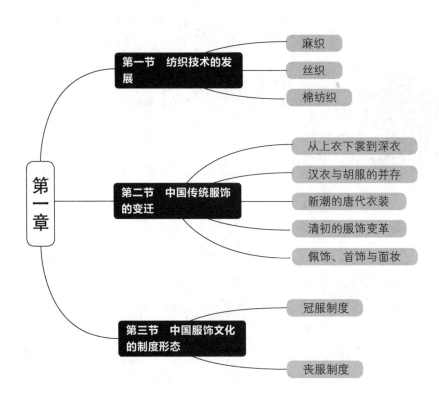

第一章 服饰文化

服饰既具有实用价值,又具有审美价值;既是民族物质文明发展程度的重要标志,又是民族共同生活的记忆史。中华民族开创的衣冠带履的装束,是中国优秀文化传统中具有创造性和艺术魅力的财富之一。服饰的构成要素是织物、样式、色彩、图案和佩饰,但服饰文化不仅仅是单一的服装制作技艺,它还包括不同时代的典章制度、习俗风尚、道德礼仪和审美情趣。服饰除了具有护体、御寒、美化等功能外,它又是职业标志、阶层标志、信仰标志和礼仪标志。

第一节 纺织技术的发展

服饰文化的物质基础主要是织物,了解纺织技术的产生和发展,有助于认识中华服饰文化的源流。

一、麻织

古籍中记载了不少有关服装产生的传说,如伏羲氏养蚕织帛,神农氏"教民桑麻以为布帛"[1]等。撇开圣贤创世说不论,它揭示了上古时代的这样一个历史事实,即古代先民已用手编织物制衣。考古发掘也证明,在新石器时代中期,已经有了原始纺织手工业。例如,江苏吴县草鞋山新石器时代遗址中,曾发现3块纺织物的残片,经测定织物纤维为野山葛。[2] 葛藤的纤维柔韧细长,能织纫出质地细薄的葛衣。

中国早期的纺织材料除葛外,还有大麻和苎麻,外域称大麻为"汉麻",称苎麻为"中国草",可见早期中国人的创造力。到了商、周时代,麻织技术已具有很高水平。当时人发明了浸沤发酵法,对麻纤维进行脱胶处理,经此处理,织出的麻织物柔软精细,《诗经·陈风·东门之池》中就有"东门之池,可以沤麻","东门之池,可以沤苎"的说法。我国在河北台西村商代遗址中发现的一卷麻布,经测定已达10升。"升"是古代计算麻织物纱支的单位,每升为80根经线,升数多则织物细密。周代平民制衣用的麻布已达到10升至14升,至于天子的麻冕,可达30升,即在2尺2寸的幅宽之中织进经线2400余根,表明2000年前中国麻纺工艺已相当精良。

二、丝织

最能代表中国服饰文化特色的传统服装,就是丝绸服装。中国是世界上最早发明养蚕、缫

---

[1] 淮南王:《蚕经》。
[2] 《江苏吴县草鞋山遗址》,载《文物资料丛刊》1980年第3辑。

丝、织绸的国家。据考古发掘,丝织生产肇始于距今约5000年前。在浙江吴兴县钱山漾遗址中出土的绢片、丝带和丝线,其原料都是家蚕丝,经纬密度每厘米已达48根。[①] 周代政府鼓励耕织,蚕桑和丝织得到长足的发展。尤其是在东周时期,足踏织机已普遍用于家庭纺织,而且丝绸的织法多样,色彩纹样各异。丝织业的普及和发展,使之成为主要的家庭手工业,家庭纺织业与农业紧密结合,形成以耕织为主体的具有中国农业文明特色的经济模式,并延续数千年之久。

图2-1-1 长沙马王堆出土素纱襌衣

汉代丝织业成就辉煌,中国也成为举世瞩目的丝绸之国。汉代丝织衣料总称"缯帛",其名目经细分可有缟、素、纨、绫、锦、绮、罗、纱、缣、䌷、练、缦、绢等近20种,它们的区别在于因织法不同而形成组织及纹理的差异。1972年在湖南长沙马王堆汉墓中发掘出了大量的丝织品,有绢、罗纱、锦、绣、绮等品种,其中的一件素纱襌衣,长128厘米,重仅49克,折叠后可握于手中。另一块纱料幅宽49厘米,长45厘米,重仅2.8克。汉代丝绸的生产重镇北有齐鲁,南有襄蜀,其中蜀锦质地细密,花纹丰富,色泽艳丽,堪称中国服饰史上的珍品。成都也因集散蜀锦衣饰而得到"锦官城"的美名。魏晋南北朝时期,织机经过改进,效率大幅提高,丝织物的纹样也更为丰富多彩。

唐代丝绸生产分工更细,品种更多,织造技术也大为提高。如织锦用纬线起花代替了传统的经线彩色显花,改进后的织法不仅操作简单,而且织物紧凑,光泽亮丽。此外,纺织工匠还发明了双面锦的织造法。当时丝织物中的缭绫、红线毯等都是上乘精品,杜甫、白居易等在其诗中曾对这类织物备加称赏。如白居易《缭绫》描绘皎洁精美的缭绫:"应似天台山上明月前,四十五尺瀑布泉。中有文章又奇绝,地铺白烟花簇雪。"

宋元时期在丝织业中创造了织金工艺,锦缎中用金配色,称为织金锦,这种高级丝织物被大量用于皇家和百官袍服。缂丝也是宋代颇负盛名的丝织品,工匠在织机上配有数十个装了各种彩丝的梭子,可以织出富有鲜明立体感的图案。

明清的丝织工艺更是精美绝伦,杭州、嘉兴、湖州等地都以丝织品闻名天下。在品种繁多的丝织物中,宋式锦、云锦、织金缎、妆花缎等均为美轮美奂的精品。明清时民间刺绣工艺也得到空前的发展,南绣中的顾绣和北绣中的鲁绣、京绣,形成南北两派,南派清丽典雅,北派富丽

[①] 《吴兴钱山漾遗址第一、二次发掘报告》,载《考古学报》1960年第2期。

豪华,虽然风格各异,但其精巧的构思和超凡的工艺,体现了民族的灵心巧思。

三、棉纺织

棉花的原产地本不在中国,它是西汉以后从非洲和印度传入的,但中国的棉花不仅产量高,而且质量好。南宋时,江南地区的棉纺织业已较普及,到了宋末元初,棉纺织业和丝织业同步发展,成为江南农村重要的副业生产。据《资治通鉴》卷159胡三省注,当时江南农村摘下棉花后,先用铁锭碾去其核,再用长约1尺半的竹弹弓将棉絮弹匀细,然后把棉絮卷成小筒,用纺车、织机纺成棉线,织成棉布。到了元代中期,棉纺工具有了重大

图 2-1-2 黄道婆画像

的改进,人们用搅车替代铁锭,用长约4尺的绳弦大弓替代小竹弓,生产效率成倍增长。当时还发明了用水力带动的水转大纺车,其发明和应用,比英国人理查·阿克莱于1769年制作成功的水车纺机,整整早了4个多世纪。上海松江乌泥泾的黄道婆,就是元代从民间脱颖而出的纺织技术专家,她孜孜不倦地改进棉纺织工具和纺织技术,传授轧花车、弹弓推棉、纺车和织机工艺,带动松江一带棉纺织业繁荣发展。明代以后,棉纺织业在长江三角洲、渭水平原、华南、华北和东北地区迅速发展,棉布也成为民间百姓衣装的主要衣料。

第二节　中国传统服饰的变迁

一、从上衣下裳到深衣

约在五六千年前,上古先民已从渔猎时代向初具文明的"耕而食,织而衣"的氏族社会发展。根据古籍中"黄帝、尧、舜垂衣裳而天下治"[1]等有关记载,特别是新石器时代遗址出土的布帛和纺织工具实物,可大致推定5000年前华夏族的衣裳为上衣下裳形制。到了商周时期,上衣下裳制已经定型。《诗经·邶风·绿衣》有"绿衣黄裳"之句,毛传:"上曰衣,下曰裳。"《说文解字》:"衣,依也。上曰衣,下曰裳。"衣是上衣,裳指的是下裙。

华夏族上衣的形制多为交领右衽。"衽"即衣襟,右衽是华夏族上衣的主要特征,而当时少数族人则多为左衽。孔子曾赞扬管仲帮助齐桓公阻止夷狄侵扰的功绩说:"微管仲,吾其被发

---

[1]《易经·系辞下》。

左衽矣。"① 这里的"左衽"指的就是少数族人的衣襟样式。除衣领、衣襟外，袂和缘也是衣的重要部分。袂即衣袖，古代衣袖以长而肥大为惯制，所以古汉语中有"长袖"、"广袖"等词语，还有"长袖善舞"、"拂袖而去"一类的成语。"缘"是衣的饰边，古人衣裳冠履的饰边忌用间色，而用正色质料。衣裳的饰边里外各宽1寸半，合今天的1寸。古人对衣缘很讲究，往往根据缘的质料和颜色给衣命名。例如以质料命名的有，用锦做缘的叫"锦衣"，用绡做缘的叫"绡衣"；以颜色命名的有"黄衣"、"缁衣"等。

周代上衣的款式种类较多，常见的有"襦"。襦有长襦和短襦的区别，长襦又称"袵"，短襦又称"腰襦"。此外，襦又有单和夹之分，一般把有面有里的襦称为"复襦"，到了冬天，在复襦的夹层中填充丝絮或麻丝，就成了御寒服装。贴身穿的上衣有"亵衣"、"中衣"、"私"等名称。罩衣在古代称为"裼"或"袭"。冬季的御寒服装还有裘和袍，袍的形制与复襦相近，《诗经·秦风·无衣》："岂曰无衣，与子同袍"，是说当时战士冬季着袍。裘是毛向外的皮衣，《说文解字》说："古者衣裳以毛为表。"做裘的皮毛种类多样，其中狐裘、貂裘、羔裘等最为名贵，名贵的裘既轻软又保暖，所以统称"轻裘"，"衣轻裘"也成为等级身份的标志。周代贵族衣轻裘，贫贱者则穿褐。《诗经·豳风·七月》："无衣无褐，何以卒岁。"郑玄笺："贱者无褐。"又《晏子·谏上篇》："百姓老弱，冻寒不得短褐。"褐用麻布制成，既短又狭是其形制特点，所以褐又称为"短褐"。

商、周时期下身穿的服装称为"裳"。《仪礼·丧服》郑玄注："凡裳前三幅，后四幅也。"可知裳由7幅布帛缝纫而成，前3幅，后4幅，腰部带褶，穿有带子，穿着时带子结系腰间，即成一筒状，样式与裙相似。

春秋战国以前也有裤，当时称为"绔"、"袴"或"胫衣"。《说文解字》："绔，胫衣也。"早期的裤没有裆，只有两个裤筒，套在腿上，上端有绳带结系腰间，裤筒左右各一，不相联属，所以称为"胫衣"。约至春秋战国时期，有了类似后世的裤子，称为"穷袴"、"裈"，段玉裁说："若今之满裆裤，古谓之裈。"

春秋战国时期诸侯争霸，群雄纷争，社会出现了大动荡和大分化，社会的变革带动了服饰制度的变革。深衣式袍服作为服装的主流款式开始流行，这是对周代上衣下裳制所作出的第一次变革。从此，深衣成为人们广泛穿着的一种服装。深衣不是礼服，尊卑共服，从贵族官僚到士人百姓都可着深衣。深衣的形制特点一是上衣下裳连为一体；二是无男女式样的区别；三是整体呈上窄下宽，与后世的袍呈筒状不同；四是着深衣多系腰带，腰带上不及人的肋骨，下不及髋骨。综合起来看，深衣的款式是上窄、下宽、束腰、交领、右衽、曲裾（大襟）、宽袂（袖）、小祛（袖口）。深衣的面料大多为丝帛，我国曾先后在湖北江陵马山、湖南长沙陈家大山等地的战国

---

① 《论语·宪问》。

楚墓中,出土了一批帛画、丝织品及袍服等,据此可知当时衣装色彩绚丽、花纹繁茂、组织复杂、技艺精湛,在世界衣装艺术史上处于领先地位。

汉代的衣装形制,基本上为深衣制的款式。汉代丝织业空前繁荣,丝帛品种多样,而且锦绣、印花、敷彩等工艺也有很大发展。战国时用色为青、赤、黄、白、黑五种正色,以及绿、红、碧、紫、流黄五种间色。到了汉代发展为"七彩"色谱系列,七彩包括赤、橙、黄、绿、青、蓝、紫。织造精细、纹样繁复、色彩丰富的面料,为汉代服饰提供了物质基础。深衣式袍服不仅流行于中原地区,而且还流传到边远少数民族地区,如新疆民丰的尼雅古城东汉遗址,曾出土有保存相当完好的锦袍一件,质地厚实,花纹繁茂,锦袍用三色锦线织出三种图案,包括绛紫色的茱萸纹、宝蓝色的卷云纹、本白色的"万世如意"铭文,另用花纹线条镶边,面料的织造和服装的缝制高贵而精美。

图 2-1-3 汉代深衣

二、汉衣与胡服的并存

魏晋南北朝时期战争频仍,北方民族的大举内侵导致中原人群的大规模南移,其结果是民族的大融合,融合是双向互动的,既是"汉化",也是"胡化"。就服饰文化而言,民族的融合促成服饰的又一次变迁,出现了汉衣、胡装并存和胡装逐渐汉化的风尚。

三国和西晋的汉服与东汉基本相同,但从东晋起,玄风盛行,士族崇尚"自然",追求放达风流,宽松博大的款式在士人中流行开来。所谓"晋末皆冠小而衣裳博大,风流相放"①。到了南朝刘宋时,衣裳之肥大可到"一袖之大,足断为两;一裾之长,可分为二"②的地步。这种以大袖、长裾为特点,宽松、博大的服装款式,传递的是这个时代士人放浪形骸、休闲洒脱、风流自赏的生活旨趣。

这时期的女性服装开始从汉代上衣下裳连为一体的深衣制,向衣、裳独立的方向发展,上衣下裙的装束逐渐成为女性衣着的主流。两晋时还开始出现上衣短而下裙长的装束。

在北方,由于直接受到边地民族服饰风尚的熏染,胡服十分流行。胡服本是适于骑射的戎装,其特点为上衣下裤,上衣的款式特点为直领、对襟、窄袖、开衩。由于胡服紧身合体,穿着后行动自如方便,因此很快被汉族人所接受。

这时期文化多元化的影响还表现在衣装的纹饰上,如缠枝纹、忍冬纹、桃形纹、生命树等纹

---

① 《晋书·五行志》。
② 《宋书·周朗传》。

饰,是佛教文化影响下的产物。而对马、对狮、对羊、对骆驼一类的纹饰,又使衣装透出浓郁的西部风情。

三、新潮的唐代衣装

唐朝国力强盛,尤其是盛唐时期,经济繁荣,政局稳定,对异族异国都能以开放包容的精神一视同仁,对多元文化也能兼收并蓄,这都有助于服饰文化的创新求变。唐代城市的繁荣和区域经济的发达,也为服饰新潮的流行提供了合适的土壤。

盛唐女装摒弃了宽袖大袍、交领掩胸等传统款式的束缚,大胆追求开放、新颖的款式。女性衣式适体而多样,既有盘领窄袖袍,又有翻领袒胸衫;既有紧身襦袄,又有薄而透明的轻罗衣。而且色彩、纹饰花样繁多。仅是裙子,就有石榴裙、柳花裙、珍珠裙、翡翠裙、百鸟裙等等,不一而足。不少女性观念开放,穿着大胆,袒胸罗衫束在高束腰的长裙内,尽显女性形体的曲线美,如唐诗人周濆《逢邻女》所云:"慢束罗裙半露胸。"由于社会开放度大,女性衣着争奇斗艳,所以服饰时尚变化很快。中唐李华在给自己的两个外孙女的书信中,提及自己几十年间亲眼目睹妇女服饰的变化:少年时见妇女盛行骑马戴幂䍦,形似斗篷;中年时见妇女流行戴貂帽,到了晚年,又见妇女流行戴领巾。"妇人为丈夫之象,丈夫为妇女之饰,颠之倒之,莫甚于此",花样翻新,令人目不暇接。① 尚武是唐代的社会风尚,流风所及,不少女性还喜着男装,着意展示英姿飒爽之美。传世的《虢国夫人游春图》和《唐人双陆图壁画》,画中女子头戴幞头,身穿圆领窄袖袍衫,足登乌皮靴,一身男性化的装束,秀美俏丽中别具英俊倜傥,令人耳目一新。

图 2-1-4　虢国夫人游春图

---

① 详见李华《与外孙崔氏二孩书》,《全唐文》卷 315,上海古籍出版社,1990。

唐代男子的装束较多地保留了传统款式,但也有局部的变化。例如,前代的袍服衣领为交领和直领两种样式,唐代则流行圆领袍。胡服仍是男子喜穿的服饰,《新唐书·五行志》载:"天宝初,贵族及士民好为胡服、胡帽。"

四、清初的服饰变革

清代以前,宋、明服饰仍承袭汉衣定制,崇尚素雅大方,新颖的装束也时有流行。例如,宋宣和年间,士庶多以鹅黄色为腰腹围,称"腰上黄";妇女便服不施衿(结带)纽,紧身短小,时称"不制衿",都是流行一时的新装束。宋、明文人学士流行穿襕衫,交领右衽,宽衣大袖,衣长至足,与唐代窄袖、盘领的款式有所不同,而且服色以素雅的白色、玉色最为流行。明代男子巾帽的式样十分丰富,常见的有网巾、四方平定巾、六和一统帽(俗称瓜皮帽)等。辽、金、元三朝由不同的少数民族执政,他们与汉族存在着习俗风尚上的差异,衣式方面是汉衣与胡服并存。蒙古族统治中原后,服饰多采用汉人样式。

自满清入关建朝后,中国服饰又出现一大变迁。清初统治者推行以满式旗装为主体的服饰制度,发布薙发令,强令男子剃去前半部头发,后半部依满洲旧俗,垂发辫,于是成年男子的发式由传统的梳发束髻一变而为剃发梳辫。男子服式为开衩长袍,下着长裤,衣袖狭窄,袖口装有箭袖,又称"马蹄袖"。长袍外常套一件长不过腰、袖仅掩肘的马褂,款式分为对襟、大襟、缺襟多种。从明代沿袭而来的瓜皮帽仍很流行。

在民间,汉族妇女仍沿袭明代旧制,南方多着袄衫,下配长裙,北方妇女多穿长裤。满族妇女则穿本族旗袍,外罩马甲。贵族妇女的旗袍制作精美,通常是用整幅面料裁剪缝纫,款式为合领(平高领)、右衽、腕袖、直裾、开衩。头戴大拉翅冠,上有珠宝簪花镶嵌,脚穿足跟部有高跟的花盆底鞋,这种鞋帽与旗袍搭配,使体态修长,别具风韵。清朝中期以后,满汉装束相互影响,如满族妇女模仿汉族妇女的各种发髻,汉族妇女也模仿满族妇女"双头"、"燕尾"等发式。[1]

五、佩饰、首饰与面妆

历代的服饰组合除了讲究服装的款式、色彩和纹样外,还注重饰品、发髻及面妆的审美效果,追求服饰穿戴的整体美。

玉是中国古代最重要的佩饰。古人认为玉乃天地之精气聚合而成,是阴阳集于一身的山川之精英,玉又是品德的象征。相传子贡曾问孔子,为何士人都贵玉而贱珉(一种美石),孔子答曰:"君子比德于玉焉。"[2]在孔子看来,玉具有仁、智、义、礼、乐、忠、信、天、地、德、道等11种

---

[1] 入关后的满族妇女,将头发分成两把,梳成高髻,俗称"叉子头"或"两把头"。又在脑后垂下一绺头发,修成两个头角,称"燕尾"。
[2]《礼记·聘义》。

品德。《五经通义》进一步解释说:"温润而泽,有似于智;锐而不害,有似于仁;抑而不挠,有似于义;有瑕于内必见于外,有似于信;垂之如坠,有似于礼。"因此,"古之君子必佩玉"①。佩戴玉饰既可美化外形,又可以时刻提醒自己要有君子之风度。古代玉饰种类繁多,最常见的有环和玦。环可用彩绳成串地系结腰间,行走时佩玉碰撞出声,此即所谓"君子行则鸣佩玉"。

腰带是古代重要的带饰。古代服装多宽衣大袍,需用腰带系结。用丝编织而成的叫"绦",用革制成的叫"鞶"。革带是文武官员的专用品。妇女多用彩丝合股制成的带饰,而且长带曳地,别具飘逸雅致之美。

以纹绣为饰的香囊和佩巾、用五色丝缕编织的彩缕,也是古代流行的佩饰。彩缕是妇女的佩带装饰,色彩艳丽,披肩绕臂,平添了几分妩媚,所以为仕女所喜用。

古代首饰名目繁多,造型各异,小巧玲珑,美不胜收。发饰中常见的有簪、钗、胜和步摇等。古代女子"十五而笄",男子"二十而冠",举行成人礼后,女子挽发结髻,男子束髻戴冠,都要用到簪。秦汉前多用骨簪,唐以后不仅以玉为簪,称"玉搔头"、"碧玉簪"等,而且金银镂花,镶嵌琥珀珍珠宝石,极富丽精美。钗由簪演变而来,簪为单股,钗为双股。凤钗是钗中名品,造型颇具民族特色。胜也是妇女常用的发饰,《汉书·司马相如传》云:"胜,新妇首饰也。"胜象征吉祥如意,所以新嫁娘多以胜为发饰。步摇的造型也很别致,《释名·释首饰》云:"步摇,上有垂珠,步则摇动也。"步摇在簪上饰有五彩垂珠或花枝,行走时垂珠姗姗摇曳,别有一番风情韵致。

我国早自战国时代起,即流行妇女穿耳附珠的风尚。常见的耳饰有耳瑱、耳环、耳坠等。环形或球形的通常称为"珥"、"珰",在耳环下垂挂珠玉、宝石的称为"耳坠"。项饰也是首饰中的一类饰物。项链古代称为"串珠",是以各种珠类穿串而成。还有一种叫"璎珞"的项饰,用珠玉缀串在项圈上,都是仕女佩戴在项颈上的装饰物。

古代妇女的手饰有指环和手镯。指环也称"约指"、"戒指"。把指环作为定亲信物的风俗,最初流行于域外,南北朝时这一风俗传入中国,以后中国民间在男女订婚时,也流行起男方赠女方指环的时尚,借以表示对婚约的祝颂。手镯又称为"钏",是流行已久的手饰,明清两代尤为盛行。手镯中有的金银镂花,精雕细刻,镶嵌宝石,极富贵华丽;有的用美玉琢磨而成,圆润莹泽,具有清雅素淡之美。

发式之美也为古代妇女所注重,女性的发式造型变化多姿,翻新出奇,仅《髻鬟品》中所记载的就不下百余种。常见的有耸立头顶、巍峨华贵的高髻式;蟠曲扭转、似灵蛇游走的拧旋式;分股盘叠、形如青螺的盘叠式;圆髻为底、挽结成堆的结椎式;等等。古代未婚少女一般梳双鬟髻或双髻,有的将双鬟垂于耳旁,有的将双髻挽结头顶,对称中见活泼,造型珊珊可爱。

---

① 《礼记·玉藻》。

古代女子面部化妆主要有粉脂、眉黛和贴花子等。早在战国时代,妇女面妆已施用脂粉。《韩非子·显学》说:"故羡王嫱、西施之美,无益面容;而用脂泽粉黛,则倍其初。"粉是米粉或铅粉,脂是胭脂,主要用以妆饰面部,使肌肤白皙,两颊双唇红艳可人,所谓"美人红妆色正艳","朱唇一点桃花殷"。古代面妆有浓抹与淡妆之分,浓抹是将胭脂一直涂到颈部和胸口,淡妆则是在两颊和眼眶略施红脂。妇女画眉的风尚也始于战国,画眉所用的青黑色颜料称为"黛"。刘熙《释名》说:"黛,代也。灭眉毛去之,以此画代其处也。"可知古代画眉需先修剃眉毛,然后用黛描画。眉的样式在古代也随流行时尚而变化,例如西汉流行有广眉、八字眉、远山眉等,相传卓文君眉如远山,一时妇女争相仿效;唐代流行柳眉,眉梢细长,形如柳叶,平添妩媚秀丽之美。

贴花子又称"靥面妆",这种面妆是用极薄的金片、银片等材料,剪成星、月、花、鸟等花样,贴在额上或两颊作为妆饰。据段成式《酉阳杂俎》记载:"今妇人面饰用花子,起自上官昭容所制,以掩黥迹。"《木兰诗》中有"当窗理云鬓,对镜贴花黄"之句。这种面妆在敦煌壁画及出土的女陶俑中都可见到。

第三节 中国服饰文化的制度形态

中国古代的服饰制度,以尊卑等级关系为基础,早在西周,已形成了冕服制度。秦建立封建帝国后,冠服制度逐渐完备,身份的尊卑和地位的高低,都可以在服饰上得到显示。中国传统的人生礼仪,把换装当作一种重要的仪礼标志,从诞生礼、成人礼到婚礼和丧礼,都有相应的换装仪式。作为一种习俗惯制和礼仪规范,服饰制度具有强化伦理意识、维系家族体制的功能。

一、冠服制度

中国历代帝王、群臣的官服,变换繁杂,分类亦多,从其发展变化来看,大致可以分为三个阶段:第一阶段为秦以前,创设了冕服制度;第二阶段为秦汉两晋南北朝,主要以冠作为身份地位和品秩的标志;第三阶段为隋唐至明清,创设了朝服、公服制度,并以服色和补子纹饰作为区分官阶和官品的补充。

(一)冠类

周代贵族戴的冠主要有冕和弁。冕是最高级别的帽子,只有天子、诸侯、卿大夫可以戴冕,而且只用于敬天祭祖、朝贺册封等典礼活动。冕的形制是下有冕圈,称为"武",冕圈上覆有长约1尺多、宽约半尺余的木板,叫做"延",延的表面糊有上黑下红的布帛或丝帛,黑色代表天,红色代表地。延的前后用有五彩绳穿串珠玉的垂旒,垂旒的数量依身份高低而定,天子12旒,而等级最低的大夫仅2旒。延之中端两边各以纮（彩条）悬系一枚丸状玉石，叫"悬纩"或"充耳"。延呈前低后高状，表示体察下民。垂旒和悬纩的意义也不仅是为了显示威严和美观，还表示对奸邪视而不见，对谗言充耳不闻，如《礼纬》所说："旒垂目，纩塞耳，王者示不听谗，不视非也。"可见冕冠的样式象征意义远胜于实际使用意义。冕作为礼服，一直沿用到明末，只是到了后期，冕服成为帝王及皇室的专用服饰，一般官员不可戴冕。

在周代，弁是仅次于冕的一种男式皮质礼帽，自天子至于士在一般的正式场合都可戴用。弁主要有爵弁、皮弁之分。爵弁之"爵"读为"雀"，其色红中带黑，是类似冕的皮帽。皮弁用白色鹿皮分12块拼缝而成。弁的形制特点是上锐下广，如两手相合状，缝合处缀以五彩玉石。

秦汉统一中国后，对冠式作了礼仪典制的规定，冠式成为官职和品秩的标志。如文官戴进贤冠、武官戴鹖冠或武弁大冠、执法官戴獬豸冠等。品秩的高低以冠上的冠梁多少来加以区分。

魏晋南北朝的冠服多承袭汉冠制度，头衣的主要变化表现为庶民戴的头巾开始在上层流行。本来按礼仪制度规定，士人以上者戴冠，庶人则束巾，因此，"冠盖"可用作达官贵人的代称，如晁错《论贵粟疏》："冠盖相望，乘坚策肥。"庶民百姓行成人礼后，戴巾而不戴冠。自东汉末年起，上层人士也喜使用脱戴便利的头巾，并以戴巾为雅尚。他们用葛或绢帛裁成四方巾，两个巾角向前系住发髻，另两个巾角在脑后系结，使之自然下垂，称为"幞头"。

从隋唐起，官员朝服与公服的冠戴和服饰搭配都有了定制。朝服是文武官员朝参时的服饰，公服为从事一般公事时的穿戴。隋唐朝服中典型的冠式为进贤冠，据《开元二十年开元礼成定冠服之制》载："进贤冠：三品以上三梁，五品以上两梁，九品以上一梁，为三师、三公、太子、尚书省、秘书省、诸寺监、太子詹事，及教官亲王，诸州、县、关津岳渎等流内九品以上服之。"据此可知，唐朝一至九品的文官、亲王等皆以进贤冠为朝服，并以冠梁的多少区别品秩的高低。唐朝官员的公服主要有硬脚幞头，这种冠式是从前朝的软脚幞头演变而来。原本下垂的幞脚中衬入铜丝或薄片，于是两个幞脚向左右两边展开，成为硬脚幞头。

宋代朝服与公服沿袭唐制。宋制幞头为方顶硬脚，两脚平展很长，据说是为了防止官员上朝站班时交头接耳。元代冠服分蒙制和汉制两类。汉制袭用宋制，蒙制戴用大檐帽，此帽用皮和毡制成，造型类似头盔，可折边。明代的朝服仍沿用前制，公服主要为明制乌纱帽，乌纱帽起源于唐，但明代的乌纱帽已成圆顶硬壳，两脚由窄长变为宽短，形如纺锤，称为"展脚"，因为是用乌纱制成，所以称为"乌纱帽"。

清代订立本朝服制，冠式沿用满族旗服，分为凉帽与暖帽两种。帽顶以珠玉宝石为饰，称为"顶

图2-1-5　乌纱帽

珠",根据顶珠的数、色、质来区分官品职别。如果帽后饰有金花或孔雀翎,则表示高贵显达,通常为一至三品高官所服用。

(二) 服装与饰品类

古代帝王服装与官员服装大致分为朝服、公服两类。在朝受事或祭典礼仪时穿朝服,服式多为宽衣大袖。秦汉以前为交领,唐以后多为盘领,领、袖、裾都有缘边,绣有纹饰。官员在职公事或接待宾客时穿公服,公服纹饰简约,不像朝服那样华丽尊贵。

周代帝王和官员都以冕服为朝服,头戴有垂旒的冕,身穿绘有纹饰的袍。据《周礼》记载,帝冕之服的纹饰共有12章,包括日、月、星、龙、山、火等图案。一直到明代,冕服都是历代朝服的主要形式。

袍到了唐代称为官袍,帝王及官员的公服是身穿圆领官袍,头戴幞头,足登乌皮靴。唐朝订立的官服制度,对以后历代影响深远。其一是品色衣制度,即以服装色彩区别品秩的高低。规定帝王的服色为赭黄,饰龙纹,称为"龙袍",龙袍在胸前饰有"坐龙",寓坐镇天下之意,龙爪要五爪伸开,象征威慑四方。规定官员三品以上者衣紫,四、五品衣绯,六、七品衣绿,八、九品衣青。其二是革带制度,官员品阶不同,革带上的饰片有异。其三是章服制度。官员进出宫门,必带鱼符,据《新唐书·车服志》载:"随身鱼符者,以明贵贱,应召命……皆盛以鱼袋,三品以上饰以金,五品以上饰以银。"到了宋朝,虽然不再使用鱼符,但仍佩戴表明品秩的鱼袋。

明朝的官服以"补子"为饰,清朝更有发展。补子饰于官衣的前胸和后背,所以又名"背胸"。补子纹饰定为九品制,一品文官是鹤,武官是麒麟;二品文是锦鸡,武是狮子;三品文是孔雀,武是豹;四品文是雁,武是虎;五品文是白鹇,武是熊;六品文是鹭鸶,武是彪;七品文是鸂鶒,武也是彪;八品文是鹌鹑,武是犀牛;九品文是练雀,武是海马。

清代官服采用满制,但以补子为饰仍沿用明制。皇帝着龙袍,文武百官的朝服为蟒袍,所绣蟒纹的多少依据官品的高低而有定制。清朝官服具有满族的特点,例如袖口连接处装有马蹄袖,行礼时放下,礼毕卷起,又叫"龙吞口"。褂服也是清朝官服系列中的创造,用褂罩在袍服外,既能御寒,又便于骑射。

二、 丧服制度

丧服是死者亲属为哀悼死者而穿戴的衣帽服饰。中国古代的丧服称为"五服",指斩衰、齐衰、大功、小功、缌麻五种服制。

图 2-1-6　清代一品文官补子

斩衰是丧服中最重的一种服制,服期为3年。"斩"意谓用剪刀直接截断生麻布,制成的衣裳为毛边,以表示哀伤难已,悲痛无边;"衰"同"缞",指生粗麻布。服斩衰者包括子为父母、妻为夫、父为长子、嫡长孙为祖父、未嫁女和被休回家之女为父母,等等。服丧范围体现了父系核心集团中最亲近的血缘关系。

齐衰也用生麻布制成,但缝边齐整。服期为1年、5个月、3个月不等。除夫为妻外,服丧的对象都属父系宗亲集团的血亲关系,包括祖父母、曾祖父母、叔伯、兄弟等。

大功用熟麻布缝制,做工较粗,故名。服期为9个月。服丧对象包括为已嫁的姑母、姐妹;女儿为堂兄弟;已嫁女子为自己的兄弟、为侄子侄女、为丈夫的祖父母、叔伯父母等,其范围涉及血缘和姻缘的亲属关系。

小功用细麻布制成,做工较细密,故称"小功"。服期为5个月。服丧对象包括为堂祖父母、堂叔伯祖父母、外祖父母等。

缌麻用细熟麻布制成,是丧服中最轻的一种服饰,服期为3个月。其服丧对象为四世之内所有同宗亲族,也包括姻亲亲属,如妻的父母等。

上述丧服制度自春秋战国被确定后,历朝政府虽曾对服丧期的长短作过局部的调整,但是丧服制作为封建礼制的一部分,一直被纳入服饰制度的体系中。至民国以后,丧服制因不再获得法律的认同,才最终退出了历史舞台。

综上所述,服饰制度在古代中国延绵数千年之久,其区分之精细、规范之缜密、等级之禁严,在人类文明史上都是罕见的。中国传统的服饰制度有着以下两个鲜明的特点:

第一,起到强化社会等级的作用。服饰制度通过礼和法的形式,约束着每一个社会成员,官宦庶民在服饰上的错乱,都意味着"僭越"。《后汉书·舆服制》说:"尊尊贵贵,不得相逾,所以为礼也。非其人不得服其服,所以顺礼也。"服饰文化是制度形态在着装上的反映,又积淀为社会观念,对冠服制度的认同,其实也是对等级制度的认同,正如《礼记·坊记》所言:"贵贱有等,衣服有别,朝廷有位。"在人们的心目中,服饰已成为社会身份的符号,人们习惯于以"白衣"称呼平民,而以"朱紫"代指公侯巨卿,所谓"雪中退朝者,朱紫尽公侯"[①]。官小职微的杜甫也称:"服饰定尊卑,大哉万古程。"[②]

第二,服饰制度起到维系以九族血亲为纽带的宗法制的作用。古代丧服制度以父系血亲关系为依据,通过丧服形制和服丧的轻重,对家族内部的等级作出明确的区分,以强化长幼有序、尊卑有等、男女有别等伦理意识。因此,五服制所体现的不仅是缘自家族精神的亲情,更体现了缘自宗法制的亲亲、尊尊的礼制原则。

[①] 白居易:《白氏长庆集·秦中吟十首·歌舞》,上海古籍出版社,1994。
[②] 杜甫:《杜诗详注·太子张舍人遗织成褥段》,中华书局,1979。

关键词

服饰　麻织　丝织　棉纺织　上衣　下裳　深衣　胡服　佩饰
首饰　面妆　冕　弁　幞头　冕服　品色衣　朝服　公服
丧服　五服制

思考与讨论

1. 简述中国古代纺织业所取得的辉煌成就。
2. 以服饰变迁为例，说明民族文化的交汇是一种双向互动。
3. 以唐代服饰的创新求变为例，说明唐朝对多元文化的兼收并蓄。
4. 为什么说中国服饰至清初又出现一大变迁？
5. 为什么说服饰文化中凝聚着制度文化和观念形态的因素？
6. 何谓"五服"？为什么说五服制是中国礼文化的组成部分？
7. 中国传统的服饰制度有哪些鲜明的特点？

拓展阅读

1. 《中国古代服饰研究》，沈从文编著，商务印书馆，2011。
2. 《中国古代服饰史》，周锡保著，中国戏剧出版社，2002。
3. 《中国服装史》，华梅著，中国纺织出版社，2007。

思维导图

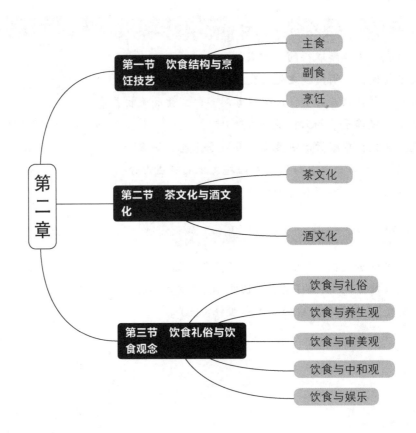

第二章　饮食文化

中国饮食文化源远流长,形式与内容丰富多样。从食品资源的开发到加工保存,从烹饪技艺的精湛到食具的讲究,都称得上博大精深。人们在长期的生活实践中,不仅形成了具有地域特色的烹饪技艺,而且还传承着种种饮食习俗和饮食礼仪,在吃什么和怎样吃的背后,反映了中国人的饮食观念。

第一节　饮食结构与烹饪技艺

中国在进入新石器时代以后,即从采集经济中逐渐产生了农业,开始步入以种植和养殖经济为主体的农业社会。据考古发掘,在北方,有以河南裴李岗、河北磁山文化为代表的粟作农业;在南方,有以浙江河姆渡文化为代表的稻作农业。从那时起,中国人即形成了以谷物为主食,以肉类、蔬菜为副食的饮食结构,在以后的几千年中,这一饮食结构相沿未改。

一、主食

中国传统的主食是谷类,"谷"是禾本科粮作物的总称。《诗经·豳风·七月》:"其始播百谷",《诗经·周颂·噫嘻》:"率时百农,播厥百谷。""百谷"犹言众谷。谷可细分为"五谷"、"六谷"、"九谷"等。《周礼·天官·冢宰》:"一曰三农,生九谷。"郑玄注引郑司农云:"九谷:黍、稷、秫、稻、麻、大小豆、大小麦。"据此可知,后世主要的粮食作物在先秦已大致齐备了。

"稷"与"粟"名异实同,都是指小米,小米是我国栽培历史最悠久的粮食作物。"黍"即黄米,有黏与不黏两种,黏性的最宜酿酒,也可蒸成可口的黄米饭,味美于稷。《论语·微子》记荷

图2-2-1　河姆渡水稻化石

蓧丈人热情接待子路,"止子路宿,杀鸡为黍而食之"。直到后世,人们仍以鸡黍为食敬待客人。"稻"也是我国最早栽培的粮食作物之一。大量的考古发掘表明,在距今5000年前的珠江流域、长江流域以及黄河流域,栽培稻已在农业中占据重要地位,浙江余姚河姆渡遗址中就发现了稻谷粒。稻被列入"五谷"之一,并且是五谷中甘美的精粮。"九谷"中的"秔"即糯稻的专称。"粱"是粟中精品,《汉书·食货志上》:"食必粱肉。"颜师古注曰:"粱,好粟也,即今之粱米。"龚自珍《咏史》云"著书都为稻粱谋","稻粱"历来被古人视为主食中精品。"麻"在上古和秦汉也是粮食作物之一,当时的麻实为脂麻,稍用滚筒挤压即可榨出油脂。脂麻的籽粒称为"苴",《诗经·豳风·七月》:"七月食瓜,八月断壶,九月叔苴。"孔颖达疏:"谓拾取麻实以供食也。"此外,豆类和小麦、大麦在中国也有着悠久的栽培历史,被列入"五谷"或"九谷"之中。

秦代以前,主食的加工主要有做成干粮、饭和粥三种。干粮即炒米,古代称作"糗"、"糒"、"糇"。在先秦文献中,"粮"通常特指外出所带的干粮,民间最为普遍的粮食加工方法是"蒸谷为饭,煮谷为粥"。

汉代有了石磨,于是主食的加工除粒食外又有了粉食。磨制而成的面粉写作"麴"、"麪"。"饼"是各种面食的总称,《说文解字》说:"饼,面餈也。"从汉代到隋唐五代,用笼屉蒸的叫"蒸饼",在火上烤或烙的叫"炉饼",放到水里煮的叫"汤饼"。汉代张骞出使西域,引进胡桃、芝麻等,民间遂用胡桃仁作饼馅,撒上芝麻,烤制出圆形的"胡饼",在当时是上等食品。由于吃饼的习俗十分盛行,各地都有制饼的铺舍和摊贩,例如唐代长安辅兴坊的胡饼在当时就极负盛名,白居易在《寄胡饼与杨惠州》一诗中写道:"胡麻饼样学京都,面脆油香新出炉。寄与饥馋杨大使,尝看得似辅兴无。"唐代的饼花样繁多,有一种"红菱饼"还被用作赐进士登第用的御用食品。北宋皇家每至中秋食"宫饼",民间俗称"小饼"、"月团",苏轼《留别廉守》诗云"小饼如嚼月,中有酥与饴",二句所描绘的就是这种月饼,中秋食月饼的习俗传承至今。

到了晋代,由于掌握了发酵技术,于是出现了发面饼、馒头、包子等主食。在嘉峪关地区发现的魏晋墓中壁画,就有一幅女仆端着馒头的图画。此外,当时还有了饺子和馄饨。唐段公路《北户录》记有"浑沌饼",崔龟图注曰:"颜之推云,'今之馄饨,形如偃月,天下通食也'。"随着食用米粉、面粉的普遍,各种点心层出不穷。宋人吴自牧在《梦粱录》中记录当时杭州市上的点心竟有70余种之多:四色馒头、细馅大包子、卖米薄皮春卷、生馅馒头、馓子、笑靥儿、金银炙焦牡丹饼、杂色煎花馒头、枣箍荷叶饼、芙蓉饼、菊花饼、月饼、梅花饼、开炉饼、寿带龟仙桃、子母春卷、子母龟、子母仙桃、圆欢喜、骆驼蹄、糖蜜果实、果食将军、肉果食、重阳糕、肉丝糕、水晶包儿、笋肉包儿、虾鱼包儿、江鱼包儿、蟹肉包儿、鹅鸭包儿、鹅眉夹儿、十色小从食、细馅夹儿、笋肉夹儿、油炸夹儿、金铤夹儿、江鱼夹儿、甘露饼、肉油饼、假肉馒头、糖肉馒头、羊肉馒头、太学馒头、笋肉馒头、鱼肉馒头、蟹肉馒头、肉酸馅、千层儿、炊饼、鹅弹……丰糖糕、乳糕、粟糕、镜面糕、枣糕、乳饼……山药元子、真珠元子、金橘水团、澄粉水团、拍花糕、糖蜜糕、裹蒸粽子、粟粽、金铤裹蒸茭粽、糖蜜韵果、巧粽、豆团、麻团、糍团、糖蜜酥皮烧饼、夹子、薄脆、常熟糍糕、春饼、芥饼，等等。点心花色之繁多，足令人眼花缭乱。

二、副食

中国人饮食结构中的副食为菜肴。菜肴古称"肴羞"、"肴核"。"菜"是蔬菜和可食野菜的总称；"肴"指鱼肉之类的荤菜；"羞"或作"馐"，指美味的食品；"核"指梅、李、桃等各类的水果。

肉类副食品有家畜类的马、牛、羊、鸡、犬、豕等六畜，也叫"六牲"。六畜中马是重要的代步工具，牛是农耕的主要畜力，所以人们不轻易食用牛肉和马肉。经常食用的是猪、狗、羊、鸡。古人食用猪肉、狗肉和羊肉，讲究选幼不选壮，选壮不选老。《论语·阳货》："阳货欲见孔子，孔子不见，归（馈）孔子豚。"《后汉书·仲长统传》："良朋萃止，则陈酒肴以娱人；嘉时吉日，则烹羔豚以奉之。"这里的"豚"专指小猪，"羔"专指小羊，都被古人视为美味佳肴。狗肉也是人们喜好的肉食之一，由于食狗肉者多，因此"狗屠"成了专门的职业。家禽类中民间普遍饲养和食用的有鸡、鸭、鹅，民间有"杀鸡为黍"以款待宾客、孝敬老人的风尚。

除家畜、家禽外，古人又常食用野生动物，仅据《盐铁论·散不足》和枚乘《七发》所列举的西汉流行的美食中，就有野猪火腿、焖烂的熊掌、卤山鸡、炸鹌鹑、白勺鲍鱼、红烧小鹿肉、蒸河豚、炖甲鱼等野味和水产。在山东诸城凉台发掘的汉代刘琮的墓中，曾出土线刻石雕《庖厨图》，图中雕刻有从牲畜宰杀到烹饪的不同场景，画面中不仅有羊、牛、猪、狗等家畜，还有野兔、活鳖及多种野生鱼类。

因受经济条件限制，加之古代肉类短缺，所以下层庶民是吃不上肉的。古汉语中把上层阶级称为"肉食者"，把庶民称作"食菜者"，《孟子·梁惠王上》中也把"七十者可以食肉"，作为王道政治得以实现的标志之一。在庶民的生活中，蔬菜与谷物有着同样重要的地位，《尔雅·释天》："谷不熟为饥，蔬不熟为馑，果不熟为荒。"每遇饥荒，百姓即以菜果代粮，以维持生存。《汉书·元帝纪》载，初元二年，"岁比灾害，民有菜色"。颜师古注："五谷不收，人但食菜，故其颜色变恶。"由于粮食的经常性短缺，使得古代中国人在野生植物资源的开发方面，积累了丰富的知识。《本草纲目》列入了数千种植物，对于每种植物都注明了它的可食性。

先秦时蔬菜的栽培还处于初始阶段，食菜大多取自野生。据统计，《诗经》中提到132种植物，其中可食的就有20余种，例如葵、菽、壶、荼、苣，荠、荠、薇等。到了西汉，不仅野生蔬、果被大量人工栽培，而且还培植和引进了许多新品种。据文献记载，汉代从西域引进的园圃作物就有黄瓜、大蒜、苜蓿、石榴、葡萄、胡桃等。随着园圃业生产规模的扩大，蔬菜和果类的品种不断增多，各地根据不同的气候、水土等条件，因地制宜地开发和培育优良的栽培品种，安邑之枣、关中之栗、真定的梨、岭南的荔枝、蜀汉的柑橘等，都是极负盛名的地方特产。北方还摸索出利用温室栽培蔬菜的技术，据《汉书·召信臣传》载：西汉时期的皇家园圃中，"种冬生葱韭菜菇，覆以屋庑，昼夜燃蕴火，待温气乃生"。这种温室栽培蔬菜的实践，比欧洲早了1000多年。

由于园圃业的发展，它所提供的食物种类和数量越来越多，从而补充了粮食的不足。《管子·禁藏》说："亩取一石，则人有三十石，果瓜素食当十石。"意思是1亩地收1石粮食，30亩为30石，地里蔬菜瓜果的收成相当于10石粮食。可见园圃作物已成为仅次于谷物的重要食物。《素问·脏气法时论》说"五谷为养"，"五果为助"，"五菜为充"，说明蔬菜、果类在古代中国人的食物结构中占有十分重要的地位。

三、烹饪

早在先秦，随着农业生产和饮食文化的发展，特别是上层贵族中宴饮活动的盛行，烹饪方法已丰富多样。先秦食谱大多佚失，但《周礼·天官·膳夫》所记录的周代"八珍"，堪称当时的馔肴珍品。据郑玄注，"八珍"包括淳熬、淳母、炮豚、炮牂、捣珍、渍、熬、肝膋。《礼记·内则》详述八珍的烹饪方法有煎、烤、煨、煮、腌制、糟制、腊制，等等。例如，"炮豚"的制作过程是，取乳猪一只，宰后去内脏并洗净，用红枣填满腹腔，用芦苇扎紧后涂上泥巴，置大火上烧烤后去泥，再用米粉调糊抹于表皮，入油锅炸到呈金黄色后取出，切成长条，放入鼎中，把鼎放在大锅内蒸炖三昼夜，加入酱醋等调料即可食用。这道菜制作工序复杂，由此可见先秦食文化的考究。

秦汉以后，经历代烹饪家和美食家的探索与创新，各地名馔佳肴丰富多样，烹饪技艺也臻于炉火纯青。在此基础上，饮食文化专家先后编撰了各类食谱，魏晋南北朝时期较著名的有北魏的《崔氏食经》、梁朝的《梁太官食经》、南齐虞悰的《食珍录》和刘休的《食经》等。贾思勰的《齐民要术》中也记载了不少菜肴的烹制方法。唐宋食谱不仅有韦巨源《食谱》等食谱类专书，有关饮食文化的记载还散见于大量的笔记类著述中。唐宋城市经济繁荣，都市中酒肆食铺林立，餐饮业的发达促使烹饪技艺达到新的高峰，菜肴种类之繁多，不胜枚举。吴自牧在《梦粱录》中记录了南宋都城临安各大饭店的菜单，菜式竟多达335款，可见当时饮食文化的蔚为大观。从这几百款菜式来看，用料涉及家禽、家畜、野味、河鲜、海鲜及各种蔬果和豆制品，用料既要求新鲜，又讲究部位；技法涉及煮、炒、烧、烤、脍、蒸、炖、腌、糟等；调料则有咸、酸、苦、辣、甜等。

中国古代烹饪除讲究用料、技法、调味和火候外，还讲究地方风味，地方风味亦即菜系，传承至今的主要有中国四大菜系。

其一为鲁菜。鲁菜是山东菜系的简称，起源于春秋战国时的齐国和鲁国，形成于秦汉，成熟于魏晋南北朝，经唐宋臻于完善，元明清三朝进入宫廷，影响广及京、津、东北和山东。鲁菜选料考究,鲁国的孔子曾说:"食不厌精,脍不厌细。"又说:"鱼馁而肉败不食,色恶不食,臭恶不食,失饪不食,不时不食,割不正不食,不得其酱不食。"[①]清、脆、嫩、鲜、醇是鲁菜的特色。

其二为川菜。四川自古有"天府之国"的美称,物产丰富。宋代以后其菜肴已自成特色,至清代形成"百菜百味"的风格。据《成都通览》记载,清末四川成都的菜肴和小吃竟多达1300余款。川菜取材广博,如水产有红团、岩鲤、石爬鱼、鲟鱼、肥沱、鲶鱼等;山珍野味有竹荪、冬菇、石耳、鹿、獐、麂等;调味品有自贡井盐、水川豆豉、叙府芽菜、南充冬菜、茂纹花椒、四川红油等。烹饪技法以小煎、小炒、干烧、干煸为特色,或急火速成,或微火慢烹,自然收汁。川菜集咸、麻、辣、酸、鲜、香于一身,妙在一个"怪"字。

其三为粤菜。粤菜成型于汉魏,发展于唐宋,完善于明清。它以地方特色为基础,兼容南北中外食法。粤菜选料繁多而奇特,水产海鲜、家养禽畜、野生鸟兽蛇虫均可入馔。烹制方法博采众长,炒、扒、焖、烩、炖、焗、煲等不一而足。而且蚝油、鱼露、沙茶酱等调味品也别具一格。经匠心独具的烹制,形成清、爽、鲜、淡、香的风味特色。

其四为苏扬菜。以扬州、苏州为中心的长江下游地区,气候温润,水网纵横,物产丰饶,从而使苏扬菜的选料具有得天独厚的优势。其选料讲究鲜活,食料的季节特征明显。调味讲究保持本味,追求清淡而鲜嫩,爽口而味醇。又讲究刀工、配色和造型,或薄如纸,或细如丝,形态完整,大小如一,制作极为精巧。

林语堂在《吾国吾民》一书中说,西方人对待吃,仅把它看成是给机器加料,而中国人则视吃为人生至乐。中国饮食文化把烹饪和饮食看作是一种高雅的艺术,烹饪讲究色、香、味、形的完美统一,将美食视为艺术品。而且美食还要配以美名,如"全家福"、"金银满屋"、"燕子归巢"、"雨丝风片"、"推纱望月"等,取名避实就虚,巧用虚拟写意手法,以唤起食客的浮想联翩,体现了浓郁的中国文化色彩。美食还要以美器相配,中国传统饮食器具之美,首先美在质,陶器、铜器、金器、银器、玉器、漆器、瓷器等,或古朴,或富丽,或晶莹剔透,或光润雅致,品类繁多。其次美在造型和纹样,古代金属饮食器具上的雕镂纹饰,不仅构思奇特,而且富丽繁缛,传世的商周青铜食器和饮器,几乎件件都是精湛的艺术工艺品。瓷器则饰以绘画、书法,洁白的薄胎上施以色泽图案,使胎面上的彩绘在光线作用下,或如透轻云望明月,或似隔重雾看青山,给人以美的享受。

第二节 茶文化与酒文化

中国是茶的发源地,种茶、制茶和饮茶都起源于中国。茶作为民间最通行的饮品,自古就

---

① 《论语·乡党》。

被列入民众的"开门七件事"中。而文人士大夫对饮茶尤为青睐,茶文化对其修身、怡神、为文、会友都有着潜移默化的影响。酒文化在中国同样源远流长,与茶文化一样,酒文化所涵盖的不仅是物质本体的成果,它还包括精神的成果。在古代中国人的社会生活中,祭祀、送别、婚丧、会友、待客,几乎都少不了酒,酒与文艺更结下不解之缘。

一、茶文化

(一) 茶的品类与传播

传说最早品尝茶树鲜叶并发现其解毒功效的是神农氏,《神农本草经》载:"神农尝百草之滋味,水泉之甘苦,令民知所避就,当此之时,日遇七十毒,得茶而解。"古人最初是口嚼生食茶叶,以后便以水煮鲜茶叶羹饮。到了周代,人们开始把茶叶晒干,以随时水煮饮用。大约到了三国时代,制作茶饼的方法流行开来,人们将采摘的鲜茶揉成饼状,晒干或烘干,饮用时碾末冲泡。及至唐代,蒸青和炒青法已被普遍采用。蒸青法是将茶叶蒸后捣碎,拍制成团饼,焙干保存,鲜茶经气蒸处理,去除了青草味。炒青法是用热锅干炒,炒制的散茶保存了茶叶的原绿和馥郁的香味,这一制茶工艺沿用至今。

中国茶叶的原产地在巴蜀地区,以四川为中心,旁及云南、贵州。战国时期的兼并战争导致人口迁徙流动,茶叶随之传播到长江中游地区,茶业也由巴蜀扩展到荆楚。西汉至三国,茶已传播到长江下游地区,茶的饮用和茶的种植迅速扩展到全国。公元7世纪前后,中国的种茶、制茶法和饮茶风尚又向周边国家传播,饮茶很快地成为日本等国的风尚。到了17世纪,茶叶已传播到世界各地,中国茶叶、丝绸、瓷器成为鼎足而立的主要输出品。

图 2-2-2 武夷岩茶大红袍

随着饮茶之风的普及,制茶工艺不断改进,各地形成自具特色的茶叶品类。如绿茶系列中的钱塘龙井、常州阳羡、绍兴日注、蒙顶石花、福建柏岩、建州武夷、六安瓜片、徽州松萝、嵊县珠茶;红茶系列中的安徽祁红、云南滇红、广东英红等,自古就是名闻遐迩的茶中名品。此外,武夷岩茶、莫干黄芽、安化黑茶、闽北白茶、福建茉莉大毫,分别为乌龙茶、黄茶、黑茶、白茶、花茶中的名品。各地名茶品类有别,芳香独特,汤色不一,使中国茶呈现琳琅满目的景观。

(二) 民间茶俗

茶俗是中国民众生活中特有的人文事项,古人认为茶性贞洁,在婚姻、祭丧、敬客等场合,形成了以茶为礼的各种习俗。

婚礼过程中,人们赋予茶以"从一"的含义,明人郎瑛在《七修类稿》中对此概括说:"种茶下子,不可移植,移植则不复生也。故女子受聘,谓之吃茶。又聘以茶为礼者,见其一之义。"由茶树的不可移植,推演到婚姻的恒久,进而提炼出从一而终的道德观,于是茶成为订婚与结婚时的重要饮品。唐代以后,民间把订婚称为"受茶",参加婚筵称为"吃茶",把订婚的定金称为"茶金",把彩礼称为"茶礼"。婚姻以茶为礼,把茶作为纯洁、忠贞和婚姻恒久牢固的象征,成为中国的传统习俗之一。

以茶祭祀也是茶礼中的一种,这一习俗大约兴起于南朝。南齐武帝萧赜所立遗嘱云:"我灵上慎勿以牲为祭,唯设饼、茶饮、干饭、酒脯而已。天下贵贱,咸同此制。"[①]后人沿此礼俗,在祭礼和丧礼中,茶是供品之一。民间以茶作祭,一般有三种形式:在茶碗、茶盏中注以茶水;不煮泡只放干茶;不放茶,只置茶碗、茶壶作为象征。虽然形式有别,但以茶表示对天神、地祇、人鬼的尊崇虔诚或追思缅怀的心意是相同的。

客来敬茶更是民间传承已久的习俗,宾客临门,以茶相待,宾主慢啜细饮,谈情叙谊。主人待客,应选家存茶叶中的上品,茶具则上有盖,下有托,以示对客人的尊敬。广东、福建一带以工夫茶待客,对茶具、茶叶、水质、冲法、饮法更讲究中规中矩,雅致的茶具与一丝不苟的冲饮方式,使客来敬茶的习俗充满了艺术情调。

(三) 文人与茶

古代文人士大夫对饮茶与茶文化更是情有独钟,茶长于高山云雾之中,餐风饮露,沐天地之精气,以高洁、清新、玄幽、平和为秉性,颇合文人宁静致远的清高意趣,而且茶的秉性,又与文人士大夫其心所尚的儒释道精神息息相通。

儒家视中庸为天下"至德",主张"执而用中",不偏不倚,适度和谐;佛道追求心灵的虚明澄静,在超越世俗中体验彼岸的极乐或宇宙的宁寂。在对待社会人生的问题上,儒释道存在着入世与出世的不同指向,然而,在追求天地人和谐相处及个体身心和谐方面,三者却殊途同归。中国茶道营造的恰是人与人、人与自然和谐相处的氛围,所以深得文人士大夫的倾心与投入。他们以茶会友或独自品茗,追求的不仅是口腹享受,更是茶文化中的人文意蕴。在他们看来,品茗体现着一种生活情趣,一种精神追求,一种人与人、人与自然和谐相处的乐趣。明人张岱在《西湖七月半》中所描绘的正是这样一幅图景:"小船轻幌,净几暖炉,茶铛旋煮,素瓷静递,好友佳人,邀月同坐。"显然,中庸和谐、清雅脱俗、空灵淡泊的精神满足,都能从清茶的细细品味中获得。唐代诗人卢仝在其《走笔谢孟谏议寄新茶》一诗中,细致描述了连饮七碗新茶的不同感受:"一碗喉吻润,二碗破孤闷。三碗搜枯肠,唯有文字五千卷。四碗发轻汗,平生不平事,尽

[①] 《南齐书·武帝本纪》。

向毛孔散。五碗肌骨清,六碗通仙灵。七碗吃不得也,唯觉两腋习习清风生。蓬莱山,在何处?玉川子,乘此清风欲归去。"品茗可使人破愁解闷,气爽神明,澡雪精神,文思如泉。因此,当一些文人士大夫屡经仕途坎坷、人生磨难后,他们会从茶的清淳淡泊中品味人生,抚慰心灵的创伤,返朴归真,获得心灵的安宁。茶增诗兴,茶助诗思,茶与诗结下了不解的情缘,咏茶诗也成了古典诗歌的惯见题材,如白居易写有咏茶诗30首,苏轼有60多首,而陆游所作咏茶诗多达200多首,堪称历代诗人咏茶之冠。

二、酒文化

(一)酒的流变

酒的产生与流变与生产力的发展有着密切的联系。原始人穴居野处,以野果果腹,野果中含有糖分,经酵母菌分解,产生酒精,此即最早的天然果酒。《战国策·魏策二》载:"昔者帝女令仪狄作酒而美,进之禹,禹饮而甘之,遂疏仪狄,绝旨酒,曰:'后世必有以酒亡国者'。"这是"仪狄造酒"的传说,古籍中还载有"山猿造酒"等传说,不难推断,这些古代传说当建立在天然果酒的基础之上。

随着农业文明的出现,谷物酿酒取代了天然果酒。从考古发掘的各种酿酒和饮酒器具中可以推知,大约在5000年前的龙山文化早期,中国先民已掌握了谷物酿酒技术。到了商代,曲蘖的出现使酿酒技术得到长足的发展,饮酒之风也盛行起来。商代遗址中曾发现大量的酒器,如觚、爵、斝、盉、卣、壶、尊等。卜辞中也有不少以酒祭祖及以酒祭神的记载。

周朝建立后,随农业生产的迅速发展,酿酒业成为一个庞大的独立手工业部门。西周时,专设"酒正"、"酒人"、"浆人"等酒官,掌管酒的酿造和执行有关酒的政令。《尚书》中有《酒诰》一篇,以政府名义告诫臣民以殷为鉴,不要沉溺于饮酒之中,可见西周时饮酒已蔚然成风。

秦汉时酒肆作坊遍布都市和乡镇,在人口密集的通邑大都,酒业作坊的产销量相当可观。《史记·货殖列传》说:"通邑大都,酤一岁千酿。"官僚贵族自家酿酒也很普遍,《四民月令》中有"曲室"、"作曲"、"酿春酒"、"渍曲酿冬酒"等记载,说明田庄所需之酒多系自酿。汉代普遍以曲酿酒,促进了造曲技术的发展,扬雄《方言》一书记载的地方名曲就达8种之多。酿造工艺也在实践中得到改进,东汉时出现的"九酝"新酿法,采取连续投料的方法,以保持糖分的浓度,使酵母菌发酵充分,酿成的酒更为醇厚。随着酒的品种日渐增多,一些地方名酒脱颖而出,如湖北宜城的"宜城醪"、广西苍梧的"苍梧清"、会稽的"会稽稻米清"、巴蜀的"醁清"、关中的"白薄"等,东汉时即已驰名当时。

西晋时人们把药用植物加入酒中,制成药酒,晋代嵇含的《南方草木状》对此有详细记述。北魏贾思勰在《齐民要术》第7卷中所述制曲酿酒的技术和原理,堪称世界上最早的酿酒工艺学。

酿酒业至唐代更为兴盛,地方名酒品类繁多。长安在唐代位居全国中心,酒肆旗亭遍布街巷,各地的名酒佳酿荟萃于此。中唐元和、长庆间的李肇在其《唐国史补》中罗列各地名酒云:"酒则郢州之富水,乌程之若下,荥阳之土窟春,富平之石冻春,剑南之烧春,河东之乾和葡萄,岭南之灵谿、博罗,宜城之九酝,浔阳之湓水,京城之西市腔,虾蟆陵郎官清、阿婆清。又有三勒浆类酒,法出波斯。"各地名酒已呈琳琅满目的态势。

到了距今 800 多年前的宋金时期,中国诞生了白酒,白酒生产的关键是掌握科学的蒸馏方法。1975 年,河北青龙县出土了一套金代铜制烧酒锅,其铸造年代不迟于金世宗大定年间(1161—1189),这为确定白酒生产的起始年代提供了有力的旁证。至此,低度的米酒、果酒和烈性的白酒在中国都已齐备。

(二) 饮酒习俗

酒文化与节日庆祝、婚丧嫁娶、人际交往相结合,衍为丰富多彩的习俗。节日饮酒,最能体现群体之间分享、庆祝、纳吉、驱邪、敬祖等亲友情结和信仰礼俗。春节除夕夜,年长者守岁,相邀饮酒为乐。正月初一长幼依次拜贺,进屠苏酒,王安石《元日》诗"爆竹声中一岁除,春风送暖入屠苏",描绘的就是春节饮屠苏酒的习俗。清明祭扫,酒是必备之物,《帝京景物略》载:"三月清明日,男女扫墓,担提尊榼,……哭罢,不归也,趋芳树,择园圃,列坐尽醉。"酒用以祭奠死者,也用以抚慰扫祭者对死者的追思。社日是祭土地神的日子,古代社日分春社和秋社,分别在春分和秋分前后。春社尤为农家重视,大多在年前就自酿春酒,准备来年社日祭神,以祈丰年。春社日是农家的狂欢节,人们击鼓吹箫,畅饮春酒,尽醉而归,正如张演《社日村居》中所描写的:"桑柘影斜春社散,家家扶得醉人归。"五月初五端午节,则有饮昌蒲酒、雄黄酒以驱瘟除疾的习俗。此外,中秋节饮酒赏月、重阳节携菊花酒登高览胜,也都是民间传承已久的习俗。

按照中国民间的传统习俗,家庭成员在其人生的不同阶段,要分别举行诞生礼、成年礼、婚礼和丧礼,在这些人生礼仪活动中都伴随着饮酒之俗。据《国语·越语上》载,越王勾践为灭吴而鼓励生育,"生丈夫,二壶酒,一犬;生女子,二壶酒,一豚。"可知春秋时就有饮酒庆贺生育的风俗。以后,凡举行包括诞生、满月、周岁的诞生礼,以酒祝贺成为习俗惯例。古代举行婚礼必有酒,早在先秦已流行夫妻"共牢而食,合卺而酳"的礼俗,"合卺"是指新婚夫妇各用一瓢以酒漱口。到了宋代,合卺的婚仪又演变为夫妻共饮交杯酒。吴自牧《梦粱录》载:"后用两盏以彩结连之,互饮一盏,谓之交杯酒。"新婚夫妇在婚礼上互递用同心结连接的两只酒杯,共饮交杯酒,表示相爱相亲。至于丧礼,民间历来有酒杯酒于坟前,以酒祭奠亡灵的习俗。

在人际交往中,酒是表达感情的不可或缺之物。客人来访,以酒待客、劝客饮酒是自古以来的食俗。《遁翁随笔》说:"凡与亲朋相与,必以顺适其意为敬。唯劝酒必欲拂其意,逆其情,多方以强之,百计以苦之,则何也? 而受之者虽觉其苦,亦不以为怪,而且以为主人之深爱。"中国是个重视人情的国度,殷勤劝酒历来被视为表达情意的重要形式。人际交往中以酒达意的习俗还有送别饯行。古人饯行或搭帷帐于郊外,或设别宴于长亭、短亭、旅舍、酒肆,借酒抒发离情别绪。由于临别之际多以酒饯别,所以古代送别之作大多写到酒,其中王维《渭城曲》中"劝君更尽一杯酒,西出阳关无故人",更是脍炙人口的名句。

第三节 饮食礼俗与饮食观念

人类文明伴随着生产劳动和原始经济的发展而产生,而人类最初的劳动就是谋取饮食。随着生产力的发展和食物的丰富,人们在劳动实践和生活实践中,不断丰富着对饮食文化的认识,进而创造出饮食礼俗,并形成了种种饮食观念。

一、饮食与礼俗

《礼记》认为,礼仪风俗导源于饮食活动。《礼记·礼运》说:"夫礼之初,始诸饮食。其燔黍捭豚,汙尊而抔饮,蒉桴而土鼓,犹若可以致其敬于鬼神。"认为先民奉上黍米、小猪和酒浆,敲打地面当作鼓乐,是为了向鬼神表示敬意。近人王国维进一步发挥了这一观点,他认为"禮"和"醴"本为一字,同为"豊","推之而奉神人之酒醴亦谓之醴,又推之而奉神人之事通谓之禮。"[①]"禮"与有甜酒之义的"醴",音既相同,意义也有相通之处。先民以美食甜酒祀神,缘于他们以人要吃喝来构想神界的朴素观念,这是原始礼俗始于饮食的主要依据。以后,尽管礼俗所规范的仪式、仪节趋于繁复,但人们仍然通过饮食活动来履行礼仪。

周代的仪式饮食最为繁复,许多重要的礼仪场合,如祭祀神灵、分封诸侯、庆功赏赐、报捷献俘、检阅军队等,都要举行宴飨。这些仪式饮食活动不仅王公贵族参与,有时连普通民众也要参加贵族为凝聚族人整体而举行的宴飨。《诗经·豳风·七月》在描述民众四季辛苦劳作后,于末章写道:"二之日凿冰冲冲,三之日纳于凌阴。四之日其蚤,献羔祭韭。九月肃霜,十月涤场。朋酒斯飨,曰杀羔羊。跻彼公堂,称彼兕觥,万寿无疆。"到了年终,民众宰杀羊羔,准备酒食,聚集在公共集会的场所,举杯敬酒,祝福万寿无疆。这种乡饮酒礼是宗族重要的仪式饮食活动,旨在强化个体对整体的依存,"饫以显物,宴以合好"。[②] 而君王与大臣、王朝与诸侯、邦国与邦国之间的频繁的"燕礼",则是具有政治意义的饮食活动,通过仪式饮食,以加强沟通与合作,以体现君臣之大义,所以《礼记·燕义》说:"燕礼者,所以明君臣之义也。"《诗经》中有不少宴饮诗,歌唱的就是这类仪式性的饮食活动。

---

① 王国维:《观堂集林·释礼》,中华书局,1959。
② 《国语·周语中》。

饮食活动中的礼仪规范,要求人们在筵席上体现尊卑有序,长幼有礼,"贵贱不相逾",①以培养"尊让契敬"②的精神。《礼记·经解》解释乡饮酒礼的社会功能说:"乡饮酒之礼,所以明长幼之序也。……乡饮酒之礼废,则长幼之序失,而争斗之狱繁矣。"古代饮食礼俗在待客之礼和进食之礼方面,要求安排筵席时酒食的摆放讲究位置。主人引导客人入席,安排座次要讲究尊卑长幼,通常坐西向东为上座。《史记·项羽本纪》详述鸿门宴上的座次为:"项王、项伯东向坐,亚父南向坐,亚父者,范增也。沛公北向坐,张良西向侍。"汉以前席地而坐,进食前晚辈或身份低者要比长者、尊者稍靠后坐,以示谦恭。进食时要尽量靠前,以免食物掉落于地。上菜时,主人让食,客人要热情取用,不可置之不理。若来宾地位低于主人,须双手端食向主人致谢。周代食礼又有"三饭"之礼,即先用饭,后用肉食,用完三小碗饭后,客人表示吃饱了,主人始请其食肉。主人须等客人食毕,方可停止进食。食毕,客人跪于案前,整理自己所用的餐具,交给一旁侍候的仆人,待主人表示不必客人亲自动手,客始坐下。

传统饮食礼俗中还有饮食禁忌的惯制。《礼记·曲礼》云:"入竟而问禁,入国而问俗,入门而问讳",并较早提到使用筷子的禁忌。例如,中国民间饮食忌用长短筷、杂色筷、断筷,认为这是家庭不和或凶事降临的预兆。吃饭时忌讳插筷、舔筷、叩筷、拨筷,认为这些用筷方式是对人不礼。筷子交叉而放称为"交叉十字"、用餐时将筷子颠倒使用称为"颠倒乾坤"、用餐时拿筷子敲打盘碗称为"击盏敲盅",都是不文明之举。此外,用双手夹筷合手而拜,称为"拜筷",不仅有失礼貌,而且对神佛也是亵渎,因此也在禁忌之列。

二、饮食与养生观

中国饮食文化与养生文化密切相关,中国饮食的特点之一,就是不仅把食物作为充饥的物品,还把它作为治病防疾、延年益寿的良药。饮食疗法是中国医学最早的治疗方法,据《周礼·天官》记载,周代已有专管宫廷饮食的食医,食医治病即采用饮食疗法,主张"五味、五谷、五药养其病"。战国名医扁鹊就用食、医结合的方法为人治病,他总结自己的医疗经验说:"为医者当洞察病源,知其所犯,以食治之,食疗不愈,然后命药。"③中国第一部医学理论专著《黄帝内经》中所记载的13种药方中,就有2种食疗方。唐代孙思邈在其《备急千金要方》中列有《食治》一卷,记载了不少用食物治病的方法。随着食疗理论与临床经验的丰富和发展,至唐末产生了我国第一部食疗专著《食疗本草》,使食疗成为一门专门的学问。元代忽思慧编写的《饮馔正要》一书,收录了214种养生食物。通过饮食调理以治病养生,已成为独具民族特色的文化遗产。

---

① 《韩非子·有度》。
② 《礼记·乡饮酒义》。
③ 转引自孙思邈《备急千金要方》,人民卫生出版社,1982。

食疗的特色之一是因人制宜。根据食性和患者的体质、性别和年龄的差异,辨证施食,从而收到治疗或健身的功效。古代医学家将中药"四气五味"的药性理论运用到食物中,认为每种食物都具有寒、热、温、平"四气"和酸、苦、甘、辛、咸"五味",适度利用食性的差异,调整人体的阴阳偏差,可使人体达到动态的平衡。例如,阴虚寒凉者宜选用温阳散寒的食物;阳盛大旺者则宜常食清热、泻火的食物;血亏津少者宜多吃滋阴生津的食物等。

食疗的特色之二是因时制宜。根据时令和水土的不同,选择有利于养生的食物。古代医家和养生家依据"天人感应"的思想,总结了四季五补法,即春天"升补"、夏天"清补"、秋天"平补"、冬天"滋补"和四季"通补"。顺应四季的阴阳变化,选择有利于养生的食物,做到"春夏养阳,秋冬养阴",所以屈大均在《饮食须知·序》中总结说:"养生之道,莫先于饮食。"

饮食有节也是古代养生家总结的经验之一。"节"指的是节制、节度,它要求饮食的种类合理搭配,不可偏嗜。《素问·生气通天论》说:"阴之所生,本在五味;阴之五官,伤在五味。是故味过于酸,肝气以津,脾气乃绝;味过于咸,大骨气劳,短肌,心气抑;味过于甘,心气喘满,色黑,肾气不衡;味过于苦,脾气不濡,胃气乃厚;味过于辛,筋脉沮弛,精神乃殃。"指出长期偏食,会导致机体功能失衡,产生疾病。饮食有节的主张还要求控制食量,饮食清淡。《黄帝内经》认为:"饮食自倍,肠胃乃伤。"孙思邈在《养生记》中总结自己的长寿经验时说,"侵晨一盘粥,夜饭莫教足",他主张老人饮食"常宜轻清甜淡之物,大小麦曲、粳米为佳","善养性者常须少食肉,多食饭",他对素食更推崇备至。控制食量,饮食清淡,这是古代医家养生学说的重要见解,正如《吕氏春秋·尽数》所总结的:"凡食之道,无饥无饱,是之谓五藏之葆。"

三、饮食与审美观

中国古典美学的产生与饮食有着密切的关系,人们最初的美感和快感主要来自于美味,即审美欲求从属于物质的欲求。在今天看来,味觉的快感并非严格意义上的美感,但是,人类审美意识的发生确实与美味密切关联。《吕氏春秋·本味》中提到的美的对象,都是色美味鲜的食物。在《说文解字》中,许慎对篆体"美"字解释说:"美,甘也。从羊从大。羊在六畜主给膳。"中国进入畜牧社会后,最先驯养的是羊,"养"字的字源就与羊相关。《说文解字》释"养"说:"养,供养也,从食羊声。"可以认为,以羊肉为美感对象有着最悠久的历史。显然,审美快感的发生最初来自味觉,美是建立在生活基础之上的。

中国饮食,烹调讲究调味,进食讲究尝味,美不在于吃进食物,而在于对饮食的品味。于是,饮食之味可以升华为审美之味,味觉之美可以超越味觉而得到多种感觉的愉悦。古代烹饪大师伊尹说:"鼎中之变,精妙之微纤,口弗能言,志弗能喻。"[1]这种"实不可言"的快感,是整合

---

[1] 《吕氏春秋·本味》。

了眼、鼻、舌乃至心理而形成的一种整体性的快感。因此在中国文艺批评史上,宗炳可以用"澄怀味道"去描述中国山水画的特质,钟嵘则用"滋味"来揭示中国诗歌的特质,司空图以"咸酸外之味"来表达对文学作品的审美体验,欧阳修称梅尧臣的诗"如食橄榄,初觉苦涩,但真味久愈在"。在他们看来,饮食与诗、画具有同构性,味觉感受与艺术的审美感受是相通的。

在美食家的视野中,中国饮食之美不仅在于味美,还因为它在色、香、形等方面都能给人以美的享受,因此美食还要配之以美器,伴之以美乐和美的环境,从而给人以整体的美感。

四、饮食与中和观

"中和"是中国哲学的一个重要概念。《中庸》说:"中也者,天下之大本也。和也者,天下之达道也。致中和,天地位焉,万物育焉。"中和观把和谐统一视为宇宙万物的最高境界,主张经调适而达到和谐,在多样中追求统一,这一观念也贯穿在中国饮食文化中。

首先,中国饮食讲究五味调和。五味之说源于中国哲学中的五行学说,《尚书·洪范》说:"五行,一曰水,二曰火,三曰木,四曰金,五曰土。水曰润下,火曰炎上,木曰曲直,金曰从革,土曰稼穑。润下作咸,炎上作苦,曲直作酸,从革作辛,稼穑作甘。"五行说一方面用日常生活中习见的水、火、木、金、土这五种物质来说明各种物质的起源,一方面从口味的属性上将咸、苦、酸、辛、甘这"五味"与五行相对应。由于五行既相互联系又对立统一,因此,烹饪者对五味也要在差异中掌握适中的平衡,即对多样而丰富的物质加以增减调配,使其适中。《吕氏春秋·本味》对调和五味的要领有精辟的论述:"调和之事,必以甘、酸、苦、辛、咸,先后多少,其齐甚微,……熟而不烂,甘而不浓,酸而不酷,咸而不减,辛而不烈,淡而不薄。"认为五味相济的关键在于掌握"鼎中之变"的"精妙微纤",既不能过,又不可不及,平衡适中,其味必美。这类烹饪原理,渗透着浓郁的中国哲学中和观的色彩。

其次,中国宴席是一种集体性的和欢活动,具有构建人际关系网络、传递及强化亲情和友情的功能。从古代朝堂祭祀的宴飨、乡村民众的乡饮酒礼,到民间的喜庆节日,无不通过饮食和欢活动,来敦睦感情,维系和整合人际关系。中国宴席一般都采用聚食制的方式,尽管分食制更符合卫生要求,但聚食制的方式传承至今,殊难改易,其原因也在于"饮食所以和欢也"的观念已深入人心,认为聚食制更利于情感交流,卫生的考虑则退居其次了。从本质上说,饮食文化不是指个人在餐饮上作出的某种选择,而是指人们在饮食活动中连续重复的群体实践,它以共同的历史背景和民族文化为基础。

五、饮食与娱乐

在传统的群体饮食活动中,常常穿插各种游戏,既助酒兴,增添情趣,又展才华,各呈敏捷才思。古代饮食游戏有投壶猜枚、联句对诗、猜拳行令、流觞曲水等,胜负均由席间推举出的令官作出仲裁。

较为古老的饮酒助兴游戏,首推投壶。《礼记·投壶》注云:"投壶者,主人与客燕饮讲论才艺之礼也。"这一游戏方式为,酒宴上设一形似长颈花瓶的壶,宾客依次投矢其中,投中者胜,负者饮酒。早在春秋战国时代,在进行投壶游戏时已有赋诗助兴的活动。据《左传·昭公十二年》记载,齐景公入晋国贺晋嗣君即位,席间行投壶之礼时,穆子举箭而歌曰:"有酒如淮,有肉如坻,寡君中此,为诸侯师。"齐景公则针锋相对,唱道:"有酒如渑,有肉如陵,寡人中此,与君代兴。"两人借诗夸耀自己的国家酒海肉山,富甲天下,堪为霸主。他们的诗,已开后代酒令令辞的先河。酒令游戏一直延续到明清。这一游戏是推一人为令官,其他人听令轮流说唱诗词,违令或负者罚饮。《红楼梦》第四十回:"(鸳鸯)吃了一钟酒,笑道:'酒令大如军令,不论尊卑,唯我是主,违了我的话,是要受罚的。'"描绘的正是这一情景。

三国以后,又流行"流觞曲水"的游戏。每年三月初三,人们于溪边聚会,置杯于溪流之中,酒杯流至人前则取而饮之。人们相信,这种游戏可以祓除不祥。

猜枚俗称"猜单双",就是把钱币、棋子、瓜子、松子或莲子等小物件作为酒筹,由一人握在手中,然后由参加者猜测单双数或颜色,负者罚饮。

联诗也是酒席上的常见游戏,由一人先背一句名诗,其他人依次接联诗句。联句者必须以前一诗句的尾字为句首,引出下一句诗来。

宋元时还流行拆字的游戏,就是把一个字隐于诗句或酒令中,然后由自己或别人把隐字解开。在民间,流行最广的饮酒游戏应属猜拳,通常是两人对猜,以劝酒助食,增欢添趣。

饮食中的游戏活动,曾经盛行于文人儒士之间,也流行于乡里市井之中,可谓雅俗共赏。由此可见多姿多彩的中国饮食文化,不仅追求美性,也追求智性,其中融入了中国人的聪明才智。总起来看,中国饮食是民族物质文明和精神文明的象征,是积淀丰厚的民族文化遗产,正如孙中山先生所说的:"烹调之术本于文明而生,非深孕乎文明之种族,辨味不精;辨味不精,则烹调之术不妙。中国烹调之妙,亦足表文明进化之深也。"①

关键词

主食	五谷	副食	六畜	园圃业	烹饪	菜系	饮食器具	茶文化
制茶工艺		民间茶俗		品茗	酒文化	酿酒业	饮酒习俗	
饮食礼俗		饮食禁忌		饮食疗法	因人制宜		因时制宜	
饮食有节		审美观		中和观	五行学说		五味调和	
聚食制		饮食娱乐						

---

① 孙中山:《建国方略·心理建设》,辽宁人民出版社,1994。

思考与讨论

1. 中国饮食文化发展的物质基础是什么？
2. 为什么说中国烹饪具有区域性的地方特色？
3. 中国人视野中的美食大体应具备哪些要素？
4. 为什么说中国茶文化中包含有丰富的人文意蕴？
5. 简述中国传统的饮酒习俗。
6. 《礼记》说"礼之初，始诸饮食"，试述你对这一说法的理解。
7. 中国饮食文化与养生文化关系密切，举例说明这一具有中国民族特色的文化现象。
8. 中国古典美学的发生与饮食有无关联？为什么？
9. 试述中国饮食文化中所包含的哲学思想。

拓展阅读

1. 《饮食与中国文化》，王仁湘著，人民出版社，1994。
2. 《中国饮食文化史》，王学泰著，广西师范大学出版社，2006。

思维导图

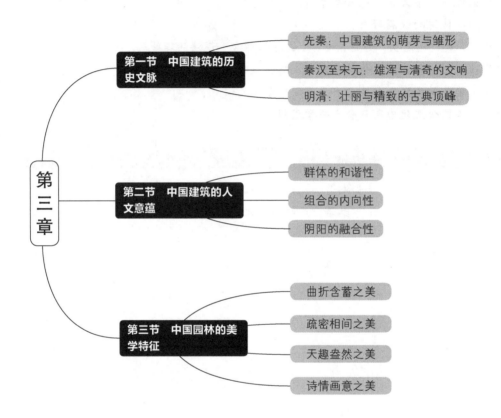

第三章 建筑文化

在 5000 多年的漫长岁月中，中国人构建了风采独具的华夏建筑。从宫室殿阁、馆榭楼台，到民居和园林，其千姿百态的造型、玄妙精巧的营构，无不体现出富有东方情调的民族风格。中国建筑不仅历史文脉绵延流长，自成体系，而且还折射出谨严的伦理观念、深邃的哲学思想和民族的审美取向。

第一节 中国建筑的历史文脉

世界古文明中，延绵至今而未中断的唯有中华文明，然而，早期的中华古建筑已消失于东方大地。两河流域文明和古希腊、古罗马文明虽已湮灭，但是，用石头建造的代表其辉煌文明成就的建筑遗迹，依然矗立至今。中国古代建筑以木结构为建筑体系，木材远不如石材坚固耐久，这是唐以前古建筑未能存世至今的重要原因。尽管如此，我们仍可依据史籍记载、艺术图像和考古发现，梳理出中国建筑的悠久历史。

一、先秦：中国建筑的萌芽与雏形

《墨子·辞过》云："古之先民未知为宫室时，就陵阜而居，穴而处，下润伤民，故圣王作为宫室。"如果以考古发掘的实例为旁证，可知古人所说的穴居是指半地穴式的原始建筑。西安半坡原始聚落遗址，向我们展示了这种建筑的外形构造，即挖地为穴，形制或方或圆，四周从穴口斜撑椽木交于中心立柱头，上覆草筋泥灰，并在顶端束之成结，居住其中可以防寒保暖，挡风避雨。据研究，半坡建筑的表面处理，一如陶器的制作，采用了光滑与粗糙的质感对比手法。除西安半坡外，南方浙江余姚的河姆渡遗址，也发现了原始建筑的遗迹。这都表明，早在 6000 年前中国建筑已经萌芽，而以木材为主要建筑材料来构成线的组合，以及表面的装饰性塑痕，又表明原始初民已将其审美意识体现在建筑之上。

从公元前 21 世纪到秦统一中国前，这时期的先民不仅创造了灿烂的青铜器文化，也进行了大规模的都城、宫室、宗庙、陵墓等土木工程的营建。中国古建筑的特征至少在西周已具雏形。

首先是都城的营建。《尚书》和《史记·周本纪》都记载了周公迁都洛邑，按礼制规划和营建新

图 2-3-1 河姆渡遗址复原的干栏式房屋

都的史实。成书于春秋末叶的《考工记》追述了当时的营造制度:"匠人营国,方九里,旁三门;国中九经九纬,左祖右社,面朝后市。"意思是,都城规划要成方形,每边长9里,各有3个门,城中纵横垂直交错着9条大道,城左为太庙,城右有社稷坛,南面建宫殿,北面设市场。《考工记》后列入《周礼》而成为儒家经典,其都城布局理论对以后各朝的都城规划产生过重要影响。春秋战国时期,天下纷争,营造都城是各诸侯国的大事,城市因此得到充分发展,燕之下都、赵之邯郸、齐之临淄等都是战国时的繁华城市。据《战国策·齐策》载:"临淄之中七万户……临淄之途,车毂击,人肩摩,连衽成帷,举袂成幕,挥汗成雨。"考古钻探表明,临淄城墙全部夯筑而成,总周长约2万余米,可见其规模之大。①

其次是高台榭的宫殿营造法。这时期的宫殿大都建筑在高台之上,高台为夯土而成,呈阶梯形。我国已发现的最早的宫殿是偃师二里头早期商宫殿遗址,据研究推断,这座宫殿即建于夯土台上。相传楚国的章华台又名"三休台",因为过于高峻,要"三休乃至于上"。此外,晋之九重台、卫之新台、吴之姑苏台等也都以高大华丽著称。《越绝书》说:"吴夫差起姑苏之台,三年聚材,五年乃成,高见三百里。"逐层依土台建屋,从整体上看就像是多层楼阁的宏伟建筑。所以《说文解字》释"高"字云:"高,崇也,象台观高之形。"认为"高"字的字形就像下有高大土台、上有层顶的高耸建筑。这种在阶梯状土台上逐层建屋的方法,对后世的宫殿营造影响很大,中国古代宫殿在很长一段时间内沿袭高台榭的建造方法,借台来营造烘托宫殿的崇高气势。

再次是四合院的住宅布局。20世纪70年代末期,考古人员在陕西岐山、扶风两县交界处的周原遗址进行了发掘,这里有周人留下的丰富的建筑文化遗迹。其中一组较为完整的房屋遗址是座四合院,建筑遗址坐北朝南,四周被东西厢房、塾、室围绕起来,正中为堂,堂前为外庭,堂与室之间是内庭。从平面布局看,它是以规整的单体围合,组织成整体的建筑组群,布局既均衡对称,又自然构成建筑的内向性。平面组合的中轴、对称与内向,是中国传统建筑的重要特征,这一特征至少在周代已经基本成形。

二、 秦汉至宋元:雄浑与清奇的交响

从秦统一中国到唐宋,中国的建筑文化在形制艺术上不断趋于成熟。建筑类别、建筑造型、建筑材料和装饰手法的多样化,构成了雄浑与清奇的交响。

秦朝的历史虽然短暂,但轰轰烈烈的大规模建筑工程却是空前的。除已发掘的秦兵马俑坑和尚未发掘的秦始皇陵外,阿房宫建筑群也堪称帝国的建筑伟构。据《史记·秦始皇本纪》载,秦在咸阳城北"先作前殿阿房,东西五百步,南北五十丈,上可以坐万人,下可以建五丈旗。周驰为阁道,自殿下直抵南山。表南山之巅以为阙。"至今尚存的阿房宫前殿的夯土台基,东西

---

① 详见《临淄齐故城勘探纪要》,载《文物》1972年第5期。

长达1000余米,南北也有500米,面积竟与明清紫禁城相近。阿房宫早已化为焦土,我们今天只能从前人的描绘中想象其恢宏富丽的景象:"五步一楼,十步一阁。廊腰缦回,檐牙高啄。各抱地势,钩心斗角。"①

如果说秦代建筑奏响了中国建筑雄浑的前奏,那么,汉代的宫苑建筑在秦的基础上又融入了壮伟的时代音调。据文献记载,西汉都城长安总面积为36平方公里,宫殿是城中主体,约占全城面积的三分之二。东汉都城洛阳南北为汉里9里,东西为6里。两汉著名的宫殿有长安的长乐宫、未央宫、建章宫,以及洛阳和邺城的宫殿。其规模之大、气势之壮直逼秦咸阳宫殿。可惜这些宫殿未能遗存下来。据载,两汉宫殿内部装饰多用黑、红漆漆饰地面和天井,墙壁多以铜饰涂金,窗户嵌以绿琉璃,门上饰以金银铺首(兽头形门环)。宫殿屋顶皆铺瓦,瓦当为圆形。瓦当是建筑檐头筒瓦前端的遮挡,用以庇护木质屋檐不受风蚀,防止屋瓦渗水腐蚀屋瓦下的木料。瓦当既具实用功能,也具装饰功能。由于秦汉建筑屋顶平展,瓦当在装饰上的重要性甚至超过屋顶。汉代瓦当极富装饰性,其纹饰的造形气韵生动,以青龙、白虎、朱雀、玄武四神瓦当最具代表性,此外还有凤、麒麟、兔、飞鸿、双鱼、星、月等图案。汉代的皇苑以上林苑最负盛名,"周袤三百里","离宫前馆三十六所",景致博大壮观。内有河流、山岗及佳木异卉,太液池中有蓬莱、瀛洲、方丈三岛。皇苑集山水、建筑、花木于一体,当为后世园林的雏形。

秦汉宫殿与皇苑以其巨大的体量和宏阔的规模,既体现了封建帝国的统一强盛,也代表了中国建筑古典风格的渐趋成熟。

魏晋南北朝是个动荡而分裂的时代。北方民族的内侵和中原人群的南移,带动了区域文化的融合;南方的开发促进新经济区的出现;佛教的广泛传播给中华本土文化注入了新的因素。新的时代赋予建筑文化以新的风格和内涵。秦汉建筑雄浑的古典风格至此变调为清奇素朴,宗教建筑和园林建筑则为这一时期的建筑文化增添了神奇一笔。若以建筑史的眼光审视这一时期的建筑,则既是转变,也是进展。

由于朝代更迭频繁,所以南北均修建了一些都城,规模较大的有北方的邺城、洛阳和南方的建康。都城布局从过去简单的棋盘形格局,发展为对称轴线封闭式棋盘形格局。如曹魏邺城即以一条横贯东西的大道,把城分为南北两部分,城北中央是宫殿区和衙署区,宫城西南为苑,苑西北建有铜雀三台,均为高大壮丽的台榭建筑,城南为居区民。这种布局方式,开创了南北朝以至隋唐都城布局的先例。三国至隋是多事之秋,战乱分裂导致城市经济衰退,所以都城和宫殿的营造,已不似秦汉的宏大和奢华。

这时期佛教的大兴促成佛教建筑的繁荣。佛教建筑的主要类型有寺、塔和石窟寺三种。

---

① 杜牧:《樊川文集·阿房宫赋》,上海古籍出版社,1978。

大体而言,南朝士人信佛,偏于谈理,喜建寺院,建寺院是重视僧人,以便与之论理谈玄;北朝信佛,尤重佛法,喜立塔造像,以礼佛敬神。我国现知最早的佛寺为洛阳白马寺,建于东汉永平年间。魏晋南北朝时佛寺不仅数量陡增,而且规模之大甚至不逊于皇家宫室建筑。据考古工作者对北魏永安寺遗址的探查,寺的主体由塔、殿和廊院组成,并采取中轴对称的布局,院内僧房楼观达 1000 多间。寺内"栝柏松椿,扶疏檐霤;翠竹香草,布护阶墀",寺门外四周"树以青槐,亘以绿水",①自然景观与塔影寺观合构成清奇之美。

塔起源于印度的窣堵坡,其原意是坟墓,为藏置佛的舍利和遗物而建,是僧侣礼拜的对象。窣堵坡本由台座、覆钵、宝匣和相轮四部分组成,传到中国后,在中国传统多层建筑的基础上,创造出中国风格的塔。魏晋南北朝的塔一为木结构的楼阁式塔,一为密檐式砖塔,而以前者为常见。南北朝时,境内木塔多至数千,但都难逃战火的劫难。仅存的是矗立于河南登封幽谷中的嵩山寺砖塔,塔的整体除塔刹部分为石雕外,均用砖砌成,塔檐下层层内收,极富韵律之美,质朴中透出清奇,层叠中尽展秀丽挺拔的身姿。

北方洛阳等地的寺院,多由皇亲贵戚所立,整体风格宏大壮观,色调华丽。南方的寺庙则大都追求与山水风景的融合,庐山东林寺即代表了寺院与山林结合的特点。《高僧传·慧远传》记载了这类寺庙的清幽之美:"远创造精舍,洞尽山美。却负香炉之峰,傍带瀑布之壑。仍石叠基,即松栽构。清泉环阶,白云满室。复于寺内别置禅林,森树烟凝,石径苔生。凡在瞻履,皆神清而气肃焉。"类似的著名寺院还有建康的同泰寺、泉州的开元寺和南天寺、杭州的灵隐寺等,或深藏于峰峦掩映之下,或坐落在林泉岩壑之中,超然脱俗,自成幽境。

石窟寺也是令人瞩目的宗教建筑。从十六国时期起,由敦煌向东沿河西走廊至天水,开凿石窟多达 20 多处,其中著名的有敦煌石窟、云冈石窟、龙门石窟、天龙山石窟、响堂山石窟和麦积山石窟等,有的石窟特意凿出窟檐,有的于覆斗形的窟顶设藻井、斗拱造型,在接受西域文化的同时,仍表现出中国传统建筑的文脉。

在魏晋南北朝,精神因素对建筑的影响不仅在于佛教,还在于玄学。佛教与玄风的大畅,使这时期的士大夫形成超越现实而力求与天地自然相接的生活情趣,加之崇尚山水的美感意识的觉醒,促成私家园林的兴盛。贵族文士寄情山水,雅好自然,着意于山居的选址,自然山水成为造园时考虑的重点。如石崇的金谷园、谢灵运的山居别墅,"傍山依水,尽幽居之美",②山居的兴造是为了游目骋怀,俯仰山水。这时期的士人园林不以宏阔取胜,而是巧借周边山水并与之相映成趣;也不以富丽见长,而是追求清雅、含蓄和宁静。屋几间,竹树几丛,叠山引水,山不高而峰峦连绵,水不深而波澜起伏,营造似不经意,却深得人与自然和谐相通的精髓。中国

---

① 杨衒之:《洛阳伽蓝记》卷 1,山东友谊出版社,2001。
② 《宋书·谢灵运传》。

园林从皇家苑囿向文人写意园林的转型,标志着园林从早期的物质享乐,开始向林泉放逸的精神满足过渡,这种变化,开启了后世文人园林的先河。

唐代是中国古代社会的鼎盛时期。经济文化的高涨带动了建筑文明的发展。大气磅礴的宫殿苑囿、严整规划的都城坊里,以及衙署、佛塔、庙宇、园林、桥梁等,都取得很大成就。建筑布局气势雄伟,建筑形象富丽堂皇,反映了大唐盛世的恢宏气度和大唐文明的活力四射。

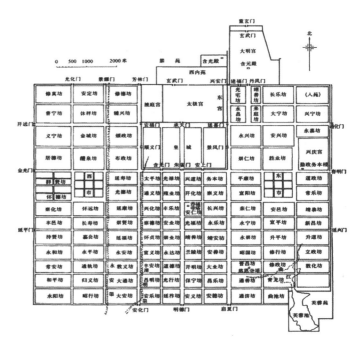

图 2-3-2 唐代长安里坊平面图

唐代首都长安是中国古代最为壮观的城市,总面积达84平方公里。城市的营建先经周密的规划,皇城位于都城之北,余则划分为108个长方形的坊,以近9公里长的朱雀大街为轴线,东西各54坊。里坊四周筑有坊墙,设两门,坊内有街、巷、曲,坊门于早晚定时启闭。这种棋盘形封闭式的里坊制度,给人以理性、严谨和秩序感,体现了封建集权为了严格社区管理而加以严整规划的政治色彩。中唐以后,长安沿街商铺鳞次而立,商品经济侵蚀着封闭的里坊制,从而导致宵禁的取消。于是坊墙、坊门形同虚设,城市的经济功能日益体现,原先的里坊制逐渐向宋代的街巷制过渡。生产的高涨和物质流通的活跃,促进了长江和运河沿岸都市建筑文化的发展。扬州、成都等地的街市已极繁华,十里长街,高楼林立。唐人张祜《纵游淮南》咏扬州云:"十里长街市井连,月明桥上看神仙。"《庚子岁寓游扬州赠崔荆四十韵》云:"小巷朝歌满,高楼夜吹凝。月明街廊路,星散市桥灯。"伴随着区域经济的发育而发展起来的城市,已营造成"九里楼台"、笙歌不绝的消费型城市。

在长安东北的龙首原上,巍峨矗立着唐代宫殿大明宫。群殿依山而建,气势磅礴。据唐代典籍和考古发掘得知,宫内主要建筑含元殿殿址的台基高达13米,屋檐低平延展,东西两侧有翔鸾、栖凤两阁拱卫,殿前铺展了一条75米长的大阶梯(龙尾道)。据《两京记》载:"殿左右有砌道盘上,谓之龙尾道。殿陛上高于平地四十余尺。"又《新两京记》载,宫殿高耸而开阔,登临远眺,"终南如指掌,坊市俯可窥"。整组建筑布局协调,高迈宏阔,气魄雄伟,正是大唐风范的典型写照。

唐代是佛教发展的极盛期,佛教建筑数量多,分布广。保存至今的有山西五台山的南禅寺正殿和佛光寺正殿,为中国现存最早的木结构建筑。两殿屡经战火动乱而独存,堪称中国建筑史上的幸事。这两座建筑,由立柱、斗拱、梁坊组成的木结构是其主要的建筑语言。在质朴的外表下,粗壮的檐柱和雄劲的斗拱相互叠加,形成复杂而有序的支撑体。舒展中见稳固,古朴中透着灵动,简约中洋溢着生命的张力,不仅完美体现了大唐文化的性格,而且标志着木结构建筑技术至唐代已经完全成熟。

唐代的木结构佛寺遗构仅存,然而砖石结构的佛塔仍有多座历经沧桑而存传至今。其中著名的有西安慈恩寺大雁塔、兴教寺玄奘塔、云南大理崇圣寺千寻塔、河南嵩山永泰寺塔和法王寺塔等。塔身多为方形,形制上承袭两晋南北朝木结构楼阁式造型,但形神兼备,体现了唐代砖塔轻盈舒展的特有神韵。

唐代的园林建筑,随士人对山水自然审美趣味的变化而同步变化发展。一方面,士人承袭魏晋南北朝的传统,追求山居的朴野天趣,在得天独厚的自然空间获得极目游赏之乐趣;一方面,身居闹市而心在山林,城市园林面积不大,重在近观静赏,于有限中感受心物相融的超然之乐。前者如王维的辋川别业,选址于长安东南蓝田的深山幽谷中,天然的丘谷、清泉、湖泊、林木与其山中别墅相映成趣。"明月松间照,清泉石上流。竹喧归浣女,莲动下渔舟",①天上地下、岸边水中,触目都是朴野的自然。其《辋川集》20首,即分咏山居一带的景物,自然界的山水花鸟络绎奔会,出于笔底,跃然纸上。后者如遍布长安、洛阳城中的市中住宅小园,在宅中庭院筑山叠石,理水造瀑,虽无山野田间的阔大之景和朴野之趣,但闹中取幽,小中见大,徜徉其间,同样能获得心境的恬然安适。正如白居易《小宅》诗所云:"庾信园殊小,陶潜屋不丰。何劳问宽窄,宽窄在心中。"发端于唐代的城市园林,基本奠定了后世士人园林的发展方向。

如果说大唐文明是开放而浪漫的,那么宋代文明则是内敛而含蓄的。在建筑风格上,宋代一变唐代的宏大庄重,而趋于细腻柔和。两宋的宫殿建筑远不及秦汉大唐的规模宏伟、大气磅礴,这与文化的转型不无关系。中国封建文化至盛唐已如日中天,洋溢着超迈英伟之气,其后逐渐转型,趋于内敛沉虑。另一方面,在建筑构件和施工操作的标准化方面,宋代则远较唐代进步。两宋的宫殿建筑虽少了大唐的恢廓大气,却以精致复杂、细腻柔和为特色。布局精巧而富于变化,木作做工及雕饰、彩绘细腻丰富。两宋的宫殿建筑已无遗构存世,但从宋代的宫廷建筑画中,我们仍能感受到宋代宫殿建筑的神韵。正是在成熟的宋代建筑文化的基础上,北宋诞生了李诫所著的《营造法式》,全书34卷,357篇,3555条,在理论与实践这两个方面,详述从测量到设计,从用料、施工到彩画装饰等建筑工艺,是当时世界上最完备的一部建筑学专著。

---

① 王维:《王右丞集笺注・山居秋暝》,上海古籍出版社,1984。

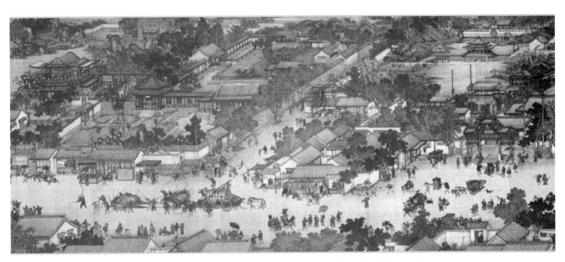

图 2-3-3 《清明上河图》北宋汴京(部分)

宋代的商业贸易和城市经济在唐代的基础上进一步活跃,城市布局也随之变化,即打破完全对称的格局,布局上具有灵活而随意的特点。从《清明上河图》看北宋都城汴京,民宅与店铺交互错杂,封闭的里坊制已被开放的街巷制所取代。宋代城市面积小于唐代,汴京的面积只有唐代长安的一半稍多,人口却比唐长安多出一半以上,城市经济的繁荣胜过前代。《宋会要》说:"比汉唐京邑繁庶,十倍其人。"南宋都城临安更是商业化、平民化的城市,店铺林立,瓦顶参差。柳永《望海潮》词中描绘道:"东南形胜,三吴都会,钱塘自古繁华。烟柳画桥,风帘翠幕,参差十万人家。"城市既积聚着财富,又荟萃着人文。这种"比屋鳞次,坊无广巷,市不通骑"[1]的街巷制格局,开启了中国封建社会后期城市布局的基本格局。

宋代宗教建筑和园林较之隋唐五代也有明显的进步。两宋祠庙建筑存世至今的以河北正定隆兴寺和太原晋祠最著名。晋祠规模宏大,院内柏树森森,碧水静淌,石桥交错。主建筑圣母殿为重檐歇山式屋顶,檐角轻盈翘起,廊柱上缠绕着木质雕龙,殿内无一明柱,硕大的屋顶全由山墙内暗柱和廊柱支撑,体现了宋代建筑技术的高超水平。两宋及辽代又是砖石塔发展的高峰,苏州的报恩寺塔、虎丘山云岩寺塔和杭州的六和塔等,自古即是地方文化的标志性建筑。宋、辽之塔创中国之最的有福建泉州开元寺的双石塔,塔高 40 米以上,全由石料建成,是我国现存最大的石塔。山西应县木塔又名释迦塔,建于辽代清宁二年(1056),距今已有 900 多年的历史,是当今世界上最高、最古老、体形最大的木结构建筑,也是世界上唯一存世的千年全木古塔,塔高 67.13 米,底层直径为 30 米,平面为八角形,连同塔内夹有的暗层 4 层,塔实为 9 层。塔内各层采用中国传统的斜撑、梁枋、短柱等构建方法,使整座塔连成坚固的整体,壮观而又伟丽。

---

[1] 李濂:《汴京遗迹志》,台湾商务印书馆,1969。

这些古塔历经岁月沧桑仍如玉树临风,以峻拔之势巍然屹立,可见当时建筑工艺的超凡卓绝。

两宋时园林的建造已蔚成风气,尤以城市园林更为盛行,达官贵人的园林萃集于汴京、洛阳、临安、苏州等都会。据北宋李格非《洛阳名园记》所述,仅洛阳一地的名园就有19处之多。这些园林或巧于借景,将园内园外之景打成一片;或人工造景,于平淡中见神奇,形成细腻精巧的特色。此外,公共自然景区经奇思妙想的规划,别具意境。最著名的当推杭州西湖十景:苏堤春晓、柳浪闻莺、花港观鱼、曲院风荷、平湖秋月、断桥残雪、雷峰夕照、南屏晚钟、双峰插云、三潭印月,自然与人文相映成趣,画意与诗情水乳交融,堪称大手笔的写意杰构。

三、明清:壮丽与精致的古典顶峰

明清两朝是中国封建社会的晚期,在近500年间,中国基本上保持着统一的局面,传统的农业和手工业都已高度发展。从明中叶起,商品生产迅速增长,促进市镇的大批出现。在此基础上,明清的建筑文化也跃上了中国古典建筑的顶峰。

北京城是明清两朝的帝都,城市布局之严谨周密、宫殿建筑之壮丽伟巨,均代表了中国古典建筑的杰出成就。在15至16世纪,北京城是世界上最大的城市之一,全城由外城、内城、皇城和宫城4部分组成,总面积达60余平方公里。规划设计一依以宫殿为主体、中轴对称的传统原则。许多重要建筑布列于长约7.8公里的中轴线上。以紫禁城为中心,以景山为制高点,由南至北,永定门、正阳门、中华门、天安门、紫禁城、景山、地安门、后门桥、鼓楼、钟楼相次矗立,构成了北京城的脊梁。它的两边,左安门对右安门、广渠门对广安门、东便门对西便门、崇文门对宣武门、朝阳门对阜成门、东直门对西直门、安定门对德胜门,均讲究对称和均衡。皇城左为太庙,右为稷坛,内城外南设天坛,北造地坛,东筑日坛,西建月坛。整条中轴线犹如宏伟乐章中的主旋律,井然有序又起伏跌宕,擒纵开合中尽显空间与建筑的变化之妙。

图2-3-4 北京紫禁城

北京城中最能体现当时建筑水平的是宫城（即紫禁城）。始建于明永乐四年（1406），至今已有 600 多年历史，占地 72 万平方米，是世界上现存规模最大、保存最完整的古代宫殿建筑群。主殿太和殿为重檐庑殿顶，上覆金黄色琉璃瓦，殿基为三重汉白玉高台，殿内中部耸立着 6 根金漆雕龙巨柱，殿前为壮阔的广场，它们把金碧辉煌的主体建筑衬托得壮丽伟巨，也把至高无上的皇权烘托到极致。在装饰上，宫殿主要建筑物的屋顶覆盖金黄色琉璃瓦，宫墙皆为红色，檐下施以彩绘，地铺青砖。大面积屋顶在蓝天和艳阳的映照下金光闪耀，红色的巨柱、宫墙与汉白玉栏杆形成强烈的色彩对比，营造出金碧辉煌而又整齐肃穆的风格。梁思成先生说："清宫建筑之所予人印象最深处，在其一贯之雄伟气魄，在其毫无畏惧之单调。其建筑一律以黄瓦红墙碧绘为标准样式（仅有极少数用绿瓦者），其更重要庄严者，则衬以白玉阶陛。在紫禁城中万数千间，凡目之所及，莫不如是，整齐严肃，气象雄伟，为世上任何一组建筑所不及。"中国宫殿建筑从秦汉之雄浑粗放，到唐宋之伟岸典雅，发展到明清，其整体设计、工程技术和艺术效果，都达到了古典的顶峰。

明清又是中国园林的辉煌期，北方的皇家园林和江南的私家园林，其造园手法和艺术格调均集前代之大成。规模宏大的皇家园林有北京的圆明园、颐和园和河北承德的避暑山庄。其中圆明园称为"万园之园"，总面积 347 公顷，圆明、长春、绮春三园呈倒品字形布局。园中山势纵横，湖湾迂回，这里荟萃着江南园林精华、西洋古典楼景，在中国园林史上，堪称空前绝后的旷世杰构。颐和园总面积 294 公顷，宽广浩森的昆明湖占其四分之三，湖面由长堤、小桥和小岛组成丰富的水景。万寿山临湖耸立，精丽的殿阁由湖岸向山顶铺展开去，山下长廊沿曲折湖岸而蜿蜒延伸。避暑山庄规模更大，占地达 546 公顷，园内山峦起伏，湖泊呈翠，楼阁园寺依山傍水，素雅简朴，山景水影中别具自然野趣。

明清私家园林的建造也空前繁盛，尤其是江南地区，自明代中叶掀起建园高潮后，于清乾隆年间臻于极盛。苏州、扬州等地名园荟萃，扬州瘦西湖至平山堂一带的园林，苏州的拙政园、留园、艺园、五峰园、怡园、耦园、网狮园、鹤园以及同里的退思园等，都是明清私家园林的代表。这些园林大多选址于城内或近郊。占地不多，且园内布设仍传承前代城市园林桥、水、亭、榭、阁等景致，但布局、设计和造园手法更为丰富精巧。园中室内诸如字画、工艺品和家具等陈设也有很高的品位。中国古典城市园林的细微主义，在明清的私家园林中已被演绎得淋漓尽致。

坛庙是中国传统的祭祀建筑，主要有天坛、社稷坛、太庙三种。这类建筑始自上古，浓缩着东方农业大国重农、隆礼、敬神等文化精髓。明清建于北京城中的天坛、太庙、社稷坛、地坛、日坛、先农坛等，都是中国至今仍保存较完整的坛庙建筑，其典型首推天坛。天坛原称"天地坛"，从平面上看，北面是方形，南面为圆形，以附会"天圆地方"之说。主要建筑物圜丘坛、皇穹宇和祈

图2-3-5 天坛

年殿自南向北纵向排开,如从序幕到高潮。其中的祈年殿既是中国古典建筑中最著名的单体建筑之一,也是北京城的标志性建筑之一。它建在3层汉白玉圆形台基之上,华贵的3重雕花石栏烘托起3层屋檐的圆殿。殿顶为圆形攒尖顶,上覆蓝色琉璃瓦,雍容高贵的造形体现出超凡脱俗的气质,最上端的鎏金宝顶指向穹宇,静穆中似与苍天沟通对话。设计者以其灵心巧思把屋顶的建筑语言发挥得韵足神完,充分表达了这一旷世杰构的"崇天"主题。

中国传统民居发展到明清,已形成鲜明的地方特色。华北地区的民居以北京的四合院为代表,方形平面,房屋围院而建,兼有"墙"的功能,成"四合"形制。由房屋围合而成的四合院,仅大门对外。大门以石为墩,考究的则饰以砖饰、砖雕、石雕或彩绘木雕,素朴中见含蓄与细腻。院落为公共活动区域,既与天地沟通,又连接四周房屋。正房坐北朝南,左右两侧为东厢、西厢。家庭成员按其尊卑长幼各居其所,封闭性、私密性和注重伦理秩序是四合院的文化内核。在北京,四合院是明清城市建筑的最小单元,大大小小的四合院排列拼组成胡同,胡同与大街相通,构建出古都的基本格局,维系着充满古情旧韵的历史文脉。

图2-3-6 徽州民居

明清时位于皖南的徽州民居也具有建筑文化鲜明的地域特色。徽州民居布局紧凑,平面以正方或长方为基本形制,各面多为楼房,高高围合,形成天井。天井用以采光、通风和接纳四面屋顶的排水,故称"四水归堂"。屋顶多为双向坡顶,青瓦覆盖,高低参差,错落有致。山墙的处理尤具特色,用于防火势蔓延的马头山墙呈阶梯状,墙头角部微微飞翘,给平展的院墙线条平添了装饰性效果。白色粉墙与青黑色顶瓦构成水墨写意的美感,淡朴中透出灵秀,平易中呈现飞动之美。此外,聚族而居,依山就势,用夯土墙围合呈同心圆状,楼高3、4层,居室多达二三百间的岭南客家土楼;严谨规矩、左右对称、方正简洁的浙江东阳民居;因地制宜、轻巧舒展、多设门窗、讲究通透的四川民居;依水傍桥、枕河而居、夹岸为街、清逸灵秀的江南亲水民居;等等,使明清各地域民居呈现出多姿多彩的建筑文化景观。

第二节 中国建筑的人文意蕴

建筑是一种物质载体,同时也凝聚着民族的哲学精神和伦理观念,就后者而言,"建筑就是凝固为物体的人生。人生在客观事物中体现得最全面、最完整、最生动具体的,莫过于建筑"。[①] 中国传统建筑的布局理念,不仅基于满足生活的实用功能,而且还包含了崇敬和信仰,以及亲缘感情、尊卑意识、内聚倾向等人文意蕴。中国建筑文化遗产体现了不同于西方基督教建筑和伊斯兰建筑的独特性,它见证着几千年华夏文明的发展历程。

一、群体的和谐性

"间"是中国传统建筑平面布局的基本单位,由作为单体建筑的"间"围合成庭院,再由作为建筑单元的庭院组合成各种建筑组群,这种布局体系既见于民居,也见于坊里、街巷、宫殿乃至城市。在平面布局上,大多体现出严谨纵直的"中轴"理念,在井然有序中层层扩大,左右延展,呈现和谐对称的态势。从陕西岐山、扶风两县交界处的周人四合院遗址,到明清的紫禁城,崇尚中轴的布局理念是一以贯之的。汪国瑜先生认为,中国传统建筑的平面布局,"具有一种简明而又深邃的组织规律,聚而不乱,分而不散,规整中有变化,变化中有秩序,在建筑群体中充满着一种和谐的气氛"。中国传统建筑"有别于西方和现代建筑,它不是由小体到大体、由底层到高层的增加体量的扩大方式,而是采取由单幢到多幢、由小组合到大组合的数量扩展。前者是由内向外向上,层层发展,以高大的体量取胜;而后者是由前向后,成纵深方向或向左向右延伸舒展的水平方向发展,通过墙、廊、门、台、院、庭、巷、道的连接围合,以广阔而深奥的数量显优"。[②] 确实,中国传统建筑崇尚中轴的理念和依恋大地的情结,使建筑布局处处体现出井井有条的秩序感和对称均齐的和谐性。与西方教堂等宗教性建筑相比,它淡化了缘自宗教信仰的神秘与突兀,更偏重于对尘世的依恋和冷静的理性。杜牧《阿房宫赋》云:"蜀山兀,阿房出,覆压三百余里。""覆压"一词,传神地表达了

[①] 张光直:《负正论——建筑本质新析》,《新建筑》总第三期第10页。
[②] 汪国瑜:《建筑——人类生息的环境艺术》,第127页,北京大学出版社,1996。

中国建筑在视觉上给人们的强烈感受。西方以哥特式为主体的教堂类古典建筑,给人的视觉感觉是对天空的向往和向天堂的飞升,巴黎圣母院、科隆大教堂等其屋顶似利剑直刺天空。中国建筑多为大屋顶,宽屋檐,大到故宫皇家建筑,小到地方官绅的宅第,一依以主轴线为中心左右分配,从而形成和谐的递进层次。它们"覆压"大地,给人的感觉是对大地的依恋和对尘世的难以割舍。

就人文意蕴而言,中国传统建筑不仅体现了世俗的理性精神,而且渗透着传统的伦理精神。以四合院为例,其后院与前院相通的门都位于中轴线上,坐北朝南的北房为正房,一般是三开间,供家长起居、会客。正房又称"堂屋",具有类似古代明堂的功能。明堂是古代天子宣明政教的场所,凡朝会、祭祀、庆赏、选士、养老、教学等大典,均在明堂举行,后世帝王宫殿中所设的正殿或大殿即缘此而来。古代家庭中举行议事、祭祖、婚丧等礼仪活动,都安排在堂屋。正房的核心单位是中堂,一般都供奉有"天地君亲师"的条幅。显然,中国民居的堂屋融汇了尊长、敬老、崇祖、齐家、待友等伦理精神。正房的东西两侧是厢房,厢房用作书房或晚辈的居室。单位的"间"呈东西对称排列,家庭内部的辈分及男尊女卑的等级序列便在这不同单位下得到严格的体现。正房和厢房皆有檐下回廊,回廊和中心庭院类似现代公共建筑中的共享空间,它是各房成员亲近自然、融汇亲缘感情的场所。四合院平实、方正、和谐、理性的布局,恰如其分地昭示了中国文化重伦理秩序及群体和谐的特点。

二、组合的内向性

内向性是中国传统建筑平面布局的又一特征。汪国瑜先生指出:"中国的城镇,小自乡里,大至都市,所有的建筑差不多无一不是遵循着组合的内向原则而刻意布局的。府邸中院中有院,园林中园中有园,城市中更是层层内向,城门中有瓮城,外城中有内城。……这些比起西方建筑体系中独立外向的民舍府邸、独立外向的皇宫园林、独立外向的领地城堡,在思想意识和审美情趣上都明显地反映出中西方不同文化的体现。"①

中国古典建筑的内向性格,表现为对墙的尤为关注。首先是城墙,中国近 3000 座古代城址,几乎没有不筑城墙的。从某种意义上说,没有城墙,就不成为城。英国人沙尔安在其出版于 20 世纪 20 年代的《中国建筑》中写道:"城墙、围墙,来来去去到处都是墙,构成每一个中国城市的框架。它们围绕着它,它们划分它成为地段和组合体,它们比任何其他建筑物更能标志出中国式社区的基本特色。在中国没有一个真正的城市是没有被城墙所围绕的,这就是中国人何以名副其实地将城市称作'城';没有城墙的城市,正如没有屋顶的房屋,再没有别的事情比此更令人不可思议。"其次是坊墙,唐代长安城内共有 108 坊,坊均有高墙围合,坊墙内是封

---

① 汪国瑜:《建筑——人类生息的环境艺术》,第 134 页,北京大学出版社,1996。

闭的社区。再次是院墙,院墙既用来分隔内外,以体现内外有别的观念;又用以区分会客区和居住区,以体现"前堂后寝"的礼制格局。对墙的重视,不仅出于心理上的安全屏蔽的考虑,而且也反映了相对封闭的内向性格。例如,四合院式的住宅布局就是以内向的房屋围合成封闭的院落,房屋对外的立面大多不设窗户,仅大门对外,从而使整个院落独立成一个世界。内部空间完整统一,气势聚而不散,既与外界隔绝出两个世界,又适应了古代重视尊卑长幼、男女有别、内外有别的礼法要求。四合院中的庭院是整个建筑中唯一通透的空间,它沟通着大地与天空,又是内部往来交通的公共区域。四合形制独立于外部世界,内部自成系统,建构的是以家庭为单位的伦理和空间秩序。在人文意蕴上,也折射出民族心理的内敛性和向心力。

三、阴阳的融合性

以《易传》为代表的阴阳对立统一的哲学思想,对中国建筑有着多方面的影响。《易传》是解说《易经》的著作,基于初民在农耕活动中以山之南为阳、以山之北为阴的朴素认识,《易传》将事物抽象为阳与阴两个基本范畴,认为任何事物都含有刚健和柔弱两种属性,阳为刚,阴为柔,二者相反相成,衍化出纷纭的大千世界。在此纷纭的世界,《易传》主张刚主柔辅,刚柔相济。中国建筑一般都坐北朝南,即背阴向阳。按传统习俗,居中面阳为尊,面东西次之,面北为卑。例如,四合院中的正房背阴向阳,而且正房通常高于侧房,为长辈所居,两侧则为晚辈子媳所住。再如,故宫的太和殿是皇帝举行大典的地方,为最主要的建筑,位居整个宫城的中心。内廷则以皇帝、皇后居住的乾、清二宫为中心,皇妃、太子等的居所如众星拱月般地围合其旁,体现出严格的等级秩序。所以《宅经》说:"夫宅者,乃是阴阳之枢纽,人伦之轨模。"在建房时,还十分注意阴阳的适中与协调。《吕氏春秋·重己》说:"室大则多阴,台高多阳,多阴则蹶,多阳则痿,此阴阳不适之患也。是故先王不为大室,不为高台。"秦汉以后,先秦盛行的筑高台之风衰微,与讲求阴阳适中的理念不无关系。

由于受"阴阳合德"及"中和"思想的影响,中国古代建筑在体量和尺度上注意"适形而止",不追求过分的高大,这与西方古代建筑每每以巨大的体量和超然的尺度来追求崇高的理念,适成对比。中国建筑外形柔和,于画梁雕栋、飞檐翘角中见营构的精巧;西方建筑外部廓线呈几何图形,立面凹凸有致,于体量、细部、对比中见构造的精湛。例如,太和殿是明清最高等级的宫殿建筑,虽然气势恢弘,但长不过63.96米,宽只有37.17米,就其体量而言,远不及古罗马的万神庙或巴黎的凡尔赛宫。太和殿的台基虽高达8米,但经3层汉白玉雕花栏杆的层层叠收,起到阳中蕴阴、刚中见柔的效果。哲学中"阴阳和合"的对立统一法则,使中国古典美学尤为注重刚柔相兼之美。叶朗先生认为:"中国古典美学的壮美,却并不破坏感性形式的和谐,它仍然是美的一种,是阳刚的美。它和优美(阴柔之美)并不那么绝对对立,也并不互相隔绝。相反,它们常常互相连接,互相渗透,融合成统一的艺术形象。"①例如,中国宫殿建筑的屋顶面积大,屋檐宽,坚实的立柱将其刚直有力地擎托而起,整体上呈阳刚之美。立柱与屋顶之间则设置了巧妙的斗拱,斗是斗形木块,拱是肘形曲木,斗与拱相互扣合,在柱头上层层叠加,不仅减少了梁柱交接部位的剪力,而且形成了奇妙的韵律感。斗拱与屋顶向上向外夸张地卷起的飞檐翘角,形成飞动、轻巧、跳跃的阴柔美。大屋顶和立柱的阳刚,与斗拱和飞檐翘角的阴柔,合构成阴阳融合、刚柔相济的造型,恰与《周易·系辞下》中"阴阳合德,而刚柔有体"的说法相符。

在数字的应用上,中国建筑也极富传统文化的意蕴。古代中国人认为,天代表阳,地代表阴,并以一、三、五、七、九奇数为阳,"九"被列为极阳,更具吉祥的含义。于是阳数作为吉祥的象征,成为建筑设计时所关注的文化要素之一。例如,天坛的祈年殿按明、清尺寸计算,高为9丈9尺,台基3重,屋檐3层,东西配殿都是9间;圜丘由3层汉白玉露天平台组成,其台阶、栏杆、铺地石板等,数目都取"九"的倍数。天坛的文化主题是"祈天",亦即祈求风调雨顺、国泰民安。这一主题经象征性的艺术构思,通过形式、体量、部件的精确计算和巧妙组合,将至高无上的"九"这一极阳之数,作了匠心独具的应用和发挥,祈年殿也因此成为中国古典建筑中极富文化意蕴的范本之一。

第三节 中国园林的美学特征

建筑是凝固的音乐,大地的诗行。中国园林是古典建筑艺术的瑰宝,它是由建筑、山水、花木等组合而成的综合性艺术品。中国造园有着悠久的历史,其萌芽可远溯到商、周时期的囿。汉代的苑已具有园林的雏形。魏晋以后,园林的建造得到长足的发展,造园手法的日趋成熟,写意山水园的大量出现,使园林成为真正的建筑艺术。及至明清,以北京为中心的皇家园林和江南的私家园林臻于极盛。明清园林代表了中国古典园林的最高成就,造园手法和造园艺术具有鲜明的美学特征。

一、曲折含蓄之美

曲折含蓄亦即传统艺术理论中的"隐"与"藏"。中国园林追求的是曲折含蓄、变化有致的美学品格,而忌园内景观整齐划一,一览无余。在造园手法上,善于通过迂回曲折、山水相间的空间序列布局,使园中楼阁掩映,山石错落,曲水逶迤,竹木婆娑。为了使重点空间欲露先藏,往往用花木、围墙、假山、漏窗等略阻视线,营造出曲径通幽、柳暗花明又一村的意趣。

例如苏州留园,从园门进入,先是一道狭窄弯曲的廊院,令视线收敛,偶一见天。至古木交

---

① 叶朗:《中国美学史大纲》,第80页,上海人民出版社,1985。

柯处,一片光明映入眼帘,但眼前只是一排漏窗,园中的山池亭阁在花窗掩映中朦胧隐约,若现若隐。回视回廊前天井的粉墙,上嵌"古木交柯"一匾,但见白墙映衬下,一株古树于花台中枯枝横斜,虬曲苍劲,宛如一幅水墨写意画。绕至绿荫轩,空间豁然开朗,曲栏临水,凭栏可近观远眺,山容水态,楼阁疏影,络绎奔会,呈于眼前,令人于层次丰富而深远的画面中,寻味到中国园林于有限中包蕴无限的精髓。

前人说:"造园如作诗文,必使曲折有法。"诗文的曲折含蓄,在于写得有起伏,有波澜,"深文隐蔚,余味曲包",园林的曲折含蓄,在于整体布局上曲奥多变的序列轴线,在于细部营构上的山求奇,水求曲,廊求回,路求幽。古典诗文与园林,对于隐与藏的艺术处理,以及对于曲折含蓄的美学追求,恰有异曲同工之妙。

二、 疏密相间之美

从某种意义上说,园林是组织空间、布置空间和创造空间的艺术,园中景点既似空间中一幅幅立体的图画,又像乐曲中一个个跳动的音符。中国园林在景点的布设上通常采用疏密相间的手法,移步换景,张弛有度,景色连绵不断,但和谐中有变奏,流畅中有间歇,给人以忽张忽弛、忽扬忽抑、似断实续的节奏感和韵律美。

图 2-3-7　苏州拙政园见山楼

以苏州拙政园为例,园林中部是全园的精华所在,进入中部住宅西侧的园门,可见一个幽小庭院,院边的一条窄长夹廊,如舒缓的序曲,引领出"大珠小珠落玉盘"的主旋律。步出游廊,便来到中部的主景区,两座岛山将一泓池水分割成迂曲的水面,各式小桥贴水而建,桥曲栏低,亭台楼阁或临水,或依山,飞檐参差,古木耸翠,景致密丽。主体建筑远香堂的厅堂木窗与外景相接,西望可见小沧浪水阁,曲水蜿蜒南去,廊桥横跨水面,池岸透迤如蛇行,亭廊层叠似棋布;北望则是一池碧水,池中水波粼粼,池边是满山深绿的一派山林风光,这一带景密而层深。向东行去,景致由密丽而疏淡,枇杷园的月亮门、云墙和满园的花木,把这一带烘托得古意悠长,节奏一变而为舒缓飘逸。步出海棠春坞小院,沿曲廊北行,就到了梧竹幽居,青竹碧梧营造出幽静古雅的意境,似乐曲奏出悠长的尾声,余音袅袅,不绝如缕。

中国园林在空间布置上分主次,讲节奏,重层次。一般而言,主景密而次景疏,主景与主景之间,巧用曲径、曲桥、曲廊连接,使疏密相间,节奏起伏有致,游人徜徉其中,移步换形,景随行异,欣赏节奏有张有弛,始终保持着悠闲的情绪。正如陈从周先生在《园林美和昆曲美》一文中所言:"中国园林,有高低起伏,有藏有隐,有动观、静观,有节奏,宜细赏,人游其间的那种悠闲情绪,是一首诗,一幅画,而不是匆匆而来,匆匆而去,走马看花,到此一游;而是宜坐,宜行,宜看,宜想。"①

三、 天趣盎然之美

中国造园理论有句格言:"虽由人作,宛自天开。"园林艺术是一种具有实用功能的综合性艺术,它在有限的空间内,综合了自然山水和人工建筑。即便是叠石而成的假山,凿地而成的水池,乃至理水、造景、植石等手法,也都融入了人文因素。人工产物却有盎然的天趣,这是中国园林的又一美学特征。

在自然与人文的关系上,中国园林讲求"天开"与"人作"的完美融合,人工建筑要与自然环境水乳交融般地统一成和谐之妙。作为私家园林的江南文人园,其杰作佳构都已达到了这一化境。园林中诸如凉亭、水榭、楼阁、石舫、长廊、夹巷、小桥等建筑,与其所处的自然环境珠联璧合。它们或立于小丘之巅,似凌空飞动,栩栩欲活;或卧于曲水之上,蜿蜒游走,曲折盘旋;或濒水而筑,或临溪越地,或夹巷借天,或窗透竹影,虽为人作,却充溢着天趣野韵。正如杭州西湖平湖秋月的临湖主厅联语所言:"穿牖而来,夏日清风冬日日;卷帘相见,前山明月后山山。"清风、明月、丽日、湖光、山色与建筑交汇融合,游其中可赏风花雪月,步其间可见山容水态。人工建筑经奇思构想,依山临水而设亭布桥置舫,使其或仰高山,或俯清流。苏州怡园的画舫中悬有匾云:"舫斋赖有小溪山"。画舫实为旱船,是园林中常见的一种建筑,"赖有"二字,恰如其分地点出画舫与小溪山的依存关系。

除建筑外,对天趣的追求还体现在园中的人造山景和水景上。例如假山是以石、土堆叠而成的山形造景,但在造型和整体脉势上要自然浑朴,随势赋形,"山不在高,贵有层次",或孤峰丛峙,或峭壁森严,或崖谷幽深,深得自然山脉的神韵。例如苏州环秀山庄的湖石假山,主峰、次峰、丘壑,宛若真山,山中浓缩了峭壁、深谷和幽涧,层檐之水注入山壑之中,经幽谷而成溪涧,咫尺之间,包蕴了千里湖山风光。中国园林中的水景也给人以自然天成的感觉,园中的水景有大小、动静之别。大者如颐和园昆明湖,宽广浩淼;小者如私家园林中的水池曲溪,动者曲折流淌不舍昼夜,静者水平如镜,映出周边的楼阁倒影。总之,既无自然的生糙,又保留了自然的生机和野趣;既无"人作"的斧凿之痕,又得"天开"之神韵,"一峰则太华千寻,一勺则江湖万里",②从而使中国园林达到再造和浓缩自然美的境界。

---

① 陈从周:《园韵》,第 192 页,上海文艺出版社,1999。
② 文震亨:《长物志·水石》,中华书局,1985。

四、诗情画意之美

中国园林既有画的意趣,又满蕴着诗的情韵,诗情与画意交融,合构成深邃的意境。宗白华先生在《中国意境之诞生》中说:"他所表现的是主观的生命情调与客观的自然景象交融互参,成就一个鸢飞鱼跃,活泼玲珑,渊然而深的灵境;这灵境就是构成艺术之所以为艺术的'意境'。"园林这片天地,不仅可览可赏,融入了审美情趣和空间意识,而且可品可思,可以寄托自己的精神意趣和人生理想。中国园林作为物质功能和精神功能兼具的统一体,其意境的特征在于它特有的写意化的自然美和诗画一般的空灵美,它使置身其间的人们,获得生命情调的心灵感悟和直觉体味。在写意化的园林中游赏,可以感受到一种超旷、闲静、悠远的诗意栖居的体验。中国古典园林中的不少造景,正是这种超旷闲静的心境的物态化表现。那拳石勺水、通幽曲径、卧波横桥、洞门花影、嶙峋湖石、临水廊榭,或于淡泊中见空灵,或于柔美中显雅逸,它是画境,也是诗境,是人的心意中的自然、情感体味中的自然,亦即作为意境的自然。比如,中国园林中常见的凉亭大多借势造景,飞檐翼然,玲珑雅致,就是静心境、怡倦眼的好去处。登亭小憩,览如画美景,迎八面来风,心胸为之开阔,宠辱毁誉因之淡然。再如,江南文人园多取太湖石装点园景,古人爱石,认为"虽一拳之石,而能蕴千年之秀",它"集天地之致精之气"。那傲骨嶙峋的怪石,在一定程度上象征着传统文士的清操自守。又如,园中的一池清水,可令人体悟到禅家重自然澄静的心性境界,所谓"动者乐流水,静者乐止水,……欲识静者心,心源只如此"。① 其他如一道云墙,也可唤起人们对天性自然的连翩浮想。

中国古代园林大多留有文人骚客的题咏,随处可见的楹联、匾额、碑刻等,或状景抒情,或借景喻理,或赏物寄兴,书文并茂,画龙点睛。园景经满蕴情思的联想或饱含哲理的点化,更深化了意境,提升了文化品位,从而成为诗情画意的文化载体。例如苏州沧浪亭石柱上刻有欧阳修和苏舜钦所作与沧浪亭有关的诗句:"清风明月本无价,近水远山皆有情",两句天然妙合,既切沧浪亭周围之景,又表现了与天地精神往来的洒脱襟怀和自由的心灵。又如苏州耦园有一联语云:"卧石听涛,满衫松色;开门看雨,一片蕉声。"画面中传达了色彩和声响,视觉与听觉勾连贯通,画意与诗情冶于一炉,达到了神逸之境。匾也是中国园林中颇具民族文化传统的景观,匾不仅讲究木质的精良、漆工的精湛、书法的精妙,而且往往是对园景出神入化的点化,是诗情的意味隽永的传递。例如《红楼梦》中写到众人题写潇湘馆的匾额,除贾宝玉题写的"有凤来仪"外,还有"淇水遗风"、"睢园雅趣"等,古代园林题匾的即景会心,别具韵致,可见一斑。

中国园林源于自然天籁的画意,发自生命情调和心灵律动的诗情,使其融汇成一种古筝独奏般的清雅空灵。在今天,现代人徜徉其间,仍可与历史景深进行超越时空的对话,感受到一

---

① 白居易:《白氏长庆集·玩止水》,上海古籍出版社,1994。

种洗净浮华、情景交融的颇具东方情调的艺术美。

关键词

历史文脉	半地穴式	夯筑	砖瓦	瓦当	木结构	斗拱	都城
台榭	宫殿	四合院	佛寺	佛塔	石窟寺	里坊制	街巷制
苑囿	皇家园林	私家园林		紫禁城	坛庙	民居	中轴线
布局	和谐性	内向性	阴阳	曲折含蓄		疏密相间	
天趣	诗情画意						

思考与讨论

1. 为什么说中国古建筑的特征在西周已具雏形？试举例说明。
2. 秦汉的宫殿和皇苑有何特点？
3. 为什么说魏晋南北朝时期佛教的广泛传播，赋予中国建筑以新的风格和内涵？
4. 为什么说中国的塔具有本民族的鲜明特点？
5. 里坊制与街巷制有何不同？
6. 为什么说明清建筑代表了中国古典建筑文化的顶峰？
7. 为什么说中国传统民居发展到明清已形成了鲜明的地方特色？
8. 举例说明中国传统建筑崇尚中轴的布局理念。
9. 以四合院布局为例，简述中国传统建筑中包含的人文意蕴。
10. 举例说明中国传统建筑在布局组合上的内向性特征。
11. 试述中国园林的美学特征。
12. 任选一个角度，试述中西建筑文化的不同特点。

拓展阅读

1. 《中国建筑史》，梁思成著，生活·读书·新知三联书店，2011。
2. 《中国建筑史》，潘谷西主编，中国建筑工业出版社，2009。
3. 《说园》，陈从周著，同济大学出版社，2009。

思维导图

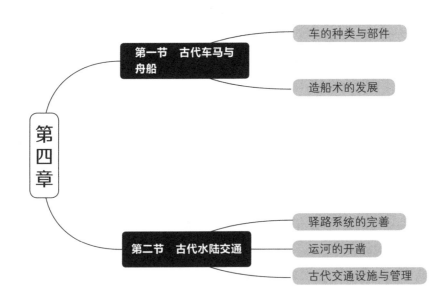

第四章 交通文化

中国是世界上最早发明和制造车船的国家之一。夏、商、周三代,车船已成为主要的交通工具。中国疆域辽阔,秦以后经济的高度发展,带动了运河的开凿,以及驿路系统的建设和完善。水陆交通便利通畅,车船的制造成就辉煌,中国的交通文化在历史上曾长期位居世界前列。

第一节　古代车马与舟船

车的发明关键在于车轮,车轮是陶车的直接衍生物。大汶口文化遗址的出土陶器,已采用轮制成型法的制陶技术,它借助于称为"陶车"的简单机械对陶坯进行整修。陶车是一个圆形工作台,台面下的中心处有圆窝置于轴上。将陶坯置于工作台中心,推动台面作平面圆周运动,便可用手或工具对器形进行整修。基于对轮转原理的认识,以及用圆木下垫来搬运巨石等的劳动实践,使先民从中获得制作车轮的启示。夏代的车因无实物遗存,所以难详其形,但中国在距今4000多年前已有了原始车辆,应是没有疑问的。在河南安阳殷墟发现的商代晚期车遗迹,是现存最早的车辆实物,经复原,可知距今3000多年前的车已有车厢、单辕和双轮。辕的后端与车厢下的车轴连接,为使车体牢固,在关键部位已安装了青铜构件。西周及春秋战国时期的车辆实物在考古中多有发现,其构造之坚固、装饰之豪华,标志着车的形制和制作水平已日渐成熟。汉以后双辕车逐渐流行,车的种类趋于多样,其形制也得到不断的改进。

图2-4-1　河南安阳殷墟出土的商代晚期车遗迹

舟船的制造和使用起步于新石器时期,至商代已开始了木板船的制造,经秦汉和唐宋两个发展期,到了明代,舟船的建造技术达到高峰。直至中国封建社会末期,西方工业与科技的勃兴带动了钢铁轮船的制造,而中国则因封闭的国策和对科技的忽视,导致造船业的优势逐渐丧失。

一、车的种类与部件

战国以前,车既是重要的运输工具,也是主要的作战工具。由于战车机动性强,进攻时战车群具有摧枯拉朽般的威力,而防守时用战车排列成行,敌方也很难逾越,所以,在平阔的中原大地攻城掠地,车战尤为适宜。春秋时各诸侯国为赢得兼并战争,都把先进的制车技术运用到制造战车上,"车千乘"、"车万乘"成为衡量一个国家军事力量强弱的重要标志。战车又称"兵车"或"戎车"。《周礼·春官·宗伯》将战车分为戎路、广车、阙车、苹车、轻车等"五戎"。就其用途而言,主要有用于驰逐攻击的攻车和用于设障、运输的守车两类。通过对出土文物的考察,可知当时战车为木制,基本形制为独辕、单衡、双轭、长毂。两匹辕马(服马)架轭于颈,拉动车辆前进,辕马两边大多还配有两匹骏马,直接以皮制的靷系于车轴,配合辕马拉车。战车为求坚固与轻便,所以不设车盖和帷幔。车厢围有苇草皮革,车轴两端突出的部位装备矛刺,用以刮刺对方步兵。每辆战车配备3人,凡主帅之车,其位次为主帅在中,御者在左,车右在右,其他战车则御者在中。主帅用旗帜和鼓声指挥全军,车右的任务是执干戈以御敌。周代车战很讲究行列阵势,每辆战车为一"乘",包括车上甲士3人和车下步兵,春秋时每乘配置步兵多达72人。实战时要求保持合理的车距,如《六韬·犬韬·均兵》说:"五车为列,相去四十步,左右十步,队间六十步。"行军宿营时则用战车围成圆圈,留一缺口作为营垒之门,并把两辆车的辕朝上相向而立,形成门形,所以军门又称"辕门"。先秦时进行过频繁的车战,《左传》等史书对大规模的著名战役多有生动翔实的记叙。及至战国时期,由于战争扩大到华北山区与江南,步战、骑战迅速发展,特别是强弩用于实战,昔日所向披靡的战车渐成配角,但车战仍时有发生,如屈原《国殇》中"操吴戈兮披犀甲,车错毂兮短兵接。旌蔽日兮敌若云,矢交坠兮士争先"诸句,就是对发生于战国时的一场激烈车战所作的生动描写。

除战车外,古代用于载人或运输的主要有栈车、辎车、安车、温车、轿车等。

栈车又写作"轏"、"輚"。《说文解字》:"栈,棚也,竹木之车曰栈。"段玉裁注:"谓以竹若木散材编之为箱,如栅然,是曰栈车。"可知栈车是用竹木散材编制车厢,上有篾席卷篷,前后无挡,双直辕,驾一马,既可运货又可载人,是民间使用较普遍的普通车辆。

辎车和軿车都是有帷幔的坐卧车,可并称为"辎軿"。双辕单马,帷幔可遮阳,也可挡风避雨,可坐可卧,装饰也较考究,是舒适而豪华的带篷车。汉制,三公、列侯、中二千石、二千石的夫人出行时可乘辎軿车。汉桓宽《盐铁论·散不足》:"今富者连车列骑,骖贰辎軿。"除载人外,辎车也可用于载物,"辎重"即指辎车中所载的重物,或指出行人所携带的日常用品,如《老子》第26章:"是以君子终日行,不离其辎重。"或指征战时所携带的军需物质,如《孙子·军争》:"是故军无辎重则亡。"

安车是驾一马的小型坐车。《礼记·曲礼上》:"大夫七十而致仕,……适四方,乘安车。"郑玄注:"安车,坐乘,若今小车也。"安车比较安适,所以老臣和妇人多乘安车。战国以后,安车常驾四马,秦始皇陵二号铜车马即是四马驾的安车,车上一条綮绳末端书云"安车第一",专用以征聘天下贤臣。为了使安车行走更加安稳,常用蒲草裹轮,《汉书·儒林传·申公》:"于是上使使束帛加璧,安车以蒲裹轮,驾驷迎申公。"安车蒲轮,征聘贤士,对君而言用以表示礼贤下士,对被征聘者而言,则是一种殊荣。

传车是驿站专用的车子。古代驿站又称"传",驿站专用的车子就叫"传车",有时也简称"传"。用以传递消息、命令,也用作过往官员的备乘之车。《汉书·高帝纪下》:"(田)横惧,乘传诣洛阳。"颜师古注:"传者,若今之驿,古者以车,谓之传车。其后又单置马,谓之驿骑。"传车递送紧急公文,要求轻便,一般速度很快,有用四匹马拉的,也有用二马或一马拉的。传车按所驾马匹的数量和质量,分为"置传"、"驰传"、"乘传"、"轺传"等。据《汉书·高帝纪下》颜师古注引如淳曰:"律:四马高足(良马)为置传,四马中足(一般马)为驰传,一马、二马为轺传。"

温车又称"辒辌车",是古代的一种卧车,设有帷幔和车窗,可以根据气温开闭车窗,以调节车内温度。《史记·李斯列传》:"李斯以为上(指秦始皇)在外崩,无真太子,故秘之,置始皇辒辌车中。"裴骃集解引孟康曰:"如衣车,有窗牖,闭之则温,开之则凉,故名之辒辌车也。"后来,温车常被用来作为丧车。

轿车是一种用马或骡拉的客车,有车顶,四周有帐幔,车的形状像轿子。用骡牵挽的轿车,又叫"骡车"。古代以马拉车最为常见,所以车和马并称为"车马"。魏晋以后,士人多追求任性放达的名士风度,乘坐牛车一时成为时髦的风尚。唐宋时仍有乘坐牛车的习惯,但从整个古代来看,牛车主要用作货车。明清时则多用一骡或二骡拉车,统称"骡车"。用骡牵挽的轿车成为重要的代步工具之一,而且种类与名称不一,夏仁虎在《旧京琐记》卷1中说:"旧日乘坐皆骡车也,制分多种:最贵者府第之车,到门而卸,以小童推之而行。出则御者二,不跨辕,步行于两旁,健步若飞,名之曰'双飞燕'。次曰'大鞍车',贵官乘之,京堂以上,障泥用红,曰'红拖泥'。其余皆绿色油布围之,曰'官车',寻常仕官乘之。曰'站口车',陈于市口,以待雇。'跑海车',沿途招揽坐客。"

独轮车出现于两汉之交,是一种手推车,中间只有一轮,由一人推行,既能载人又可装货,平原山地、大路小路皆可灵活便捷地推行,至今仍在部分农村地区使用。三国时诸葛亮所创制的木牛流马,据考证就是独轮车。独轮车的发明是中国交通史上的一件大事,其制作和使用,比欧洲早了10个世纪。科技史家李约瑟认为,中国人独特地贡献给世界上其他国家的技术中,独轮车就包括在内。

辇车是人力推拉的车,《说文解字》:"辇,挽车也。"段玉裁注:"谓人挽以行之车。"秦汉以后特指皇帝、皇后或嫔妃乘坐的车,又称"帝辇"、"凤辇"等。"辇下"即指皇帝所居之地,即京师。

肩舆就是轿子,起初只作为山行的代步工具,并未普遍流行。宋以后出门盛行坐轿,轿子便成为除车以外陆行的重要代步工具。轿子种类多样,设帷幔的称"暗轿",不设帷幔的称"亮轿",皇家乘坐的称"皇轿",官员乘坐的称"官轿",用于婚礼的称"花轿"。抬轿的人数少则2人,多则数人。清代有"八抬大轿",是高级官员乘坐的轿子。

车的主要部件有舆、轼、辕、衡轭、辐、毂、轫等。

舆是古代车子的车厢，左右两侧有木板或护栏，后面栏板中央留有缺口，作为车门，供乘车人上下。车上有一根绳子，供人登车时拉手用，叫"绥"。《论语·乡党》："升车，必正立执绥。"豪华的车厢上还装有活动的圆形车盖，用来遮阳挡雨。车盖的设置，有严格的礼制规定。周代礼制规定，天子乘车出行必设车盖。又据《后汉书·舆服志上》载，二百石以下小吏白布盖，三百石以上皂布盖，千石以上皂缯盖，天子为黄盖。"盖"常与"冠"连用，"冠盖"一词遂成为达官贵人的代称，如杜甫《梦李白》其二云："冠盖满京华，斯人独憔悴。"

轼是设于车厢前部的横木，也可延曲于车的两侧，供人扶手或凭倚用。上古男子乘车一般都立乘，双手扶轼。行车途中若要对人表示敬意，可以扶轼俯身低头。《释名·释车》说："轼，式也，所俯以式敬也。"

辕又称"辀"，单辕称辀，双辕叫辕。上古的车都是单辕，后端与车轴连接，前伸上曲，前端与架在牲口脖子上的"衡"或"轭"相连接。汉代起，辕成为车杠的通称，而且马车大多为双辕，这是马车的一大进步。由于马颈背高，车舆低，所以车杠仍为前伸上曲，牛车的车杠则较平直。车辕前端的一根横木叫"衡"，衡下置轭，夹贴马颈。

辐是车轮的辐条，一般每个车轮有30根辐。早期的车辐为木制的长棍，一端接辋，即车轮的边框，一端接毂。毂是车轮中心的圆木，有孔，车轴即插入毂中。由于车毂体积小而受力大，所以毂木必须坚固。先秦车轴露在毂外的部分较长，所以，"车毂击"常用来形容路上车水马龙，如《史记·苏秦列传》："临淄之途，车毂击，人肩摩，连衽成帷，举袂成幕。"车轴露出于毂外的末端称"軎"，为了防止车轮脱落，要用辖插在軎中。两轮之间的距离叫"轨"，引申为两轮在道路上碾压出来的痕迹，又称"辙"。《礼记·中庸》说："今天下车同轨，书同文"，是说天下车子两轮间的距离是相同的，所以"车同轨"亦即道路的统一化、标准化。

中国古代车的发明起步早，发展水平高，古代遗物和文献都已证明了车辆制造的杰出成就。秦陵考古中出土的一号大型彩绘铜马车，就是根据秦始皇生前坐乘的驷马安车仿制陪葬的。据发掘报告称，铜车马为双轮、单辕、驷马系驾，包括御手、伞盖等，总重1061公斤。舆为横长方形。车通长3.17米，高1.06米，盖径1.22米。车窗镂刻着精细的菱形小孔，窗可开关，以调节温度。车身内外绘有彩色变形龙凤纹、卷云纹，车马上的金银饰物多达1500多件，4匹膘肥体壮的马也配有精美饰物。车分前后两室，前室为御官乘坐处，后室为主人乘坐处，且可坐可卧。整辆车艺术造型之精巧、制作之精良，令人叹为观止。

二、造船术的发展

中国古代以船为水运工具，起始于原始社会的新石器时代。最早的船是筏和独木舟。筏又称"泭"、"桴",《说文解字》:"泭,编木以渡也。"《国语·齐语》:"方舟设泭,乘桴济河。"韦昭注:"编木曰泭,小泭曰桴。"筏构造简单,只需捆扎起几根竹木即可制成。早期的舟为独木舟,《周易·系辞》:"伏羲氏刳木为舟。""刳"是剖挖的意思,将一段圆木劈挖出小舱,人可乘坐其中划行。我国于1985年在山东荣成县毛子沟出土有一条独木舟,舟长3.9米,分3舱,整体呈弧线形,据考证为商代遗物。1977年在浙江河姆渡新石器时代遗址中,出土了一柄用整木削制的桨,表明距今7000年前,先民已使用了独木舟。

至迟从商代起,人们便开始用木板造船。木板船的出现,是造船史上的一大进步。甲骨文中多次出现"舟"字,据字形推测,商代中晚期几乎都是平头小木板船的形制。随着生产力的发展,尤其是春秋战国时期频繁的水战,使木板船的制造得到长足的发展。当时,南方的吴、越诸国都有了专业的造船工场,所造之船的类型、性能和用途各有不同。有船体长大而速度极快的"大翼"、"中翼"、"小翼",有冲击力很强的"突冒",有因船上建戈矛而得名的"戈船"等。据河南汲县山彪镇战国墓出土的"水陆攻战纹鉴",图案中的战船分作两层,下为划手,上为作战武士,刻画人物286人,船身长,首尾翘起,无尾舵。另外,四川成都百花潭战国墓出土的"嵌错金铜壶"、故宫博物院所藏东周"宴乐渔猎攻战铜壶"等,都刻画有战船交战的场景。据《越绝书》载,勾践灭吴后,水师已达"戈船三百艘"的规模。

秦汉国家统一,航运的通江达海与造船业的发达相互促进。秦汉时在江河海岸有不少造船工场,其主要基地南有广州,北有山东。1974年,广州发现了一处秦汉造船工场遗址,据测算,其船台规模之大,已可建造载重量达60吨的大型木船。汉代的轻舟虽仍以桨代舵,但划船工具除桨外,还发明了橹,巨舸大船还配备了舵和锚。巨船在汉代称为"楼船",船高达10余丈,因甲板上建楼数层而得名。船体高大,稳定性强,能在大江近海中劈波斩浪。史载秦始皇出巡曾乘船航行于渤、黄海域。汉武帝曾派使者从雷州半岛出发,经越南、泰国至马来半岛登岸,陆行至缅甸,换船至印度,最远到达斯里兰卡,用中国丝绸交换明珠、琉璃等异国珍物后经苏门答腊返航,这是《汉书·地理志》记载的我国最早的海上航路,与陆上丝绸之路并称南海丝绸之路。这些记载都从侧面印证了当时的造船水平和航海技术。

唐宋是中国造船史上的又一个发展期。轻舟巨舸种类多,结构合理。人们根据不同水域的航道特点及用途来设计制造不同的船只。中国古代三大船型沙船、福船、广船,至此均已定型。例如沙船是航行于江苏、山东沿海的一种帆船,大型沙船的船帆可多达数十幅,载货量可达万斛(古容量器,唐时1斛10斗),其船型或方头平底,或尖头尖底,结构牢固。平底船吃水浅,在沙滩上搁浅时不易损坏或倾覆,尖头尖底的船体两侧下削,呈V字形,"上平如衡,下侧如刀",船面和船底比例约为10比1,阻力小,速度快。唐舟宋船不仅种类多,结构合理,而且工艺先进。整体由龙骨贯串,船舱和船底采用钉榫结构,并用桐油和灰涂缝。唐代已掌握了水密隔舱的技术，船舱经分割和密封，不仅大大提高了抗沉性能，而且水密隔板与船体板紧密联结，横向支撑船舷，增强船体抗御侧向水压能力。唐朝刘恂《岭表录异》中提到："贾人船不用铁钉，而用桄榔须缚船板，用橄榄油涂抹，干后船板坚固，船底如涂漆，便于速进。"宋代还发展了始于南朝的车船制作工艺，车船上装置轮形桨，船工用脚踏轮激水，船行飞快似箭。唐代车船于两舷各置一螺旋叶片轮子，用人力踏动两轮。到了宋代，车船已向多轮发展，"脚踏而行，其速如飞"。[①]

唐、宋、元不仅内河航运繁盛，而且海上交通频繁，推动了中外贸易和文化交流。唐宋海船体大而安稳，"舟大载重，不忧巨浪而忧浅水"，[②]其结构之坚固、性能之优良，独步于当时世界。宋代航海已用指南针导航，宋元时通过海上航道不仅可以航行到日本、朝鲜、南亚、印度洋、阿拉伯，甚至可以穿过红海抵达非洲西北角。西方学者戴维逊在《非洲的再发现》中说："在12世纪，不管什么地方，只要帆船能去，中国船在技术上都能去。"自唐开始，南海丝绸之路的重要性逐渐超过陆上丝绸之路。及至宋元，因海上航道的拓展，中国经海道与许多国家开展了贸易交往。摩洛哥的伊本·白图泰、意大利的马可·波罗在其游记中，都记录了中国用海船输出了价廉物美的瓷器，在南洋、印度、阿拉伯、东非等地的海域所发现的大量中国瓷器碎片，也提供了可信的实物依据。

综合起来看，唐、宋、元的造船技术有以下几个特点：其一，容量大，负载力强，构造坚固，设备齐全。其二，航行时，多利用风力，悬帆4—12桅，无风时则用橹划行，装有8—12橹。其三，船舱严密隔开，如一舱损坏，不致影响其他。船上设有测深定航设备，用长绳下钩沉至海底取泥，视泥质而定航位；用铅锤沉底，以测海水之深浅；停航时有首尾二锚固定船位。

中国的造船业在明代达到新的高峰。明代造船工场分布广，规模大，配套齐全，仅淮安清江督造船场就有总部4处，分部82处，工匠3000余人。船场所造船舶种类齐全，规格和用料统一，结构坚固，远航性良好。如航海船型广船和福船因分别始建于广州、福建而得名。广船船头尖，船体长，上宽下窄，形如两翼，吃水深，利于破浪远航。福船船体高大而坚固，戚继光抗倭，大型福船作为主力战船发挥了决定性作用。

明代郑和七下西洋的远航壮举，即建立在此雄厚的造船业基础之上。为下西洋而建造的宝船，大者长约138米，宽约56米，设9桅、12帆、20橹，每橹需橹手10—15人，排水量约3100吨，载重量约1500吨，可容千人。船队由60艘以上宝船和各类辅助船只组成，随行人员最多时近2.8万人。"舟行巨浪若游龙"，远航各国，招纳贡品及促进通商贸易，显示了中国的富强。这是当时世界上最庞大的船队，规模及航海技术均处于世界顶尖。宝船用有24个方位的罗盘针导航，用地图绘制技术探知未知海域，用铅锤测量水深，能昼夜计算航程。郑和远航

[①] 吴自牧：《梦粱录》卷12，浙江人民出版社，1980。
[②] 徐兢：《宣和奉使高丽图经》，中华书局，1985。

图2-4-2 郑和雕像

中曾绘制《郑和航海图》,对航向、停泊港口、暗礁与浅滩的分布等,都有可靠的记录,它保存在明人茅元仪编辑的《武备志》中。郑和的随行人员也留下了一些重要的航海资料,如马欢著有《瀛涯胜览》、费信著有《星槎胜览》、巩珍著有《西洋番国志》。郑和率船队七下西洋,沿途到达30多个国家和地区,开辟了通向波斯湾、阿拉伯半岛红海沿岸及非洲东岸的多条航线,谱写了人类航海史上空前壮丽的篇章。郑和下西洋比哥伦布、达·伽马开辟新航路整整早了半个多世纪,这一壮举充分反映了明初造船技术的水平及远航能力。在明代中期以前,中国造船业的发展水平在世界上是首屈一指的。郑和船队第7次远航后不久,因明朝政局动荡不稳,加之财政上已无力支持大型船队出海,不仅终止出海远航,而且停止建造远洋帆船。清初海禁更加严厉,一是实施迁徙沿海居民入内地政策,称为"迁海";一是严禁商民船只私自入海,称为"禁海"。至此,国家的造船业和海上事业日渐衰落,中国也开始进入闭关自守的时期。

第二节 古代水陆交通

水陆交通是衡量一个国家文明发达程度的参照之一。夏商周时代,随着舟车制造的发展,水陆交通渐成规模。《史记·夏本记》载,禹治水时即"陆行乘车,水行乘船"。西周时期,为确保周王朝与各诸侯国之间的密切联系,修建了许多平阔的大道,这类国家级的大道称"周道"、"周行",道路平直,旁植树木。到了春秋战国时期,中原各国的陆路已纵横交错。秦统一中国后,构建起了全国性的陆路交通网,以后历代不断加以完善和拓展。与此同时,对外交通也同步发展,西汉张骞通西域,开通了丝绸之路,成为沟通中西的陆上道路。中国古代水运除利用自然河道外,开凿运河也有着悠久的历史,从而形成通达的水运网络。古代海上交通也很发达,唐朝鉴真东渡日本、明代郑和下西洋,大大加强了中外海上交通。

一、驿路系统的完善

秦始皇统一中国后,即进行大规模的道路建设,史称"车同轨"。各国原有道路经整修、改造、拓宽和联结,形成标准化的全国陆路交通网。主要干道称"驰道",据载,驰道"道广五十步,三丈而树,厚筑其外,隐以金椎,树以青松"。① 所谓"隐以金椎",是说用金属夯土工具夯实路

---

① 《汉书·贾山传》。

基,使其平整而坚实。历 2000 年而至今尚存的河北井陉秦古道,为我们提供了佐证秦朝"车同轨"的重要实物依据。这段位于井陉县东天门附近的千米石板路,两条深凹的车辙清晰可辨,两道车辙的间距,与秦陵出土的铜马车的轮距相吻合。据《汉书·贾山传》的描述,秦驰道以咸阳为中心,"东穷燕齐,南极吴楚,江湖之上,滨海之观毕至",那么井陉古道正是当时交通主干线中的一段。

汉代在秦代驰道的基础上,进一步向边地扩建延伸,使全国陆路交通日益畅达,构建成以京师长安为中心,向东西南北辐射的陆路交通网。沿干道从长安出发,东北可达辽东,西南可至云南,东南可至广东,北抵内蒙,西抵甘肃,并可经河西走廊到达西域诸国。汉代在首都通往全国各地的交通干道上设置驿站,30 里一驿。驿站备有马匹,以供往返传递官方文书之用,驿站所建的房舍,可供过往官吏休息住宿之用。"驿"的本义是供传递官方文书用的马匹,引申为传递文书者暂住的场所,即"驿站"。设置驿站的交通大道称"驿道",在近代形成公路系统以前,中国古代由国家构建的陆路交通网,即是以首都为中心、辐射全国的驿道系统。

驿道系统在隋唐得到进一步发展。特别是唐代,以长安和洛阳为中心,驿道伸延到全国各州,各州之间也都有大路相连。为开辟与边远地区的陆路交通,隋唐征用民力进行大规模的道路建设,如由长安通往汉中的文川道、浙江通往岭南的大庾岭道、蓝田通往武关的蓝田武关道,都是于崇山峻岭中开山凿道,工程巨大,"役功十余万,修桥道,起宫舍"。[①] 按唐代制度,"凡三十里有驿,驿有长,举天下四方之所达,为驿千六百三十九"。[②] 以 30 里一驿计算,唐代国家级的驿道已达 5 万里,全国共有 5 万多人在驿站服役。驿道系统的完善,不仅有助于大唐国力的强盛和国家政令的畅达,而且促进了中国境内各民族的交往以及对外交流的扩大。来自阿拉伯、波斯等地的外国使臣、商人不绝于道,沿途驿站等交通设施为运输物资、商旅往来提供了便利,长安也成为中外经贸往来与文化交流的中心。

道路交通是国家的命脉,唐朝以降,历代政府都重视道路的建设和管理。元朝官修政书《经世大典》专列"站赤"一门,详记驿站的设置和管理。忽必烈执政时期,完成了以大都(北京)为中心四通八达的驿路交通网,东北直至奴儿干城(黑龙江口一带),北方通到吉利吉思部落(叶尼塞河上游),南到岭南,西南通往云南和西藏地区,驿站布设之广,超越前代。据元朝中期统计,全国驿站多达 1500 余处,其中在藏民聚居区就设有 28 处。驿路系统加强了中央和各民族间政治和经济的联系,而通往欧洲平原的大道,又联通了中亚伊斯兰国家以及欧洲地中海国家。畅通的道路为中亚商人提供了便利,元朝商品经济的繁荣,与驿路系统的分布广远有着密不可分的联系。明清相继建都北京,两朝的驿路仍以北京为中心,辐射各省,各地都设驿站。

---

① 王溥:《唐会要·道路》,上海古籍出版社,1991。
② 《新唐书·百官志》。

清朝注重对边区的开发,辽远的边区都有驿路通达。

驿路系统作为全国性的陆路交通网,在历史上曾起过重要的作用。

第一,它是国家大一统意志的体现。政权一统、政令一统是封建国家一统的核心内容,而交通一统则是保证国家一统的基础。所谓"《春秋》所以大一统者,六合同风,九州共贯也"。① 因此,历代政府都把道路是否通达、政令是否通畅,视作体现政府行政效能的标志。历史上陆路干线的建设,从线路的规划到民力的征发,从施工到竣工后的使用管理,都由政府高层组织落实,并记入正史帝纪。道路的畅通反映了国家政局稳定、社会治安良好和政治权力的一元化,这是盛世的标志之一。杜甫《忆昔》(其二)称道开元盛世说:"九州道路无豺虎,远行不劳吉日出。齐纨鲁缟车班班,男耕女织不相失。"明人余子俊说:"宣上德、达下情、防奸宄、诛暴乱、驭边疆等项机宜,不过旬日之间遍及天下,可以立待无或后期者,实于驿传是赖。"从政治文化的角度看,道路是确保政治权力一元化的物质基础,历史上,"道"和"路"就常被用作类似行政区划的监察区的专名。

第二,道路的通达也推动了民族间的交流与融合。中国境内的各民族分地而居,因交通阻隔,导致民族间的隔膜,进而产生华夷之辨。本来,"华夷"之"夷"特指相对于"中国"(中原)而言的"四裔"。"裔"意为边远之地,于是古文献中对周边少数民族有"南蛮、北狄、东夷、西戎"之称。华夷之辨有着明显的民族歧视倾向,其产生原因之一就是地理上的隔绝导致文化上的互不交流。秦汉以后,驿路向辽远地区拓展延伸,各民族间的人员有了流动,道路的通达带动了文化的交流和文明的共同进步。少数民族以各种形式吸收汉族较为先进的生产技术和生活方式。部分民族还完成了与汉族的融合。边疆文明汇聚中原,各民族文化兼容并包,从而呈现出以中原文化为主体的多元融汇的格局。

第三,道路的四通八达促进了商业的发展。交通的便利有利于产品流入市场,《史记·货殖列传》说:"富商大贾周流天下,交易之物莫不通。"秦汉建立起全国性驿路系统,汉代又开辟了丝绸之路,中外贸易因此迅速发展起来。魏晋南北朝时北方与南方的贸易明显增多。中唐以后商业更为繁荣,交通业和商业的繁荣又促进了手工业及经济作物种植业的发展。

二、运河的开凿

中国境内流域面积超过1000平方公里的河流多达1500余条,为便廉的水运提供了得天独厚的天然条件。另一方面,横贯南北的长江、黄河均由西向东流入大海,造成地理上南北水运的局限。从三国时的吴国开始,江南加快了开发的进程。经东晋及南朝,长江中下游、湘水流域、赣江流域、珠江流域,以及长江以北的淮河、汉水流域和四川的中部、北部,农业相继得到

---

① 《汉书·王吉传》。

深度开发。与北方频繁的战乱相比,南方较少受到战乱的威胁,其丰饶的物产对于支撑国家庞大的开支具有举足轻重的作用。隋朝的建立结束了长达 300 余年的分裂和动荡,为了解决漕运(把各地粮食等物质通过水路运到京城叫漕运)问题,南北大运河的开凿便提上了议事日程。

中国开凿和利用运河有着悠久的历史。春秋战国时期,吴、楚、齐、魏等国相继开凿了运河,或沟通江、淮,或连接黄、淮,初步形成由南北上的水运网。秦汉至南北朝,又开凿了一系列运河,主要有连接湘江、漓江的灵渠,长安至潼关入河的漕渠,纵贯河北平原的白沟、平虏渠、泉州渠以及新河等。经过近千年的运河兴建,连接江、淮、河、海的水运交通网已初步形成。

隋统一中国后,为了加强对江淮地区的控制和提高漕运的效率,在历代所开凿的运河的基础上,分期开辟了由长安到潼关的广通渠、扬州到淮安的山阳渠、洛阳到淮阴的通济渠、镇江到杭州的江南运河。整条运河从隋文帝开皇四年(584)动工,至隋炀帝大业六年(610)竣工,历时之久,工程之浩大,在世界水运史上都是空前的。大运河南起余杭,西抵长安,全长 2500 公里,自南向北连接了钱塘江、长江、淮河、黄河、海河 5 大水系,成为中国南北交通的大动脉。大运河竣工后仅 8 年,隋即宣告灭亡,运河的实际受益者是唐朝。唐朝很重视对大运河的修浚疏通,满载江南稻米的大船经运河可直接运抵长安,运河交通网成为维系唐朝帝国命脉的水上动脉。唐朝诗人李敬方《汴河直进船》诗云:"东南四十三州地,取尽脂膏是此河。"皮日休《汴河怀古》写道:"尽道隋亡为此河,至今千里赖通波。"在南方的漕粮和食盐几占全国大半的唐朝,运河已是运输的重要水道。李约瑟在《中国科学技术史》中引冀朝鼎的话说:"使连接南方生产区和北方政治区的运输系统的发展和维护,成为政治上的当急之务。大运河承担了这个任务,在以后一千多年中,运河吸引了中国最有能力的人们的注意,千百万的人力和国家很大一部分物力都耗费在运河上,以谋求改善和维持这条水道。"南北大运河在北宋是维系国家命脉的交通线,每年仅粮食通过运河运抵汴京的数量就高达近 700 万石。为了确保河道的畅通,北宋统治者多次组织民力对其疏浚,并疏凿广济河、金水河和惠民河,与汴河合称"通漕四渠"。

元朝建都北京,为使南北漕运更加便捷,由水利专家郭守敬等规划,在利用原有运河网络和自然河道的基础上,或修复疏凿,或另辟新道,开凿成一条北起通州、南达杭州的京杭大运河。整条运河全长近 1800 公里,流经京、津、冀、鲁、苏、浙,"江南行省起运诸物,皆由会通河以达于都"。[①] 大运河可以从杭州直通北京,不再绕道洛阳,南北水运的距离大为缩短。明清相继建都于北京,南北大运河对于明清漕运也起着长期的积极作用。大运河航运既带动了南北物资的大交流,也推动了各地文化的交流。南北各地民俗、工艺和文学艺术等依托大运河得到充分交流和发展。

---

① 《元史·河渠志一》。

运河的开凿充分体现了古代中国人利用和改造自然的辉煌成就。由人工开挖的运河不仅弥补了地理上的缺陷,使众多的水体构成通达的水运交通网,充分开发和利用了水利资源,灌溉沿河千万顷良田,而且还带动了运河沿岸区域经济的繁荣和都市文明的发展。大运河使"天下诸津,舟航所聚,旁通巴、汉,前指闽、越,七泽十数,三江五湖,控引河洛,兼包淮海。弘舸巨舰,千舳万艘,交贸往还,昧旦永日"。① 运河沿岸著名的工商业城市,"尽近水际,富室大户,多居其间"。② 如扬州地处长江和运河之交,是南北水运的枢纽,各地货物集散于此,市集贸易、转运贸易十分繁荣。不仅富商大贾云集,而且中央财政大臣盐铁转运使也驻于扬州,《容斋随笔》卷9《唐扬州之盛》说:"唐世盐铁转运使在扬州,尽斡利权,判官多至数十人,商贾如织。故谚称'扬一益二',谓天下之盛,扬为一而蜀次之也。"元代京杭大运河修成后,促进了沿河各地的繁荣,一些新的城镇因物流和居民的汇聚而相继形成。至于历史名城杭州、嘉兴、苏州、镇江、扬州、淮安、济宁、临清、通州等,更依托运河大动脉,充分发挥了商埠的功能,它们沟通了南北的经济文化,既积聚着财富,又荟萃着人文。

三、 古代交通设施与管理

在世界交通史上,中国是最早在要道上建立邮递与食宿等服务设施的国家之一。这类设施主要有驿站和亭,其服务对象和功能各有不同。

有组织的邮传形成于周代,当时各交通要道已设有驿站,备有车马,以传递法令文书。春秋战国时代,各国都有完整的邮驿系统,尤以军邮发展最快,这些设施称为"邮"、"置"、"遽"、"传"等,《孟子·公孙丑上》中就有"置邮而传命"之说。驿站既是公文的传递系统,又具有接待过往驿卒官吏的功能。《管子·大匡》说:"三十里遽,委焉,有司职之。从诸侯欲通,吏从行者,令一人为负以车;若宿者,令人养其马,食其委;客与有司别契。"大意是大道每30里设一驿站,设专职官吏负责。凡诸侯各国来本国办理公务的官员,派一人用车为其运送行李,如需住宿,则派人为其喂马,并招待其饮食,离开时需在凭证上填写使用馆驿和派给役夫、马匹的数量。

秦汉以后,随着全国驿路网的建成,驿站也有了统一的建制。邮传由过去的车递改为马递,效率大为提高。驿站中都设有传舍,《汉书·郦食其传》:"沛公至高阳传舍。"注曰:"传舍者,人所止息,前人已去,后人复来,转相传也。"驿站兼具邮传和接待食宿的双重功能,这一特色历代相沿未改。中国疆域辽阔,在尚无机械交通工具和现代通讯手段的古代,驿站网对于国家政令的畅通起了关键的作用。遍布各地的驿站通过昼夜驰马辗转传递公文,速度很快。《汉书·赵充国传》记赵充国与西羌交战,从金城急递公文至长安,全长1450里的路程,仅7天即

---

① 《旧唐书·崔融传》。
② 杜牧:《樊川文集·上李太尉论贼书》,上海古籍出版社,1978。

可来回,平均日行400余里。魏晋南北朝以后,因马镫和纸张的使用,更提高了马递的效率,驿站用快马不间断接力递送,一昼夜可达近千里。

唐代驿站遍布全国,除马递外,还有舟递,形成以长安为中心的水陆驿传网。驿站既传送公文,又快递贡品等重要的物资。岑参《初过陇山途中呈宇文判官》云:"一驿过一驿,驿骑如星流。平明发咸阳,暮及陇山头。"据《新唐书·杨贵妃传》载,杨贵妃爱吃岭南所产的新鲜荔枝,荔枝熟于盛夏,极易变质,唐玄宗为图贵妃欢心,命"置骑传送",昼夜兼程,行数千里快递至骊山。元明清三代对交通设施也很重视,驿站的规模进一步扩大,驿的布设以北京为中心,向各省辐射,直达边疆地区。马可·波罗在其游记中对元代的驿站作了如此的描述:"从汗八里(北京),有通往各省四通八达的道路,每一条大道上,……每隔40或50公里之间,都设有驿站,筑有旅馆,接待过往商旅住宿,这些就叫做驿站或邮传所。这些建筑宏伟壮丽,有陈设华丽的房间,挂着绸缎的窗帘,供给达官贵人使用。……每一个驿传,常备有400匹良马,供大汗信使往来备用。所有专使都可以有替班的驿马,凡他们留下疲惫不堪的马匹,可在那里换上健壮的马匹。……在各个驿站之间,每隔约5公里的地方,住着步行信差。……从一个步行信差站到另一站,……人一到站,便接过他的邮包,立即出发。这样,一站站地依次传递下去,效率极为神速。"

为了强化通信的功能,不仅有快马传送的陆路驿站、舟行递送的水路驿站,还有步行递传的急递铺。发展到清代,驿站已多达2千,驿夫7万多,递铺1.4万个,铺兵4万余。地处交通要道的驿站有相当的规模,如至今保存完好的江苏高邮古盂城驿站始建于明洪武八年(1375),其房屋多达100余间,组织规模之大可见一斑。驿站的开支由政府拨款或地方摊派,由于交通要道上官员过往频繁,加之凭证发放失控,以致开支庞大,不胜负担,驿传制度到明代中后期弊端丛生,明崇祯皇帝为节省开支,就曾下令裁减驿站冗卒。

驿站的传舍只接待有差旅凭证的过往官员和驿卒,不留宿平民。县级以下所设的亭无须留宿者出示凭证,所以接待服务的范围远较传舍宽泛。亭作为交通设施始建于秦汉,《风俗通》说:"亭,留也。今语有亭留、亭待,盖亭行旅宿食之所馆也。"古代有十里一长亭、五里一短亭之说,可知这类设施遍布于道路和码头,为过往行人的休息、食宿和饯别提供了很多便利。

中国古代把道路畅通、交通有序视为安邦治国的大计,所以很重视对道路交通的管理。

其一是道路分等级,交通要道有相应的机构和官吏管理。周朝"周道如砥,其直如矢",道路分为"路、道、涂、畛、径"5级,大道两旁种植树木,以利于道路的平坦无阻。相传夏禹时代就设有车正一职专管车马交通,以后历代都设有专门官员主管道路交通。如汉代设亭长,唐代设驿长,元代设站赤,明清设驿丞等职,由这些站务管理者主管驿政。

其二是注重对道路的维护和保养。例如汉朝保留了秦代的驰道,为确保古驰道的通畅,汉武帝时曾进行过大规模的修缮驰道工程,据《史记·平准书》载:"天下郡国皆予治道桥。"

其三是制定交通法规。如秦汉交通法规规定,驰道中央3丈为天子专用,严禁吏人穿行。据《汉书·成帝纪》载:"元帝即位,(成)帝为太子。……上尝急召,太子出龙楼门,不敢绝驰道。"即使贵为太子,也不敢擅入天子的专用车道,可见管理的严格。到了宋代,已有了面向公众的交通规则。据《杨文公谈苑》载,宋太平兴国年间,大理正孔承恭上书言事,请在两京诸州要道刻榜公布交通规则,规定"贱避贵,少避长,轻避重,去避来"。这一建议被采纳实施,于是,"处处衢肆刻榜",成为中国古代道路管理的基本法则。陕西略阳灵崖寺保存至今的宋淳熙年间的石刻《仪制令》,即刻有上述4条规则。4条中的第1条体现了道路使用权上的封建等级制,后3条即使以现代的眼光去审视,仍有其合理因素。

中国的舟车交通文化在历史上曾取得辉煌的成就,这一成就也是古代中国人"利用"、"厚生"和"大一统"精神的体现。技艺先进的车船制造、四通八达的水陆交通,产生了"四海一家"的聚合效应,促进了中国境内各民族的交往与融合。交通工具和水陆运输的发展,沟通了区域间经济和文化的交流,尤其是带动了边远地区的经济开发及城市商业和手工业的繁荣。造船业的发达带动了航海技术的发展,曾使中国的海洋事业一度居于世界领先水平。然而从15世纪中叶起,当世界文明处在转折的关口,中国却未能与时俱进以融入世界竞争的格局中。封建政府所采取的自我封闭政策,导致车船制造的日渐落伍,中外商贸往来和文化交流受到极大的限制。在西方发达国家由陆地时代向海洋时代转进之际,中国却错失了参与世界格局变化的机遇,及至晚清,中西之间出现先进与落后的差距,应是历史的必然。

关键词

战车	栈车	安车	传车	温车	轿车	独轮车	肩舆	舆
辕	轼	毂	辐	楼船	沙船	广船	福船	宝船
内河航运	航海	驰道	驿道	车同轨	国家一统	政令畅通
民族交流	商品流通	中外贸易	南北大运河
京杭大运河	驿站	传舍	邮递系统	亭

思考与讨论

1. 简述中国古代车的主要种类与车的主要部件。
2. 中国古代造船史上曾出现过哪几个大发展时期?各时期的船舶制造取得了怎样的成就?
3. 何谓"车同轨"?它在中国交通史上有何意义?
4. 在近代出现公路系统之前,驿道系统曾在历史上起过哪些作用?
5. 为什么说运河的开凿在中国有着悠久的历史?隋朝和元朝相继开凿的大运河对于国家的

发展起到过什么作用?

6. 为什么说中国的航海事业一度居于世界领先水平?

7. 试述中国造船业和航海事业于封建社会晚期落伍的主要原因。

拓展阅读

1. 《中国交通史》，白寿彝著，武汉大学出版社，2012。
2. 《中西交通史》，方豪著，上海人民出版社，2008。
3. 《中国运河文化史》，安作璋主编，山东教育出版社，2006。

思维导图

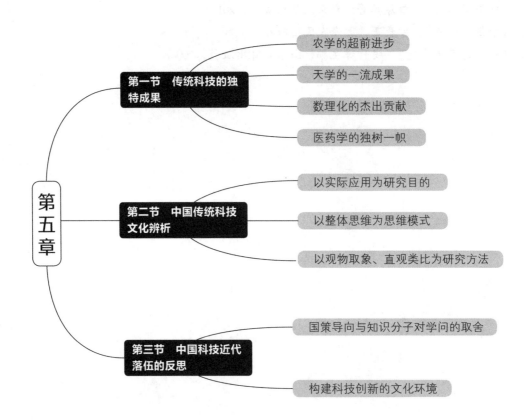

第五章　科技文化

科技文化是民族文化中不可或缺的部分。在相当长的历史时期,中国传统科技处于世界领先水平,为人类文明作出过杰出的贡献。中国传统科技文化是一个历史的概念,其内涵包括科技发明的物质成果以及科学理论和科学思想。它是在东亚大陆的地理环境和古代农耕文化背景下发生和发展起来的,既有独特贡献,又有历史局限。它建构了比较齐全的科技门类,形成了具有民族特色的科学理论和思想。它在一些领域内的独创性成果彪炳于人类科技史册,既在10世纪至14世纪之际达到鼎盛,也曾经历过停滞和转型的阵痛。

第一节　传统科技的独特成果

当代英国著名的自然科学史家李约瑟对中国传统科技作过全方位的研究,他指出:中国"在许多重要方面的一些科学技术发明,走在那些创造出著名的'希腊文化'的传奇式人物的前面,和拥有古代西方世界全部文化财富的阿拉伯人并驾齐驱,并在公元3世纪到13世纪之间保持一个西方所望尘莫及的科学知识水平"。[①] 中国古代科技在农学、天学、数学、中医中药学诸领域都取得了一流成果,四大发明更是古代科技的标志性成就,它改变了世界文明的进程。在陶瓷、纺织、冶炼、造船、建筑等与国计民生关联密切的领域,也都有令人瞩目的成就。

一、农学的超前进步

中国古代以农立国,农业文明起步早。在距今4000余年前,先民已开始使用耒、耜、铲和石锄、石犁等农具,耕作方式由刀耕发展到锄耕,部分地区还出现了耕犁,农作物的产量逐步提高。商代和西周时期,青铜农具开始推广,人们已开沟挖渠,引水灌溉,并掌握了施肥、灭虫等田间管理技术,农作物的种类也不断增加。春秋战国时期,冶铁业的发达使铁制农具得到普遍使用。当欧洲尚使用木犁耕地时,中国已使用铁犁铧和五齿耙翻耕土地。铁制农具的推广扩大了耕种面积,铁

图2-5-1　唐代曲辕犁

---

① (英)李约瑟:《中国科学技术史》第1卷第1分册,第3页,科学出版社,1975。

犁和牛耕的结合有利于深耕细作,粪种法的实施大大提高了土地肥力,轮作复种法的运用提高了土地使用效率,这都使农作物产量大幅增加。正如《荀子·富国篇》所指出的:"今是土之生五谷也,人善治之,则亩粟益,一岁而再获之。"汉代以后出现了农业高度发展的局面。针对黄河流域干旱少雨的自然特点,北方农业逐步形成保墒耕作的技术,如深耕借墒、秋季蓄墒、井渠双灌或水车提水灌溉等,使水土保持平衡,形成了一整套与北方耕作条件相适应的旱作技术。

魏晋以后,长江流域得到了深度开发,遏湖为田和水利工程的修建,使南方开辟出大量良田。南方稻作技术以耕耙耖耘为特点,并形成以培育壮秧为重点的水稻栽培技术。《齐民要术·水稻篇》中,对水稻的整田、浸种、晒种、耘田、灌溉、施肥、治虫及收获技术都有详尽的记述。经隋唐与北宋的发展,及至南宋,南方的水稻产量已高居全国粮食作物的首位。这一时期还创造了稻麦两熟制。经改良和培育,各地开发出许多优良稻种。茶、棉、果等经济作物的种植量也不断增长。明清时期,南方已普遍推广了双季稻,广东、海南地区还种植了三季稻,亩产量因此成倍提高。水稻种植区域由南向北扩展,关中、河南、河北等地都种植了水稻。这时期,玉米和甘薯这两种高产粮食作物也传入中国,并在全国各地推广开来。植棉技术在浸种、施肥、间苗、掐尖等方面总结了不少经验,棉花的品种丰富,不少地区棉花的亩产量高达 300 斤左右。

在中国古代农业长达几千年的发展进程中,积累了丰富的农耕经验,形成了一整套农业生产技术,这是传统科技文化的宝贵遗产之一。历代农书数量之丰富和记述之全面,正是建立在中国古代农学超前进步的基础之上。据统计,现存和散佚的历代农书多达 370 余种,形成一个农学文献系统。其中较主要的有西汉的《氾胜之书》、托名东汉崔寔的《四民月令》、北魏贾思勰的《齐民要术》、唐陆龟蒙的《耒耜经》、南宋陈旉的《农书》、元代王祯的《农书》、明代徐光启的《农政全书》、明代宋应星的《天工开物》、明末清初张履祥的《补农书》等。历代农书对农耕技术及农具改良等作了总结,所包含的农学理论十分丰富。

第一,人、地、天三者协调,因地制宜、因时制宜的农业生产原则。《吕氏春秋·审时》指出:"夫稼,为之者人也,生之者地也,养之者天也。……此之谓耕道。"人、地、天三者中,"人"是第一要素,人要实干巧干,既充分认识地、天等客观规律,适地、适时的耕作,又要克服客观条件的限止,以弥补自然资源的不足。正如《齐民要术》中所指出的:"顺天时,量地利,则用力少而成功多。"根据"顺天时,量地利"的原则,古代农业针对北方旱作农业和南方稻作农业的不同特点,总结了许多生产经验。《氾胜之书》记述北方关中地区麦黍型农耕文化的经验,提出及时耕作、改良和利用地力、施肥、灌溉、及时中耕除草、及时收割的六环节理论。《齐民要术》精辟论述了黄河中下游旱作农业的技术问题。王祯《农书》分别阐述了北方旱地和江南水田不同的耕作技术措施。古代农学家还深入研究了土壤与植物的关系,主张根据不同的土壤种植相宜的植物,如《农书》指出:"黄白土宜禾,黑土宜麦与黍,赤土宜菽,汗泉宜稻,所谓田地之宜也。"关于农作物与节令、气候的关系,历代农书也多有论述。《吕氏春秋·审时》概括道:"凡农之道,候之为宝","得时之稼兴,失时之稼约"。强调不违农时,适时安排农事,农事与农时协调一致。《氾胜之书·耕田篇》中说:"春冻解,地气始通,土和解。夏至,天气始暑,地气始盛,土复解。夏至后九十日,昼夜分,天气和。以此时耕地,一而当五,名曰膏泽,皆得时功。"对农业生产中天、地、人三要素之间的关系,作了综合论述。

第二,总结和推广轮作复种制,以提高土地使用率和保持土壤肥力。中国农业历来有着精耕细作的传统,注重农业经济的效益。随着耕作制度的不断改进,从先秦实行的轮休制,逐步发展为二年三熟制、一年二熟制乃至一年三熟制。《齐民要术》、《农政全书》、《郡县农政》等农书文献,都论及轮作复种制对于土地优化的作用。中国是最早实行轮作复种制的国家之一,轮作复种制与西欧中世纪的休闲制比较,其土地利用率高出200%—450%。《齐民要术·种谷篇》说:"凡谷田,绿豆、小豆底为上,麻、黍、胡麻次之,芜菁、大豆为下。""底"亦即前茬作物,在农业实践中,人们已摸索出以豆科作物为绿肥的方法,这段话即是对绿肥轮作的总结。绿肥轮作利用豆类植物的根瘤菌增加土壤肥力。而且水旱交替间作,又有利于遏制杂草和虫害。各地因地制宜,或稻麦、或稻棉、或稻菜两熟,灵活地采用多种套种措施。复种指数的提高,要求有土地肥力的保证,中国古代农业还形成了一整套肥料积制技术和施肥技术,传统农学在此基础上总结出土地肥力学说,此即"地力常新壮"理论。

第三,农耕与水利并重,注重水利的兴修和水土平衡。古代从官方到民众都充分认识到水利是农业的命脉,"民之所生,衣与食也;食之所生,水与土也"。[①] 许多大型水利工程都是由官方组织民众兴修的。平原地区的渠系工程和丘陵山区的陂塘工程,既可蓄水,又备灌溉,同时也起到防洪分洪的作用。遍布各地的水利工程合理利用了水资源,灌溉了万顷良田。中华先民还在农业实践中掌握了一系列保墒措施,以保持水土平衡。如"锄不厌数",既除草,又保墒;又如冬天堆积雪于麦田、汲井水以冬灌,从而收到抗旱保墒的功效。上述措施在《齐民要术》等农书中都有详述,它体现了中国传统农学珍惜水土、农耕与水利并重的一贯思想。

第四,注重农具的改良和农具动力的改进,以提高农业生产效率。早在汉代,铁农具已普遍使用,刘熙《释名·释器》中已记载有犁、锄、镰、耙等12种农具。农具在生产实践中得到不断的改进和发明。如汉代赵过发明的耧车即是一种先进的播种工具。播种均匀,行距和深浅保持一致,而且开沟、下种、覆土等多种工序能同步进行。唐代发明的曲辕犁也是一项重大创新,它由11个部件组成,可以自由升降,调节深浅,操作灵便而省力。北宋发明的"秧马"状如

[①]《管子·禁藏》。

小船，人坐其上进行水田插秧，大大减少了劳动强度。水车是古代普遍使用的灌溉工具，高转筒车利用水力推动，将水从低处提取输送到高处，以灌溉农作物。新型农具的发明和推广，对中国传统农业的发达起了重要的作用。元代王祯曾考察各地的农业机具，在其《农书》"农器图谱"中绘制有306件农业机具的构造图，这是我国现存最古老的农具构造图。

二、天学的一流成果

天学是中国古代科技中成就卓著的学科之一，它是在农业文明和王朝政治的基础上产生和发达起来的，在天文观测、仪器制造、宇宙理论和历法制定等领域，都取得了一流成果。

在天文观测方面，中国起步之早、天象记录的连续完备和准确，都走在了世界文明古国的前列。早在夏商周时期，天文观测和天象记录已有官方的专职人员执掌，他们长期观测天文，记录恒星、行星、日月和异常天象。在天文知识日积月累的基础上，构建起早期的天学，为历法制定提供了天文依据，并形成天象记录的优良传统，这一传统在中国相沿至今。古代把日、月和金、木、水、火、土五大行星合称"七曜"，为了探索其运行规律，便以恒星作为坐标参照，所以恒星及其所处位置是古代天文学家精勤观测的对象。他们将观测的结果用星图和星表这两种形式加以记录。星图用以记录恒星的位置，星表用以记录恒星数值。战国时代石申所编的《石氏星表》，是世界上公认的最早的星表。唐人绘制的《敦煌星图》（现存于英国伦敦博物馆），绘有1300多颗恒星。南宋苏州石刻星图，刻有1400多颗恒星，是迄今世界上14世纪前所绘星数最多的星图。

中国古代对异常天象的观察和记录尤为重视，关于日食、月食、太阳黑子、彗星、流星雨等天象的记录，中国都是世界公认的最早的国度。早在约4000年前，中国已有了关于日食和月食的记录。从汉初到公元1785年，记录日食共900多次，记录月食共500多次。对太阳黑子的记录始于公元前1世纪，早于欧洲人800年。据李约瑟《中国科学技术史》统计，从公元前28年至1638年止，中国人对太阳黑子的记录达100多次。古代中国对彗星的记录也多达500余次，它起始于《左传·文公十四年》（公元前613年）："秋七月……有星孛入于北斗。"这是世界上对于哈雷彗星的最早记录，西方对这颗彗星的最早记录是在公元66年，比中国晚了670多年。出土于马王堆的一幅西汉初的帛画上，绘有20多颗形状各异的彗星，可见当时人们对彗星观察的精细。从公元前687年起，中国古代天文学家记录的流星雨也有约180次之多。而对现代天文学贡献最大的当推对新星和超新星的记录了。新星和超新星在中国古文献中称为"客星"，这是光度突然增加到几万、几十万甚至几百万倍以上的爆发性变星，光变幅特别大的为超新星。公元1700年以前出现的新星和超新星，在中国史书中有记录的，经考证约有90个。殷商甲骨卜辞中，先民对于天宇出现的新星已作了如下记录："七日己巳夕皆中出新大星并火"、"辛未中酸新星",这是世界上最早的有关新星的记录,年代约在公元前16世纪。这些记录为现代天体演化和天文学史的研究,提供了重要的原始资料。

古代观测和记录天象,一是为了观天象以测定吉凶;二是为了制定历法,以"授人时"。一方面,将天象与朝代兴衰、人事变异相联系,使天学理论不无牵强附会的迷信色彩;另一方面,精勤的连续观测,详细而准确的记录,为认识天体星象积累了大量的经验材料,不少认识在当时走在世界的前列。例如,西汉时人们已认识到日食和月食的成因,东汉高诱注《淮南子》说:"月,十五日与日相望东西,中绳则月食,故夺月光也。"指出在望日,地球运行到月球和太阳中间,如地影掩蔽月球,便会发生月食。他们还认识到日食和月食具有周期性,王充《论衡·治期》说:"食有常数,不在政治。"又如对于彗星发光和彗尾方向的认识,《晋书·天文志》作了这样的解释:"彗体无光,傅日而为光。故夕见则东指,晨见则西指。"指出彗星接近太阳时彗核发光,朝背着太阳的方向延伸出去,日夕则彗尾向东,早晨则彗尾向西,认识到彗尾总是背离着太阳的规律。对太阳黑子出现的时间、位置和形状,古人也有准确的认识,"三月乙未,日出黄,有黑气,大如钱,居日中央"。① 而且他们还清楚地认识到黑子是太阳自身的现象,"黑子是日气也"。 ②

重视对天象的观测带动了天文仪器的制作。在中国古代各类天文仪器中,浑仪和浑象集中反映了天文仪器的制作成就。

浑仪又称"浑天仪",是用以测定天体位置的主要仪器。其研制始于西汉,经唐、宋、元的创新和发展,构造更为合理,制作更趋精良。唐代天文学家李淳风设计制作的浑天黄道仪,为同心圆组成的三重结构,由外层六合仪、中层三辰仪和内层四游仪组成。内层可在中层内旋转,中层可在外层内旋转,同时具备赤道、黄道、地平3套坐标系统。元代天文学家王恂、郭守敬创制的简仪,包括了赤道经纬仪、地平经纬仪和日晷3种仪器,测量天体坐标,十分简便。郭守敬还创制了仰仪,专门用以测量太阳的赤经赤纬。仰仪在一个开口向上的铜制中空半球的内侧,刻以赤道坐标网,通过小孔使太阳成像于内侧,在世界古代天文仪器中,仰仪的制作首次利用了小孔成像的原理。

图2-5-2 浑仪

---

① 《汉书·五行志》。
② 王充:《论衡·说日》,上海人民出版社,1974。

浑象是用来演示天体视运动的仪器,类似现代的天球仪。浑象也称"浑天仪"。东汉天文学家张衡设计制造的浑象,利用齿轮系统将浑象和漏壶组合为一,以漏壶滴水为动力,推动齿轮系统,带动浑象匀速转动。经调整校对,可使浑象的转动与地球的周日转动相等,从而准确地表示实际天象。北宋苏颂、韩公廉等制造的水运仪象台,高 35.65 尺(约 12 米),宽 21 尺。台分 3 层,上层放浑仪,用来观测日月星辰的位置;中层放浑象,通过机械装置使浑象的运转与天球周日视运动同步;下层设木阁,木阁分 5 层,每层有门,每到一定时刻即有木人自动出来报时。整台仪器以漏壶流水为动力,引水升降,转动机轮,使整个仪器按部就班地动作起来。其设计之新颖、结构之复杂、制作之精良,代表了古代自动浑象的最高成就,堪称现代天文观测仪器转仪钟之祖,同时在人类钟表史上也有开先河之功。

在对天体运行长期观察和天文知识不断积累的基础上,古代中国人形成与发展了朴素的宇宙理论,其中最著名的是盖天说、浑天说和宣夜说。

盖天说以《周髀算经》为代表,起初主张天圆地方,以后发展为天为拱形,北极是天穹的中央,日月星辰绕天穹中央而平转,但不能转到地面以下,其东升西降是由于远近所致。盖天说作为中国最古老的宇宙学说,在多数情况下与观测到的天象不符,所以它不能很好地解释真实天象,于是又孕育并产生了浑天说和宣夜说这两种宇宙理论。

浑天说主张天和地都是完整的圆球,天在外,地在内,天包地,天地关系犹如蛋壳包着蛋黄。天和天上的日月星辰每天绕南、北两极不停地旋转。浑天说以张衡在《浑天仪图注》中的阐说最具代表性。由于浑天说较之另外二说能更好地说明天体运行的现象,所以张衡以后的学者大多认同这一理论,浑天说也成为中国古代正统的宇宙学说。

宣夜说主张天没有形质,宇宙充满着无边无垠的气体,日月星辰飘浮在空中,它们由气承托,并在气的作用下或运动或静止。这一观念也近似于我们今天对宇宙空间既无边界又无尽头的认识,但是它没有进一步深究宇宙物质形态的多样性,也不能提供质量、速度、时间、空间等概念。

从上述三说可知,中国古代的宇宙理论从盖天说到宣夜说,对宇宙的认识虽然不断发展,但终因忽视宇宙理论与天文观测的密切联系,尤其是忽视以天文观测的精确数据为基础构建宇宙理论,所以不可避免地带有以直观想象进行推衍的特点。

中国古代天学所取得的成就还体现在历法的制定与修订方面。由于历法对于指导农业生产有着现实的意义,所以得到历代政府的重视。世界历史上曾经出现过三种历法,即以回归年为依据的太阳历、以朔望月为依据的太阴历,以及兼顾回归年和朔望月的阴阳合历。中国传统的历法是阴阳合历,它以回归年为一年,以朔望月为一月。古代中国人把月亮和太阳出现在地球同一方向,月亮对着地球的一面完全不被太阳光照射到的时刻称为"朔";把月亮和太阳出现在地球两个相反方向,月亮对着地球的一面全部被太阳光照射到的时刻称为"望"。从这一次朔到下一次朔的时间间隔,称为"朔望月",它等于 29.53059 天。为了弥合朔望月与回归年的差距,阴阳合历采用了隔若干年添加一个闰月的办法,从而使阴阳合历平均每年也是 365 天左右。春秋后期,中国已采用 19 年 7 闰的制历方法,其岁实是 365.25 日,这是当时世界上最精确的回归年数值,比同样取此数值的欧洲罗马儒略历早了约 500 年。以后,中国古代历法进行过 102 次改革,著名的有西汉的太初历、东汉末的乾象历、南北朝时期的大明历、隋代的皇极历、唐代的大衍历、南宋的统天历、元初的授时历等。其中尤以元代天文学家郭守敬主持创制的授时历最为精确,其岁实已精确到 365.2425 日,这个数值和地球绕太阳公转一周的实际时间仅差 26 秒,与现代国际通行的公历——格里历完全相同,而授时历的产生较之格里历早了300 年。

二十四节气是中国古代阴阳合历的产物。成书于公元前 137 年的《淮南子》,已完整记录了二十四节气。节气是按地球在绕太阳公转轨道上的位置划分的。地球从春分点出发,绕太阳运转一周设为 360 度,每隔 15 度就是一个节气。按阴阳合历规定,每个月必须有一个中气节,由于阴阳合历月平均为 29 天半,而每个节气是 15 天左右,两个中气节平均间隔 30 天半。因此,中气节被逐月推迟一天左右。如果中气节被后推到月末,下个月又是小月,则该月可能没有中气。中国古代历法就把没有中气节的月份视作上个月的闰月。二十四节气反映了季节变化、气候特点和物候现象的规律,有利于安排农时,指导农业生产,对民间的生产和生活习俗都产生了深远的影响,这在世界上也是独一无二的文化现象。

三、 数理化的杰出贡献

中国古代称数学为"算学"。其萌芽可追溯到 4000 多年前,商代甲骨卜辞中已记载了十进位制的记数法,这是当时最先进的记数法。李约瑟指出:"如果没有这种十进位制,就几乎不可能出现我们现在这个统一化的世界了。"[①] 从西汉起,中国算学形成了自己的体系,在此后的1000 年间,一批杰出的算学学者和算学著作相继涌现,一批世界一流的研究成果接连问世。

问世于西汉的《九章算术》堪称古代中国数学的奠基之作。《九章算术》全书 9 章,收集了246 个数学问题,内容广涉分数运算法、比例计算法、面积和体积计算法、开平方和开立方法,以及方程的解法,其中负数的概念和正负数、分数的运算,以及联立一次方程解法等,都是具有世界意义的成就。《九章算术》曾被译成多种文字,先后传入亚洲和欧洲,对世界数学的发展起过积极的影响。魏晋时刘徽为《九章算术》作注,首创求圆面积近似值的"割圆术",他正确地计算出圆内接正 192 边形的面积,从而得出圆周率 π 的近似值为 157/50(=3.14),又计算出圆

---

① (英)李约瑟:《中国科学技术史》第 3 卷,第 333 页,科学出版社,1978。

内接正3072边形的面积,从而得到π≈3927/1250(=3.1416)。刘徽之后,南朝的祖冲之通过各种大数目的运算进一步推算出圆周率π的值在3.1415926和3.1415927之间,精确到小数点后7位,推出π=355/113的密率,这一成果在世界上领先了1000年。他还与其子祖暅计算出球体体积的准确公式,解答了刘徽未能解决的问题。

宋、元是中国古代数学的鼎盛时期,秦九韶和朱世杰是这一时期杰出的数学家。秦九韶所著《数书九章》是中国数学史上的重要著作之一,书中结合生产和生活中的实际应用,提出一系列先进的数学原理和定理。他的"大衍求一术"解决了一次同余式的求解法,"正负开方术"提出高次方程的求正根解法,都是当时世界上领先的成果。其"大衍求一术"是对《孙子算经》中"韩信点兵"问题的系统化,其解法就是现代数学中的一次同余式组解法,它被西方人称为"中国剩余定理"。美国现代科技史家萨顿称秦九韶是"他那个民族、他那个时代,并且确实也是所有时代最伟大的数学家之一"。① 元代著名数学家朱世杰著有《算学启蒙》和《四元玉鉴》,前者讲述乘除法运算、开方法、天元术(一元高次方程)等,后者提出多元高次方程组和高阶等差数列求和等问题。朱世杰的研究成果体系完备,丰富和发展了前代的数学成就,达到了当时世界的一流水平,所以被西方科学史家称为中世纪最杰出的数学家之一。与秦九韶、朱世杰并称为"宋元数学四大家"的李冶、杨辉也在垛积术、天元术等领域取得了突出的成就。

算盘和珠算也是古代中国人的重要发明。珠算与筹算相比,计算速度明显提高,而且方法简便。一般认为,算盘起源于唐代,宋代开始流行,元明时已普遍使用于民间。北宋画家张择端《清明上河图》的最左端,在一家称作"张太丞家"的药铺柜台上,即画有一架算盘,经辨认,与现代使用的算盘形制相同。随着算盘的广泛使用,出现了推广珠算的课本和珠算口诀,元初蒙学已将珠算列为训蒙内容。珠算盘还曾流传到日本、朝鲜、越南、泰国等国家和地区。珠算盘是中国古代数学高度发展的产物,也是对世界文明的一项具有独创意义的贡献。在进入信息时代的今天,珠算在社会生活中仍发挥着作用,因此,有学者认为,算盘的发明足以与中国的四大发明相媲美。

在物理学领域,古代中国人在力学、声学、光学、磁学等方面都作出过贡献。约问世于战国后期的《墨经》已对浮力原理、杠杆原理提出了独到见解。《墨经》通过对浮力现象的分析研究,指出"形之大,其沉浅也,说在具(衡)","形,沉形之衡也,则沉浅,非形浅也。若易五之一"。意谓物体大,其在水中下沉较浅,这是由于物体受到的水的浮力与物体的重量相平衡。物体浸入水的那部分重量与水对这部分的浮力之比是1∶5。这表明,墨家已认识到物体浸入水中的那部分体积与其所受到的浮力有关,这种认识已接近于其后出现的阿基米德的浮力定律。浮力

---

① 转引自吴文俊主编《秦九韶与〈数书九章〉》,第9页,北京师范大学出版社,1987。

原理在中国古代得到了广泛应用,三国时"曹冲称象"的方法,即是浮力原理的实际应用。

墨家对杠杆的平衡也作了观察和研究,认识到"重"(重物)、"权"(砝码或秤锤等)、"本"(由支点到"重"的杆长)、"标"(由支点到"权"的杆长)之间的关系,并认识到力臂在杠杆平衡中的作用。最能说明杠杆原理在古代中国实际应用的实例,是劳动工具桔槔和作为衡器的秤的发明及使用。古人曾发明有两个支点的铢秤,称重物时只需变动支点而无需调换秤杆,这是杠杆原理在实践中的科学应用。

《墨经》中还包含了一些与牛顿力学相近的机械力学思想。如"动,域徙也",认为运动就是位移。"力,形之所以奋也",指出力是物体运动的原因。"力,重之谓。下、举,重奋也",表明物体的下落或举起,都和重量相关。《墨经》中还讨论了平动、转动、滚动等形式,对于利用斜面、滑轮以节省人力也多有记载。随着人们对力学知识的积累和对机械原理的认识,各种简单机械相继发明。例如公元前1世纪,人们已发明通过传动带将动力从一个轮子传到另一个轮子的纺车。到了宋元时期,大纺车的传动已采用了和现代的龙带式传动相仿的集体传动,而且还发明了以水力为动力的水转大纺车。在西方,直到1769年英国人理查·阿克莱才制作成水车纺机,其时间比中国晚了4个多世纪。又如汉代以后发明的指南车,已装配有一整套自动离合的齿轮组。宋代的车船通过人力踏动带动桨轮,船速如飞,堪称近代轮船的鼻祖。宋代还完成了平衡舵的设计,可降低舵力矩,使转舵省力,方向控制更为准确,航行更为灵活。宋代苏颂等人发明制作的大型水运仪象台,在张思训首次发明用链式传动装置来输送动力的基础上,巧妙地利用齿轮和链条系统的机械运动,将动力和传动机械组合成一个整体,使机轮运动保持匀速,使之既能与天体周日运动保持一致,以演示天象,又能计时和报时,这一成就比欧洲早了2个世纪,可视为后世天文台装设可开启望远镜观测台及后世钟表内安装擒纵器的先驱。

在声学方面,古代对声学的认识和研究水平,与乐器制作相同步。中国古代乐器的制作起步早,音乐文化极为灿烂,音乐文物丰富多彩。发现于河南舞阳县贾湖的一批远古骨笛,据测定其年代距今已有8000年。骨笛为7音孔或8音孔,可吹奏出各种曲调,表明远古人对于六声、七声音阶及其音律的构成已达到了相当的认识水平。到了周代,见于记载的乐器及出土的音乐文物已有70多种,按制造乐器的材料分类,包括金、石、土、革、丝、木、匏、竹。这一时期以打击乐器居多,琴的制作也较普遍。最能反映周人对于发声、传声、共鸣、乐音等声学规律认识和研究水平的,首推编钟和编磬。我国于20世纪70至80年代先后两次在湖北省随州市西郊擂鼓墩的"曾侯乙墓"中,出土了2400年前的124件古代乐器,其中一套大型编钟共65件,包括甬钟45件、钮钟19件、镈钟1件。每个甬钟都能敲出两个乐音,总音域跨度达5个半八度,在3个八度的音程的中部音区内,12个半音一应俱全。可以旋宫转调,演奏五、六、七声音阶的乐曲。

正是在乐器制造不断进步的基础上，人们对乐音进行了定量研究，从而产生古代律学。律是乐音的音高标准，是对乐音的有关法则和规律的总结，最能体现出古代声学的成就。我国在周初已出现了十二律，即将1个八度划分为若干单位，每一个单位就是1个律，划为12部分，是为十二律。到了春秋战国时期，产生了中国最早的计算乐律的方法，此即见于《管子·地员篇》的"三分损益法"。它从数理的角度，科学地计算了宫、商、角、徵、羽五声的精密高度。其具体方法是以一条琴弦为基础，将其长度三等分，若要求得弦上某个已知音的上方五度音，可就发出该音的弦减去三分之一，即"三分损一"；如果要求得下方四度音，则加三分之一，即"三分益一"。用这一方法，可得出宫、徵、商、羽、角五音的律高。以后，在《吕氏春秋》中又用这一方法求得十二律。南宋蔡元定用这一方法算出十二律作为正律，进而算出六律作为变律，从而创立了十八律理论。用三分损益律求出的十二律是一种不平均律，十八律在理论上解决了各均音阶的音程关系不统一的问题。明代朱载堉集前代律学理论之大成，通过精密计算与科学实验，创立了"新法密率"，在世界上首次提出十二平均律的等比数列原则，系统阐述了十二平均律的理论。他还首创"异径管律"理论，利用不同的管径来缩小空气柱，消除空气柱与管长之间矛盾所造成的误差，这在物理声学史上也是重要的成就。

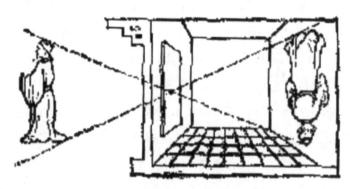

图 2-5-3 《墨子》小孔成像示意图

在光学方面，《墨经》中有8条涉及这一领域的研究记录。墨家提出光是直线传播的，并进行了小孔成像的实验，指出光通过小孔所形成的影像应是倒影，这是世界上最早提出的小孔成倒影的实验结论。其对凹面镜、凸面镜和平面镜成像的原理也进行了研究，提出了透镜正、虚像和生成原理。墨家通过实验，对光的直线传播和反射、影子的生成、凹面镜焦点的存在等，都作出了准确的阐述，其研究成果及其记录，在世界上均是最早的。墨家还将光学知识运用到生产实践中，如发现在高温熔炼时，可通过火色大体测知温度的高低，《经说》指出："火，谓火热也，非以火之热我有，若视日。"认为通过对温度辐射的光谱颜色的观察，可以测知温度高低，这与现代物理学已证实的金属熔点、发射光谱波长与谱线颜色间的内在联系相符。汉代发明的透光镜,能够映出铜镜背面的精美图像,也是古代光学重要的物质成果。及至宋元,沈括和赵友钦对凹面镜和小孔成像原理作了进一步深入研究,先后证明了光源的大小和强度、光源与不同孔径的小孔的距离、像的大小和亮度之间的复杂关系,从而把几何光谱的研究提升到一个新的水平。

在磁学方面,中国很早就发现了磁铁的指极性,并发明了指南仪器"司南"。《韩非子·有度》中已有"先王立司南以端朝夕"的记载。司南形状似勺,底圆滑,用天然磁石琢磨而成的指南针可在其中自由旋转。到了宋代,又发明了人工磁化方法,即将烧红的铁片顺南北方向置于地面,冷却后受地磁感应而带有磁性。宋代还发明了水浮法、丝悬法、指甲法和碗唇法等多种使用指南针的方法。北宋宣和年间,指南针首次应用于

图 2-5-4 汉代司南

航海事业,朱彧在其《萍州可谈》中记载当时的航海情况云:"舟师识地理,夜则观星,昼则观日,阴晦观指南针。"南宋时,指南针与方位盘组成一体,时称"地螺","螺"亦作"罗"。罗盘分48向,每向间隔为7度30分,磁针在地磁作用下保持在磁子午线平面内,因此应用时能精确定向。在古代中国,罗盘主要用于堪舆和航海,就堪舆言,从住宅、集镇到城市的选址,罗盘是堪舆之术的重要工具。在航海领域,中国是世界上最早使用罗盘导航的国家,罗盘的应用使人们获得了全天候航行的能力。

在化学领域,古代中国人也取得了令人瞩目的成就,金属冶炼、炼丹、制陶、制瓷、酿酒和火药的发明,都是这一成就的集中体现。

中国人很早掌握了金属冶炼技术,早在夏朝,先民已开始采矿并冶铸铜器,在以后的冶炼实践中,又发明了青铜冶炼方法,即在红铜中加入适量的锡,以降低熔点和增强硬度。用这种合金制造的器具,即是青铜器。《周礼·考工记》对合金规则作了这样的总结:"金有六齐:六分其金而锡居一,谓之钟鼎之齐;五分其金而锡居一,谓之斧斤之齐;四分其金而锡居一,谓之戈戟之齐;三分其金而锡居一,谓之大刃之齐;五分其金而锡居二,谓之削杀矢之齐;金锡半,谓之鉴燧之齐。"所述的"六齐"规则,是世界上最早的关于合金的配方。中国古文物研究专家和科学专家曾对著名的吴越青铜剑进行了系统检测和模拟实验,研究发现宝剑菱形纹饰的制作采用了合金热扩散原理,表明中国早在2500多年前就已发明了金属合金化技术。从春秋时期始,中国出现了冶铁业,并由块炼铁发展到生铁。到了战国中晚期,已能冶炼出高强度的可锻铸铁。秦汉以后,随着鼓风机的推广,生铁经加热至液态或半液态,撒入精矿粉,使硅、锰、碳氧化,经反复锻打炼制出了百炼钢。冶炼领域也扩展到金、银、黄铜、纯锌等金属。

随着神仙信仰的流行,中国古代炼丹术曾盛极一时。炼丹术意在通过化学变化,把矿物和草木炼制成长生不死之药。其动机无疑带有宗教神秘主义的色彩,但炼丹的实践却有助于化学知识的积累。炼丹应用的实验工具和化学反应实验,开启了古代化学实验的先河。据南宋《丹房须知》载,有一种盛药物加热的容器为全封闭装置,旁通一管,使水银蒸气流入冷凝罐,这已是一套完善的蒸馏设备了。又据西汉的《淮南万毕术》载:"曾青得铁则化为铜。"东汉《神农本草经》载:"石胆……能化铁为铜。"曾青、石胆是天然硫酸铜,其溶液与铁接触,硫酸铜溶液能被铁离子置换出铜离子。这一金属置换反应实验,开启了后世的水法炼铜。

火药的发明也与古代炼丹实验有着直接的关联。火药是硝酸钾、硫磺、木炭三种粉末的混合物,炼丹士在操作中一再发现上述物质经化学反应,极易燃烧和爆炸,并在其著述中记录了他们的发现。成书于中唐的《真元妙道要略》中,记载了最早的火药配方:"有以硫磺、雄黄合硝石并蜜烧之,焰起,烧手、面及烬屋舍者。"火药发明后,至迟在北宋已用于实战。14世纪初,中国的火药制造方法经阿拉伯人传到欧洲,对欧洲产生了巨大的影响。恩格斯指出:"在14世纪初,火药从阿拉伯人那里传入西欧,它使整个作战方法发生了变革。……火器一开始就是城市和以城市为依靠的新兴君主政体反对封建贵族的武器。"①火器对摧毁欧洲封建制度起了重要的作用,极大地推动了欧洲历史和文明的发展进程。

图2-5-5 唐三彩(骏马)

瓷器制作工艺的发明和发展,也从侧面反映了古代中国人丰富的化学知识。中国是最早烧制原始瓷的国家,其年代可追溯到殷商时期。这与我国蕴藏有丰富的瓷石及高岭土原料有关,其含铁量一般低于3%,并含有长石、石英等成分,经高温烧炼,即成质地坚硬的瓷器。汉代以后,制瓷工艺得到长足的发展,东汉已能烧制青瓷,魏晋南北朝已能烧制白瓷。由于瓷土中含有呈色性极强的铁成分,要使瓷色洁白,须在烧制中分解出部分铁元素,使含铁量控制在1%以内,白瓷技术是反映制瓷水平的重要标志。唐代陶瓷烧造工艺中出现了彩色釉陶,即唐三彩。唐三彩多以白色黏土作胎,以含铜、铁、钴、锰等金属元素的矿物质为着色剂,配制低温釉,施于坯体表面,烧炼温度在800—1000℃左右,成品的色彩呈黄、绿、紫三色交织,其制作工艺在世界上享有极高的声誉。宋代瓷器烧造业全面发展,各地名窑烧制出风格各异的名瓷。其中景德镇的影青瓷胎薄质密,光润如玉;定窑的"象牙白"釉色白中闪黄,并有刻花、划花、印花、剔花等多种装饰;哥窑以纹片为装饰,大小纹片结合,大纹片呈黑色,

---

① 《马克思恩格斯选集》第3卷,第206—207页,人民出版社,1975。

小纹片呈黄色,有"金丝铁线"之称;汝窑的"天青釉"香灰胎,细开片,釉色蕴润,晶莹似玛瑙;钧窑利用铁、铜呈色不同的特点,烧出蓝中带红、紫斑、纯天青、纯丹等多种釉色。明清瓷器烧造工艺更为精良,青花、釉里红、五彩、粉彩、珐琅彩等争艳媲美。彩瓷的烧制,不仅表明对窑温和窑内烧造气氛的控制的准确,也表明彩料配制的精确,这都从一个侧面反映了人们在瓷器烧造的长期实践中,化学知识的不断丰富。

中国纺织业历史悠久,织造工艺精良,染色工艺也同步发展。古代所用染料一般为矿物颜料或植物染料,能染出红、黄、蓝、绿等多种颜色。用矿物原料染色称为"石染",如染红色用赤铁矿、朱矿,染蓝色用石青,染黄色用石黄。植物染料用靛蓝等。染色方法主要有瓮染和媒染两种,瓮染是将不溶于水的植物染料如靛蓝浸于水中,经浸泡、过滤,滤液转化还原成无色水溶性靛白,然后经空气氧化而变色,沉淀蒸发后即成靛蓝染料,织物染色时只需将其浸于染料中。所谓媒染是用钙、铝含量较多的明矾作为媒染剂,与茜草等植物染料合用,不仅可生成红色,而且利于在纤维上着色。汉代还发明了镂空版套印的染色工艺,图案色彩丰富精美。西南少数民族发明了蜡染工艺,其方法是以绛蜡或白蜡作防染原料,用蜡的熔液在织物上绘成图案,然后浸入靛蓝中染色,再用水煮脱蜡。马王堆出土的染织物,其色彩包括红、黄、棕、蓝、绿、紫等多达 36 种,可见汉代染色工艺已达到很高的水平。

四、医药学的独树一帜

中医药学是中国传统科学中的一门古老学科,有着数千年的历史。它是在本民族的文化背景下发展起来的,其理论体系博大精深,医疗方法自成一体,体现了鲜明的民族特色,至今仍具有重要的理论和临床价值。

成书于战国晚期的《黄帝内经》,奠定了中医学的基础,中医的阴阳五行、脏腑经络等学说及诊法治则,都源于此书。脏腑学说的核心是脏象之说,以及用五行之说解释人体现象。脏象之说认为,脏腑之病虽然发生于体内,但体内的失常必然会表现为体表的变化。用阴阳五行学说解释人体,是将人体器官的关系理解为既相互制约、又相互影响的关系,此即所谓相生而又相克。中医把肝、心、脾、肺、肾合称为"五脏",将其与木、火、土、金、水依次对应。如肝藏血,肾蓄精,肝属木,肾属水,水生木,用补肾的方法可以调理治疗肝虚之病,从而达到人体内部的平衡。中医既讲人体内部各器官间的平衡,又讲人体内部与外部环境的平衡,认为只有当人的肌体阴阳平衡、人体与外界天人协调时,才能维系正常的生命活动。所以《黄帝内经·素问·阴阳应象大论》指出:"故天之邪气,感则害人五脏;水谷之寒热,感则害于六腑;地之湿气,感则害皮肉筋脉。"

经络学说也是中医的基础理论之一。经络是经脉和络脉的合称。"经"意谓路径,经脉是上下纵行的干线,循行于体内深处;"络"意谓网络,络脉是经脉的分支。经络纵横交错,遍布于人的体内与体表,把体内的脏腑和体表的各种组织器官联结成互通循环的有机整体。经络系统的核心部分是十四经脉。经络的生理功能在于运行全身气血,营养脏腑器官,联络沟通人的全体,使脏腑器官协调疏通,并感应传导信息,平衡人体阴阳。《灵枢经·本脏篇》说:"经脉者,所以行血气而营阴阳,濡筋骨,利关节者也。"认为经络具有输送全身气血、沟通濡润筋骨关节的功能。东汉张仲景根据经络学说和临床实践,写出了我国第一部临床医学专著《伤寒杂病论》,书中指出:"脉乃气血先见,气血有盛衰,脏腑有偏性。气血俱盛,脉阴阳俱盛;气血俱衰,脉阴阳俱衰。"认为经络的循环状况,与人体气血的盛衰有着密切的关系,这是疾病诊断的依据之一。

　　针灸学说是由经络学说派生的一种学说,同时也是中医的治疗方法。其理论基础是经络循环系统和分布规律,认为某种病症与某一经脉的阻滞相关联。如北宋《圣济总录·伤折》云:"脉者血之腑,血行脉中,贯于肉理,环周一身,因其肌体外固,经隧内通,乃能流注,不失其常。若因折伤,内动经络,血行之道,不得宣通,淤积不散,则为肿为痛。"针灸与经络学说在长期临床实践中,研究总结了每条经络上的具体腧穴。腧穴又称"穴位"、"穴道",是人体经胳之气灌注于体表的孔隙。人体大约有 400 个腧穴,它们分属各经络,联络各器官,腧穴在诊断和治疗中都有特殊的作用。某穴位有压痛,可以初步诊断出某器官有疾病。治疗时用针刺或熏灼相关穴位,可以疏通经络阻滞,调节体内阴阳,收到治病、镇痛的效果。针灸与经络学说是中国传统医学的一大独创,在世界医学界都是独一无二的。

　　在疾病诊断上,中国早在汉代就已形成"望、闻、问、切"这四种诊断方法,四者合称"四诊"。

　　望诊主要是观察人体神、色、形、态和舌象的异常变化。如《黄帝内经·素问·刺热》说:"肝热病者,左颊先赤;心热病者,颜先赤;脾热病者,鼻先赤;肺热病者,右颊先赤;肾热病者,颐先赤。"江笔花《笔花医镜·望舌色》说:"舌者心之窍,凡病俱现于舌,能辨其色,症自显然。舌尖主心,舌中主脾胃,舌边主肝胆,舌根主肾。"正因为望诊具有临床意义,所以孙思邈在其《千金翼方·序》中指出:"良医贵察声色。"

　　闻诊是指诊察病人的语音、呼吸、咳嗽等声音,以及嗅病人体内传出的气味。张仲景《金匮要略》说"病人语声寂然,喜惊呼者,骨节间病;语声喑喑然不彻者,心隔间病;语声啾啾然细而长者,头中病",即是辨语声以察其病的经验总结。

　　问诊是通过询问病人生活经历、饮食嗜好、劳逸起居等,以辨别症候。《黄帝内经·素问·疏五过论》指出:"凡欲诊病者,必问饮食居处。"张介宾在《景岳全书》中讲得更具体:"一问寒热二问汗,三问头身四问便,五问饮食六问胸,七聋八渴俱当辨。"

　　切诊分为按诊和脉诊。按诊是按压或触摸人体以诊察疾病所在。切诊即脉诊,通过对脉象的把握,来察知体内的病变。由于切脉是中医诊断最常用的方法,所以,古代医家对脉象进行了精细的研究。《黄帝内经》中已提出了浮、沉、迟、数、虚、实、滑、弦等 40 多种脉象及其临床诊断意义。晋代王叔和撰写的《脉经》是我国第一部脉学理论和切脉方法的专著,曾被译成多种文字传播到亚洲和欧洲。脉学理论和脉诊在世界医界都具有广泛的影响。

中药学是中国传统医学的重要组成部分。西汉时期已出现了"本草"一词,视药学为"内治"之学,将其作为医学的一个分支。我国存世的第一部药物专著《神农本草经》即问世于汉代。此书共收载药物 365 种,记述了每种药物的名称、性状、主治、功能、产地及采集加工等,在中国药学史上具有奠基意义。到了唐代,在政府主持下由苏敬等 20 余人集体编纂成《新修本草》,全书分 9 类,收载药物 844 种。它是世界医学史上由政府颁行的第一部国家药典,比 1542 年欧洲纽伦堡药典约早 900 年。中国传统药物学的集大成之作是明代李时珍的《本草纲目》,全书 52 卷,190 余万字,收载药物多达 1892 种,绘有药物形态图 1100 余幅,附载古代医家和民间流传的方剂 11906 首。此书以生物的进化过程为分类依据,共分 16 部

图 2-5-6 《本草纲目》上的插图

60 类,这是当时世界上最科学的分类方法。作者以"释名"确定名称;以"集解"详述产地、形态、栽培及采集方法等;在"辨疑"和"正误"中考订药物品种的真伪、纠正古文献记载的错误;"修治"说明了炮制加工方法;"气味"、"主治"、"发明"具体分析了药物的性味与功用。《本草纲目》系统总结了中国 16 世纪以前传统药学的知识,建立了一整套独特的药学理论,此书不仅在中国影响深远,而且 17 世纪初即被译成多种文字流传世界,堪称中国乃至世界医学史上的一部药学百科全书。

在生命科学和生物技术飞速发展的今天,古老的中医学正受到前所未有的重视和开发。本世纪初,中国科学院率先提出建设国家药物创新体系的设想,并提出植物化学组这一概念,高质量地筛选数千种植物的有效成分。"该计划将以中国传统医学(TCM)为基础,应用功能基因组的思维方式和技术平台进行研究。当代生物与 TCM 有许多共同特征:平衡与整体概念(阴阳学说、脏腑学说)对应系统生物学;人与自然的和谐(天人合一、顺其自然)对应环境基因组学;基于症状和个体化的治疗原则(辨证施治、因人而异)对应药物遗传学;使用多种不同但又互补的治疗成分(扶正祛邪、君臣佐使)对应多靶点和药物的协同作用。基于大生命科学平台的这些研究必将实现真正意义上的中医药现代化。"①

---

① 陈竺:《中国的生命科学与生物技术》,《2002 年 10 月 26 日在中美 21 世纪医学论坛的讲演》,载《文汇报》2002 年 10 月 11 日第 4 版。

第二节 中国传统科技文化辨析

任何具有特定内容的文化都是一定历史阶段的产物。在19世纪西方近代科学进入中国之前,中国的传统科技在农、算、医、天文历法等领域都取得了杰出的成就,形成了本民族独特的科技文化特点,这是举世公认的事实。中国古代科技是在中国本土独立地发展起来的,它与中国古代的社会政治、农耕经济、中国人的传统思维方式、哲学观点等都有着密不可分的关联。辨析中国传统科技的研究目的、研究方法和思维模式,有助于了解中国传统科技文化的特点。

一、以实际应用为研究目的

中国古代科技具有鲜明的实用性特征,科学研究的主要动因不是为了对自然奥秘作追根寻底的探索,而是为了满足国计民生的实用需要。农学、天学、算学、医学诸学科所以得到长足的发展,是因为这些学科与生产生活和国家事务关系密切。

中国古代天学成就突出,古代天学的两个主要分支天文观测和历法编制的目的十分明确,一是为了星占,即通过观测到的天象变化,以判断国运人事的吉凶;二是为了"观象授时",即通过历法的制定,引导农业经济顺应气候、天象、物候的周期性变化。显然,对天文历法的研究被赋予了满足政治和经济实际需要的双重功能。一方面,天象之变被视为改朝换代的征兆,朝代更替常须颁行新历,称为"改正朔",历法也成为统治权力的象征。在政府意志的作用下,古代中国的天象记录得以持久不辍,并以完备精勤而独步世界。另一方面,一部以二十四节气为制历定制的历法,几千年来指导民众据此安排农事,保证农业经济的稳步发展。

中国古代算学也带有很强的实用目的。传统数学的奠基之作《九章算术》分列方田、粟米、衰分、少广、商功、均输、盈不足、方程、勾股等九章,共收集246个应用问题的解法,它们基本上是从生产和生活中提炼出来的实际问题。如方田章讲平面形求面积法,粟米章讲粮食交易的计算方法,衰分章讲分配比例的算法,均输章讲合理运输和均匀负担的计算法等。《九章算术》从实际出发研究运算规则,长于计算,注重确定的结果和答案,其建构的传统数学体系,为后世历代数学家所继承。他们大多通过注释古代算书来阐述自己的数学思想,基本未离《九章算术》的既有框架。中国传统数学重实用的特点,使其在算术、几何、代数、三角等初等数学领域长久地保持着自身优势,但在抽象演绎的基础上建构系统的理论体系方面则较欠缺。注重解决具体的实际问题,忽视整体的理论体系的建构,导致中国数学从晚明、清代以后明显落后于西方数学。

在化学和物理等领域,中国古代有许多杰出的发明创造,如金属冶炼、陶瓷烧造、印染工艺、新式纺车及农具和天文仪器的制作、工程建筑、四大发明等,其知识的积淀和技术工艺的发展,源自生活又应用于生活,源自生产而促进生产。它们在技艺上有着惊人的创造和一流的成就,但许多技术成果尚停留于经验技术的层面,满足于能工巧匠的精湛技艺,理论上的总结和升华则相对忽略。

法国重农学派的代表人物魁奈认为,造成中国缺乏抽象思考及逻辑观念的原因在于中国传统科技过于注重实用性。中国人好学,很容易在所有的学问上取得成功,但是他们在思辨上少有进步,因为他们重视实利,所以他们在天文、地理、自然哲学、物理学及很多实用的学科上有很好的构想,他们的研究倾向于应用科学、文法、伦理、历史、法律、政治等看来有益于指导人类行为及增进社会福利的学问。贴近生产和生活,偏重实用,关注应用研究,使中国传统科技在与国计民生关联密切的领域多有建树。另一方面,科学理论的成果远不及应用技术的成果,对自然奥秘的研究远不及对治世之道的研究,从而限制了科学技术向更高层次的发展,难以从应用的层面上升到具有严密逻辑结构的理论体系的层面。下述两个方面的不平衡,阻碍了古代科学向近代科学的转化:

第一,科学与技术发展的不平衡。古代四大发明及农、医、理、化等领域的发明,虽然包含了或多或少的科学因素,但在整体上呈现科学理论含量少、技术工艺含量高的特点。缺少基础理论的支撑,为满足民众日用需要的应用研究更多依赖于技术的传承,这就制约了传统科技产生质的蜕变和突破。

第二,定性化与量化的不平衡。由于科技的发明和改良大多出于实用的目的,因此量化便可有可无了。技术的应用大体只细化到工序、成分等,而成分之间的比例掌握主要有赖于匠人的实际经验。古代许多科技著作也多局限于对操作程序的记述或对自然现象的直观描述,对规律性的分析研究或经实验获得的量化的数据则较少见。明代的《农政全书》、《天工开物》、《本草纲目》堪称中国农学、工艺及医药学的全面总结,但都限于记录和归纳操作程序及应用经验,以经验性、应用性见长,对应用技术的总结远远超过对科学理论、科学方法的总结。

科技发展的历史证明,基础理论是应用研究的根基,应用研究只有在理论指导下才能得到延伸、扩展和提高,并经运用和推广开辟出更为广阔的领域。古代科技发明呈现出孤立、偶发与零碎的状况,"独木不成林",无法实现"聚树成林"的飞跃,与重技术而轻理论、重经验而轻实证不无关系。

二、以整体思维为思维模式

不同民族的文化背景与实践行为造就了不同的思维特征,中国古代的思维模式以整体思维、类比思维和辩证思维为特色。所谓整体思维是一种重整体、重系统的直观思维。早在先秦时代,古代中国人已形成了以元气论为核心的自然观。认为世界的本原是元气,元气充塞宇宙,流动变化,阴阳对立而又统一,阴阳化合而构成万物。老子把道、气作为万物的本原,勾画了大千世界的生成图式:"道生一,一生二,二生三,三生万物,万物负阴而抱阳,冲气以为和。"①《易经》以阴爻和阳爻作为构成六十四卦的基本单元,以解释天地和同,万物化生。《尚书·洪范》以金、木、水、火、土为五行,以五行的相生相克解读宇宙万物。以后,气化说、阴阳说与五行说在理论上杂糅融合,宇宙万物的生成变化被综合成以道气——阴阳——五行为基本构架的整体系统。清代学者戴震在《中庸补注》中对此总结说:"阴阳五行,气化之实也。……在气化,分言之曰阴阳,又分之曰五行,又分之则阴阳杂糅万变,是以及其流行,不特品类不同,而一类之中,又复不同。"中国的元气论用气解释各种自然现象,重视的是物体之间的相互感应和相互作用,此即东方古代哲学所谓的"化生"。"气"既无法用坐标系来确定它的位置,也无法对其运动的力进行定量描述。显然,化生与近代力学所讲的位移有着天壤之别。作为一种自然观,它不能精确地描绘自然图景,作为一种思维模式,它体现了整体直观的特点。

　　在中国古代科技的发展过程中,整体直观的思维模式影响深远,从而使传统科技擅长全面而系统地观察现象,并直接对这些现象进行分析综合。认为世界上的各种现象是一个整体,它不是无序的偶然的堆积,而是由各部分以一定结构联系而成的有机整体。部分与整体、内部与外部、天与人之间,无不禀受天道而又循环相通。最能反映这一思维方式的是中医学。它认为自然是大宇宙,人体是小宇宙,二者息息相关,人体健康与外界环境存在着密切联系。在生理和病理上,中医学将人体视为不可分割的有机整体。认为人体的一切组织结构、生理功能都可划归阴阳两种属性,人体就是阴阳对立统一的整体。健康的人体自动调节阴阳消长,阴阳失调是一切疾病发生的主要根源。中医防治疾病的基本原则就是调节阴阳,使人体达到阴阳平衡。显然,中医在探究人体生命活动规律时,并不是把人体分割成各个部分孤立地加以分析研究,而是从人体内部之间的互相联系和人体与自然界的相互联系中加以认识。人体健康既表现为"阴阳所在而调之,以平为期",也体现在"顺四时而适寒暑,和喜怒而安居处"。除中医学外,古代的大型工程营造,如水利、城市、宫殿、园林的规划与施工,以及音律和历法的研究等,也都体现了整体思维的特点。

　　从科学研究的思维方式上看,从整体直观出发描述研究对象,体现了朴素的对立统一的法则。在当代科技日益趋向综合、交叉的今天,中国古代重整体、重系统的思维方式仍有一定的启发意义。例如,当下人类所面临的温室效应、臭氧层破坏和资源问题等都具有综合性质,需要通过整体性思维提出解决的路径。耗散结构理论的创建者、诺贝尔奖获得者普里高津于1979年说:"我们正向新的综合前进,向新的自然主义前进。这个新的自然主义将把西方传统连同它对实验的强调和定量的表述,同以自发的自组织世界的观点为中心的中国传统结合起

---

① 《老子》第42章。

来。"1986年,他又在《探索复杂性》一书中说:"中国文化具有一种远非消极的整体和谐。这种整体和谐是各种对抗性过程间的复杂平衡造成的。"德国物理学家哈肯曾创立协同学,他表示,西方的分析式思维和东方的整体性思维都是建立协同学的基础。中国古代农业主张顺天时,量地利,尽人力,在农业生产中把天、地、人三者视为有机整体的思想;在人与生态环境的关系方面,主张人与自然和谐相处、平衡协同的思想等,都体现了系统思维的价值。

另一方面,中国传统的整体思维方式的缺陷也是显然的,即忽视对客观事物内部深层结构作定量研究和实验分析,从而在不断修正中建构起理论体系。因此往往表现为概念过于空泛,解释较为模糊,认识不够精确。例如中国传统医学中的针灸治疗,对于偏瘫、各种疼痛和术后康复均有疗效。针灸疗法的理论依据是传统的经络学说,而经络学说正是基于整体思维而形成的。针灸疗法在中国临床应用数千年,但至今尚未进入世界的主流医学,有些国家仍将其视为"实验性治疗方法",医疗保险公司也不负担针灸费用,其原因还是在于临床研究和理论评估的欠缺。由此可见,具有古代系统论特色的整体思维方式,曾经推动了中国传统科技的发展,对世界文化有过独特的贡献,但是,科学的发展既需要整体的把握,也需要精确的实验分析,既要"言其所当然",更要"求其所以然"。因为,"科学家并不满足于收集证明理论有效性的标记,而是想通过检验其有效性,得到其他更为精确的标记,检验的结果可能符合理论,也可能反之。如果不吻合的话,就必须抛弃这个理论,另寻他法。因此,科学理论的特征就是不停地修正自身"。①

三、 以观物取象、直观类比为研究方法

注重实用和整体思辨,形成了古代中国人观物取象、直观类比的方法论。其对自然的认识不大在意于探究自然的本质,而是关注表象,注重自然现象与社会政治的联系。其对自然的理解和解释,往往通过对生产实践和科学实践中各种现象的细致观察、详尽记录,进而在此物与彼物的比较中,获得对事物的理解。其研究的基本途径为观物、取象、比类、体道。在研究的过程中,比较忽视逻辑分析、数学演绎和实验证明的方法,而是注重"取物论喻","格物致知","技进于道",采用的是直觉顿悟的方法。《说文解字·叙》说:"古者庖牺氏之王天下也,仰则观象于天,俯则观法于地,视鸟兽之文与地之宜,近取诸身,远取诸物。"这是对如何把握天、地、人三者关系的方法的总结。仰观天文,俯察地理即是观象,由现象而产生直觉领悟,进而近取人身,远取万物,在类比的基础上作出类推,以认识和解释在宇宙大系统中天、地、人三者的关系。

古代天文、中医等学科的理论与实践,最能体现观物取象、直观类比的特点。中国传统天学十分重视观察天体的位置及其移动,这是因为基于取象类比的认知活动,习惯于把天象的秩

---

① (法)埃米尔·诺埃尔著,朱晓洁译:《今日达尔文主义》,第129页,北京大学出版社,2000。

序结构与社会人事对应起来,即所谓"观天象知人事"。例如,将空中恒星划分组合,组成天象结构,共有三恒二十八宿,分别与天子、官府、国事对应。二十八宿还与地方行政区划对应,称作"分野"。为了预知社会人事的变故,古代中国人对天象之变的观测精勤而又持久。中国有史以来,对日食、月食、太阳黑子等天象记录多达千次以上。在史书中,这些天象之变常与人事构成类比,董仲舒在《春秋繁露·同类相动》中对此总结说:"帝王之将兴也,其美祥亦先见。其将亡也,妖孽亦先见。物故以类相召也。"由于不是将天象作为独立对象进行研究,所以传统天学对天体运动轨迹的几何模式缺少兴趣。由此不难理解,为何中国人早在公元前613年即已发现并记录了哈雷彗星,而且在以后的2000多年间对其出现都作了详细记录,然而却没有把它的轨道计算出来,也没有给它命名。

中医理论同样擅长根据事物间的某种相关特点进行类比,例如,将人体五脏分别归属于五行。木枝条柔和,曲直自如,肝通气血,喜畅达,故属木;火生热,火皆向上,心推动气血运行,温养全身,故属火;土化生万物,脾是气血生化之源,故属土;金质地沉重,有沉降、收敛的特性,肺主管沉降,喜清肃,故属金;水下行,滋润万物,肾藏精,主管水液,故属水。五行之间又存在相生相克的关系,与之类比,五脏之间也有着相应的关系。依据相生相克的原则可以直观类推出诊治疾病的方法。如肝阳太盛,按水生木的原则,就可通过滋养肾阳来润养肝阴,以抑制肝火,进行治疗。

观物取象、直观类比的方法,使中国古代科技在重视整体把握的同时,又注意把握事物间的相互联系,这也使中国古代医学,以及涉及生态环境保护的天人协调理念至今仍有其生命力。但是,重视以直观和经验为基础,去领悟和把握宇宙,却忽视了理性和逻辑,用这种方法去认识、理解和描述事物,往往显得笼统和模糊,甚至带有直觉主义和神秘主义的成分。演绎思维揭示必然,旨在求真;类比思维触类旁通,旨在求道。两种不同的思维方式本无优劣之分,但是应该承认,严密的定理和定律的匮乏,使传统科技难以架构起系统的理论。

第三节 中国科技近代落伍的反思

早在先秦时期,中国古代科技已取得了辉煌的成就。中世纪的中国,更是发明的沃土。有学者统计了公元前6世纪至1900年世界的重大科技成果,统计表明,公元1500年前,中国所占比例约在54%以上,此后趋于下降。反观欧洲,自文艺复兴以后出现的科技革命,带动了科技发明的突飞猛进,伽利略、牛顿的出现标志着近代科学产生。而中国却未能迈出这关键的一步,明清以后,中国科技开始明显落后于欧洲。英国著名科学史家李约瑟博士曾提出三个问题:为什么中国能在中世纪的漫长岁月里在科技方面领先于欧洲?为什么中国古代和中世纪科学没有演变成近代科学?为什么近代科学产生于西欧而不是中国?三个问题的核心是为什么近代中国会在科技方面落后于欧洲？这是一个令人深思的问题。

一、 国策导向与知识分子对学问的取舍

近代科学革命是欧洲走出中世纪的动力，资本主义的发展，又促进了科学理论和实践的突飞猛进。近代欧洲的科学革命在秉承古希腊科学传统的基础上，建立了分析—实验的经典方法论。同时，新的生产方式和新的产业崛起，刺激了技术的发展，科学与技术相互融合，彼此促进。十七八世纪正是欧洲宗教背景较为宽松的时期，这为牛顿等科学家自由探索并提出创新理论营造了合适的社会环境，市场意识与商贸的发展，也为蒸汽机等科技发明及其产业化提供了有利条件。

李约瑟指出："西方经历过的是军事和贵族统治的封建主义，中国所经历的却是官僚封建主义，西方的军事封建主义貌似强大，事实上中国的官僚封建主义却更强大，更能防止资产阶级夺取政权。"事实也是如此，中国的封建社会发达，资本主义就较难产生。在封建王权政治的控制下，社会的经济文化无不受到强有力的制约。

首先，历代帝王都注重对知识阶层的思想控制，尤其是对知识阶层价值取向具有直接影响的科举制度，其统一标准的考试内容，规范了知识阶层对学问的取舍。科举考试的内容局限于经学、文学和史学。在既定国策的导向下，一代又一代的知识分子为应举入仕，倾其毕生精力研读儒家经典。他们热衷于对已知学问的注解和阐释，对自然科学中未知领域的问题缺乏探索的兴趣，研究空间单一而狭窄。特别是在科举制度日益僵化的明清时期，连行文格式都有严格的规定，更造成知识分子创新意识和科学思维的萎缩。学校教育和社会教育也成了科举的附庸，教学内容重人文，轻科学，与科学发展严重脱节。知识分子视读书、应考、做官为人生正途，即使从事科学研究也只是作为业余爱好，或因仕途不顺而不得已为之的选择。这种国策导向的后果，便是人才结构严重失衡，官僚及官僚的后备力量人数庞大，科技人才却大多在民间自生自灭，很难形成一支独立的、具有创新意识的科技人才队伍。

其次，伦理规范和政治原则凌驾于科学之上，道气、阴阳、五行占据科学理论的统治地位，科学理论缺乏不断更新的活力，导致科技发展难以出现重大变革。在封建帝制和儒家文化的制约下，知识分子不具备保持学术自由和思想独立的外部条件，观物取辨、重道轻器、技进于道是他们认识自然的基本态度。先秦墨家之所以由显学到绝学，是因为前期墨家尚能关怀伦理和政治问题，但是到了后期，墨家更多地介入到科学、逻辑和思辨思潮中。他们虽然对中国古代的科学、逻辑和实证作出过划时代的贡献，却无法为"治天下"贡献出新的理论，不能起到在大一统背景下维护中央集权的作用，所以国家统一后，统治者自然不会选择墨学作为官方的意识形态。随着儒术独尊，特别是理学的兴起，科学文化呈现出伦理化的倾向，甚至沦为政治的

附庸。知识分子较缺乏对自然界深入观察和研究的兴趣,缺乏为学术而学术的研究精神,认为学术就是"知人论世"、"安邦济民"和"修己治民",从而导致工具理性的缺失。沈括曾经明确提出科学的"测验"概念,但微弱的实验主义在"性,即理也"的思潮中被扼杀了。陈植锷先生曾感叹道:"与沈括同时的许多不乏聪明才智的知识分子,却并不是把自己的才华贡献给自然科学,而只是竞相为心性义理之学的构筑耗费精力,与二程以及其他一些宋儒在宋学繁荣的后期不断把学术往内求和人伦化的方向上拉这一流弊,有着极其重要的关系。"①

恩格斯在《自然辩证法》中对欧洲近代科学革命的发生作过这样的分析:"自然科学借以宣布其独立并且好像是重演路德焚烧教谕的革命行动,便是哥白尼那本不朽著作的出版,他用这本书来向自然事物方面的教会权威挑战。从此自然科学便开始从神学中解放出来。"哥白尼的日心说、伽利略的近代力学作为西方近代科学革命的标志性学说,正是冲破了中世纪宗教的束缚而创立的。反观中国,徐光启、朱载堉等没能成为哥白尼式的科学家,原因之一,是中国封建的政治制度、思想统治对科学发展的束缚,决不亚于欧洲中世纪神学。西方的奴隶社会发达,封建社会就不够发达,中国的封建社会超常稳定,资本主义的产生举步维艰。近代科学革命未能在中国发生,应该是历史的必然,因为科学的变革不仅仅是科学层面的问题,它以冲破旧思想、旧制度的重重束缚为前提。徐光启一生孜孜不倦地传播西方新科学,但在因循守旧的社会氛围中,深感势单力薄,他于晚年在《与李我存太仆书》中慨叹道:"吾辈所志、所言、所事,要可俟诸天下后世而已,他勿论矣。"这也启示我们,科学的发展与社会文明的进步是相互促进的关系,社会文明的发展可以促进科学的进步,科学的进步又直接或间接地影响着社会的进步。

二、构建科技创新的文化环境

回顾科技史,反思中国科学的近代落伍,我们还可以得到这样的启示,要提高科技持续创新的能力,要通过科技创新实现生产力的历史性跨越,一个至关重要的问题,就是要大力构建创新的文化环境。文化环境是个边界宽泛的概念,既包括体制、机制等,也包括科学精神和科学方法。我们面对的科学世界,是我们人类科学的过去、现在和将来的现实存在,因此,构建创新的文化环境,还应包括对人类科学文化传统的批判、继承和发展。

首先,要营造真理面前人人平等的文化氛围。奥地利人波普曾提出科学的辨认标准,即可证伪性。他认为科学是一组旨在精确陈述或解释宇宙行为规律的推测性假说,但并非任何假说都是科学的。由于科学是人类对世界发展的认识,所以营造真理面前人人平等的创新环境,不仅要鼓励竞争,而且要宽容失败。要提倡敢为人先、敢于创新、敢冒风险的文化,肃清保守、惰性的中庸价值观。

---

① 陈植锷:《北宋文化述论》,第 527 页,中国社会科学出版社,1992。

其次,要弘扬科学精神。美国学者默顿认为,科学精神表现在普遍性、公有性、无私利性、独创性、有条理的怀疑主义五个方面。也有学者将科学精神概括为追求真理的精神和"自由"精神。人类文明的发展史表明,在学术自由和思想自由的时代,科学和文化必然兴旺繁荣。中国的春秋战国时代、希腊的雅典时代和欧洲的文艺复兴时期,都是这样的时代。对真理的追求和自由探索是科学的灵魂,原始性创新离不开自由探索,弘扬科学精神就是要弘扬对真理的执著信仰和自由探索的精神。

第三,要提高国民的科学素养。科学创新有自身的规律,实质性的进步需要积累和准备。一个国家整体的科学研究实力和科学研究水平,反映了该国家国民整体的科学素养。传播科学思想,介绍科学方法,普及科学知识,让公众理解科学,是提高国民科学素养基础性的工作。长期从事国民科学素养状况评估工作的专家认为,科学素养指的是对科学技术的最基本的理解水平,它主要包括三方面的内容:其一,对科学知识的基本理解;其二,对科学的研究过程和方法的基本理解;其三,对科学技术所产生的社会影响的基本理解。达到这三个基本标准,方可被认为已具备了基本的科学素养。世界银行在 1999 年的发展报告《知识与发展》中强调,发展中国家最根本的问题是要解决知识差距和信息差距,即解决已经被世界创造出来的知识与发展中国家国民对这些知识的知晓之间链条越来越长的问题,这个链条正是决定国家综合竞争力的根本。我国已确立了科教兴国的战略,以此作为民族振兴的基础。向公众传播以科学思想、科学方法和科学精神为内涵的科学文化,应是科教兴国战略中的重要内容。一个具备科学思想、科学方法和科学精神的民族,其科学技术一定能够取得重大的突破和长期的进步。

关键词

农学	农书	农学理论	农耕技术	农具改良	天学	天文观测
天象记录	星占	天文仪器	盖天说	浑天说	宣夜说
阴阳合历	算学	《九章算术》		《数书九章》
珠算	力学	声学	光学	磁学	金属冶炼
瓷器烧造	染色工艺	四大发明	《黄帝内经》	脏腑学说
经络学说	针灸学说	四诊	中药学	《本草纲目》
实际应用	整体思维	元气论	观物取象	直观类比	分析与实验
科举取士	创新环境	科学思想	科学方法	科学精神	科教兴国

思考与讨论

1. 历史上中国农学在哪些方面体现了超前进步?
2. 中国古代有哪些主要的农学指导思想?概述其基本内容并作评析。

3. 为什么说在天文观测和天象记录方面，中国都位居世界文明古国的前列？
4. 简要评述中国古代的三种宇宙学说。
5. 中国传统历法的编制依据是什么？它有什么特点和意义？
6. 简要分析中国传统数学的特点。
7. 举例说明中国古代在物理学领域所取得的成就。
8. 为何说中国古代的化学知识来自生活又应用于生活，来源于生产又促进生产的发展？
9. 中医学的整体观念是如何体现在经络学说中的？
10. 中医理论有哪些重要学说？它们与古代哲学有什么联系？
11. 中国古代科学文化具有重实际应用、重整体思维的特点，这些传统在现代科学的发展中是否仍然具有价值？
12. 举例说明中国古代观物取象、直观类比的方法论特点。
13. 中国近代为何没有发生科学革命？有人认为，中国古代以元气论为核心的自然观不能导致近代科学的产生；有人认为，生产力的缓慢发展对科学的需求微乎其微；有人认为，封建的政治制度和意识形态严重阻碍了科技的发展。试就此阐述你的看法。
14. 科学的生命在于不断创新，你认为怎样的文化环境有利于科学创新？

拓展阅读

1. 《中华科学文明史》，（英）李约瑟原著，（英）柯林·罗南改编，上海人民出版社，2010。
2. 《中国科学技术史纲》，汪建平、闻人军著，武汉大学出版社，2012。
3. 《科学史十论》，席泽宗著，复旦大学出版社，2003。
4. 《中国古代科学思想史》，（英）李约瑟著，陈立夫主译，江西人民出版社，2006。

第三编

精神文化

  精神文化是人们在追求主观精神世界过程中的文化创造，它既包括文化心理和文化思潮，即一定时期人们对社会文化所持的态度和看法，诸如人生观、价值观、审美观等；又包括社会意识形态诸形式，即由专门家通过对文化心理和文化思潮的提炼、总结和升华，经哲理化或艺术化而创造的精神文化产品。精神文化产品一般具有可视听的性质。精神文化反映了一定社会中人们探寻时代与历史的关系、个人与自然及社会的和谐，以及个人内心和谐的历史发展过程，其中道德伦理、哲学、文学、艺术等门类，以人文精神为内核，最能体现民族文化的智慧内涵和艺术神韵。精神文化既推动了人自身的发展，又与制度文化、物质文化共同推动了社会的发展和进步。物质文化是人类文明的基础，制度文化和精神文化构成人类文明的上层建筑，三者相互区别，相互联系，互为条件，互相影响。制度文化和物质文化中渗透着精神文化的因素，精神文化的创造和传播需要一定的物质载体，其发展方向也要受到制度文化的制约。因此，人类文化很难将物质文明的建设、制度的创新与精神文化的创造截然分开，人为地割断彼此间的有机联系，将无助于我们对民族文化的整体把握。

思维导图

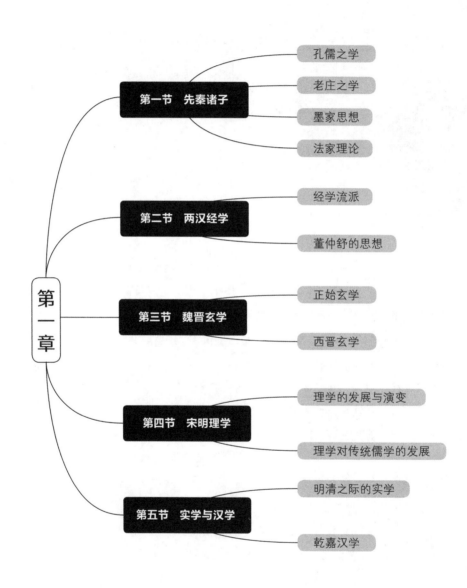

第一章　学术

在中国传统文化中,以哲学遗产为代表的传统学术思想,集中反映了中华民族的理性智慧。古代哲人志在"闻道",执著探究宇宙人生的根本问题,留下了积淀丰厚的人文成果。其中的优秀成果已成为民族赖以生存发展的精魂,成为民族生命力的源泉。德国哲学家雅斯贝尔斯曾经提出"轴心时代"的概念。他认为,在公元前 800 年至前 200 年间,古希腊、以色列、印度和中国几乎同时诞生了伟大的思想家。苏格拉底、柏拉图、释迦牟尼、孔子、老子等,都对人类关切的问题提出了独到的看法。其极富创见的见解已经成为人类文化重要的思想资源,"人类一直靠轴心时期所产生的思考和创造的一切而生存,每一次新的飞跃都回顾这一时期,并被它重新燃起火焰。轴心期潜力的苏醒和对轴心期潜力的回忆,或曰复兴,总是提供了精神动力。对这一开端的复归是中国、印度和西方不断发生的事情"。[①] 传承和发展中华民族的精神文明,实现中国文化的现代转型,有必要冷静地分析传统的思想资源,返本开新,继往开来,既不失自身传统的特色,又不断更新和丰富民族的精神文化。

第一节　先秦诸子

春秋战国时期是中国古代学术思想全面形成的时期。地主阶级崛起,奴隶主贵族没落,田氏伐齐,三家分晋,吴起相楚,商鞅变法,相继发生的重大政治事件反映了新旧政治势力的尖锐斗争。各诸侯国为适应强权竞争而纷纷变法,生产关系的急剧变化又刺激了经济的发展。这都引发人们对社会政治、经济、文化的思考、阐发和争鸣。随着官学的衰落和私人讲学的兴起,各学派著名学者广招门徒,聚众讲学,著书立说,互相辩难,形成百家争鸣的局面。儒、道、墨、法等各学术流派在争辩中深化自己的理论,建构起中国传统学术的基本框架。

一、孔儒之学

孔子创立的儒学,具有鲜明的人本主义和礼教德治的精神,在传统社会中一直占据着主流地位。

在社会伦理观方面,先秦儒家曾提出仁、义、礼、智、信、孝、悌、忠、恕、诚、敬、廉、耻等范畴,其中最核心的范畴是"仁"。"仁者,人也",基于自己与他人都是人的认识,孔子主张公正待人,

---

① (德)卡尔·雅斯贝斯著,魏楚雄、俞新天译:《历史的起源与目标》,第 11 页,华夏出版社,1989。

尊重他人，"己所不欲，勿施于人"。① 孔子对"仁"作了明确的界定：仁者"爱人"，②"爱人"是"仁者"必备的美德。孔子又有"泛爱众"之说，把上及贵族、下至庶民的一切人都纳入关爱的对象，这在奴隶被视同牛马的时代，是人的价值被发现的标志，也是对人的内在德性和社会责任的高扬。换言之，孔子所谓的为人之道，亦即人之所以为人的道理。儒家的"泛爱众"由爱亲的"孝悌"，推及爱所有的人，所以孟子有"老吾老以及人之老，幼吾幼以及人之幼"③之说。"仁"作为孔子思想体系的核心范畴，体现了先秦儒家传统人本主义的三个要义：其一，仁是人性的表现；其二，仁是人的美德的最高境界；其三，仁以"爱人"为原则。其积极意义在于肯定人的价值，不仅要求个体自立和自达，而且要求达人，真诚待人，乐于助人，成人之美，这都有利于克服利己主义，和谐人与人之间的关系。

孔子生当礼崩乐坏、名分紊乱的时代，出于正名分、明等级、救时弊的需要，他认为社会的稳定有赖于确立明确的秩序和价值，主张以礼为人们的行为规范。孔子反对把礼仅仅视作"钟鼓玉帛"的形式，认为礼是每个社会成员自觉维护社会和谐及等级秩序的责任与义务。孔儒之学将仁、忠、义等新的精神注入旧有的"礼""乐"形式中，并从各个方面规定了每个成员在社会网络中的地位、责任和义务，要求以礼约束自己的言行，"非礼勿视，非礼勿听，非礼勿言，非礼勿动"。④ 严格遵守"君君、臣臣、父父、子子"的等级秩序，并主张从外在的行为规范，进入人的精神层面，使之提升为道德自觉。儒家认为，人人尊礼，可以消弭社会动乱，因此力倡治国以礼，为政以德。儒家对礼的重视，既有消极的后果，也有积极的意义。一方面，它限制了人的自由意志和人格独立，极易养成人的依附性人格；另一方面，它在承认每个人的基本生存权的前提下倡导礼，主张有"恒产"而后有"恒心"，⑤在安居乐业的基础上引导人们以礼待人，恭敬谦让，有助于古代中国人摆脱野蛮习俗而追求社会文明和精神高尚。

以仁爱之心善待他人就是善，那么这种道德力量源自哪里？儒家从形而上的角度，指出这种道德力量源于"天地之大道"。人是天地创生的，含有天地之德。宇宙的普遍性、恒在性就蕴含在人当下的生命运动中，所以人要立足现时，有所作为，"己欲立而立人，己欲达而达人"。《论语·宪问》说"修己以安人"，"修己"是指加强内在的道德修养，"安人"是指参与外在的道德实践。个人要努力"修己"，并把自己的道义感和仁爱之心推及群体他人、宇宙万物，唯其如此，他的人生才具有意义与价值，同时也意味着他实现了理想人格。如何

---

① 《论语·卫灵公》。
② 《论语·颜渊》。
③ 《孟子·梁惠王上》。
④ 《论语·颜渊》。
⑤ 详见《孟子·梁惠王上》。

"修己"？首先要学习。孔子说："不学礼，无以立。"①其次要内省。"见贤而思齐焉，见不贤而内自省也。"②再次要克己。《论语·颜渊》载颜渊问仁，孔子答曰："克己复礼为仁，一日克己复礼，天下归仁焉。为仁由己，而由人乎哉？""为仁由己"强调了个人修养的自觉性。以后，《大学》将其概括为"格物、致知、诚意、正心、修身"，以及"修身、齐家、治国、平天下"，这种"内圣"与"外王"统一的理想人格，对秦汉以后的知识分子，乃至整个中华民族的人格追求都产生了重要的影响。

在价值观方面，孔儒之学以"中庸"为最高的价值原则。《论语·雍也》中说："中庸之为德也，其至矣乎！"认为"中庸"是"至德"，即最高的道德。"中"意谓适度，"庸"意谓用，中庸亦即标准的掌握要适中。儒家学派又将"中庸"表述为"执其中"，并引申出"中和"的概念。如《中庸》云："中也者，天地之大本也；和也者，天下之达道也。"中庸或中和并非折衷，折衷凡事取其中，不偏不倚，这在孔子看来就是"乡愿"。貌似中道的乡愿，其实是"非之无举，刺之无刺"的伪君子，脱离了"执其中"的根本。中庸注重的是事物发展过程中内在的和谐与平衡，有其原则与标准，而且中庸又非一成不变，而应随社会的发展和自然界的变化进行调整。《论语·子路》载子贡问孔子："'乡人皆好之，何如？'子曰：'未可也。''乡人皆恶之，何如？'子曰：'未可也。不如乡人之善者好之，其不善者恶之。'"可见，中庸要求坚持一定的标准，这个标准，在儒家看来就是万事万物固有的规律，以及基于这个规律之上的人类社会的和谐秩序。

在认识论方面，儒家主张学而知之。孔子说："我非生而知之者，好古，敏以求之者也。"③认为自己的知识都是勤勉学习获得的。他主张学习不仅要勤勉，而且应该"多闻"，"多见"。"多闻，择其善者而从之，多见而识之。"④学习还必须与思结合起来："学而不思则罔，思而不学则殆。"⑤学又要与习结合："学而时习之，不亦说乎？"⑥多闻、多见、勤学、好思、学用结合，这是儒家倡导的求学之道，在民族文化的发展史上，一直起着积极的作用。

以孔孟为代表的先秦儒学，有不少积极的内容值得我们阐释和发扬。首先是人本思想。孔子宣扬"泛爱众"，孟子主张"民贵君轻"，肯定人的生存价值和意义，认为个人不仅要加强自身的修养，而且要推己及人，关怀群体，关怀天地万物。其次是入世精神。忧国忧民，自强不息，体现了一种强烈的社会责任感。第三是重视道德价值。崇德贵民，孝悌和亲，文质彬彬，其道德取向中的合理成分，在现代人建立美好家园和意义世界的进程中，仍然具有现实的价值。

---

① 《论语·季氏》。
② 《论语·里仁》。
③④ 《论语·述而》。
⑤ 《论语·为政》。
⑥ 《论语·学而》。

二、老庄之学

先秦诸子中,以老子、庄子为代表的学派称为"道家"。老子是道家的创始人,庄子发展了老子的学说。道家的主要著作是《老子》和《庄子》,二书都以"道"为核心内容。

"道"这个词在中国学术话语中包容了多种含义。儒家讲君子"志于道",这个道是指道德原则;道家所说的"道",是世界万物的本原。《老子》第42章中有一段名言:"道生一,一生二,二生三,三生万物。万物负阴而抱阳,冲气以为和。"这个"一"也就是道,阴阳未分,无名无形;"二"是阴阳二气;"三"是阴阳二气交汇合和而形成的物。道在冥冥之中用一种人们无法感知的力量化生万物,以一种人们无法左右的"规律"运行。它是万物之母,万物有生有灭,物一旦消亡又复归于道。道是永恒的,无始无终,无形无迹,独立存在,变化无穷,既不具有任何规定性,又具有无限可能性。老子还认为,"道"是"无不为"的,因为道派生天地万物;"道"又是"无为"的,因为它无目的,无意志,也不主宰万物。《老子》第25章说:"域中有四大,而人居其一焉。人法地,地法天,天法道,道法自然。"这里所说的"自然"并非自然界,而是一种无须外力引导的本然状态。天可以效法道,道是无所效法的,道的本质就是自然而然。

在道家看来,道也有德。道派生万物后,既不据为己有,也不自视为万物的主宰,向万物施加意志或力量。万物自生自灭,道则一如既往地自然运行。因此,道家认为自然无为就是"德"。对人来说,能够自然无为,不治而治,无为而为,也就符合了道家心目中的"德"。就客观世界的存在与发展而言,道家初步认识到宇宙运行有其自身规律,体现出理性的冷静,其学说中涉及的自然原则也有合理的因素。但另一方面,主张自然无为,要人们消极地顺从客观的状态,不作任何主观努力,则抑止了人的积极进取的精神。

揭示现实世界矛盾的普遍性,是老庄之学的又一特点,而且体现了丰富的辩证法思想。《老子》第2章中说:"有无相生,难易相成,长短相形,高下相倾,声音相和,前后相随。"这里的有无、难易、长短、高下、声音、前后,都是既矛盾对立又相互依存的关系。他又指出,矛盾的双方常常会朝着相反的方向转化,此即"物极必反"的法则。"反者,道之动",[1]这是老子思想中极富哲理的命题。于是便有了"金玉满堂,莫之能守;富贵而骄,自遗其咎",[2]"祸兮,福之所倚;福兮,祸之所伏"[3]等深刻的论述。庄子继承了老子的朴素辩证观,他反复论证了彼此、是非、死生、有无、虚实、大小、然与不然、可与不可等对立面的关系,和老子一样,既看到对立的普遍性,又看到对立的统一性。

庄子还在老子思想的基础上发展出相对主义,即齐万物、齐生死、齐是非等观点。"齐"就

---

[1] 《老子》第40章。
[2] 《老子》第9章。
[3] 《老子》第58章。

是一样的意思。在庄子看来,我和物一样,因为人本是万物中的一物,自然可以与物为一;生与死一样,人的生命本是气之凝聚,那么人的死亡便是气的消散,生与死都是自然变化的结果;是与非一样,因为各物有各物的是非,于是就无所谓是非。《庄子·齐物论》说"彼亦一是非,此亦一是非",每个认识主体有各自的利益立场,标准不一,各执己见,真理的客观性就不存在。庄子认识到事物之间的性质、差异都是相对的;认识到任何具体的是或非都是在一定的时间、地点和条件下形成的,因此也是相对的;认识到人对事物的认知因受到时空的限制,永远是有限的,亦即相对的,这些都体现了人类认识史上的进步。但他同时又否认事物和认识有客观标准,否认相对性中所包含的绝对性,因此,他的相对主义消解了事物在一定界限内的质的规定性和确定性,一切都处在周而复始的循环运动中,所谓"方生方死,方死方生;方可方不可,方不可方可"。① 人们既然无法探究事物的终极本真,于是只能归结出"万物齐一"的结论了。

对于人类文明的进步,老子站在否定的立场上对文明提出了挑战。他深刻揭示了人类文明的负面作用,抨击了文明的异化现象。他认为,由于文明日开,民智发展,催生出盗贼、战争、欺诈、勾心斗角、追名逐利等罪恶。文明的发展伴随着道的沦丧,因此,老子拒斥人类的文明进步,主张"使民复结绳而用之,甘其食,美其服,安其居,乐其俗。邻国相望,鸡犬之声相闻,民至老死不相往来",回归到小国寡民时代。希望统治者无欲无为,百姓无欲无争。老子对文明进步的拒斥基于其"道法自然"的理念,他主张"致虚极,守静笃",见素抱朴,清虚不争。在老子看来,欲望是文明的催化剂,而任何事物都无法摆脱"物壮则老"的规律。"不知常,乃作凶",在自然法则面前,文明成就往往会给文明自身带来祸害。

庄子不愿与世俗同流合污,对社会治理关注很少,他更关注的是精神的自由和心灵的超越。他以"自然"为第一原理,认为最美好的形态就是自然的形态,人类的文化活动及其创造都是对天性的破坏。这种将"自然"理想化的观念,显然忽略了人类文明发展的价值。但从哲学理念上看,其中包含的对自然原则的推崇,和儒家对"仁道"的推崇形成了鲜明的对照。在《逍遥游》中他通过一系列寓言和比喻,来说明真正的超越境界就是绝对自由,也就是"无待",即不受时空束缚,对外物无所依赖。具体说来,人只有在精神上真正进入"无己"、"无功"、"无名"的状态,才能达到绝对自由的境界。"无己"是说没有自我,即心灵超越肉体的束缚;"无功"是说无意于功绩;"无名"是说不要名位。总之,超脱生死、世俗的界限,就能获得无任何负累的精神自由。如何做到上述三种"无"? 庄子认为要靠"心斋"、"坐忘",即对一切事物和事件都顺其自然,保持心灵的虚静空明,甚至去知去欲,以摆脱世俗物质的拘束。

---

① 《庄子·齐物论》。

在中国学术史上,庄子第一个提出精神自由的命题。在专制时代利欲争夺残酷、社会动荡不安、士人仕途坎壈的境遇中,老庄充满玄智的解脱之道,曾经为人们辟出了一条超越现实痛苦的渊薮,通向精神自由和人格相对独立的道路。一部分士人确以老庄精神为号召,回归自然,粪土王侯,鄙弃功名,洁身自好。今天看来,庄子所追求的个人精神自由,与现代意义上的在规则制约下的负责任的自由,判然有别。换言之,庄子对功名利禄的鄙弃反映了他对当时社会政治的批判态度,但是,他所追求的无所待而遨游于无穷无为之境的绝对自由,不仅虚无缥缈,而且容易引导人们脱离现实,自我陶醉。

三、墨家思想

墨子是墨家学派的创始人。墨子在中国学术史上有着重要的地位,他主张兼爱,非攻,尚贤,反对奢侈,重视功利,提倡节俭。他创立的墨辩逻辑,比希腊的亚氏逻辑早一个世纪。后期墨家在几何学、光学、力学等自然科学方面也颇多建树。与孔子一样,墨子也广收门徒,有学生300人,在战国时代,墨学与儒学同为当时的显学。

墨家的思想核心是兼爱,其他的主张都是由兼爱派生的。《墨子·兼爱中》指出:"兼相爱,交相利。""兼爱"强调的是一种普遍的、平等的、交互的爱。首先,这种爱超越血缘,不分差等,不分亲疏,不分先后。其次,爱是互动的,你爱他人,他人也会爱你。再次,既要互爱,也要互利,"投我以桃,报之以李"。墨子是讲功利的,强调道德和功利的统一,他肯定个人的正当利益,同时又把利他人、利天下作为善恶标准。

从兼爱出发,针对当时诸侯兼并、战乱频仍、生灵涂炭的现实,墨子又提出"非攻"的主张。他不仅在理论上反对一切战争,而且在实践上想方设法阻止战争的爆发。《公输》中记载了墨子曾以设计周密的防御手段制止了公输盘助楚攻宋的战争。当然,在当时的历史条件下兼并战争不可避免,其"非攻"的主张并不切于实际。墨家又主张"尚同",强调治理天下要有统一的意志。而要做到"尚同",先须"尚贤",即通过公平竞争让德才兼备者脱颖而出。墨子和墨家还主张"义利"统一、"德力"并重,与儒家不同的是特别推重"利"和"力"的价值,并以"公利"为最高价值。墨子强调"国家、百姓、人民之利",①针对统治者的穷奢极侈,他提出"节用"和"非乐"的命题,"非乐"的"乐"也就是享乐的"乐",针对侈奢享乐的生活方式,他明确指出"为乐非也",主张节省财用,兴天下之利。从保护民利的角度看,墨家所讲的"利"也就是"义",因为"民利"代表了国家和人民的最终利益,所以"义"和"利"是统一的。

墨家学派崛起之时,正是私有生产大发展的时代,该学派站在私有生产者的立场上,讲"兼爱"和"尚贤",是为了打破宗法政治和宗法伦理关系;倡导"公利",是为了捍卫私有财产。墨家

---

① 《墨子·非命上》。

与儒、道诸家的不同在于,儒家告诉人们如何去积极面对生活,服从社会秩序。当这种秩序出现紊乱而导致社会不公时,道家告诉人们要超越和回避。墨家则主张"赖力自强",仗义而为,讨回公道,体现出独具的气魄。可惜的是,因其主张与统治者的理念相悖,所以西汉以后,墨家走向湮没,这是中国学术史上的一大损失。

四、法家理论

法家是主张以法制治理国家的一个学派。前期法家的代表人物有春秋至战国中期的管仲、李悝、吴起、商鞅、慎到、申不害等。他们倡言"法治",力图变革,以富国强兵。后期法家的集大成人物是战国末期的韩非,在吸收前期法家思想的基础上,发展出一整套适合君主权力斗争的法术之学,主张对民众实行严刑峻法。

前期法家理论的核心就是以法治国。李悝、管仲、商鞅等都强调法对于治理国家、统治民众具有不可替代的作用。具体而言,前期法家的理论有以下三方面内容:

第一是"以用代体"。他们大都偏重于谈论法的用途,认为法有"兴功惧暴"、使民不敢犯上作乱的功能。《管子·七臣七主》云"法者,所以兴功惧暴也"、"法者,上之所以一民使下也","法者,天下之仪也,所以决疑而明是非也,百姓所以悬命也"。法又有"正名定分"的功能。《商君书·定分》云:"圣人必为法令置官也,置吏也,为天下顺,所以定名分也。"至于法律作为一种特定规范的构成及其规律,诸如具体内容、产生程序、纠误程序、变更程序等,则少有论及。这种"以用代体"的观念,对后世有着长期的影响。

第二是以刑为法。前期法家大多把"刑"看作是法的全部,他们认为凡人都有自私自利、趋利避害的共性,治理国家一味依靠"德政"、"仁政"不能真正导民向善。为了阻止民众趋利作奸,就要加强惩罚,而惩罚手段就是"刑","刑"也就是法。正如《管子·心术上》所云:"杀戮禁殊谓之法。"

第三是重"势"。"势"就是由君主独揽的国家权力,认为势在君主,则君主威临天下;势在臣子,则君主受制于臣。正如《管子·法法》所说的:"势在下,则君制于臣;势在上,则臣制于君","君之所以为君者,势也。"前期法家也有建立普遍的法度来上约君主、下约民众的理论,但在实践上,法能够下约民,却不能上约君,商鞅遭车裂之刑的悲剧,足以表明在君主专制的背景下,以"尚公义"为法的精义,是不切实际的。

韩非总结了前期法家的思想,提出法、势、术相结合的观点。在韩非看来,"法"应该是由统治者公布的统一的成文法。"法者,编著之图籍,设立于官府,而布之于百姓者也。"[①]法不仅具有公开性的特点,而且应具公正性。《韩非子·有度》说:"法不阿贵,绳不挠曲。法之所加,智

---

① 《韩非子·难三》。

者弗能辞,勇者弗敢争。刑过不避大夫,赏善不遗匹夫。"主张法律面前人人平等,其基本精神是反对贵族制,包含有合理的因素。"术"是指君主控制臣僚的手段。法是公开的,术是秘密的,"术者,藏之于胸中,以偶众端,而潜御群臣也"。① 借助权术,既可用以识奸锄奸,也可用以排除异己。"势"是君主的地位与权力。韩非是权势至上的专制理论的积极倡导者,他强调君主必须"擅权","势重者,人主之渊也",②"主所以尊者,权也",③认为君主绝不能与臣下共权,权在君,则君制臣,反之则臣胜君。

先秦诸子除儒、道、墨、法诸家外,还有阴阳家、名家等。阴阳家以邹衍为代表,这一学派提倡阴阳五行说。阴阳说和五行说本是具有朴素唯物主义因素的两种学说。邹衍等用阴阳五行相生相克的理论,解释朝代的变更。认为人类社会的发展也受木、火、土、金、水这五种势力的支配,提出"五德终始"、"五德转移"等学说,既为新兴的封建政权提供理论依据,也对后世的"天人感应"说,以及民间各种禁忌迷信产生过很大的影响。名家又称刑名家,创始人是春秋时的邓析,代表人物有公孙龙、惠施等。这一学派着重讨论"名"(概念)、"实"(事实)的关系问题,提出了各自的见解。如惠施主张"合同异",认为一切差别和对立都是相对的,容易导致对事物同一性的过分夸大。公孙龙主张"离坚白",着重于分析感觉和概念,区别个别与一般、具体与抽象,而对事物的差异性也有过分夸大的倾向。他们的学说体现了很强的思辨色彩,对古代逻辑的发展有一定的贡献。

先秦诸子时代,是中国古代学术思想史上最为辉煌的时代之一。司马迁父子将春秋战国时期的学派概括为儒、道、阴阳、墨、名、法六家,而刘向、刘歆父子进一步划分为儒、道、阴阳、法、名、墨、纵横、杂、农、兵等"九流十家"。这些学派对后世都产生过相当深刻的影响,但其自身的发展在后世却是各各不同的。墨家在汉代以后几成绝响,法家鼓吹专制和刑罚的一面,被吸收到秦汉以后的儒学中,衍为外儒内法、儒法并用的统治术。先秦诸子中最为源远流长的是儒、道二家。它们既对立又互补,儒家重人事,道家重天道;儒家讲文饰,道家讲自然;儒家主张有为,道家倡导无为;儒家强调个人对家族、国家的责任,道家强调个人对社会的超越。在古代社会盛衰治乱的曲折发展中,儒、道思潮此起彼伏,相反而又相成。儒、道所涉及的人际谐调、天人谐调、个人的身心内外谐调等问题,一直是中国传统学术所探究的重要课题。

第二节 两汉经学

汉朝初建至汉武帝即位前,是汉初社会经济全面恢复的时期。鉴于秦朝奉行以李斯为代

---

① 《韩非子·难三》。
② 《韩非子·内储说下》。
③ 《韩非子·心度》。

表的法家思想路线导致速亡的教训,统治者倡导黄老之学。随着汉朝国力的空前强盛,为适应封建大一统政治局面的需要,董仲舒提出"罢黜百家,独尊儒术"的主张,并被汉武帝采纳。这标志着诸子学时代的结束,经学时代的开始。从此,儒家思想正式上升为国家的统治思想,一直延续了2000年之久。

一、经学流派

经学是指研究和解释儒家经典的学术。两汉经学分为今文经学和古文经学两派。今文经学用当时通行的文字(隶书)记录,大都没有先秦的古文旧本,而是由战国以来学者师徒父子传授,到汉代才一一写成定本。汉武帝时设经学博士,所用的都是今文经学。其特点是注重"微言大义"的阐述,为巩固封建一统的政局服务。西汉中叶以后,今文经学渐趋衰微。从东汉初年起,古文经学开始流行。古文经学是指用秦以前的古文字书写,并由汉代学者加以训释的经学流派,其特点是注重文字的训诂考释。今文经学与古文经学此消彼长,自马融、郑玄兼采今文学说和古文学说后,经学上的两大流派趋于混同。

王朝的大力提倡推动了汉代经学的兴盛,太学、地方官学和民间私学的成规模发展,也为社会读经热潮的兴起起到推波助澜作用。《后汉书·儒林传上》载,"光武中兴,爱好经术"。光武帝刘秀遍访名儒,"修起太学","起太学博士舍,内外讲堂",吸引各地学子云集京师,"诸生横巷",成一时之盛。经学繁荣曾为稳定东汉政局起到一定作用。但是定经学于一尊,百家之学的发展和普及受到严重抑制。文化垄断和思想控制导致思想的僵化和学术的浮华,《后汉书·儒林传上》说:"章句渐疏,而多以浮华相尚。"东汉晚期的太学生运动和开明士人的抗争,即反映了有识之士对官方主导下的意识形态化的儒学的摒弃。

二、董仲舒的思想

董仲舒是两汉经学的代表人物,也是汉朝官方哲学的奠基人,今存《举贤良对策》3篇和《春秋繁露》82篇。他以"公羊春秋"的儒家学说为主干,广泛吸收阴阳五行、黄老刑名等多种学说,形成了自己的思想体系,其思想学说代表了汉代儒学神学化的特点。

关于王权政治与天命信仰,董仲舒提出了"天人合一"论。本来,"天人"关系是一个古老的命题,周人自称"受天有成命",奉行"敬天""保民"的政治原则。孟子提出"知心、知性、知天"的观点,认为人的心、性与天相通。而首次对"天"信仰作出全面阐说的是董仲舒。他认为"天"是宇宙的绝对主宰,"天"有意志和目的、情感和欲望。为了证明这一绝对主宰的存在,他不是像先秦学者那样,简单地将"天"说成人格神,而是先以物质世界同类相应相动的现象为依据,指出"天"有喜怒哀乐,"天"的情感通过春夏秋冬四季作用于万物,于是万物就有了萌芽、生长、成熟和凋谢,从而将万物生长的自然规律归结为天的意志。进而由"同类相动"推导出"天人同类"。"天"是包括人类在内的宇宙万物的缔造者,"天亦人之曾祖父也",①于是,"天"与人就成了有血缘伦理关系的同类,彼此之间尊卑显然,"天"至高无上,是人的终极信仰对象。最后再由"天人同类"推导出"天人感应",此即董仲舒理论体系的核心。"天人感应"的重要内容就是君权神授。"天"是宇宙和人间的最高主宰,它对人间的支配是通过天子来实现的。董仲舒强调:"唯天子受命于天,天下受命于天子。"② 天子上承天意以统治民众,所以民众必须服从天子。然而人间的一切权力归于天子,强大的君权又如何制衡,董仲舒为此制造了"天谴"和夺权的理论。《春秋繁露·尧舜不擅移汤武不专杀》云:"其德足以安乐民者,天予之;其恶足以贼害民者,天夺之。"君王能够以德行安乐万民,天就授予他权力,反之,就要剥夺他的权力。天子必须服从天意,当他在人间的行为不合天意时,"天出灾害以谴告之,谴告之而不知变,乃见怪异以惊骇之,惊骇之尚不知畏恐,其殃咎乃至"。② 事实上,董仲舒所提出的"天谴"说,对于君王的制约是极为有限的。

关于"三纲五常"的伦理思想,董仲舒对先秦诸子的伦理思想进行了综合改造,使之系统化、神圣化,提出了"三纲五常"的道德规范。"三纲"指君为臣纲,父为子纲,夫为妻纲。"五常"说法不一,通常指仁、义、礼、智、信。为了证明"三纲五常"在价值上的终极性,他同样以天人感应、阴阳合分的思想加以论证。他认为一阴一阳为天道之常,一切事物的发展都以阴阳分合为内在依据。"分"指区别与从属,"合"指相互依存。君臣、父子、夫妇都是相互依存的关系,同时又有着相互区别。君、父、夫为阳,臣、子、妇为阴,阳尊而阴卑,所以阴要从属于阳。阴阳分合为天之常道,"天不变,道亦不变"。"三纲五常"通过董仲舒的论证,变得神圣而不可侵犯,成为不变的政治伦常原则。

关于"大一统"的政治观点。"大一统"一词始见于《公羊传》,这一命题包括国家一统、天下一家、文化一统、政令一统和王权至上等多层含义。董仲舒以天道一统为大一统的哲学基础,认为"一"是万物之本原、宇宙之秩序、天道之法则,"以类合之,天人一也",③"一而不二者,天之行也"。④ 从天道一统出发,他强调文化一统,即独尊儒学;政令一统,即王权至上,中央集权;社会一统,即天下一家,不分华夷。大一统论经董仲舒的体系化和哲理化,不仅为汉武帝强化专制集权提供了理论依据,有助于巩固两汉的封建统治,而且对后世也有着深远的影响,既有利于中华民族的整合,也容易导致政治权力的一元化和极端化。

仁与礼、王道与德治,是先秦孔儒之学的主要内容。孔孟把个体纳入到群体和社会中,力

---

① 董仲舒:《春秋繁露·为人者天》,上海古籍出版社,1989。
② 董仲舒:《春秋繁露·必仁且至》,上海古籍出版社,1989。
③ 董仲舒:《春秋繁露·阴阳义》,上海古籍出版社,1989。
④ 董仲舒:《春秋繁露·天道无二》,上海古籍出版社,1989。

图构建理想人格与和谐的社会秩序,体现出重人事、重现实、重社会世俗情感的特点。董仲舒则不仅把个体纳入到群体和人世,而且把群体和人世纳入到宇宙大系统中,构建起天人一统的理论体系,从而从宇宙生成的高度,去确认追求仁与礼、王道与德治、天命与王权统一的合理性和神圣性。先秦儒学经以董仲舒为代表的两汉经师的发明经义,特别是"五经"经政治权威钦定而颁行于社会,弘道与宗经便统一在一起,经学也成为士人的一种信仰。而董仲舒的王权至上、天人感应、三纲五常等学说由于适应了封建大一统的宗法社会,也一直为统治者所倡导。

第三节 魏晋玄学

两汉学术定于一尊,士人皓首穷经,读经、注经与解经成为获取利禄的捷径。文化垄断和思想控制导致学术活力丧失殆尽。到了东汉后期,经学今古文趋于合流并走向衰落。政局的变化、儒家思想的衰落、党锢之祸的发生,以及士人习经致仕这一传统人生之道所面临的挑战,都使新旧思想发生交汇和碰撞。在此过程中,一种重自然而弃名教、重个性而轻共性、高扬人性而鄙薄神性、追求真实而唾弃虚妄、不重章句而讲求义理、略于具体事物而醉心于抽象原理的学术取向逐渐形成。这种与两汉经学神学化背道而驰的新思想和新价值观,就是融合了经扬弃的儒学与老庄之学后形成的玄学。玄学盛行于魏晋,是魏晋最重要的学术思想。

一、正始玄学

正始玄学以何晏、王弼的"贵无"学说为发端。何、王对宇宙本体论都作了深入的探讨,认为"无"是天地万物的本原和存在的根据。何晏说:"天地万物,皆以无为本。"[①]王弼说:"凡有皆始于无"[②],"天下之物,皆以有为生;有之所始,以无为本"。[③] 在玄学家的学术话语中,"无"不是一个否定性的概念。"无"是一切的根本,兼涵"万有"。名之曰"无",实则包容所有,因为一切事物都是"有",而"有生于无"。作为宇宙本体的"无",以"无形无名"、依顺自然为特征,将其引申到理想人格,则无为、无名、无誉、顺乎自然就是理想人格的特征。上述以无为本、自然无为的学说,是正始玄学的要义。

关于自然与名教的关系,王弼认为自然是本,名教是末,名教出于自然。所谓"名教",是指以正名定分为主的礼教,"自然"主要是指人的自然本性。王弼主张对于自然与名教,应该做到两者结合,即"守名教而顺自然"。如果忽略名教所包含的特定内容,仅就规则与自由的关系而言,王弼的理论有着一定的辩证因素。由于不满于汉代经学繁琐注经的弊端,王弼还深入探讨了"象"、"言"、"意"三者的关系。在《周易略例》的《明象》篇中,王弼完整地阐发了"得意在忘

---
① 《晋书·王衍传》。
② 王弼:《老子注》第1章,中华书局,1954。
③ 王弼:《老子注》第40章,中华书局,1954。

言"的理论。以《易经》为例,"象"就是卦象和爻象,"意"就是"象"所包含的意义,"言"就是对意义进行解释的语言,如卦辞、爻辞等。他认为,"意"是本质,"象"和"言"只是表现或表达意义的工具,关键是理解和把握意义。关于认识的途径,他主张由寻言观象到寻象观意,再由忘言求象到忘象求意,即通过工具了解意义,到抛弃工具而以意义为归宿。"得意而忘言"不仅是解《易》的方法,也是注解其他典籍的方法。这种方法一改汉代经师拘泥于文字的迂执旧习,注重义理而不以辞害义,开了宋明理学的先河。同时也为文艺创作提供了有益的启发,如审美观照时应超越有限的物象或概念,审美鉴赏时应通过有尽的语言去感悟"不尽之意"。陶渊明《饮酒》其五云:"采菊东篱下,悠然见南山。山气日夕佳,飞鸟相与还。此中有真意,欲辨已忘言。"形象地反映了"得意忘言"这一审美观照的特点。

图3-1-1 竹林七贤

正始时期,以阮籍、嵇康为代表的"竹林七贤",否定和扬弃儒家经典及名教礼法,更加注重个人的自由精神和纯粹的自我意识。他们在何晏、王弼的"名教"出于"自然"的基础上,发展出"越名教而任自然"的思想,要求彻底摆脱名教对人的束缚,一任人性的自由发展和精神的自由舒展。当时,谈论玄学成为一时风尚,阮籍的《达庄论》、《乐论》、《通易论》,嵇康的《养生论》、《声无哀乐论》等都以玄学为论题。

阮籍、嵇康对理想人格作了集中的探讨,首先是鄙弃伪饰。阮籍在其《大人先生传》中借大人先生之口历数了名教中人的虚伪:"服有常色,貌有常则,言有常度,行有常式,立则磬折,拱若抱鼓,动静有节,趋步商羽,进退周旋,咸有规矩。"其目的是"奉事君上,牧养百姓,退营私家,育长妻子,卜吉而宅"。这就是社会上所谓的"君子",他们矩步规行,谨守礼法,追名逐利,最终丧失了自我。阮籍对名教中人虚伪情状的揭露,可谓入木三分。其次是倡导人性的自然发展。嵇康的《与山巨源绝交书》一文,公开宣称自己所追求的是"循性而安"的人格理想,并表明"非汤武而薄周孔"，文中充分展示了摆脱名教束缚后的自由与愉悦。再次是高扬精神的自由。本来，玄学的理论基础之一是老庄思想，竹林名士在追求循性而安、心与道冥的同时，自然会把庄子逍遥游的境界引入学术思考与诗文创作中。阮籍笔下的大人先生即"与造物者同体，无地并生，逍遥浮世"，精神自由舒展，无碍无累。嵇康在其诗中着意创造了一个诗化的人生，"目送归鸿，手挥五弦。俯仰自得，游心太玄"，在大自然中优游容与，了无挂碍。

从人生哲学来看，阮籍和嵇康等追求精神本体，肯定人性自然和精神自由的价值，师心任性，我行我素，体现了重个体而轻群体、重精神而轻名利的倾向，这在魏晋易代、政治险恶的当时有其合理性。事实上，阮籍、嵇康在追求理想人格，以自然对抗名教的同时，对世事无常、社会险恶还是有着深切体验的，思想先行者比常人有着更深沉的孤独感和忧患感。从审美的角度看，充分肯定个体的性情和精神的自由，促使文学创作由重功利向重抒一己之性情转化，着意表现对自然的亲和感、表现人对自然美的追求，从而成为后世山水文学的思想滥觞。

二、西晋玄学

阮籍、嵇康"越名教而任自然"的观点发展到西晋开国以后，出现了极端化的倾向。士族子弟以"自然"相标榜，追求所谓的"任达"，不问政事，醉心于浮华放荡，从而危及士族集团的稳定，于是出现了裴頠的纠偏之论。裴氏著有《贵无论》和《崇有论》，主张"贵无"与"崇有"统一，"自然"与"名教"结合。其后，进一步调和名教与自然、儒家与道家的是郭象。

在本体论上，郭象反对贵无论，提出"自生"、"独化"的观点。他为《庄子·齐物论》作注云："无既无矣，则不能生有，……然则生生者谁哉？块然而自生耳。"物的自生、自化也就是"独化"。正是在否定"无能生有"的基础上，郭象提炼出"独化于冥之境"的论题。物既然是自生、独化，那么先物者就不存在。郭象强调"独化"，是为了否定万物背后的主宰，但并不否定物与物之间的联系。他认为："天地万物，凡所有者，不可一日而相无也。"[①]在此基础上，郭象进一步论证了儒家名教存在的合理性，以及名教与自然的可调合性。

如何来调和名教与自然？郭象一方面强调现实社会中一切尊卑等级的划分、典章制度的制定、道德规范的确立，都是自然和合理的；另一方面主张自然与逍遥，认为只要各安本分，在承认现实社会等级区分的前提下做到泰然处之，仍可获得任性之乐。魏晋玄学发展到这一阶段，自然无为的学说与儒家正名定分的学说趋于融合，从而结束了玄学自身发展的历史。

魏晋玄学从贵无论发展到越名教而任自然，最终调和名教与自然，看似充满矛盾，实则体现了富于思辨的学术品格。它以思辨代替了谶纬神学，以简明活泼的义理阐发代替了刻板的章句注解。他们对宇宙本体论、认识论以及理想人格的理论探索，具有对社会和文化的反省与

---

① 王叔岷校注：《郭象庄子注校记》，上海商务印书馆，1950。

批判的意义,其自由驳难的学术讨论,也有助于学术的多元化的发展。

第四节　宋明理学

两汉之交传入中国的佛教,经魏晋南北朝的发展,至唐代达到极盛。唐代统治者仍以儒学治国,但允许佛、道等诸家思想多元并立。安史之乱导致唐王朝的衰落,时代的巨变激起儒学正统意识的觉醒。从中唐起,以韩愈为代表的思想家反对佛老,以恢复儒学道统为己任,苦心追寻文化传承的血脉,负有一种文化使命的职责。及至两宋,积贫积弱的政局和北方异族的内侵,激发起许多学者的社会责任感和学术使命感,他们怀着"为去圣继绝学,为万世开太平"的抱负,积极创立新儒学——理学。理学以儒学为主体,吸收佛、道哲学,将儒家伦理学说提升到哲学本体论的高度。

一、理学的发展与演变

北宋前期是理学开创期。与庆历新政相呼应,范仲淹倡导对儒家经典要"随意而发",欧阳修则是较早怀疑儒经的学者。两位宋学的开山者及其弟子胡瑗、孙复、石介、李觏等,在继承传统思想方面,体现了一种自觉的文化批判意识和独立思考的思辨精神。他们敢于突破汉唐注疏的旧习,形成质疑辨析的学术精神和自由解经的学风。理学的创立正是从北宋庆历年间对传统笺注经学的疑古思辨开始的。学风的转变有助于学术的发展,宋学开创的新风气有以下几个显著的特点:其一是讲求义理。即一改汉学的拘泥训诂,而是缘词生训,穷理尽性,由我注经,阐释义理,善于抓住经典要义,作透彻的解说。其二是兼容并包。理学家研究的对象是儒学,但已与传统儒学大异其趣,他们大量吸收佛、道哲学,从而使儒家伦理与哲学一体化。其三是注重实用。强调治学治经要为现实服务,通经致用,追求道德实现。佛老讲究成佛成道,他们讲究成贤成圣,要求本着一种大公精神去修身、齐家、治国、平天下。北宋前期开创的学风为传统经学的研究带来了新气象,也激发了人们的学术创造力。

北宋神宗熙宁前后是理学的奠基期。周敦颐、张载、程颢、程颐诸大家相偕而起,成为理学奠基时期的重要人物。周敦颐著有《太极图说》和《通书》等,他所提出的太极、理、气、心、性、命等哲学范畴,以及立诚、主静学说,均成为其后的理学家所共同探讨的问题。张载潜心探索宇宙人生的奥秘,其哲学以《周易大传》为宗,认为世界万物和一切现象都是"气","虚空即气",主张"理在气中"。又认为只有"德性之知"才能认识"天下之物"。程颢、程颐把"理"作为最高的哲学范畴,强调道德境界对于个人和社会的意义,主张由外界的格物而达到致知,穷理就是要穷究事物的所以然,而且既要读书穷理,又要涵养德性,做到真与善的结合。理学开创期追求内圣与外王的实现,二程于内圣与外王这两个方面,更着力于内圣之学的探究。二程著述丰富,其学说奠定了两宋理学的主流。

南宋是理学的集大成期。理学发展至南宋,名家辈出。朱熹宗奉二程,兼采周敦颐、张载等人学说,以儒为主,出入佛道,宏博贯通,集北宋以来理学之大成,成为继孔子、董仲舒之后,中国古代社会中、后期影响深远的思想家之一。朱熹把"理"称为"天理",认为理先于宇宙万物而存在,具有永恒性。他将宇宙论和伦理学贯通,强调"存天理,去人欲"。他认为通过"正心诚意"、"居敬"、"穷理"以"求仁",应是人对理的践行。他在知行关系上主张"知先行后"。与朱熹同时代的陆九渊,又称象山先生,与朱熹齐名,但学术见解多有不同。他主张人皆有心,"心

图 3-1-2 朱熹

即理",本心是先验的道德意识,任何人只要去除成见和私心,建立起道德的自觉,就能够成为有道德的人。朱熹重"理",讲究读书明理,以达到与"天理"合一的道德境界;陆九渊重"心",突出人心中的道德本能,讲究"自作主宰",这是朱、陆学术分歧的核心。但就成圣成贤的精神理念而言,二者并无本质的对立。陆九渊的学说,被明代王守仁所继承发展,形成王陆学派。

明代是理学的转变期。明代的科举考试独尊程朱理学,官方颁布《四书大全》、《五经大全》、《性理大全》似高头讲章;士人埋首儒经,读书只为猎取功名;不少私家著述也流于空疏,这都导致程朱理学的衰落。为了纠正程朱理学的流弊,救败更新,王守仁心学于明代中叶异军突起。王守仁主张"心即理",把一切外在的形而上的"天理"、"道心"、天命之性都视同"吾心"。他提出"宇宙便是我心","天理"即是本心。他还提出"致良知"说,把良知看成是主观自生的,"良知之在人心,不但圣贤,虽常人亦无不如此"。[①] 他提倡独立思考,反对迷古盲从。王守仁心学适应了明代资本主义因素萌芽后舒张个性的进步思潮,这种以"吾心"而不以经书为衡量是非标准的思想,又催生出李贽冲决礼法、标举"童心"、反对圣贤偶像的新思想,至此,正统理学趋于解体。

二、理学对传统儒学的发展

在中国学术史上,宋明理学被称之为"新儒学"。理学家以儒者自居,以复兴儒学为己任,坚守传统儒家伦理本位、道德中心的一贯精神,所以其理论仍属"儒学"范畴。同时,宋明理学对传统儒学又有新的发展,理学家吸收佛、道的思想营养和思辨方法,使"三教合流",构建起儒

---

① 王守仁:《传习录》卷中,山东友谊出版社,2001。

学的本体论学说,从而体现出不同于传统儒学的新面貌。

第一,儒学本体论学说的建构。传统儒学注重政治伦理学说,对形而上学比较忽略,宋明理学将儒家伦理思想和哲学整合为一,将"天人合德"发展为"天人一理",建立起本体论学说,此即理本体和心本体。

理本体以程朱理学为代表。他们坚持天即理,理是第一性的,是宇宙万物的本体和主宰。认为"天理"既是自然的普遍法则,又是人类社会的当然法则。"宇宙之间,一理而已,天得之而为天,地得之而为地,而凡生于天地之间者,又各得之以为性。"①万物虽然各有其性,但是一切都在理中,"天下只有一个理",②天道、人道都是理的体现。天地万物触处可见,作为唯一实在的理却是看不见摸不着的,那么理是否虚幻玄妙遥不可知?程、朱认为理作为人道的主宰,具象化为人世间的纲常伦理:"天理流行,触处皆是。暑往寒来,川流山峙,'父子有亲、君臣有义'之类,无非这理。""天理只是仁义礼智之总名,仁义礼智便是天理之件数。"③如果说四季更替、山川草木,均源于天理,那么天理作用于人间伦理即产生仁义礼智。天理是统摄人伦物理的实有之道,此即"天人一理"。

心本体以陆、王一系为代表。他们主张心就是理,王守仁说:"人者,天地万物之心也;心者,天地万物之主也。心即天,言心则天地万物皆举之矣。"④心不仅是天地万物的本体,也是道德本体,"是理也,发之于亲,则为孝;发之于君,则为忠;发之于友,则为信"。⑤陆、王以心释理,他们所标举的"心"与程、朱所标举的"理",都具有道德本体与宇宙本体合一的特征,本质上并无二致。但是,陆王心学强调"吾心"和"致良知",主张良知即天理,天理在人心而不在外部,良知本心就是道德律,这是对程朱理学"存天理,灭人欲"的纠偏和发展。伦理与哲学本是两个不同的学科,在西方思想史上,二者判然有别。而传统儒家讲"天人合德",伦理与哲学的融通已现端倪。及至理学,更将其发展为理本体与心本体。朱熹以外在的"理"为本体,陆、王以主观的"吾心"为本体,都把人类社会的某些原则和规范夸大为世界的本体,把"良知"看作是先天固有的,从而掉入了唯心的泥淖。他们或主张"理"外无物,或认为"心"外无物,与佛教的说法颇为相似,只是佛家讲"佛性",理学家讲"理"与"心",可见理学援佛、道入儒以发展儒学的特点。

第二,主静、立诚、格物、穷理的伦理实践。宋明理学讲心性,而传统儒学也讲心性,如孟子曾说:"尽其心者,知其性也。知其性,则知天矣。"⑥认为本心觉悟,就能认识自己的本性,认识

---

① 朱熹:《晦庵先生朱文公文集》卷70,四部丛刊本。
② 程颢、程颐:《二程遗书》卷18,上海古籍出版社,1992。
③ 朱熹:《晦庵先生朱文公文集》卷40,四部丛刊本。
④⑤ 王守仁:《王文成公全书》卷6、卷8,商务印书馆,1936。
⑥ 《孟子·尽心上》。

本性，就能把握天的本质。宋明理学的新发展在于摄取隋唐佛教的心性理论，把本体论和心性论统一起来。佛教禅宗讲"自性常清静，……妄念浮云盖覆，自性不能明"。① 主张排除俗念，保持内心的清静。理学吸取佛、道关于心性修养的方法，也主张通过定性、静心来消除杂念私心。朱熹说："收放心，只是收物欲之心。如理义之心，即良心，切不须收。须就这上看教熟，见得天理人欲分明。"②在伦理实践上，理学要求通过主静、立诚、居敬来修身养性；通过格物、致知来"穷天理、明人伦、讲圣言、通世故"，从而真正体认伦理道德原则。所谓"半日读书，半日坐禅"，正是这种修养方式的通俗表述。

宋明之际数百年间，以程、朱理学和陆、王心学为主的新儒学，一直占据着学术思想的主导地位。理学通过对三教思想的扬弃，从最高本体性层次确认了传统礼治秩序的合理性。从哲学思辨的角度看，它以精巧的思辨和缜密的论证，构建起以"理"、"心"为轴心，包容多种哲学范畴的逻辑结构体系，思维水平明显地超越了前代。从伦理学的角度看，它将传统儒学内圣与外王并重的经世构想，转向以内圣为主，修身养性，使之更富于道德理想主义的色彩。从伦理—政治的角度看，它将"止观"、"定慧"等宗教修炼方式内化入"主敬"、"立诚"等伦理实践，建构起中国政教合一的统治系统。理学是个庞大而复杂的哲学体系，其中"存天理，灭人欲"等说教，强调个人的义务而抹杀个人的权利，本来就是中国传统思想的通病，理学则将其发展到极致。而"一分为二"、"合二为一"的辩证思维，"涵养德性、变化气质"的精神追求，以及"民胞物与"、"知行合一"等思想，仍有其合理的因素。

第五节　实学与汉学

宋明理学发展到后期，流于空谈道德心性。明中叶罗钦顺、王廷相等已经不满于理学与心学的弊端，并对理学唯心主义进行了批判。欧洲传教士来华，输入了西方的自然科学知识，扩大了学术界的知识视野，促使一些有识之士鄙弃空谈道德性命，转而关注自然科学和与国计民生密切关联的知识。明亡清兴的现实，激发了进步文人对传统学术的反思与批判。在新的历史条件下，儒学内部孕育新生出一股进步的实学思潮，并于明清之际成为学术界的主流。随着清王朝文化高压政策的实施，乾隆、嘉庆时期考据学繁荣起来。乾嘉学派推崇汉代古文经学，"说经皆主实证，不空谈义理"，③学术史上将其称为"汉学"或朴学。

一、明清之际的实学

"实学"的本义是切实的学问。实学一反宋明理学空谈义理心性的陈规陋习，而以崇实致

---

① 惠能：《坛经校释》卷20，中华书局，1983。
② 朱熹：《朱子语类》卷59，中华书局，1986。
③ 皮锡瑞：《经学历史·经学复盛时代》，中华书局，2004。

用为基本特征。它结合时代需要,将古代儒家"修身、齐家、治国、平天下"及"内圣外王之道"等传统落到实处,与时代息息相关。立足现实,倡导实践,注重实功,针砭时弊,强调实用,这些都是实学的基本特点。

第一是身体力行的经世精神。明清之际的进步文人大多有着经世济国的抱负,积极参与社会变革。以顾宪成、高攀龙为代表的东林党人,身在书院,心系天下,读书治学,忧心国事。"风声、雨声、读书声,声声入耳;家事、国事、天下事,事事关心",就是其经世精神的集中体现。方以智"接武东林,主盟复社",每与友人相聚,共愤国事,慷慨呜咽,拔剑砍地。其学术研究一反明儒重伦理心性的旧习,主张对学术作出"质测"(实证科学)、"通几"(哲学)、"宰理"(社会科学)的区分,倡导融西方文化于中国学术,体现出呼唤新科学的学术勇气。顾炎武、黄宗羲、王夫之均参加过抗清斗争,入清不仕,继续从事学术活动。他们倡导经世致用,强调学术"须有益于天下"。顾炎武关注民生利病和国家大事,遍览二十一史和全国各郡县志书,辑为《天下郡国利病书》,将自己学术研究的目的概括为"曰明道也,纪政事也,察民隐也"。[①] 黄宗羲一生坚持"治天下,为民用"的抱负,鼓吹民主制度,主张扩大学校职能,提倡工商皆本,反对科举取士,内容广涉政治、经济与文化,言之有物,具有鲜明的现实针对性。

第二是针砭时弊的批判精神。明清易代没有带来任何社会变革,中国王朝依然沿着既有的轨道,朝着不利于民族振兴的方向发展,积弊丛生,专制日严。顾炎武、黄宗羲等针对中国封建社会的种种弊端,进行了全面的揭露,锋芒所向,直指封建专制制度。黄宗羲的《明夷待访录》为政论集,共分《原君》、《原臣》、《原法》等21篇。他没有沿袭正统的君权概念,而是从国家之起源和君主权力之性质的高度,大胆地将封建君主视为"天下之大害",指出"天下之治乱,不在一姓之兴亡,而在万民之忧乐";指出臣不是为君主而设的人君囊中私物,"君"只是"政"的代表,为臣等于参政,不参政等于路人,亦即形同普通的民众。黄宗羲对臣的界定,已近似于今天所说的"公仆"。黄宗羲对君主把国家视为私有财产的行径也作了尖锐批判,提出了限止君权的主张。他的学说探究到政治本位的层面,与近代民主政治思想十分接近。与黄宗羲同时的唐甄,也大胆抨击君主的罪恶,"自秦以来,凡为帝王者皆贼也",认为"乱天下者唯君"。[②] 在实学思潮的裹挟下,进步文人的批判锋芒还指向田制、兵制、财计、学校、取士等国家大计,指陈时弊,发抒己见,对中国传统的政治文化进行了深刻反思。他们的政治批判是犀利的,既切合时代,又切合亡国后孤臣孽子的忧患处境。正如钱穆先生所指出的:"一二遗老,留心草泽,惊心魂魄于时变之非常,游神太古,垂意来叶,既于现实政治无堪措虑,乃转而为根本改造之想以待后人,此亦当时一种可悲之背景有以酿成也。今读其书者,惊其言谈之创辟,而忘其处境之艰

[①] 顾炎武:《日知录·文须有益于天下》,岳麓书社,1994。
[②] 唐甄:《潜书·室语》,中华书局,1963。

虞,则亦未为善读古人书矣。"①

第三是致力于新兴自然科学的探索精神。明代中叶以后,传统的知识分子仍埋首儒经,走科举入仕的老路,而一部分崇尚实学的知识分子则将研究兴趣投向了新兴的自然科学。他们对程、朱、陆、王末流空疏误国的学风深表不满,主张作学问应采用实地考察以及实验、考证等方法,去假存真,避空求实。他们以平民意识关注百姓的生活日用之道,以开放的心态受容西方的科技成果,以探索的精神冲破天人感应等宇宙图式的束缚,从而为传统的学术研究注入了科学精神。一批具有近代意识和科学精神的新型知识分子开始出现,一批划时代的科学巨著也相继问世。如李时珍的《本草纲目》、朱载堉的《乐律全书》、徐光启的《农政全书》、徐弘祖的《徐霞客游记》、宋应星的《天工开物》、王锡阐的《晓庵新法》、梅文鼎的历算之学以及刘献廷的舆地之学等,都是晚明以来的杰出成果。这也表明,崇实致用、济世利民是实学思潮的精髓。

明清之际的实学思潮具有启蒙的意义,它推动了民主意识的萌芽和人的理性觉醒。进步知识分子的价值取向,从专注于内在道德伦理的完善,转向对外在经世济国的追求。其学术实践表明,治学并不限于科举一途,完全可以超越八股时文而扩大到自然、社会等众多实际领域。"博究天人,而皆主实用",②"学务可施用于世者",③"事即是学,学即是事,无事外之学,学外之事也"。④ 这种重实用、重实践、重实效的学风,对于学术研究冲破传统的桎梏具有十分积极的意义。

二、乾嘉汉学

清初顾炎武、黄宗羲等既倡导经世的实用之学,也提倡考释实证、实事求是的治学方法。黄宗羲在《明儒学案·凡例》中表明自己的著述原则是:"每见钞先儒语录者,荟撮数条,不知去取之意谓何,其人一生之精神,未尝透露,如何见其学术。是编皆从全集纂要钩玄,未尝袭前人之旧本也。"顾炎武也对"束书不观,游谈无根"的学风极为不满,明确表明自己的治学态度是"博学于文"、"行己有耻",即坚持博征与专精。所著《日知录》、《天下郡国利病书》等,考证精勤,最见实证工夫。在他们的影响下,加之后来清政府组织《古今图书集成》、《四库全书》等大型文献的编纂,以及实施文字狱等文化政策,一批著名的学者如阎若璩、毛奇龄、胡渭、万斯大等人将学术兴趣转向考据学。清乾隆、嘉庆年间,考据逐渐占据学术研究的主流,在经学、史学、文献学等学科,学者治学更以考据为尚,并涌现出一批考据名家,学术史上将其称为"乾嘉

---

① 钱穆:《中国近三百年学术史》第二章,商务印书馆,1997。
② 徐光启:《农政全书校注·凡例》,上海古籍出版社,1979。
③ 徐景星:《徐氏家谱·文定公传》。
④ 《东林书院志》卷5,中华书局,2004。

学派"。考据学因推崇汉儒朴实无华的学风,反对宋儒空谈义理,故称"朴学";又因注重汉儒考据训诂之学,为区别于"宋学",故称"汉学"。

乾嘉汉学分为吴、皖两派。吴派以江苏吴县人惠栋为代表。惠栋搜集汉儒经说,加以编辑考订,撰有《九经古义》、《古文尚书考》、《周易述》、《后汉书补注》等。惠栋曾辨证伪《古文尚书》出于晋人。其《九经古义首述》云:"汉经师之说,立于学官,与经并行,……古字古言,非经师不能辨,……是故古训不可改也,经师不可废也。"可知吴派治经笃执古训,其治学方法是从研究古文字入手,重视音训,以求经义,所谓"有文字而后有诂训,有诂训而后有义理"。① 皖派以安徽休宁人戴震为鼻祖。戴震学识渊博,在经学、文字声韵、训诂考据、天文历数等领域均有精深的造诣。皖派治学与吴派的不同之处在于,吴派以古为尚,鲜下己见,皖派于精审的考证中多有识断,会通古说而不墨守一家。余廷灿在《戴东原先生事略》中说:"戴震有一字不准六书,一字解不通贯群经,即无稽者不信,不信必反复参证而后即安,以故胸中所得,皆破出传注重围。"两派虽然都重视通过文字音韵训诂来考据古代典籍的义理,然而戴震没有株守博雅考订一途,而于名物训诂之外,重视对事物特质和规律的探究,所以更接近于近代科学的精神。

戴震以后,名家辈出,在古文字学和古音韵学方面的研究成果令人瞩目。有关文字学研究的重要著作有段玉裁的《说文解字注》、朱骏声的《说文通训定声》、王引之的《经传释词》等,或阐释汉字的构造原则,或由音韵考订文字,或解说虚词的演变、意义及其用途。在音韵学研究方面,江永的《古韵标准》、段玉裁的《六书音均表》等,对于古代字音的考证及发音规律的研究,多有创获。乾嘉学派的考据学以识字审音为研究的基础,综合运用训诂、校勘、音韵等学科的理论,考订解析经典中字、词及语句的古义和本义,发前人所未发,对文献学研究贡献很大。中国古代文献的整理、考订、校勘、辨伪和辑佚工作在乾嘉时期成就斐然。仅阮元主持汇刻编纂的《皇清经解》,搜集清初至乾嘉训释儒家经典的著作就达180多种,共计1400卷。

乾嘉学者的研究重点固然在古代文献的校注、辨伪和辑佚,但是他们并未一味沉湎于儒家经典中。一些著名的汉学家还将研究的视野扩大到文学和自然科学等领域。例如,汪中对已成绝学的墨家作了深入研究,指出墨学为救世之学,并非异端学说。焦循会通中西数学思想,对古代数学理论作了梳理,并将数学思想融入到易学研究中,他还对地方戏曲进行考索,著有《花部农谭》。阮元所著的《畴人传》,辑录上古至清代天学家及数学家400人的传记,是研究我国天文、历法、数学史的重要文献。

总起来看,乾嘉汉学对中国古典文献的传承作出了重要贡献,其倡导的求实的学术规范,以及比较、分析、归纳等研究方法,也为后人提供了有益的启示。另一方面,乾嘉汉学的主流毕

---

① 钱大昕:《嘉定钱大昕全集·经籍纂说序》,江苏古籍出版社,1997。

竟在于注重纯学术研究,使之缺少经世致用的锐气。因此当中国社会步入晚清,面对封建末世的民族危机,龚自珍、魏源等一改乾嘉汉学埋首经籍而疏远现实的学风,抉发弊端,讥切时政,倡言变法,经世致用的学术思潮再次风靡士林。这是中国衰落与儒学衰微在学术上的反映,也是西学东渐而形成的强烈冲击在进步学者身上引起的回响。

关键词

精神文化	仁	礼	修己	克己	中庸	道	万物齐一	绝对自由
兼爱	非攻	法、势、术	阴阳家	名家	今文经学	古文经学
天人合一	天人感应	三纲五常	大一统	自然与名教	象、言、义
程朱理学	陆王心学	实学	经世致用	乾嘉学派	宋学
朴学	汉学				

思考与讨论

1. 何谓精神文化? 精神文化、制度文化、物质文化三者之间是怎样的关系?
2. 孔子倡导的"仁"具有丰富的道德内涵,你认为它的核心内容是什么?
3. 如何看待儒家所提倡的"礼"? 试分析它在历史上的消极影响和积极意义。
4. 何谓"中庸"? 如何评价作为儒家价值观的中庸之道?
5. 孔子在认识论方面有哪些主要观点?
6. 在中国学术话语中,"道"包含了多种含义,儒家所讲的"道"与道家所讲的"道"有何不同?
7. 为什么说老庄学说中体现了丰富的辩证思想?
8. 如何看待庄子所倡导的绝对自由的境界?
9. 墨家讲"兼爱",儒家讲"仁爱",你认为二者有何不同?
10. 先秦法家主张以法治国,今天也讲以法治国,你认为二者的区别表现在哪些方面?
11. 你认为儒学发展到两汉,是否有被神学化的倾向?
12. "名教"与"自然"的关系是魏晋玄学所探讨的重要论题之一,王弼、嵇康、郭象对于二者的关系各自提出了怎样的见解?
13. 宋明理学为什么被称为"新儒学"? 它对传统儒学有哪些新的发展?
14. 你认为王守仁倡导的"心学"与程、朱理学有何不同?
15. 试对明清之际实学思潮的历史意义作简要评析。
16. 简述乾嘉汉学的治学特点及其学术规范。

拓展阅读

1. 《论语译注》,杨伯峻译注,中华书局,2006。
2. 《孟子译注》,杨伯峻译注,中华书局,2008。

3. 《老子注译及评价》，陈鼓应著，中华书局，1984。
4. 《庄子今注今译》，陈鼓应著，中华书局，1983。
5. 《中国思想史》，葛兆光著，复旦大学出版社，2009。
6. 《中国近三百年学术史》，钱穆著，商务印书馆，1997。

思维导图

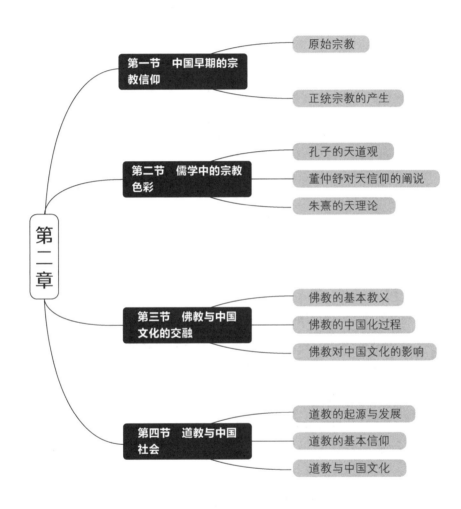

第二章 宗教

宗教是自然力量和社会力量在人们意识中的虚幻反映。它所相信和崇拜的是超自然的神灵,认为超自然的神灵能够影响现实世界和人生祸福,因此信仰者要对它礼拜和求告。宗教产生于史前社会的后期,当时的人们缘于"万物有灵"的观念,又因无法控制自然力量,于是幻想通过祈祷、祭献或巫术来影响主宰自然界的神灵,从而形成最初形式的宗教仪式。宗教是一种历史现象,随社会形态和政权形式的更迭而呈历时态结构。它由原始宗教发展出正统宗教,由民族宗教发展到世界性的宗教。在古老的中国,原始宗教曾经十分发达。在历史的发展过程中,既有本土形成的道教,又有带有宗教色彩的儒学,也有从域外传入并逐渐中国化的佛教等。同世界各国一样,宗教曾对中国的物质文化和精神文化产生过深刻的影响,不了解中国历史上的宗教,就很难了解中国文化的全部。

第一节 中国早期的宗教信仰

一、原始宗教

宗教起源于原始社会,原始宗教的产生,以神灵观念为标志。而神灵观念的出现,表明人已从整个客体中分离出来,开始意识到自身的存在,有了自我意识。原始人相信,不仅人有灵,客体都有灵。原始宗教的产生,说到底是为了沟通人与神。根据考古发现和文献记载,中国早在远古时期就已流行有自然崇拜、鬼魂崇拜、图腾崇拜、生殖崇拜等原始宗教形式。

自然崇拜包括对自然物和自然现象的崇拜。史前人类限于思维能力和认识水平,对自然界的超人力量感到神秘和恐惧。他们与自然的关系,大体经历了由原始对立到崇拜的演进历程。中国神话中"精卫填海"、"后羿射日"等故事,反映了初民与自然的原始对立。《礼记·郊特牲》录存的远古歌谣伊耆氏《蜡辞》,"土反其宅,水归其壑,昆虫毋作,草木归其泽",当是初民对大自然施行巫术时的咒语。人与自然的原始对立,反映了童年时代的人类对自身力量和意志的崇拜,他们相信人可以通过巫术仪式征服自然。随着初民对山岳、川泽等自然物的日渐依赖,与自然的原始对立转化为对自然的原始崇拜。《礼记·祭法》说:"山林、川谷、丘陵,能出云,为风雨,见怪物,皆曰神。"《国语·鲁语上》说:"九州名山川泽,所以出财用也,非是,不在祀典。"在古代先民的心目中,天上的日月星辰、地上的山林川泽,无不有神。它们供"财用"于人类,又时时电闪雷鸣,兴云作雨。天地山川所体现的自然伟力,令先民顶礼膜拜,崇拜自然的意识以及种种祭祀仪式,缘此而生。在仰韶文化遗址中,曾发现不少绘有太阳纹的彩陶片,在大汶口文化遗址出土的陶尊,也刻有日、月、山川等图形。陶尊是祭祀的礼器,它透露了先民祭祀自然神的信息。《吕氏春秋·古乐》记载的"昔者葛天氏之乐,三人操牛尾,投足以歌八阕",也留下了巫师祀典活动的剪影。

鬼魂崇拜的产生是因为先民相信人死后灵魂不灭,死者的灵魂将继续生活在幽冥之界。考古学家在对北京周口店旧石器时代山顶洞人遗址的发掘中,发现遗骸上及周围散布有赤铁矿石粉粒。红色粉末象征着血与生命,贾兰坡在《中国大陆上的远古居民》中对此分析说:"人死血枯,加上同色物质,希望他(她)们到另外世界永生。"这表明2万年前的先民,已经有了灵魂不灭的观念,产生了鬼魂崇拜。在新石器时代的马家窑文化遗址氏族墓葬中又发现,死者大都侧身屈肢而葬,面向北方,这恰与先民认为幽冥之界地处北方的认识相符。

与鬼魂崇拜有着密切联系的是祖先崇拜。祖先是血缘群体中的前辈,他们一般为年长者或氏族首领,在古人的心目中,祖先所代表的经验、智慧和权威,将随其灵魂而永存,成为一种超自然的力量,在冥冥之中护佑着氏族成员。仰韶文化遗址出土的偶像,几乎都以陶罐为身,瓶口作人头形偶像,据考证,这些陶罐偶像当是氏族祭祀祖先时用的神主。随着若干具有共同祖先的部落的繁衍,形成了原始民族。又随着祖先崇拜习俗的传承,民族始祖成为民族种姓的象征。他们经古代传说的神化,被奉为神人或圣人,夏族的禹、商族的契、周族的后稷都是原始民族的始祖。

自然崇拜和祖先崇拜经结合而产生出一种新的崇拜形式,即图腾崇拜。"图腾"一词出自北美印第安人鄂吉布瓦族的方言,它的意义就是族徽标记。摩尔根在《古代社会》一书中指出:"在北美各地的土著中,所有的氏族都以某种动物或无生物命名,从没有以个人命名的。"据此可知,"图腾"就是氏族的族徽和名称,它通常是某种动物或植物。中国古代没有"图腾"一词,却有着与图腾的意义相同的氏族名称,此即氏族的"姓"。据《说文解字》:"姓,人所生也。古之神圣,母感天而生子,故称天子,……因生以赐姓。"基于感物而生的认识,于是有了反映原始母系氏族起源的神话传说,从中可以发现不同氏族所崇拜的图腾。如王充《论衡·奇怪篇》载商、周二族的"姓"的由来说:"契母吞燕卵而生契,故殷姓子;后稷母履大人迹而生后稷,故周姓姬。"古称卵为"子","子"姓得名于燕卵,而商人的图腾就是玄鸟(即燕子),所以《诗经·商颂》中有"天命玄鸟,降而生商"之句。周人姓"姬","姬"即"迹","大人"是熊的俗称,"大人迹"就是熊迹。据传说,上古民族的祖先都以动植物为图腾,如黄帝号"有熊氏",即以熊为图腾;炎帝姜姓,字从女从羊,即以羊为图腾;伏羲和共工传说是人首龙身或人首蛇身,即以龙、蛇为图腾。在诸多图腾中,以龙为图腾的民族经繁衍和分化,其后裔遍布南北,对龙的崇拜在中国绵延不绝,龙已成为中华民族的象征。

生殖崇拜是基于重视氏族或部落的人口繁衍而产生的对生殖力的崇拜。原始初民对生殖现象的最初认识只限于本能,随着社会的发展,初民逐渐意识到种的繁衍不仅是本能的需要,更是生存竞争的需要。在母系氏族阶段,生殖神灵的崇拜主要表现为对生殖女神的崇拜。我国在辽宁红山文化遗址中发现的无头陶塑孕妇偶像,其双乳和外阴都有着刻意的表现,借以表达初民对女神生殖神力的崇拜。到了父系氏族阶段,男性的生殖力又受到特别的崇拜。在河南洪山庙文化遗址及仰韶文化遗址中出土的陶缸,都发现绘有男性生殖器的图案,它透露了当时人对男性生殖神力的崇拜现象。生殖崇拜起源于史前时代,进入文明社会以后,对男、女性生殖器的崇拜,转变为民间对生育女神或男神的崇拜。如女娲、西王母、碧霞元君、妈祖、送子娘娘、催生娘娘等,都是民间所信仰的生育女神,而伏羲、张仙、保生大帝等则是民间所信仰的男神。

原始宗教因产生的历史阶段与地域的不同,其宗教形式所包含的内容各有差异,但是作为原始社会的自然产物,它们又有着一些基本的特征。第一是自发性。原始宗教随万物有灵的观念而产生,其创造的虚幻的神话与神秘的巫术,与原始初民的认识水平及当时的生产力水平相一致,它是自然而又自发地产生的,因此原始宗教又可称为"自然宗教"。第二是广泛的参与性。原始宗教为氏族部落的全体成员所共同信仰,宗教事务就是公共事务,宗教仪式是集体参与的仪式,宗教与习俗融为一体,渗透到每个成员的观念和行为中。第三是为人生的功利性目的。原始初民的宗教祭祀活动不是为了追求来世的幸福,而是为了祈求大自然的异己力量转化为顺己力量,希图与自然界互相依赖,和谐相通,最终目的是为了解决生存和种的繁衍,因此贯穿着为人生的意义。

二、正统宗教的产生

与原始宗教的自发性不同,正统宗教是人为的宗教,它的产生以阶级和国家的成熟为前提。统治者出于政治的考虑,将全民信仰的原始宗教改造为正统的国家宗教,以维护自身的统治。在中国,殷商社会虽已跨入了文明的门槛,但殷商文化仍具有"尊神"、"敬鬼神"的浓烈的宗教色彩。《诗经·商颂》、《尚书·盘庚》、《尚书·高宗肜日》记载了殷商人频繁的尊神活动,殷墟出土的甲骨文也是殷商人求神占卜的文化遗存。殷商人相信自然界有至上神,此即"帝"或"上帝",它主宰自然和人间事务。在超自然神、天地神祇和祖先神三大系列中,殷商人尤其重视祖先神灵的祭祀。他们还迷信卜筮,其政事决策乃至日常事务,一依卜筮的结果,这都使殷商王朝具有神权政治的特色,正如《礼记·表记》所言:"殷人尊神,率民以事神,先鬼而后礼。"殷商去古未远,其尊神重鬼的取向,表明他们的宗教思想仍保留着部分原始宗教的习气。周人灭商,宣告以嫡庶制为核心的宗法制的确立。周代统治者将国家政治体制与宗法血缘关系,以及发端于原始宗教的祖先崇拜、天神崇拜巧妙地结合起来,从而完成了政治制度的转型和文化模式的转换。

周人的宗教观,在继承夏、商旧有的鬼神信仰的同时,强化其道德内涵,将"天命"与"人德"紧密结合在一起,所谓"皇天无亲,唯德是辅"。① 他们认为"天命"随"人德"而转移,并据此解释国家的兴亡。在他们看来,夏、商统治者曾经因有"德"而得到上天的庇护,一旦失德,便失去了上天的信任。周人所以取得灭商的胜利,也是因为周人有德,于是"皇天改大邦殷之命",②而"兴我小邦周"。③ 这都使周人的宗教信仰,渗透着强烈的伦理道德精神。周代政治有一条重要的原则,即"敬天"、"保民"。敬天是政治的第一要务,保民就是承受天命,此即所谓"有德者禀受天命",中国人文思想中以民为本的观念即萌发于此。

自发的宗教转化为人为的宗教,除体现在周代宗法制和宗教制相结合,从而使神权政治化以外,还体现在国家的宗教礼仪中。周代所盛行的郊社等宗教活动,就具有重要的政治象征意义。按郊祀之礼,每年冬至日在南郊祭天称为"郊",夏至日在北郊祭地称为"社",合称"郊社"。祭天神、地神叫做"郊祭"或"郊祀"。天神是神灵世界的主宰,也是人们所崇拜的最高神祇。社神亦即土地神,同样有着很高的地位,在汉语语境中,"社"与被尊为谷神的"稷"并列,称为"社稷",通常是国家的代称。周代官方的郊祀仪式十分隆重,等级也很森严。只有禀受天命的最高统治者才有资格主持国家的宗教祀典。诸侯方国只能通过"助祭"来表达宗教愿望。《尚书·酒诰》中周公旦说:"唯天降命,肇我民,唯元祀。"《史记·封禅书》引《周官》说:"天子祭天下名山大川,五岳视三公,四渎视诸侯,诸侯祭其疆内名山大川。"《礼记·王制》中也有类似的记载:"天子祭天地,诸侯祭社稷,大王祭五祀。天子祭名山大川,……诸侯祭名山大川之在其地者。"可见,宗教上的属从关系与政治上的隶统关系是相辅相成的。国家的宗教礼仪,既有宗教信仰的意义,也有宣示德政、严明等级、巩固地位的政治意义,神灵崇拜中同样渗透着政治色彩。

综上所述,正统宗教在西周已经成型,这一判断应能成立。周人将宗教与伦理、宗教与政治融为一体,基本完成了原始宗教向正统宗教的转型,体现出宗教人文化、伦理化的鲜明倾向。从殷到周的这种文化模式的转换,正如王国维在《殷周制度论》中所作的论断:夏商间政治文物的变革,不像商周那样激烈。商周间大变革……是旧制度废而新制度兴,旧文化废而新文化兴。

第二节　儒学中的宗教色彩

儒学是不是宗教,学术界历来有不同看法。对宗教有着精深研究的任继愈先生认为,儒教

---

① 《尚书·蔡仲之命》。
② 《尚书·顾命》。
③ 《尚书·大诰》。

是中华民族土生土长的宗教。他指出，皇帝兼任教皇，神权与政权融为一体，儒教的教义得以政府政令的方式下达。朝廷的"圣谕广训"是圣旨，等于教皇的敕书。诏书开首必以"奉天承运，皇帝诏曰"开始，皇帝的诏书同时具有教皇敕令的权威。学术界对儒学是不是宗教虽有争议，但是儒学在其发展中确实形成了偶像崇拜、经典规范和精神束缚，中国的封建政治确是一种皇权加圣贤的政治，因此，儒学中带有鲜明的宗教色彩，这一看法是一致的。

一、孔子的天道观

对于鬼神，孔子的态度是敬而远之，如其所说"敬鬼神而远之"。① 据《论语·述而》载："子不语怪、力、乱、神。"其学生向他请教有关鬼神的事，孔子答曰："未能事人，焉能事鬼？"学生又问死，孔子反问："未知生，焉知死？"②可见，对于人与鬼神、现世与来世，孔子更关注的是人与现世，对鬼神不太关注，对来世有所存疑，体现出理性精神。然而，对超自然的现象兴趣不浓，并不意味着孔子已完全摆脱了殷周以来的宗教天命论。

孔子所处的时代，社会的急剧动荡已促使一部分人对"天命"产生怀疑，《左传·昭公十八年》录郑子产语云："天道远，人道迩。"孔子对夏商周三代传统的天命观作了改造和重塑，剔除原始的人格化形式，突出其泛神论的色彩。孔子说："天何言哉？四时行焉，百物生焉。"③认为天神不是通过某人一时祸福、某国一世兴衰所表露的偶发现象，而是一种普遍规律。它主宰万物但不超然于万物之上，它不是直接降命于自然及人世的神怪，而是内在于万物及其变化过程中的天道。

一方面对鬼神敬而远之，一方面又敬畏天命，从而使孔子的天道观呈现出两重性的特征。他认为对于天命只能敬畏，不可抗拒。《论语》中多处提到天或命，如"死生有命，富贵在天"，④"君子有三畏：畏天命，畏大人，畏圣人之言"，⑤"道之将行也与，命也；道之将废也与，命也"。⑥ 这些表述都把天命解释为人力无法抗拒的神秘力量。而另一方面，孔子出于对人事的重视，又将听天命与尽人事结合起来，认为人力尽管无法抗拒天命，但是人也不能无所作为地听由天命，仍须积极努力，至于事成与否，则一听天命，所谓"谋事在人，成事在天"。以后，孟子将其概括为"若夫成功，则天也。君如彼何哉？强为善而已矣"。⑦

"人道（德）"与"天命"分立为二，重教化而轻鬼神，既强调听天命，又主张尽人事，这都表明

---

① 《论语·雍也》。
② 《论语·先进》。
③ 《论语·阳货》。
④ 《论语·颜渊》。
⑤ 《论语·季氏》。
⑥ 《论语·宪问》。
⑦ 《孟子·梁惠王下》。

孔子天道观中的神学色彩已经淡化。在理性主义与宗教观念的二元对立中,理性主义似乎占据更为主导的地位。

二、董仲舒对天信仰的阐说

随着秦汉中央集权的政治体制的确立,中国步入了大一统时代。统治者需要统一的思想、统一的制度和统一的宗教来维持社会秩序,即既需要世俗的权威和制度,也需要超世俗的形而上的统治依据。汉武帝出于政治统治的需要,选择了儒学,废黜百家,独尊儒术,儒家经典遂成为官方的政治经典。西汉思想家对经典进行了改造和形而上的解释,在其改造和解释中大量运用阴阳五行、天象历数、图谶瑞应等理论,儒学因此被神学化。

对"天"信仰作出全面阐说的是公羊学大师董仲舒。董仲舒阐说了"天"的至上性和绝对性,他宣称天是万物的创造者:"天者,万物之祖,万物非天不生。"①天又是自然、社会和神界的主宰者:"天者,百神之君也,王者之所最尊也。"②他还将天意志化,提出"天志"和"天意"的概念,认为天有意志和情感:"天亦有喜怒之色,哀乐之心,与人相副。"③宇宙中的一切既然都是天意的体现,董仲舒由此得出了以下的结论:其一,君权神授。人间的君主禀承天命来统治人类,具有代行天意的权威,所以君权不可抗违。其二,人道源于天道。所谓"道(人道)之大原出于天(天道),天不变,道亦不变"。④于是,"三纲五常"等封建伦理被赋予了神学色彩,成为宗教信条。其三,天人感应。既然人由五行、四时、阴阳化生而来,那么天与人必然是同类相应的。人对天意的顺从或违逆,都会招致天的福佑或惩罚,董仲舒为此创造了所谓的"天谴"理论。其四,天有阴阳之刑德。阳与德同质,阴与刑同类,主张君主治天下也应王霸并用,宽猛相济,以德治为主,以刑罚为辅。孔孟所倡导的治国以礼、为政以德的政治学说,发展到董仲舒已完全神学化了。

董仲舒以后,在其祥瑞灾异说的影响下谶纬神学盛行起来。"谶"是宗教性的预言,当时的巫师、方士们热衷于制造隐语或预言,作为吉凶的符验或征兆。"纬"是方士化的儒生所编集的附会儒家经典的各种著作。谶纬神学以《易经》中河图、洛书等神话传说和董仲舒的天人感应说为依据,把自然界的某些偶发现象神秘化,以此证明君权神授,即在位者统治的合理性。王莽和汉光武帝就分别利用图谶或符命作为改制和中兴的合法依据。据《后汉书·光武帝纪》载,王莽末年,天下大乱,刘秀崛起,当时谶纬盛行,于是为刘秀复兴汉朝张目的谶言流行一时。东汉章帝时曾召集博士儒生在白虎观讨论五经异同,写成《白虎通义》,更进一步把谶纬和今文

---

① 董仲舒:《春秋繁露·顺命》,上海古籍出版社,1989。
② 董仲舒:《春秋繁露·郊义》,上海古籍出版社,1989。
③ 董仲舒:《春秋繁露·阴阳义》,上海古籍出版社,1989。
④ 董仲舒:《天人三策·第三策》,岳麓书社,1997。

经学混同起来,并规定了统一的祭祀礼仪,使之具有国家宗教法典的性质。至此,原本带有宗教色彩的儒学经董仲舒的改造和方士化儒生的附会臆说,已经完全神学化了。由于神学化了的儒学迎合了政治统治的需要,因而得到官方的认可,并且构建了一整套理论,这套理论宗教色彩浓烈,政治理性却相当有限,这都意味着正统宗教在汉代已经完全成熟。

三、朱熹的天理论

自宋代开始,理学兴起。以朱熹为代表的理学家们复兴儒学,吸收佛教和道教的大量思想内容,建立了融合儒、释、道的新儒学。宋代理学的产生,是继董仲舒之后对孔孟儒学所作的第二次改造,它标志着儒学哲学化和思辨神学体系的完成。"理"是理学的核心内容之一,在朱熹的思想体系中,"天理"作为最高的本体论范畴得到了充分的论述,其中具有神学性质的论说表现在以下几个方面。

第一,理是宇宙之本。朱熹认为,世界上有两种状态的存在,一是有形有象的自然万物,一是无形无象的"理"。"形而上者,无形无影是此理;形而下者,有情有状是此器。"①理不能被感知,却又绝对的存在。在宇宙万物产生之前,天理已经存在:"未有天地之先,毕竟先有此理。动而生阳,亦只是理;静而生阴,亦只是理。""有此理,便有此天地;若无此理,便亦无天地。"②由此可见,朱熹所说的"天理",是一个超越世间万物的绝对本体。朱熹系统论说了天理的基本特点,理先于万物而存在,人与物均为理所化生;理是自然与社会的最高原则,是万物之道和人之道的渊源;理普遍显现于自然、社会和制度等各个层面,一切原则、规定及仪节,都是理的展现;理只能遵循而不可违反,它是不以人的意志为转移的永恒存在。本来,孔子的天道观淡化了原始宗教赋予"天"的人格神色彩,将其抽象为命运之天、义理之天。董仲舒对"天"的阐说突出了"天意"、"天志",又恢复了天的人格神形象。宋代理学倡导"天理说",不仅用抽象本质取代天的人格神形象,而且提高到哲学本体论的理论高度,使天神理性化,这既是思辨性使然,也是融合了佛、道神学的结果。

第二,天理至善至美,具有道德属性。朱熹论证"理"的主要目的就是为了证明"理"的道德属性。他指出:"天理只是仁义礼智之总名,仁义礼智便是天理之件数。"③经此解释,三纲五常等封建道德就具有了先天的合理性、绝对性和神圣性。天理是至善至美的,人性却有其不善的一面,这是因为人大都有追求欲望满足的需求,而人欲是恶的。因此,人要加强道德修养,以去除欲望,遵循天理。朱熹用"存天理,灭人欲"六个字概括了这一主张。这一主张的提出,显然吸收了佛教的禁欲思想,只是理学家主张通过修身养性达到人与理合一的圣人境界,而佛教、

---

①② 朱熹:《朱子语类》卷95、卷1,中华书局,1986。
③ 朱熹:《晦庵先生朱文公文集》卷40,四部丛刊本。

道教则主张通过宗教修炼最终成佛、得道。

第三，宗教式的修养方法。宋代理学家提倡主静、居敬、穷理等修养方法。主静要求清心寡欲，内心保持清静，以去除杂念和欲望。居敬要求自我控制，自觉抵御外界诱惑，以明心知性。穷理不仅要求穷究事物的道理，而且要求探寻和追求内心的天理善性。这套修养方法，已与佛教禅宗主张本体的性净自悟相接近，带有明显的宗教色彩。

传统儒学发展到宋代理学，建构起了完整的具有宗教色彩的哲学理论体系，其信仰对象、祭祀礼仪、宗教式的信条及修养方法等均已完备。自宋迄于明清，孔子也被加封上至圣文宣王、大成至圣文宣王、至圣先师等头衔，祭孔成为重要的崇拜祭祀活动之一。曲阜孔庙的规模不断扩大，成为仅次于北京故宫的宗庙建筑，孔子作为儒家的创始人，至此已被神化。

当然，指出儒学具有宗教色彩并不是肯定儒学就是宗教。与一般宗教相比较，具有宗教色彩和功能的儒学仍体现了世俗性、普世性和人文性的鲜明特点。首先，它不主张离俗出家，而是注重现实，倡导有为。其次，它也不虚幻地构造彼岸世界，引导人们脱离现世而关注来世。再次，它没有明确的宗教组织及其教徒，其主干力量是极力走仕途以参政济世的儒生。当儒学被定为一尊后，上升为占统治地位的社会意识形态，长期影响着中国国民，并渗透到社会生活的各个方面。最后，儒学所具有的包容性，使它广泛吸收了本土与外来宗教，包括其他思想学派的精神成果，它有神学化的一面，更有人文性的特点。

第三节　佛教与中国文化的交融

佛教与基督教、伊斯兰教并称为世界三大宗教。对中国而言，佛教是外来宗教。佛教自西汉末传入中国后，与中国原有的具有宗教色彩的儒学、本土的道教相互渗透，彼此吸收，发展成具有新特点的中国化佛教。在外来宗教中，佛教在中国的流传时间最长、地域最广，对中国文化的影响也最为深远。

一、佛教的基本教义

佛教相传于公元前6世纪至前5世纪由古印度迦毗罗卫国（今尼泊尔境内）的悉达多·乔答摩所创立。他被佛教徒尊称为释迦牟尼，意为释迦族的圣人。又被称为"佛"，意为"觉者"或"觉悟了真理的智者"。"佛"在中国古代有"佛陀"、"浮屠"、"浮图"等多种译名。公元前6世纪至前5世纪，印度次大陆尚处于奴隶制社会，信奉婆罗门教的雅利安人以梵天为创世神，以种姓分等级，凌驾于众民之上。佛教在当时以无常和缘起思想反对婆罗门的梵天创世说，以四姓平等思想反对婆罗门的种姓制度，在印度很快地传播开来。

佛教的基本教义是"缘起论"和"四圣谛"。

"缘起"即"诸法由因缘而起",认为世界上的一切事物和现象都是互为条件、互为因果、相互依存的,因和缘就是关系和条件,离开了因和缘,就不可能有任何事物和现象的存在。佛教给"缘起"下了这样的定义:"因此有彼,无此无彼,此生彼生,此灭彼灭。"①缘起论是佛教对世界生成与存在的认识,佛教的一切教义都以此为理论依据。佛教讲缘起有 11 义,其中最重要的论点是无造物主、无我、无常和因果相续。

"无造物主"是否定创造宇宙万物的主宰。佛教认为任何事物和现象都是因、缘和合而生,所谓此有故彼有,此无故彼无,世界上没有独立存在的永恒的造物主。

"无我"是否定世界上有物质性的实在自体的存在。就人而言,人的身体组织由"四大"即地、水、火、风等要素所构成,地为骨肉、水为血液、火为体温、风为呼吸;人的精神和心理活动由"五蕴"即色(形质)、受(感觉)、想(观念)、行(行动)、识(意识)诸要素所构成。"四大"或"五蕴"的暂时聚合便有了人。然而从本质上说,四大皆空,五蕴皆空,任何要素都是刹那间依缘而生灭的,因此,世界上没有恒常自在的主体,倘若执迷于真实存在的"我",只能导致无尽的痛苦。

"无常"是说宇宙中没有恒常的存在,任何现象的性质都是无常的,表现为刹那生灭。例如佛教把人从生到死的一生叫做一期,一期由刹那相续所构成,表现为生、老、病、死。生灭在刹那间,世间的一切事物都处在生起、变异、坏灭的过程中,迁流不停,绝无常住性。若就时刻不断的生灭上看,叫做"刹那无常";若就它有一定期间的连续上看,叫做"相续无常"。反之,把事物看作恒常不变,则是错误的"常见"。

"因果相续"是说一切因缘而生的事物或现象既生灭无常,又相续不断,如江水长流,前逝后生。事物有起因必有结果,而且因与果相符,善因得善果,恶因得恶果。

缘起论以"因缘"来解释世间事物生起和变化的现象;以"无我"、"无常"来说明如果将人自身认作真实的存在,执著为"我",就会烦恼丛生;以"因果相续"引导人以善因求善果,获得功德的圆满,最终脱离苦海,达到"常乐我净"的境界。

"四圣谛"包括苦、集、灭、道四谛。按照佛经的解释,"谛"是"真理"的意思。佛教认为,人世间都是"苦"的,叫"苦谛"。具体地说人生有八苦:生苦(婴儿在胎出胎时苦)、老苦、病苦、死苦、爱别离苦(与所爱的分离)、怨憎会苦(与所怨憎的人在一起)、所求不得苦(物质和精神上的渴求得不到满足)、五取蕴苦(人的精神和心理活动由色、受、想、行、识等五蕴和合而成,种种欲望因此产生,而烦恼也随欲望而生)。"集谛"的"集"是"因"的意思,佛教认为贪、嗔、痴等都是招致人生苦难的原因。"灭谛"讲的是要解脱痛苦,只有熄灭烦恼,达到"寂灭为乐"的"涅槃"境界。"道谛"讲的是修行方法,如修持"戒、定、慧"三学等,主张远离种种欲望,保持身心宁静,从

---

① 僧伽提婆译:《中阿含经》卷 47,上海古籍出版社,1995。

而进入无漏清静的禅定。

上述缘起论是佛教最基本的世界观,其总的看法是世界是变化的,此即"无常"。变化是有条件的,此即"缘起"。因缘聚则物在,因缘散则物灭,一切都是无常的,因此任何存在都是空幻不实的,真正不变的只有佛性。四圣谛是佛教的人生观,其基本观点是人生的本质就是痛苦,人生痛苦的原因是欲望,摆脱痛苦之道就是断绝欲望,修成正果,涅槃寂灭。除佛教的世界观与人生观外,佛教认识论的基本观点为,以"道"为认识对象,主张在体认道的虚无时,要排除一般的感性认识和理性认识,静坐澄心,最大限度地平静思想和情绪,让心体处于无智无欲的虚空状态,使个人内心的纯粹意识转化为直觉状态,如光明自发一般,产生万物一体的洞见慧识,透过当下事物的外形和表象直契事物的本体。佛教的修养论主要为"六度"、"八正道"、"三学"。"六度"指的是布施、持戒、忍辱、精进、静虑、智慧。"八正道"包括正确见解、正确思维、正确语言、正确行为、正确生活、正确努力、正确动机和正确的心神专注。八正道又可归结为"三学",即戒、定、慧。佛教要求教徒恪守上述的行为方式和行为规定,从而从生死此岸到达涅槃彼岸。

二、 佛教的中国化过程

佛教在中国的传播与被接受,与中国特定的社会状况、学术思潮及佛经的翻译密切关联。佛教于两汉之际由西域传入中国内地,当时正值东汉谶纬神学和黄老学说盛行之时,佛教也被误读为神仙方术的一种,用以祈福消灾、助人长生,影响并不广泛。自东汉末到魏晋,社会动乱,苦难丛生,佛教教义以人生苦难为基本命题,迎合了部分社会成员要求摆脱苦难、寻找精神寄托的需求。两晋时期,玄学盛行,并成为学术思想的主流。玄学尚无为,重自然,对人生无常有着深刻的体认。玄学讲"无",般若学讲"空",玄学与般若学有其相通之处。在两晋玄风大畅的背景下,佛教广泛流传于社会上层。魏晋南北朝佛家教义的流行可分为两个阶段,前期以般若学为主,用"空观"看世界,认为一切事物和现象都是空幻不实的。后期以涅槃学为主,主要讲如何成佛、成佛的依据以及成佛的阶段等。

魏晋时中国僧侣和文人名士用玄学思想和语言来解释佛教般若学,这种方法被称为"格义"。汤用彤先生解释说:"格,量也。盖经中国思想比拟配合,以使人易于了解佛书之方法也。"[1]格义的流行,一方面消除了中印思想的隔阂,在义理上融会了本土的玄学与外来的宗教,另一方面又使般若学不同程度地成为玄学的依附。魏晋时在宣传般若学的过程中相继出现了六个学派,即所谓"六家七宗"。格义派援玄入佛,有助于中国人士初步理解般若经学,但它损害了般若经学的本意,因而僧睿说"六家偏而不即",意谓六家偏离了佛教原意。东晋后期

---

[1] 汤用彤:《汉魏两晋南北朝佛教史》上册,第168页,中华书局,1988。

被誉为"中国玄学大师"的僧肇撰《肇论》，对"六家七宗"进行了总结性批判，他忠实地阐发了佛教空宗关于"空"的理论，以有、无统一的学说，与玄学以有、无为本、末对立的学说相区别。这不仅标志着佛教哲学已经以独立的形态出现在中国的论坛上，即由依附玄学到发展玄学，同时也标志着外来的佛教哲学最后融汇于中国哲学的漫长历程的开始。

佛经在中国的翻译起步于汉明帝时摩腾、竺法兰所译的《四十二章经》。魏晋南北朝时期，佛经的翻译十分兴盛，仅魏至东晋的200年间，译出的经典就达702部，1493卷。这时期的佛教领袖大多为翻译大师。如释道安整理汉译经典，撰写了中国第一部"经录"。鸠摩罗什在义学僧人的辅助下，翻译佛经达300多卷，其中的《中论》、《百论》、《十二门论》、《维摩诘经》、《法华经》、《大品般若经》、《小品般若经》、《金刚经》等，都是重要的经论著作。再如真谛在中国时正值兵乱，他于颠沛流离中译出百余卷经论，形成中国佛教的重要义学派别。这些佛经译师不仅精通佛学，而且深谙玄学、儒学等中国学术。他们通晓梵语和汉语，将翻译视为崇高的事业，苦心孤诣，精益求精，忠于原著，译文流畅，在中国翻译史上留下了浓重一笔。

南北朝的统治者大都提倡佛教，佛教因此盛行南北。大体上说，南朝偏重义理，深研涅槃学经义，对佛性、涅槃、渐悟、顿悟等问题都有深入的探讨。南朝崇佛但不排斥儒、道，主张调和儒、释、道三教。如梁武帝为加强统治而主张三教同源同流。陶弘景虽是南方道教的重要人物，但兼崇佛教，他将佛教轮回转生等学说引入道教，朱熹认为其《真诰》、《甄命篇》就吸取了佛家《四十二章经》的思想。北朝崇佛则偏重修行实践，所以尤重禅法，舍身出家的人也远多于南方。南朝信佛多建寺院，北朝信佛则多造像建塔，佛教建筑的遍布南北，表明佛教在民间拥有众多的信徒。

佛教从传入中国起就开始了中国化的历程，从起初视佛教为中国的道术，到用玄学的眼光看待佛教，由依傍玄学到超越玄学并补充玄学。玄佛合流中又包含了一定的佛道交融与佛儒会通。其间相继出现的道安、慧远、鸠摩罗什、僧肇、道生等著名僧侣，将印度佛教的宗教世界观和修行理论与中国的本土文化和习俗心理相结合，提出了许多有别于印度佛教的中国佛学理论，从而为隋唐时期建立中国佛教宗派打下了基础。

佛教发展到隋唐臻于鼎盛，政治上的南北统一使南北佛教得以统一。朝廷虽以儒学为治国之本，但也允许道教、佛教、伊斯兰教、景教等多元并立，这也为中国佛教自立宗派提供了条件。隋唐时期出现的佛教宗派有天台宗、三论宗、法相宗、华严宗、律宗、禅宗和净土宗等。这些佛教宗派不仅学说不同，而且代表着不同势力和不同利益的宗教集团。诸派中因禅宗和净土宗简便易行，所以信仰者众多，流布也最为广泛。

禅宗为中国佛教所独创，被视为佛教中国化的典型，故禅宗又被称为"中国禅"。禅是"禅那"的简称，汉译为"静虑"，意思是静中思虑，一般叫"禅定"。该宗因主张用禅定概括佛教的全部修习而得名,又由于自称"传佛心印"而称"佛心宗"。惠能是禅宗的创始人,惠能以后禅宗又分为五个支派。

禅宗的理论主要有四:第一,主张人人皆有佛性,求佛不假外求,而应直指心性,即到自己内心去找,"即心即佛","见性成佛"。第二,主张顿修顿悟,认为佛性本有,心性本净,无须渐修渐悟,只要顿悟本性,即可"立地成佛"。这种自悟具有豁然开朗的特性,所谓"万古长空,一朝风月","忽遇风吹云散,上下俱明,万象皆现"。第三,提倡不诵经义、不习禅定的简易修持方法,摆脱经典教条和繁琐仪式的束缚,不重偶像崇拜,而尚单传心印,要求个人专注在一法境上一心参究,以期证悟本自心性,这叫"参禅"。第四,主张即事修行,修行无须出家,"若欲修行,在家亦得,不由在寺",所谓"悟在刹那间"、"悟在担水砍柴间"。不主张脱离日常生活寻觅佛性,而认为禅境存在于日常的生活实践中。显然,禅宗的创建是中国佛教史上的一次带有根本性的变革,繁琐的佛教修行经改造而简便易行,从而使佛教进一步中国化。禅宗讲顿悟成佛,秉承了中国传统的注重直觉与顿悟的思维方式;讲人人都有佛性,人人都能成佛,与中国儒学"人皆可以为尧舜"的人性论学说相契合;禅宗破除了偶像和佛经的权威,混同了出世间与世俗间的界限,在一定程度上消解了佛教的神圣性,与中国文化和谐、包容而世俗的品格相契合,这些都是中国佛教能够与本土的儒学与道教在相互排斥的同时又相互吸收的内因之一。

中唐以后,佛教势力的增长加剧了与儒学及道教的矛盾。安史之乱引发的政局变化激发起士人的文化正统意识,韩愈等学者力倡儒学,排斥佛、老。佛教寺庙经济的发展还触犯了世俗地主的利益,而且影响到国家的财政收入。因此,唐武宗于会昌五年(845)采取灭佛措施,佛教开始由鼎盛趋向衰落。但是,在下层民众中佛教仍得到继续发展。

进入宋、元、明以后,理学成为中国封建社会后期的主流,理学的最大特点是儒、佛、道"三教归一"。一些佛教学说经儒学化而被摄入理学的思想体系中。如佛性论讲人皆有佛性,有佛性者皆能成佛,理学讲心性,主张去欲存理,成贤成圣;佛教讲"止观"、"定慧"的宗教修持,理学讲"主敬"、"立诚"的伦理实践;佛教以"空观"看世界,理学将其改造为人伦物理的"实有"之道。宋明理学援佛入儒,既表明佛教的进一步中国化,同时也表明三教合流已成为历史趋势。

历史上,佛教还先后传入中国的少数民族地区,其中藏传佛教俗称喇嘛教,是中国佛教的一支,主要传播于藏族、蒙古族等地区。喇嘛为藏语,是"上师"的意思,是对僧侣的尊称。公元7世纪,松赞干布在他的两个妻子尼泊尔公主尺尊和唐文成公主的影响下,信奉了佛教。他派遣大臣到印度学习梵文和佛经,回来后创造了藏语文字并开始翻译佛经。公元8世纪时,天竺僧人寂护、莲花生等到西藏传播显宗和密宗两系佛教。公元9世纪,赞普朗达玛禁止佛教流传。及至公元10世纪后期,在吐蕃新兴封建领主的倡导下,佛教以喇嘛教的形式得以复兴。喇嘛教在佛教教义的基础上,吸收了藏族原有的苯教的一些神祇和仪式,从而形成具有自身特点的藏传佛教。主要教派有格鲁派(黄教)、宁玛派(红派)、噶举派(白派)、萨迦派(花派)等。在西藏,藏民普遍信仰藏传佛教,并创造了灿烂的藏传佛教文化。矗立于青藏高原的藏传佛教寺院和藏式佛塔庄严伟丽,具有鲜明的民族风情。唐卡(卷轴画)是著名的藏传佛教艺术品,题材广涉佛教、藏族历史、天文地理、吉祥图案等,是了解西藏的"百科全书",艺术上布局紧凑,笔法精细,四周镶以锦缎,装饰考究而典雅。此外,卷帙浩繁的西藏僧侣的著述,或注疏佛教经典,或阐释佛教教义,或以史笔记录藏传佛教的历史,或以说唱的形式表现佛经故事,是研究藏传佛教的珍贵的历史文献。

三、 佛教对中国文化的影响

印度佛教的传入与佛教的中国化过程,是中国历史上中外文化的第一次大规模交流与融合。佛教对中国文化的影响不仅反映在宗教方面,也反映在哲学、伦理、文艺、建筑诸领域。中国化佛教形成之后,又向日本、朝鲜、越南等周边国家传播,从而促进了彼此间的文化交流。

佛教对中国传统哲学,尤其是宋明哲学影响很大。例如华严宗的"理事无碍"论认为,理在一切事物中,每一个事物都包含着理,事有分限,理则无分限,二者相互依存,交融无碍。这一学说对朱熹创立"理一分殊"论有着直接的启发。朱熹认为:"理只是这一个,道理则同,其分不同,君臣有君臣之理,父子有父子之理。"[①]同样强调总合天地万物的"理"只是一个,尽管分而言之,每个事物都各有一个"理",但是千差万殊的事物都是那个"理一"的体现。又如,朱熹的"一旦豁然贯通"的修养论,脱胎于禅宗的"顿悟"说;陆九渊强调本心的"自作主宰"学说,吸收了禅宗"佛性在心中"的思想;王守仁的"心外无物"说,源于禅宗的"心性生万物",等等。因而许多学者指出,理学是"儒表佛里",心学是"阳儒阴释"。中国传统哲学吸收了佛教思想以后,提高了理论思辨水平,佛教哲学也成为中国传统哲学的重要组成部分之一。

在伦理道德方面,中国佛教既承袭了印度佛教戒律中所包含的伦理精神,又逐步接受了源于儒学的忠孝仁义等道德价值取向,从而丰富了中华道德规范。第一是孝道论。中国佛教将佛家之戒与儒家之孝融会贯通,宣扬戒孝合一。这不仅表现在来华传教的僧人在翻译佛经时删除与孝亲观不符的内容,而且反映在中国佛教学者在撰写论著时力求会通佛教道德观与儒家孝亲观。佛教学者契嵩曾著《孝论》12 章,以推尊孝道。农历七月十五日本是中国古代祭祖的中元节,自佛教传入后,与佛经故事"目连救母"相结合,演变为佛教节日盂兰盆节,佛事活动与民间孝行相联系,宗教节日呈现讲孝行孝的伦理色彩。第二是慈悲观。佛教慈悲观包括利他与平等两个方面。利他的具体实践是布施,大乘佛教更将普度众生视为利他的终极目标,将其称为"菩萨之道"。这种慈悲为怀、关爱他者、尊重生命、善待自然的精神,与儒家倡导的"仁

---

① 朱熹:《朱子语类》卷 6,中华书局,1986。

者爱人"、"老吾老以及人之老,幼吾幼以及人之幼"等伦理观都具有共通性。第三是善恶观。佛教认为善的道德基础是自尊、如法和利生。儒家视仁义礼智为善的内容,尽管内涵不尽相同,但都主张去恶扬善,而且道德修养的途径也颇为相似,即主张向主体心性寻求道德的完善。第四是因果报应。自佛教因果报应、轮回转生等思想传入中国后,与中国传统的鬼神崇拜结合,在民间产生了广泛的影响。因果报应思想转化为道德约束力,在中国传统社会成为民众恪守伦理道德的重要精神支柱之一。

佛教对中国古典诗歌也有着重要的影响。南北朝时期佛教大盛,佛经转读与文人对诗歌声律的研究相结合,发现了四声的规律。将四声规律运用到文学创作中,便诞生了永明声律说。永明声律说讲求平上去入四声的对称以及错综之美的声调,它为唐代近体诗的形成,奠定了理论和创作上的基础。自禅宗创立以后,佛教以禅入定、由定生慧,进而进入物我冥合的"无我"之境的思维方式,对诗人的创作产生了不可低估的影响。王维等深受佛教影响的诗坛大家,习惯于把宁静的自然作为凝神观照、息心静虑的对象。如王维《终南别业》:"行到水穷处,坐看云起时"二句,写坐看时无思无虑的直觉印象。诗人以净心对外境,在静极生动、动极归静、动静不二的万物色相中悟解禅意,意与境合,神与物融。中国的山水诗由早期的巧为形似,发展到"搜求于象,心入于境,神会于物,因心而得"①的意境创造,与禅宗的影响密不可分。禅宗还影响了唐以后的诗歌评论,如宋代严羽诗学思想的核心是"妙悟说",妙悟即脱胎于佛家的"妙谛"。妙谛也就是直观顿悟,严羽以禅喻诗,正借以说明诗歌创作中的艺术直觉。

佛教对中国通俗文学的影响也很广泛。唐代流行的变文、俗讲等说唱俗文学,均植根于宣扬佛教教义的深厚土壤。变文中的不少作品敷演佛经故事,俗讲则均取材于佛经,形式上说唱配合,说为散文,唱为七言,散韵相间,语言通俗。宋元以后,由变文又发展出宝卷这一佛教俗文学样式。佛教对于小说、戏曲的影响也是多方面的,首先表现在佛教为其提供了丰富的创作素材。如宋元话本中的《大唐三藏取经诗话》、明代长篇小说《西游记》,均取材于唐三藏玄奘赴西天取经的故事。其次是对古代小说、戏曲的立意的渗透。如《红楼梦》向人们昭示了一个带有佛教色彩的哲理:人生和社会永远处于无法摆脱的命运悲剧之中,正如《好了歌》所云:"世上万般,'好'便是'了','了'便是'好';若不'了',便不'好';若要'好',须是'了'。"贾宝玉的出家,正是对人生悲剧有了充分感悟后,所作出的解脱的选择。又如《长生殿》通过李隆基、杨贵妃的爱情悲剧,突出了"情缘总归虚幻"的主题;《桃花扇》的结局是主人公侯方域、李香君在劫后重逢后彻悟出家,其思想旨归是,人在命运面前总是被动和无奈的,人既然无法改变命运,那么远离凡尘、出家入道就是必然的选择了。

---

① 王昌龄:《诗格》卷上,《格致丛书》本。

图 3-2-1 敦煌莫高窟

中国化的佛教为中国艺术宝库增添了夺目的光彩。佛教艺术广涉音乐、绘画、建筑、雕塑诸领域。佛教音乐是佛教寺院在各种法事活动、节日庆典中所使用的音乐。佛曲从西域传入后,中国僧人将梵音佛曲加以改编或新创,形成融汇中外的宗教音乐。佛教音乐的旋律以远、虚、淡、静为特色,是中国民族音乐的组成部分之一。佛教绘画在中国绘画史上也有着重要的地位。隋唐佛教臻于极盛,寺观、石窟大量兴建,为佛教壁画的创作提供了条件。因寺观大多毁损,故壁画留存很少,但石窟大都保存完好,石窟内壁画向世人展示了精妙绝伦的盛世华彩。敦煌莫高窟壁画场面宏大,色彩富丽,线条飘逸自如,人物栩栩如生,面部表情多呈安详之状,形神兼备,体现了高超的艺术造诣。佛教雕塑在中国雕塑史上留下了大量的艺术精品。从敦煌、云冈、龙门石窟到遍布各地的大小寺庙,佛像、菩萨像、天王像及罗汉像等琳琅满目,千姿百态。其中有石雕、玉雕、木雕或泥塑,大到耸立如山的巨刻,小至不及拇指的微雕,形神各异。大体上说,中国佛像中的释迦佛像体态稳重健壮,面容宁静亲切,略含笑意,头上有高出的肉髻,一般衣饰简朴,衣纹处理轻盈流畅。菩萨的地位仅次于佛,其形象庄严慈祥,面部轮廓优美饱满,衣饰表现多华贵而恬静。天王像多身穿甲胄,面容威严,在中国寺庙中,四天王手中分别持剑、琵琶、伞、蛇等物,以象征风调雨顺。罗汉像各有姓名,面貌各异,神态也极为丰富生动。

寺院、塔、石窟等佛教建筑起源于印度,传入中国后,融入了中华文化的因素。例如佛教寺院从总体布局到建筑形式,都合乎中国传统建筑的形制,其等级规则几乎也与其他建筑类型相同。至于常见的硕大的斗拱和平展的屋檐,也都体现了中国建筑的精髓。塔在梵文里是坟冢的意思,曾被译为"浮图"、"浮屠"、"窣堵坡"等。"塔"是个后起字,"塔"的造字形象地表现出中国塔的造型综合了汉代楼阁和印度窣堵坡的特点。中国佛塔最典型的形式是多层楼阁式塔,塔刹高耸,象征佛的至高无上。舍利子藏入地宫,一依中国"墓"的形制,人可沿梯逐层而上,每层有廊有栏,以供游赏远眺,宗教建筑中融入了世俗的人情色彩。

第四节 道教与中国社会

道教是中国本土的宗教。在中国长达 2000 年的封建社会中,儒家思想一直是官方提倡的带有宗教色彩的正统思想,道教则带有鲜明的民间宗教的色彩。与世界上其他宗教不同的是,道教不是由教主所创立的宗教,而是广泛吸纳中国古代巫术、方仙道、黄老道等,由众多民间教团组织融合而成。道教的成熟与佛教的传入中国几乎同时，而且几乎同步地在中国发展，最终形成儒、道、佛三者鼎足而立的局面。道与佛的区别之一为前者本土，后者外来，道教始终植根于中国社会。道与儒的区别之一为前者在野，后者在朝，道教不似儒学具有鲜明的官方政治色彩。道教对中国文化的影响主要表现在传统科技文化、民俗信仰以及文学艺术等方面。

一、 道教的起源与发展

道教形成于汉代，其思想来源远承中国原始社会以来的自然崇拜和鬼魂崇拜，近接谶纬神学，可谓杂而多端。

原始巫术和宗教是道教的来源之一。基于万物有灵的观念，人因病昏迷被认为魂不附体，于是产生招魂术；得疾病被认为邪疠缠身，于是有了傩鬼驱疫术。步入文明社会后，早期巫师曾惯用的咒语、祈禳、镇邪、驱鬼、降神等巫术在民间仍然长期遗存，并被道教直接吸收。

神仙传说和方士方术是道教的来源之二。在道教的神谱中，除创始人太上老君和晚出的神仙，大多在西汉初期已经定型。传说中的神仙被认为形同常人但长生不死，具有飞升等神通。战国以后，神仙崇拜盛行，据《史记·秦始皇本纪》载，秦始皇曾遣齐人徐福及"发童男女数千人，入海求仙人"。方士们为迎合长生不死的社会心理，专事神仙方术。神仙思想成为道教重要的思想资源，神仙崇拜也构成了道教信仰的核心。

谶纬神学和阴阳五行学说是道教思想的来源之三。东汉光武帝迷信图谶，阴阳术数之学与谶纬之说因此盛行于社会。推崇象数的学者杂糅阴阳、五行、八卦、天干、地支、二十八宿星象等，对天人关系的认识笼罩在浓重的神秘气氛中，为道教的孕育与产生提供了合适的社会土壤。

道家哲学是道教思想的来源之四。道家是学派，道教是宗教，但二者之间有着直接的渊源关系。西汉初期黄老之学流行，黄指黄帝，老即老子。黄老之学的核心是清静无为，道教在此基础上形成出世的心性修养理论。《老子》一书论及的"长生久视之道"的养生论，《庄子》中神人"不食五谷，吸风饮露，御飞龙而游乎四海之外"的神仙家言，都被道教所吸收。

由于道教的形成是建立在广泛吸收原始宗教、谶纬神学、阴阳五行学说，以及道家和儒家的部分思想内容的基础之上的，所以，道教的神学思想体系十分庞杂。经过长期的酝酿，至东汉末年形成了以神仙信仰为核心、以长生久视为人生目的的道教，其形成的标志就是由张角、张道陵分别创立的太平道和五斗米道。

太平道奉《太平经》为主要经典，以"中黄太一"为至尊天神，通过为人治病等方式宣传教义。太平道在创立后的 10 余年间，发展信徒数达 10 万，遍及青、徐、幽等 8 州。《太平经》中崇尚均平的思想被该道所借用,宣称"苍天(刘汉皇朝)已死,黄天(农民理想的政权)当立",发动了声势浩大的农民起义。起义军"皆着黄巾为标帜",故称"黄巾军"。起义失败后,太平道的传播也湮没无闻。

张道陵创立的五斗米道因入道者需交五斗米而得名,教徒尊张道陵为"天师",故又名"天师道"。该道以老子的《道德经》为主要经典,奉老子为教主,尊称"太上老君"。张道陵死后,其子张衡继续传道,影响渐大。张衡死,其子张鲁承父祖之业传道,并在地方军阀和信徒的支持下割据汉中,建立了政教合一的地方政权,统治汉中近30年,后降曹操。魏晋以后,该道不仅在民间继续发展教徒,而且影响及于上层贵族士大夫,书法家王羲之、画家顾恺之等都曾信奉五斗米道。及至南北朝,名门望族中的不少人士都是天师道的信徒。游历名山,采药炼丹,诵经礼拜,一时成为名士风尚。

早期道教的理论简单而粗放,相比之下,佛教教义则体系严密,且立论有据,鉴于此,东晋南北朝的道教学者致力于理论上的去粗取精,综合充实。东晋葛洪著《抱朴子》一书,其"内篇"20卷整理、充实、阐述了以往道教学派的主要理论,从宇宙观、本体论等层面论证了神仙长生思想,并对战国以来神仙方药、鬼怪变化、禳邪却祸、养生炼丹等各种祭祀仪式、禳除手段、养生和求仙活动作了总结,使之规范化和条理化,奠定了道教仪式的规矩。在该书"外篇"50卷中,他还提出了道儒双修的主张,援儒家纲常名教入道。早期道教经改革,已发展成比较纯粹的宗教性的道教。

南北朝时,北魏道士寇谦之改革旧天师道,创立了北天师道,在道教内部构建了等级制组织,以迎合封建政权的组织原则,北天师道在北方得到了官方的认同。南朝道士陆修静创立南天师道。他曾广集道经,加以整理甄别、考订校对,鉴定其中经解、方药、图符等1228卷,分为"三洞真经",从而奠定了《道藏》的初步基础。他还编撰《三洞经书目录》,为现存最早的一部道藏书目。他又制定了道教的斋戒仪范,逐步完善道教组织。陶弘景也是南北朝时期南方道教的重要人物。史称陶弘景"性好著述",对天文、历算、医学、药物学都有精深的研究。陶弘景著述丰富,所撰《真诰》、《登真隐诀》、《真灵位业图》等,是研究道教教义的重要经典。他虽于中年后隐居不出,但国家每有凶吉征讨大事,无不向他咨询,故有"山中宰相"之称。随着道教在东晋后趋于定型和广泛传布,形成了与佛教互争雄长、彼此抗衡的局面,道教和佛教最终成为封建政权的两大神学支柱。梁武帝就兼崇佛、道二教。陶弘景则将儒道互补的处世观作为自己的处世原则,身处山中却参与朝政,出世与入世矛盾统一。他还调和佛、道,在其道教理论中融入了佛教轮回转生等学说,成为融通调和儒、佛、道三家的先驱。

唐宋两朝的统治者都提倡和扶植道教,道教进入全面发展的繁荣时期,其教理也不断深化。唐朝统治者因老子李耳与己同姓,尊老子为唐宗室"圣祖",规定道第一,儒第二,佛第三,奉道教为官方宗教。各地纷纷兴建道教宫观，据晚唐五代杜光庭统计，全国所造道观近2000所，道士人数虽难确考，但数量之多，应是空前的。唐代许多文人士大夫与道教关系密切，或迷恋于炼丹和服食丹药，或寻奇览胜，求仙访道，或研究数理，勤于著述。由于国家统一，道教内部的南北派别交流融通，这都有助于道教理论的完善。唐朝迄于北宋，涌现了不少著名的道教学者，如唐代的孙思邈、成玄英、王玄览、司马承祯、吴筠、施肩吾等，五代时的杜光庭、闾丘方远，北宋时的陈抟、张伯端等。他们的著述不仅丰富了道教理论，而且促进了医学、药物学、养生学及哲学等的发展。在三教调和的思想文化背景下，道教的发展呈现出新的特色，道教的养炼和儒家的修身、佛家的禅定相沟通，神仙的形象也淡化了超世、不死、飞升等超然色彩，被世俗化为带有人文色彩的高蹈自由的化身。

唐宋以后，在北方有金大定七年(1167)王重阳创立的全真道，该道主张敦品励行、修心养性的渐修教化，以三教合一为特色。全真道的教理既符合宋代新儒学的精神，又与禅宗北宗的渐修主张相近，加之其弟子丘处机深得成吉思汗的重视，全真道遂成为影响最大的一个教派。元代另一个主要的道教宗派为正一道，它由长期融通后的南、北天师道及其他宗派合流而成。此后的道教宗派正式分为全真、正一两大教派。全真道重内修，信奉该道的道士须出家；正一道重符箓，信奉该道的道士可以不出家。明代对道书的整理也很重视，明正统和万历年间编纂的正、续《道藏》共收道书1476种，多达5485卷，这都有助于道教经典的保存和传播。明代中叶以后，随着资本主义的萌芽，以长生久视为人生目标的道教趋于衰落。进入清代以后，统治者采取重佛抑道的政策，疏远并断绝了道教与封建皇室的联系，道教因此进一步走向衰落。但是，道教的斋戒超度、符咒驱邪、祈禳福祸、导引推拿等迷信和养生活动，则渗透到民间世俗生活中，成为民俗信仰的一部分。

二、道教的基本信仰

道教的来源和内容虽然庞杂，但其教义信仰、修持方术、制度仪式等都围绕着神仙信仰这一核心。一元论宇宙观与多神信仰、出世精神与在世功德、内修与外炼等，都是道教信仰的基本内容。

第一，神学创世论与多神信仰。道教继承了道家"一生二，二生三，三生万物"的宇宙观，以"道"为创世主。本来，道家将"道"视为世界万物的本源和独立存在的客观实体，它是人们无法感知的虚无，无象、无声、无形、无迹，无法用明确的概念表达，正如《老子》所言："道可道，非常道；名可名，非常名。"道教接受了道家关于宇宙生成演化的理论，将道家所说的"道"改造成有人格意志的至上神，称作"大道"，宣称老子就是大道的化身，此即太上老君。老子的生平故事经道教神秘化的虚构编造，编创出自宇宙之初到秦汉以后，太上老君开天辟地、化形降世、辅助帝王、传经授戒、教化生民的系列故事,此即道教的"创世纪"。被人格化了的"道"是早期道教的首尊。在其后道教的发展和传播过程中,自原始宗教以来流传在中国社会的天神、地祇、人鬼、仙真等被大量吸纳入道教信仰中,加上许多新创的神仙,从而建立起由数目众多的神仙所组成神仙系统。例如,葛洪就糅合秦汉以来宇宙生成思想、古史传说和浑天说等,塑造出三清尊神,此即玉清元始天尊、上清灵宝天尊和太清道德天尊,从此,三清尊神成为道教的至尊神。三清统御众天神,三清之下是四御,四御中居于首位的就是玉皇大帝。尽管玉皇大帝在民间被视为至上神,但在道教的神谱中,其地位在三清之下。位居四御之后的还有日月星诸神和四方之神等。这些神仙广居于浩渺天空、海上仙山或洞天福地。此外,众多的道教俗神也长期流行于民间,为民众所信仰与供奉,其中有雷公、电母、雨师等自然神,以及禹王、关帝等英雄神和文昌帝君等文化神,还有护佑家庭或本地安全的城隍、妈祖、土地神和灶神等。

尽管道教所信仰的神仙为数众多,庞杂不一,但其一元宇宙观和多神信仰的特点还是比较鲜明的。其一,至上神的名号虽然与时变化,但它为"道"的化身是不变的。"大道"生成宇宙及万事万物,这是道教最基本的教义。其二,太上老君是创世主,这是道教徒的基本信念,同时他们又崇拜其他各类神仙,从而构成道教的多神信仰。其三,与人世间的严分等级一样,道教神谱中的众仙也有等级划分。如陶弘景所撰《真灵位业图》所列神仙430余位,均排列位次,等级显然,这是儒家等级伦理思想被吸收融入道教神谱的反映。其四,神仙所以肉体、精神两不灭,是因为修得道果。"德"即得道,成仙得道正是由神仙信仰而派生的道教人生目标。

第二,炼形养生与心性修养。道教信仰既以神仙信仰为核心,那么能否长生成仙便成为得道与否的重要标志。关于得道的方法,道教分为炼形养生与心性修养两个方面。炼形养生又可分为炼外丹与炼内丹两种。所谓外丹是指以铅、汞等矿物(有的还掺入草木药)为原料,用炉鼎烧炼而成的"金丹"、"仙丹"一类的丹药。唐宋前道教徒热衷于烧炼和服食外丹,企盼长生不死,但往往事与愿违。于是唐宋时内丹术开始流行,内丹术是在呼吸、导引等炼形养生术的基础上发展而来的。它主张以人体为"炉鼎",以人体内的精、气、神为"药物"。修炼的方法包括:收心习静的精神修炼;以服气法为基本功的呼吸修炼,认为"胎息"即鼻无出入之气的境界是呼吸修炼的最佳境界;气之吐纳在前、肢体屈伸在后的导引和拳术修炼。此外还有辟谷术、房中术,等等。内丹修炼术集合静功、服气、导引、辟谷、房中等诸种养生说,主张按照逆宇宙生成的方向进行修炼,所谓"归三为二,归二为一,归一于虚无",即通过长期修炼,可以炼精化气到炼气化神,最终达到炼神还虚,此即成仙得道的境界。道教的修内丹学说,既包含了中医脏腑经络学说的某些成分,又不无宗教神秘主义的色彩。

除炼形养生外,道教还主张心性修养,其方法主要有修持守一法等。道教认为修持守一之法,"可以度世,可以消灾,可以事君,可以不死,可以理家,可以事神明,可以不穷困,可以理病,可以长生,可以久视"。① "一"就是生成宇宙和万物的"大道","守一"要求人们摆脱外物引诱和情欲纷扰,心性纯一,使自己的德性与自然相契,从而到达合于自然的"真人"道德境界。所以道教伦理以纯真、本然、宁静、无为、合乎自然为善,以智巧、文饰、追求欲望满足等为恶。如果说,形气修炼为生命的修炼,那么心性修炼则是精神的修炼。从晚唐五代起,"形神双修"或"性命双修"渐成潮流,成为道教修炼的重要法则。要之,习静、守一、理身、修炼、积善,合构成道教修炼学说的总体。

三、道教与中国文化

道教是中国传统文化的重要组成部分,它与传统科技、文学、艺术及民俗文化等有着密切的联系。

道教医学以内丹术为主要内容,内丹术从理论和实践两个方面,丰富了中国传统医学的宝库。理论上的贡献之一是对人体中的气、气化、气血、经络等的探索。道教医学总结了气与血之间的关系,将其概括为"气为血之师"、"血为气之母"。气能生血,推动血液流动,气虚则血虚,补气可以治疗血虚。气又靠血得以运行,血旺则气足,血少则气衰,气与血相互依存,相互影响。经络的功能是运行全身气血,经络不通就会导致人体气血运行受阻。其中所包含的整体思想、气血循环思想、固本培原思想,都是中国医学的基本思想。理论上的贡献之二是养命与养性理论。传统中药学有一种按照养命和养性来进行药物分类的方法,大凡补养类药物,其作用是"养命以应天","多服久服不伤人";而兼具补养和攻治功能的药物,其作用是"养性以应人",有些有毒,有些无毒,所以要斟酌使用。理论上的贡献之三是道教医学道德观。道士中曾涌现了不少著名的医生和医药学家,其治病和著述大多以医德自律。如孙思邈的医学代表作是《千金要方》和《千金翼方》,书名所以冠之以"千金",在于"人命至重,有贵千金,一方济之,德逾于此"。《肘后备急方》的作者葛洪也指出:"为道者以救人危,护人疾病,令不枉死为上功。"在道教看来,治病救人就是求道,而求道的过程也就是行善与积德的过程。

在医疗方法方面,道教医学在长期的临床实践中,摸索出一整套方药、针灸、推拿、食疗等医术。在养生手段方面,道教总结出一整套调息、按摩、导引、行气等养生术。如气功的渊源之一是道教的静功和服气法,据科研人员用现代科学方法对气功的研究,气功能影响血液循环系统,可双向调节脑血流量,练功能改变微循环,通过调息,使呼吸深长细匀,以强健体魄。

道教的外丹术,既有助于深化对药物性质的认识,也推动了制药学的发展。晋代以后,含有多种药物成分的膏剂大量出现,并逐渐成为中医外科的主药。炼丹术又是中国古代化学的滥觞。炼丹术在从金属矿物提取药物的过程中,观察到各种物质在特定条件下的物理和化学

---

① 《太平经·附录》,上海古籍出版社,1993。

反应,并能按照固定的操作程序炼制出某种具有特定形式和结构的物质。李约瑟在《中国古代科学思想史》中,曾用相当大的篇幅集中讨论道教的炼丹术,一方面指出炼丹术中所包含的宗教神秘主义,一方面肯定了炼丹实践对于传统科技的贡献。他指出:"道家能把他们的理论付诸实行,所以东亚的化学、矿物学、植物学、动物学和药物学,都渊源于道家。"①长期的炼丹实践为中国古代化学积累了丰富的经验知识,然而,对于这些经验知识的描述和总结却是玄虚而神秘的,这也使炼丹术最终未能脱离神秘主义的窠臼。

道教与中国传统音乐、绘画、建筑和造像也有着密切的联系。道教音乐主要用于斋醮仪式,它包含了独唱、吟唱、齐唱、鼓乐、吹打乐和器乐合奏等多种音乐形式。曲式和情调着意表现神仙意境,或庄严神圣,或飘渺悠扬,或欢乐轻快,或优美恬静。道教音乐虽为宗教音乐,但它吸收包容了宫廷音乐和民间音乐,其中的一些曲调还从道观流向民间,如流行于陕西、山西的道情调、流行于浙南地区的大词,即由道乐衍生而来。

道教绘画也自成特色,其创作题材以神仙为主。神仙画注重画面气氛的渲染,例如相传北宋武宗元所绘的《朝元仙仗图》,画面上诸神众仙徐徐行进,朝觐至尊,人数众多但形貌神情各有不同,行云流水般的线条勾画出稠密多褶的衣纹;临风飘举的幡旗伞带、舒卷自如的五色祥云,渲染出道教宗教画特有的庄严神圣、飘然欲仙的氛围。道教版画随着民间信仰的需求,在明代以后得到长足的发展。其内容多为门神、财神、土地神、灶神、福禄寿星等,从形式、构图到技法都洋溢着浓郁的民族特色。

道教建筑称为"道观",大多坐落于幽谷深山之中。道观的平面布局深受中国庭院式民居的影响,中轴对称,数重进深。大宫观前或立有八角形石柱,浮雕多为浮云,门前有雄雌石狮各一,以示威仪。道观内以三清殿为主殿,供祀太上老君一气化三清之像。与一般的中国建筑相比,道观更注重风水,其选址多在蔚然深秀的幽山清水之间,崇尚清虚而幽静,所以道观在文化意蕴上别具清幽的特色。

道教对中国古代文学的影响也是多方面的。道教的流行,直接促成六朝志怪小说的繁荣。鲁迅在《中国小说史略》中说,巫多说鬼,方士多谈炼丹和求仙,秦汉以后,其风日盛,到六朝并未止息,所以志怪小说繁荣一时。其中著名的有张华的《博物志》、王嘉的《拾遗记》、刘敬叔的《异苑》、干宝的《搜神记》等。这些小说在内容上多以记述神仙方士、鬼魅妖怪、异域奇物为主,反映了明显的宗教神鬼思想。正如干宝所言,他的《搜神记》主要辑录神仙鬼怪故事,其意在于"发明神道之不诬也"。唐代传奇承续六朝志怪而来。因此,唐传奇中的部分作品仍未离搜神志怪的传统。如《古镜记》以古镜的灵异为线索,连缀了十几个降魔伏怪的故事。《任氏传》写

---

① 李约瑟著,陈立夫等译:《中国古代科学思想史》,第43页,江西人民出版社,1990。

由狐精幻化的美女任氏与贫士郑六的邂逅相爱。《柳毅传》写书生柳毅由为龙女传书到与龙女相恋。《枕中记》写卢生遇道士吕翁，一场黄粱梦后，幡然醒悟而入道，后来道教将其改造成吕洞宾入道的故事。问世于明清的大量神魔小说，则往往表现了神仙济世的主旨。神魔小说的作者多把神仙塑造成"道"的外化形象，他们以救护众生为职责，施行道义，拯救万物众生。他们或化解人世间的自然灾难和社会灾难，或度人为仙，助人弃世就仙，或斗魔治妖，扶正除邪。这类道教济世主题在《西游记》、《铁树记》、《韩湘子全传》、《飞剑记》、《封神演义》、《咒枣记》等神魔小说中均有表现。道教倡导的修仙与救济结合、利人与利己相通的伦理思想，经小说家出神入幻的奇妙构思，得到了形象化的表现。

道教对中国古典诗歌的最直接影响是游仙诗。以"游仙"为诗名，始于曹植的《游仙诗》。魏晋时游仙诗的创作蔚成风气，涌现出郭璞等写游仙诗的大家。梁代萧统编《文选》，"游仙"已单列为古诗门类之一。游仙诗在内容上可分为两类，一是表达求仙长生之意，一是借游仙寄托人生感慨。及至唐代，随道教的蓬勃发展，不少诗人深受道教神仙思想的影响。例如，李白少年时代起就喜好道教神仙之说，并与名道士多有交往。在其创作生涯中，写下不少充溢着神仙思想和飘逸之情的诗作，《梦游天姥吟留别》中写道："洞天石扉，訇然中开。青冥浩荡不见底，日月照耀金银台。霓为衣兮风为马，云之君兮纷纷而来下。虎鼓瑟兮鸾回车，仙之人兮列如麻。"李白追求自由，向往仙境，通过对仙境和神仙生活的描绘，表现睥睨世俗的精神，以神仙的遗世独立，表示对污浊现实的反抗，李白也因此得到"谪仙"的称号。道教的流行促使一部分文人远离尘世，回归自然，从而促成了山水诗的繁荣。诗人们以虚静空明之心观照自然，着意创造极富韵外之致的意境和冲淡高古的风格。李白的《独坐敬亭山》云："众鸟高飞尽，孤云独去闲。相看两不厌，唯有敬亭山。"王维的《辛夷坞》云："木末芙蓉花，山中发红萼。涧户寂无人，纷纷开且落。"这种境界，既是禅境，也是道境。诗人在无言之中，便把高人的节操、逸士的风神、幽人的意趣，投射到大自然的山水草木之中，这种境界，正是禅与道共同追求的"物我同一"的境界。

道教还广泛地渗透到民俗文化中。千百年来，道教俗神一直是民间信仰和供奉的神祇。对于城隍、土地爷、灶君、门神、财神等道教俗神的崇拜，几乎遍及各地，渗透到千家万户。仅就财神而言，民俗信仰中就有文财神和武财神之分，且名目多样。文财神中民间多供奉财帛星君和福禄寿三星。财帛星君白面长髯，锦衣玉带，左手托元宝，右手展卷轴，上书"招财进宝"。福禄寿三星中"禄星"为财星，但按道教信仰，长寿为福，故民间除禄星外，还要供奉福、寿二星。武财神为赵公明，此神铁面虬髯，手执金鞭，本为仙炉守护神，明代起民间将其作为财神供奉，职守也转化为"迎祥纳福"。按民俗信仰赵公明有招财、进宝、纳珍、利市的神通，相传正月初五为该神诞日，故民间盛行于该日的子时放鞭炮迎财神的风俗。其他如春节前贴门神、灶马、桃

图3-2-2 上海城隍庙

符、钟馗等,这类民俗也源自道教。

宗教是一种历史现象和社会现象,在中国古代特定的社会文化条件下,宗教呈现出较为鲜明的自身特点。

第一是兼容性。中国文化兼容并包的传统,使中国社会能够兼容不同的宗教文化,从而形成本土和外来多种宗教长期并存、互相融通的格局。西汉以后,中国传统思想文化的发展趋向已基本定型。佛教由传入初期的被冷漠,到渐受注意并发展繁荣的过程,即是外来宗教与中国本土文化相互碰撞、相互兼容的过程。道教孕育和产生于本土,在其后的发展中,既吸收儒家的忠孝伦理思想,又融摄佛教的轮回报应观念。儒家讲修身养性,禅宗讲明心见性,道教讲性命双修,从而在超乎一般意义之上达到了兼容和互补。在民间,多神信仰也是长期存在的一个社会现象。历史上,中国所接纳的外来宗教除佛教外,还有伊斯兰教和基督教。伊斯兰教于7世纪中叶传入中国,当时信仰该教的波斯人和大食人到中国经商或定居,在广州、泉州等地建造了清真寺,进行宗教活动,伊斯兰教开始在中国逐渐传播开来。中国的回、维吾尔、哈萨克、塔塔尔、塔吉克、柯尔克孜、乌孜别克、东乡、撒拉、保安等10个少数民族,几乎全民都信仰伊斯兰教。景教作为基督教的一个派别,早自唐初即传入中国。元顺帝时,中国政府与罗马教皇建立了联系,互派使节,进行访问。明代后期,天主教耶稣会士利玛窦等到中国传教,他们结交天下名士,传播科学知识,以汉文写作传教书籍,天主教在中国一度得到迅速的发展。

第二是宗法性。在宗法封建制的制约下,中国古代宗教也体现了一定的宗法性色彩。佛教本有"沙门(佛教徒)不敬王者,不拜父母"的规定,后经宗法伦理观念的改造,变为礼事君王,孝养双亲,使之与宗法社会相协调。佛教中固有的悲观厌世思想也被淡化,而突出其因果报应、轮回转世的学说,从而把积善积德的伦理规范纳入宗教实践中。道教虽然具有东方文化神秘主义的特性,但是道教一直主张出世精神与在世功德统一、炼形养生与心性修养并重,这也符合宗法社会内圣与外王结合的传统。道教的神仙系统等级明晰,显然是宗法等级制的宗教化反映。

第三是王权高于神权。中国历史上,佛、道二教一度繁荣鼎盛,但并未出现神权超越王权的局面。宗教始终依附于王权而存在,并接受政府的管理。根据马克思·韦伯的论断,"任何一种以其理性的(伦理的)要求而与世界相对立的宗教,都会在某一点上与世界的非理性处于一种紧张状态"。基督教新教即是如此,而与之相反,"在儒教的伦理中,看不到存在于自然与神之间、伦理要求与人的缺点之间、罪恶意识与救赎需要之间、尘世的行为与彼世的报答之间、宗教义务与社会政治现实之间的任何紧张性"。① 在中国传统社会,封建王权以儒学为思想文化的正统,同时又受容不同的外来宗教,并允许不同的宗教多元并存,这表明,佛教与道教等并未对一元化的专制政体构成威胁;外来宗教曾对中国社会产生过广泛的影响,但它并未取代中国文化,也无损于中国本民族文化的独立性格。事实上,佛、道等宗教一方面以虚空出世或长生久视来迎合世人寻求精神寄托、企盼长生成仙等愿望,一方面又用普济众生、修德积善来弥补礼教法制上的某些缺漏。当然,它们毕竟带有虚幻而神秘的色彩,因此不可能成为中国传统社会思想文化的主流,而只能作为儒家文化的补充。它们更不可能凌驾于王权之上,成为左右政治的国教。

关键词

原始宗教	自然崇拜	鬼魂崇拜	图腾崇拜	生殖崇拜	正统宗教
郊祀	天道观	天命	君权神授	天人感应	谶纬神学
天理论	缘起论	四圣谛	般若学	涅槃学	禅宗　顿悟说
佛教哲学	佛教伦理	永明声律说	以禅喻诗	变文	俗讲
佛教音乐	佛教壁画	佛教雕塑	寺院	塔	道家　道教
神仙传说	方士方术	黄老之学	太平道	五斗米道	北天师道
南天师道	全真道	正一道	《道藏》	创世论	多神信仰
外丹术	内丹术	心性	修炼	道教医学	道教音乐
道教绘画	道观	志怪小说	游仙诗	道教俗神	

思考与讨论

1. 原始宗教有哪些表现形式和基本特征?
2. 从殷商到周朝,人们的宗教观发生了怎样的变化? 就宗教信仰而言,如何理解王国维所

---

① (德)马克思·韦伯著,洪天富译:《儒教与道教》,第265页,江苏人民出版社,1993。

说的商、周间的变革,"是旧文化废而新文化兴"?
3. 儒学是不是宗教,学术界历来有着不同的看法,试就此谈谈你的看法。
4. 孔子的天道观是否具有理性主义的色彩?试对此作简要分析。
5. 为什么说儒学发展到董仲舒已被神学化了?
6. 宋代理学中是否也包含了带有宗教色彩的内容?试举例说明。
7. 为什么说缘起论是佛教最基本的世界观?其主要观点有哪些?
8. 简述佛教人生观的基本内容。
9. 何谓"禅宗"?其主要理论是什么?为什么说禅宗的创立标志着佛教的进一步中国化?
10. 佛教对中国文化的影响是多方面的,任选一个角度,对此作简要说明。
11. 道教的来源杂而多端,在其酝酿和形成过程中,主要采纳了哪些本土的思想文化资源?
12. 从东汉末年迄于明清,道教的发展经历了哪几个阶段?
13. 简述道教的基本信仰。
14. 任选一个角度,阐述道教与传统科技、文艺及民俗文化之间的联系。
15. 在中国特定的社会条件下,历史上的宗教表现出哪些基本特点?试作论析。

拓展阅读

1. 《中国佛教史》,任继愈主编,中国社会科学出版社,1981,1985,1988。
2. 《中国道教史》,傅勤家著,商务印书馆,2011。
3. 《中国佛教与传统文化》,方立天著,中国人民大学出版社,2010。
4. 《隋唐佛教史稿》,汤用彤著,北京大学出版社,2010。
5. 《道教与中国文化》,葛兆光著,上海人民出版社,1987。
6. 《中国宗教通史》,牟钟鉴、张践著,中国社会科学出版社,2007。
7. 《佛教常识答问》,赵朴初著,上海辞书出版社,1999。

思维导图

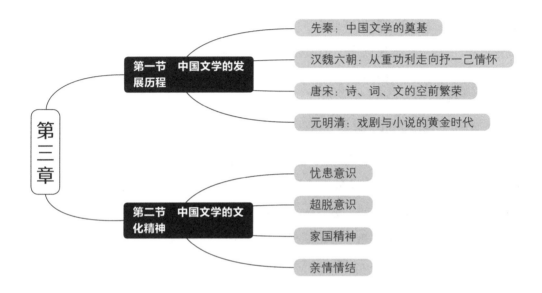

第三章 文学

中国文学源远流长,代有高峰,名家辈出,佳作纷呈。如果说,一部史书记录了民族的发展史,一部学术史记录了民族的头脑,那么,一部文学史就是民族的心灵史。每个民族都有形成于特定的自然条件和社会状况下的思维习惯、认知方式、思想传统和审美取向,反映到文学创作和理论批评中,便形成本民族文学的文化精神和艺术特色。解读文学遗产,揭示其精神特质,是为了传承优秀的民族精神;揭示其艺术特色,是为了认识中国文学艺术美的总体风貌。

第一节 中国文学的发展历程

决定中国文学发展进程的主要因素,是文学自身发展的规律。中国古代文学体裁多样,仅以韵文为例,就包括了诗、词、曲等多种形式。诗歌以句式言,有四言诗、五言诗、七言诗、杂言诗等;以体裁言,有楚辞体、乐府体、歌行体、绝句、律诗等。一种文体从萌芽、发展到成熟的过程,是艺术经验不断积累、对表现手法不断探索和创新的过程。而且不同文体在发展过程中彼此借鉴,吸收提高,由单一到多元,终成异彩纷繁的局面。文学的发展还要受到外部因素的制约,社会的治乱、朝代的更替、新的学术思潮的兴起、不同地域的文化特色及其交汇融合等,都会对文学的发展产生影响。

一、先秦:中国文学的奠基

中国是一个诗的国度,在文字产生之前,已有了口耳相传的歌谣。如《吴越春秋·勾践阴谋外传》中记载的《弹歌》"断竹,续竹,飞土,逐宍(肉)",以二言的古朴形式,表现制造弹弓和猎取禽兽的劳动生活情状,可视为原始歌谣的存留。神话传说也是原始时代的文学形式,"女娲补天""后羿射日""鲧禹治水""黄帝战蚩尤"等神话,有情节,有情感,想象奇异,贯穿着为人生的主题。歌谣、神话等文学形式,标志着中国文学的发轫。殷墟甲骨卜辞的发现,表明商代中期已产生了文字。甲骨卜辞及铸刻于青铜器上的铭文,不少文句已带有文学意味,可视为中国散文的雏形。而第一部历史散文集《尚书》的问世,则表明古代散文已经形成。

早期的诗来自民间,多数为集体创作,经采集删订,诞生了中国第一部诗歌总集《诗经》。《诗经》中的305篇诗歌,创作于西周初年至春秋中叶的500年间。根据音乐的不同,分为风、雅、颂3个部分。风是地方乐歌,有15国风。雅是正声雅乐,有《大雅》《小雅》之分。颂是宗庙祭祀的乐歌,分为《周颂》《鲁颂》《商颂》。《周颂》30篇具有较高的史料价值。《国风》和《小雅》中的多数作品反映了广阔的生活图景,或表达对社会政治的看法,或宣泄人生的感慨,或歌咏爱情,或描写农事。例如《王风》中的《君子于役》,就浓缩了当时人民苦于繁重徭役的普遍性的生活体验。周平王东迁以后,战争频仍,征人远离乡井,久历戎行;妻子不仅持家操劳,而且独守空房。丈夫戍役,音书阻隔,归期茫茫,妻子盼望夫归,相逢无望而又思念难已,于是唱出了凄婉动人的怀人之歌:"君子于役,不知其期。曷至哉?鸡栖于埘,日之夕矣,羊牛下来。君子于役,如之何勿思!"诗歌截取的虽然只是日常生活中极平凡的一个片断,但它植根于现实生活。《诗经》所体现的写实精神,奠定了后世文学发展的基础。《诗经》的写作艺术,对后代文学最具影响的是赋、比、兴。赋就是直接铺叙陈述,如实描绘所咏之事。比即比喻,有明喻,如"首如飞蓬"、"中心如醉"等,有隐喻,如"硕鼠硕鼠,无食我黍",能形象地刻画人物或表达事理。兴就是起兴,即从眼前所见的景象或别的事物写起,引出所要歌咏的对象。如《关雎》以"关关雎鸠,在河之洲"起兴,引出"窈窕淑女,君子好逑"。《诗经》产生于2000多年前,当时尚无严格的韵律,它用韵自由灵活,出自天籁,脱口成韵,纯任自然,读来却朗朗上口。

  战国后期,在楚地风俗和楚地歌谣的土壤上产生了以屈原为代表的楚辞。屈原的代表作是《离骚》,这是一首宏伟的自叙性抒情长诗。诗中塑造了纯洁俊美、独立不屈的抒情主人公形象,美政理想、爱国情感、坚韧品格和批判精神水乳交融,集于一身。艺术上先叙禀赋纯美,修德进业,继写追求理想,上下求索,终以理想破灭作结。强烈的抒情与奇幻的想象结合,深沉地展示了作者的心路历程。诗中比兴丰富多彩,喻象和喻体交融合一,构成较为完整的象征体系,此即"香草美人"的比兴象征手法,成为后代诗人常用的一种创作手法。《九歌》是一组颇具特色的祭神歌曲,寄托着屈原的身世之感和规讽之意。楚人信神,常举行大规模的降神、祭神、娱神的歌舞仪式。屈原长期受到南楚巫风的影响,在巫歌巫舞以及楚人创造的许多优美神话中吸取养料,创作了以天神、地祇、人鬼为主人公的祭神之歌。诗中神性和人性统一,意境清新幽缈,极富奇特瑰丽的楚神话色彩。《诗经》与楚辞,一为集体创作,一为个人的独立创作;一以四言为主,一以六言、七言为主,句法参差灵活,多用"兮"字;一写实,具有朴厚之美,一浪漫,体现了瑰奇变幻之美。文学史上"风骚"并称,二者分别开创了中国古典诗歌写实与浪漫的创作传统。

  散文也是最早的文学样式。先秦散文分为诸子散文和历史散文两类。春秋战国学派林立,百家争鸣,著述、讲学的言论和说辞纷纷出现,其中影响深远的是儒、墨、道、法四家。春秋末至战国初的《老子》和《论语》篇章短小,多为语录,但言约而意丰,警策而耐人寻味。《墨子》文风质朴,以逻辑严密见长。战国中期的《孟子》和《庄子》开始摆脱语录体,往往是长篇大论。《孟子》说理畅达,气势充沛,富于雄辩的力量。《庄子》想象奇特,寓言丰富,思辨与奇幻融于一体。战国后期的《荀子》和《韩非子》论题集中,说理透彻。《荀子》敦厚严正,法度井然;《韩非子》词锋锐利,富有峻峭犀利的锋芒。与诸子散文相辉映的是以记言或记事为主的历史散文。

《左传》、《国语》、《战国策》中的优秀篇章,长于将历史事件故事化和情节化,人物性格鲜明突出,场面和细节描写生动传神。尤其是《左传》对战争的叙写,往往注重叙述双方战前的谋划,描写战争场面简洁生动,对后世的叙事文学,特别是小说的创作积累了经验。《战国策》多记纵横家的游说之辞,铺张辩丽,夸饰恣肆,对西汉的政论文和大赋有着直接的影响。先秦哲人和史家留下的成就斐然的遗产,既是哲学的、史学的,也是文学的。诸子散文和历史散文这两大文类,虽非现代意义上的纯文学作品,但其与时代紧密结合的写作精神,说理、记事、写人的写作技巧,奠定了后世议论、记叙等文体的基础,具有思想和艺术上的双重魅力。

二、汉魏六朝：从重功利走向抒一己情怀

秦统一中国后,结束了国家长期分裂的局面,文化也进入统一的进程。汉武帝定儒学于一尊,政治和思想的大一统促成学术领域经学的高度发达。经学的发达又赋予文学以功利的目的。《诗三百》被尊为"经",楚辞的评论依"经"立义。散文方面,汉初文人承续战国策士遗风,又值王朝新立,主要是与治国相关的政论,代表作家有贾谊和晁错。其文针对现实问题而发,据实设论,切实中肯,铺排渲染,颇具战国策士的纵横之风。东汉的王充、桓谭、仲长统诸家,多清议时政,发愤指弊,为文崇实尚用,同样体现了重功利的倾向。代表两汉散文最高成就的是司马迁的《史记》。司马迁本着"究天人之际,通古今之变,成一家之言"的著史理念,以人为经,以事为纬,开创了以人物为中心的纪传体通史的编写体例。从文学的角度看,叙事艺术和写人艺术是《史记》最主要的文学成就。作者对史料作了精巧的剪裁和安排,综合运用"互见法",以及典型场景、细节、人物言行和心理描写等手法塑造人物形象。《史记》中共写了4000多个人物,上至帝王将相,下及商贾农夫,其中有许多性格鲜明的典型。项羽的勇武粗豪、刘邦的权谋无赖、李广的骁勇善战、蔺相如的机智大度、荆轲的侠义壮烈、信陵君的礼贤下士等,无不栩栩如生。《史记》刻画人物的高超技巧、谋篇布局的别具匠心、语言的非凡表现力,都对后世叙事散文起了示范作用。

赋是汉代高度繁荣的文学样式。赋脱胎于楚辞,是一种介于诗、文之间的文体。早期的赋因体制与楚辞相类,称为骚体赋,贾谊是骚体赋的代表作家,所作《吊屈原赋》等以浓情质实取胜。枚乘的《七发》开创了大赋的体式,而把大赋创作推向高峰的是司马相如、扬雄等赋家。司马相如的《子虚赋》《上林赋》,极写帝王苑囿之盛、田猎之乐。扬雄的《蜀都赋》从苑囿、田猎发展到描摹都市、京邑的繁华,开文学史上京都赋的先河。其后如班固《两都赋》、张衡《二京赋》等,都是大赋中同类题材的代表作。汉代大赋多以歌功颂德为宗旨,讽谏的意味十分薄弱,所谓劝百讽一,曲终奏雅。艺术上以铺叙描摹、夸饰渲染、空间极度排比、语言繁富华丽为特征。其壮大的气势和丰富的想象,是大一统王朝国势强盛的反映。而从汉初骚体赋的浓情质实到

大赋的丧失自我情感,则是大赋创作以功利为目的的反映。东汉中后期,随着社会矛盾的日益激化,一种抒写个人怀抱和情志的抒情小赋开始流行,张衡的《归田赋》、赵壹的《刺世疾邪赋》等,一反大赋的铺张扬厉,形制短小,情感浓郁,标志着赋的创作倾向的重大转变。

两汉诗歌中最具价值的是乐府诗和《古诗十九首》。至迟在西汉武帝时,就设立了掌管民间歌乐的机构,名为"乐府"。魏晋以后,人们把乐府演唱的诗歌及文人拟作的作品称为"乐府",于是,"乐府"又成为诗体的名称。汉代乐府诗大半散佚,今仅存约百篇,其中民歌约40首,是两汉乐府中的精华。汉代乐府民歌承接《诗经》"国风"的写实传统,反映了社会生活的各个方面。有的倾诉生活艰难困顿,如《东门行》、《妇病行》;有的抒发厌战情绪,如《十五从军征》、《战城南》;有的表达对真挚爱情的向往和婚姻的不幸,如《上邪》、《孔雀东南飞》等。《汉书·艺文志》称汉代乐府民歌"感于哀乐,缘事而发",表明民间创作不尚功利,因事起意,其喜怒哀乐之情,出自肺腑。《诗经·国风》和楚辞多为抒情诗,汉乐府主要是叙事诗,而且叙事富有故事性和戏剧性,长于通过人物的对话和行动,让人物自身出场来展开故事,即使篇幅短小的作品,也善于选择生活矛盾中的某个侧面来集中描述。句式以五言、杂言为主,语言质朴浅白,体现了诗歌艺术的进一步发展。

产生于东汉末年的《古诗十九首》是文人五言抒情诗成熟的标志。作者都是漂泊蹉跎的下层文士,离情别绪、人生失意和无常之感,构成了这组短诗的基本内容。值得注意的是他们面对社会动荡、游宦无门,开始重新认识人生。"荡涤放情志,何为自结束","服食求神仙,多为药所误。不如饮美酒,被服纨与素"。他们检讨追求功名、企盼永生等传统的人生价值取向,认为享受当下生活的快乐才是有价值的人生。这表明,随着东汉末年大一统政权的趋于瓦解,儒学已开始失去束缚人心的力量,文学也开始摆脱经学附庸的地位,走向抒发一己之情志。与汉代乐府民歌的长于叙事不同,《古诗十九首》长于抒情,感情自然纯真,写来则含蓄委婉,具有涵咏不尽的艺术效果,刘勰《文心雕龙·明诗》概括其艺术特色及其地位说:"婉转附物,怊怅切情,实五言之冠冕也。"

从建安到南北朝,文学进一步摆脱功利的制约,获得独立的发展,开始进入自觉的时代。人们对文学的各种体裁有了比较细致的区分,对不同文学体裁的风格特点有了比较清晰的认识,而且对文学的审美特性有了自觉的追求。文学从广义的学术中分化出来,成为独立的一个门类,地位不断提升。曹丕在《典论·论文》中指出:"文章盖经国之大业,不朽之盛事。"到刘宋文帝元嘉年间,立儒、玄、文、史四馆,文学成为一种官学,已与儒学并列了。

汉末魏初,"世积乱离、风衰俗怨"的社会现实,激发起士人建功立业的雄心,也引发士人感叹生命短促和人生多艰。这一时期以曹操、曹丕、曹植父子为核心,加以孔融、王粲、阮瑀、刘桢等"建安七子"和女诗人蔡琰,在中国诗歌史上第一次掀起了文人诗歌的创作高潮。建安诗歌反映了社会的动乱残破,表露了渴望建功立业、统一天下的壮志,重视自我,珍视生命,注重个性的张扬,形成慷慨任气,以悲凉为美的风尚,文学史上称之为"建安风骨"。曹操的诗歌以乐府古题写时事,古直沉雄,长于四言诗,其《蒿里行》、《短歌行》、《步出夏门行》等都是传诵千古的名篇。曹植的诗不仅内容丰富充实,个性色彩鲜明,而且辞藻华美,对仗工整,音韵流畅,被誉为"骨气奇高,词采华茂"。王粲是"建安七子"中成就最高的作家,所作《七哀诗》、《登楼赋》等抒情真切,主观色彩浓烈。蔡琰的《悲愤诗》艺术地再现了惨痛的人生遭遇,感情描写和心理刻画真实细腻,字字血泪,深挚感人,堪称汉末动乱年代的史诗。

魏晋之交,政治的变故与玄学思潮的流行,使正始诗歌呈现不同于建安梗概多气的风貌。阮籍诗以哲理观照人生,深刻反映了人生悲剧,表现手法上多用比兴、象征和典故,因而显得意蕴深沉,清逸玄远。嵇康着意创造诗化的人生境界,表现向往自由、心与道冥的理想人生,诗风清远隽秀。

西晋国家归于统一,"民和俗静,家给人足",诗人因此缺少了理想和激情,形成儿女情多、风云气少、追求繁缛的太康诗风。在此创作主潮中,左思和刘琨继承建安诗风,或抒怀才不遇的悲愤,或写慷慨报国的志向,笔力雄健,别具一格。左思《咏史》八首开创借咏史以咏怀的先例,成为后世咏史诗效法的范例。

永嘉南渡后的300余年间,文学一直沿着张扬个性的方向发展。东晋玄言诗一度流行,其后田园诗和山水诗相继兴起。陶渊明的田园诗不仅在中国诗史上开拓了一个全新的表现领域,而且创造了平淡自然但情味极浓的冲淡之美。他以亲切自然的笔调描绘恬美的田园风光,歌咏躬耕劳作、饮酒抚琴、读书赋诗、走访乡邻等种种情趣,在看似不经意中,表露了自己于世事无所争、无所求,心与自然冥合的人生理想。他的诗又有"金刚怒目"的一面,创作风格多样。陶渊明的散文和辞赋数量不多,但境界淡泊高远,是其人格和志趣的生动写照。晋宋之际,诗坛最重要的变化是玄言诗的告退和山水诗的兴起。谢灵运是中国诗歌史上第一位有成就的山水诗人,山水在其诗中已上升到审美的层次,其后的谢朓又将山水诗发展到情景交融的境地。谢朓还与沈约等探索诗歌语言的声韵音调,创立了讲究平上去入四声错综与对称之美的永明声律说,为唐代近体诗的形成奠定了基础。

南北朝时南方诗风以清绮见长,北方诗风以刚健取胜,能够融南北诗风于一体的是由南入北的庾信,他的《拟咏怀》27首内容质实,格调苍劲,技巧精工,对唐人的影响最为直接。南北朝也是乐府民歌发达的时期。南朝民歌主要有"吴歌"和"西曲",分别产生于首都建业(今南京)一带和长江中游及汉水两岸。大多是情恋之歌,体制多为五言四句,格调鲜明清新,婉转缠绵。北朝民歌题材广泛,诸如北国风光、游牧生活、爱情婚姻、战争和尚武精神等,都有描写和反映。北朝民歌语言质朴,格调刚健豪迈,代表作《木兰诗》与南朝民歌《西洲曲》堪称南北朝乐府民歌的双璧。

魏晋南北朝散文也有显著的成就。建安魏晋时期的散文,一改汉代散文的经学气息,注重抒发情怀,言之有物。曹操的散文清峻通脱,简洁平易。曹丕、曹植为文,开始讲究辞采骈偶。正始时期阮籍、嵇康的散文,不仅重抒情,重文采,而且个性鲜明。阮籍的《大人先生传》写名教中人,绘声绘色;嵇康的《与山巨源绝交书》,幽默嘲讽中见恣肆奔放。东晋散文受玄言诗的影响,文采趋于平淡,王羲之的《兰亭集序》及陶渊明的《桃花源记》、《五柳先生传》等,都是风格清淡、情旨高妙的佳作。南朝出现了骈文这一讲究对偶、用典、声律、辞藻的骈体文。赋则由大赋、抒情小赋发展出骈赋,用典绵密、语言绮丽、对偶精工、声韵和谐是骈赋的艺术特征。骈文与骈赋刻意追求均衡对称的美文风采,内容贫乏者居多,但也有传诵人口的佳构,鲍照的《登大雷岸与妹书》、《芜城赋》,江淹的《别赋》,丘迟的《与陈伯之书》,孔稚珪的《北山移文》,庾信的《哀江南赋》等,均为文质兼美的杰作。在骈文与骈赋兴于南朝文坛的同时,北朝文坛郦道元撰著《水经注》、杨衒之撰著《洛阳伽蓝记》,前者对山川之美作了深动描绘,后者记叙洛阳佛寺,饱含沧桑之感和兴亡之念。

魏晋南北朝又是中国小说史上的重要时期,出现了大量的志怪小说和轶事小说。志怪小说专记神怪灵异和民间传说,以干宝的《搜神记》最为著名,部分作品赞扬美好品格和正义精神,曲折地反映社会现实。轶事小说以刘义庆的《世说新语》为代表,描述魏晋风度和名士风流,笔墨简约生动,隽永传神,对后世的笔记小说影响深远。

这时期文学创作的繁荣和文学意识的趋于自觉,又推动了文学批评和文学理论的长足发展。曹丕《典论·论文》、陆机《文赋》、钟嵘《诗品》、刘勰《文心雕龙》的相继问世,填补了建安前中国文学理论未成体系的空白,为后世文学理论奠定了坚实的基础。其中尤以《诗品》和《文心雕龙》堪称文学理论批评巨著,前者是五言诗的专论,对建立中国的诗歌批评理论,具有开创性意义;后者体大思精,对文体、文学创作和文学批评等都作了系统的论述。

三、唐宋:诗、词、文的空前繁荣

中国古典诗歌发展到唐代,进入空前繁荣的全盛时期。不但名家辈出,佳作如林,而且题材扩大,内容丰富,创作方法多样,诗歌体裁成熟完备,风格流派异彩纷呈,这都使唐诗呈现百花竞放、争奇斗艳的可喜景象。

唐诗有近300年的历史,根据不同阶段的发展趋向和主要特点,可分为初、盛、中、晚4个时期。唐朝建立后的90余年通常称为初唐。这是唐诗的开创期,即诗人由最初承袭齐梁诗风,到变革旧习,走出自己新的发展之路的时期。初唐前期诗风呈宫廷化倾向,随着号称"初唐四杰"的王勃、杨炯、卢照邻、骆宾王和沈佺期、宋之问、陈子昂等相继登上诗坛,使唐诗开始由宫廷走向社会，由艳情转向现实。"四杰"对题材有所拓展，奠定了五律的基础，发展了七言歌行。沈佺期、宋之问总结了齐、梁以来诗歌声律的经验，为五、七言律诗的定型作出了贡献。陈子昂倡导"风雅兴寄"和"汉魏风骨"，在理论和实践上都体现了鲜明的革新精神。与此同时，刘希夷、张若虚进一步发展了七言歌行体，刘希夷的《代悲白头翁》、张若虚的《春江花月夜》，语言清新优美，韵律宛转和谐，写景抒情的手法十分纯熟。

图3-3-1　李白

图3-3-2　杜甫

从唐玄宗即位到代宗大历初年的半个世纪为盛唐时期，这是唐诗跃登顶峰的鼎盛期。诗人们以独具个性的表现手法，反映了唐王朝由极盛开始走向衰落。盛唐出现了两大诗派，一是以王维、孟浩然为代表的山水田园诗派，他们师承陶渊明和谢灵运，熔铸两家的特色并有所发展，以洗练含蓄、清新自然的笔墨，描绘田园的风情意趣、山水的壮美清幽，使山水田园诗呈现"诗中有画"的境界。二是以高适、岑参为代表的边塞诗派，他们或描写雄奇的边塞风光和艰苦的军旅生活，或反映军中的矛盾不平和征夫思妇的离愁闺怨，慷慨报国的英雄气概和不畏艰苦的乐观精神是其基本特征。除两大诗派外，李白与杜甫双峰并峙，为唐诸名家中最杰出的代表。李白诗歌多描绘大好河山，抒写个人理想与现实的矛盾，以豪迈的气概、奔放的热情、高昂的格调，真诚袒露粪土王侯、傲视礼法及追求自由的心灵。其诗想象卓异神奇，感情奔放炽烈，语言真率自然，风格豪放飘逸。杜甫的大部分诗歌忧国悯时，流露出真诚感人的仁者襟怀和爱国热忱，其诗以精确描绘社会生活画面为特征，长于写实，抒情诗善于融情入景，歌吟动地，沉郁顿挫。李白与杜甫的辉煌成就，使其成为一代诗仙和诗圣。

唐代宗大历年间到唐文宗大和年间，史称中唐。这是唐诗衰而复兴的时期。前有大历十才子享誉诗坛，艺术上沿袭盛唐余绪，注重文辞修饰，但已难现大气磅礴的盛唐气象。中唐后期名家比肩接踵。以白居易、元稹为中坚的新乐府诗派，写下大量赋咏新题材、运用新语言、标以新诗题的新乐府,对社会弊端有广泛揭露,诗风通俗平易。白居易的长篇叙事诗《长恨歌》、《琵琶行》是脍炙人口的杰作。与元、白诗风迥异其趣的是以韩愈、孟郊等为代表的韩孟诗派,他们尚古拙,求奇险,标榜"陈言务去",以文为诗,另辟蹊径,形成奇崛险怪的风格特色。此外,刘禹锡、柳宗元、李贺等都是独树一帜的诗人。柳宗元的山水诗境界空旷孤寂,风格冷峭清远。刘禹锡的咏史诗议论精辟,识见独到;民歌体诗饶有婉转悠扬的民间情调。李贺诗以出人意表的想象、奇特不凡的构思、瑰丽富艳的语言别开境界。

唐亡前70余年史称晚唐,这是唐诗发展的夕阳返照时期。这时期的杜牧、李商隐极负盛名。杜牧长于七绝,多以唱叹有情的笔调,发警策隽永的议论,柔中寓刚,给人以俊爽之感。李商隐长于七律,尤其是《无题》诗,使事典雅,对仗工整,语言富丽精工,创造出一系列优美生动的形象,意境深邃迷离,成为古典诗坛上的一丛奇卉异葩。

词是合乐歌唱的新诗体,随着城市经济的繁荣和燕乐的流行而兴起于唐。敦煌曲子词是现存最早的民间词,大都具有感情真挚、朴素清新的民间文艺特色。中唐以后,文人填词渐成风气。到了晚唐,涌现出一批以填词为主的文人词家。温庭筠是第一个专力填词的大家,其词设色华艳,造语工丽,组织绵密,善于借景物表达隐幽的感情。五代时,西蜀和南唐成为词的创作中心。西蜀词以花间派为代表,词风香艳。南唐词以冯延巳、李璟、李煜为代表,李煜突破了词以写艳情闺思为主的窠臼,将词发展为歌咏人生、反映心灵痛苦的抒情文体,"眼界始大,感慨遂深,遂变伶工之词为士大夫之词"。①

散文创作在唐代也出现繁荣景象,《全唐文》收作者3000多人,作品18400余篇,可见有唐一代的创作盛况。从初唐起,文体和文风的改革已在酝酿之中,即改骈体为散文,变绮靡为质实。中唐韩愈、柳宗元提倡古文运动,主张"文以明道","不平则鸣",言之有物,文从字顺,开创了作家自由抒写的文风。韩、柳散文不仅内容丰富深刻,而且艺术上各有特色。韩文或庄或谐,语汇丰富,句式结构灵活多变,以散句为主,间杂骈俪句法,读来流畅自然,朗朗上口。柳文以寓言和山水游记见称,寓言大多独立成篇,借物讽人,意在言外;山水游记绘景生动,情寓景中,为古代山水游记之冠。唐末社会极度黑暗,针砭时弊的小品文应运而生,主要作家有皮日休、陆龟蒙、罗隐等,所作小品文大多针对某一问题集中论析,或借题发挥,或纵笔直陈,短小精悍,意尽言完。

唐人传奇的成就也引人注目,唐代传奇是唐人用文言写的短篇小说。它的出现,将中国小说从六朝的单纯记述民间传说、宗教神话及历史人物生活片断的狭小天地,引向反映社会的人情世态、揭露社会矛盾、歌颂进步的生活理想的广阔道路。艺术上有人物形象的塑造,有引人

---

① 王国维:《人间词话》,人民文学出版社,1960。

入胜的情节和比较完整的结构,有环境气氛的烘托和典型情节的描绘。《南柯太守传》、《枕中记》、《霍小玉传》、《柳毅传》、《李娃传》、《莺莺传》等,都是唐人传奇名篇。

宋代文学呈现自己独特的风貌,特别是词的繁荣,成为宋代文学的标志。宋代诗歌在唐诗跃登顶峰后,另辟蹊径,开出自己的一片天地。首先,北宋时的积贫积弱和南宋时的民族危机,使宋诗缺乏唐诗那种恢弘开廓的气象,较少充满青春气息的浪漫歌唱,更多采用写实手法,痛陈国事,沉郁悲愤。因此,宋诗具有较明显的政治色彩,体现了诗人关心时政的忧患意识。其次,宋诗和唐诗相比,也有创作风格的不同。大体上说,唐诗善于言情,即使说理也多以抒情的方式出之,以情韵取胜;宋诗则多喜说理,尚议论,以理趣见长。唐诗多以强烈的激情去感受生活,重视感受和情思的直接抒写,显得浑厚博大;宋诗多以冷静的态度去体察客观事物,"以才学为诗",喜用典实,书卷气较浓,显得委婉精深。唐诗语言流丽;宋诗则往往把散文的章法、句法带入诗中,结构手段、描写方法和语言风格具有散文化倾向。

北宋诗坛影响最大的诗派是以黄庭坚为代表的江西诗派。该派提倡"点铁成金"、"夺胎换骨",着意探索诗歌作法,喜好押险韵,用僻典,造拗句,作硬语,变唐人的奔放为内敛,变兴象玲珑为瘦硬生新。王安石、苏轼同为北宋有成就的诗人。王安石罢相后所作的抒情写景小诗,构思新颖,含蓄婉转,清新爽丽,具有很高的艺术造诣。苏轼既有关涉国计民生的政治诗、托事以讽的讽谕诗,也有大量的山水诗和风俗诗。其山水诗多直取眼前之景,捕捉瞬息万变的山容水态,予以传神的描绘。南宋诗坛以陆游、杨万里、范成大最为著名。陆游兼擅各体,七律成就尤高,多数篇章表达鲜明的爱国主题,写实与浪漫兼具,或雄浑奔放,或沉郁悲愤,或清新明丽,风格多样。杨万里多从大自然觅取素材,启发诗思,即兴成章,语言活泼,立意则新颖灵妙,自成独特的风格,人称"诚斋体"。范成大作有《四时田园杂兴》60首,描写江南农村生活的各个方面,形象鲜明,意境清新,因此获得"田园诗人"的称号。宋元易代之际,文天祥等遗民诗人抒写报国志、爱国情、亡国恨,为宋诗奏响了忠愤悲怆的尾声。

词在宋代臻于鼎盛。北宋前期代表作家有晏殊、晏几道、欧阳修、柳永、苏轼等。晏殊词多写士大夫宴游嘉会以及对良时易逝、欢乐无多的感慨,艺术上善于借景物烘托闲雅的气氛。欧阳修词具有深婉含蓄和清新明晰两种风格,其描写风光景物的词,绘景如画,情感深挚,显得婉曲情深。柳永通晓音律,大量创作篇幅较长、结构复杂、音调繁复动听的慢词,一改中唐迄于宋初以小令为主的局面。其词长于铺叙,语言平易,加之多写都市风光、男女恋情和羁旅之感,迎合了市民阶层的情趣,因而传播甚广。苏轼开拓了词的题材和意境,使词无意不可入,无事不可言。他率先打破传统的婉约风尚,开创了豪放词风。他的豪放词恢弘豪迈,纵放不羁,亢爽劲健,极富激荡人心的力量。北宋后期词坛名家有秦观、贺铸、周邦彦等。秦观词题材虽然不外传统的相思恋情、离愁别恨,但艺术上由密丽的描写发展到清新的抒情,由大量的铺叙发展到长于比兴,寄托深微,形成婉约词中清疏一流。周邦彦是集北宋婉约词之大成的作家,其词音律精审,声韵谐美,结构曲折跌宕,语言典雅精丽,善于即景抒情,南宋格律派词人大多在艺术上受到他的熏染。

1126年的靖康之变,唤起南渡词人的普遍觉醒。反映民族矛盾和由此引发的和、战之争,成为词创作的普遍主题。李清照南渡后的作品不仅深刻表现故国之思和身世之感,而且感情色彩浓烈,艺术上善于运用铺叙、白描、移情于物等手法,语言清新朴素,音节自然谐畅,雅俗共赏。张元幹、张孝祥词忠愤填膺,上承苏轼,下开辛弃疾。南宋最杰出的词人当推辛弃疾,他将一腔爱国情怀寄诸词章,创造出雄奇阔大和瑰丽奇伟的意境。他的农村词也颇具特色。辛词以豪放为主调,兼具清丽、飘逸、妩媚等多种风格。其词善用比兴手法,爱国情感和身世之叹托之于香草美人,复杂的感情被表现得曲折委婉。他继苏轼之后,进一步打破词与诗文的界限,熔铸经史、驱遣诗文入词,使事用典,似随手拈来。在词的发展史上,辛弃疾大大丰富了词的表现手法和语言技巧。

南宋后期,宋金对峙的局面较为稳定,朝廷上下文恬武嬉,词坛上出现了求典雅、重音律的词风,代表作家有姜夔、史达祖、吴文英等。他们精研音律,体物细腻,艺术上刻意求工。姜夔善用遒劲的笔法,写缱绻绵密的柔情,意境醇雅,空淡深远。史达祖以咏物见长,笔触工巧,极妍尽态。吴文英词擅长通过比拟、借代、暗示和印象叠加等手法,把悱恻的心灵激情表现得深曲隐约。宋亡,词坛上活跃着一批眷恋故国、不仕元朝的遗民词人。按创作倾向分,他们中有周密、张炎、王沂孙等格律派词家,以低回掩抑的词笔,诉说身世之悲、家国之恨,风格典雅,着意悠远,情绪感伤;有以汪元量、刘辰翁为代表的后期辛派词人,以健倔悲郁的笔力,抒写国破家亡的苍凉情怀,风格遒劲悲壮。

散文方面,宋初作家倡导明道致用和宗唐崇散,有王禹偁《待漏院记》、范仲淹《岳阳楼记》等佳作。宋仁宗时欧阳修主持文坛,发起诗文革新运动。欧阳修与同属"唐宋八大家"的曾巩、王安石、苏洵、苏轼、苏辙,在散文领域均取得突出成就。欧阳修的政论文如《朋党论》、《五代史伶官传序》等,立意深刻,笔带激情;《祭石曼卿文》、《醉翁亭记》、《秋声赋》等记人、写景类散文,音调和美,唱叹有致,既富于情韵,又每含理趣。王安石主张文贵致用,《答司马谏议书》等简劲犀利,雄辩有力。苏轼各体散文都有很高造诣,史论中《留侯论》、《贾谊论》等,于常见的史料中提出独到见解,析理透辟,谈锋锐利。所作大量书序、书简、题跋、杂记等随笔小品,或记家常琐事,或述文艺见解,或抒人生感慨,信手拈来,随意而写,似乎极不经意,而一片真情贯注其间,真知灼见触处皆是。此外,苏洵长于论辩,文笔雄健,结构缜密;苏辙善写游记,笔致洒脱,纡徐曲折;曾巩长于杂记,章法细密,简练淳朴,都具有各自的特色。

宋代话本是当时流行的小说。所谓话本,指的是说话艺人讲演故事的底本,它是城市繁荣和市民阶层扩大的产物。宋代话本中小说一类多半是白话短篇,讲史一类则多用浅近文言,初具长篇规模。在中国小说的发展史上,宋代讲史话本是后世章回小说的滥觞。

四、元明清:戏剧与小说的黄金时代

经过长期的酝酿,北方和南方于元初几乎同时产生了成熟的戏剧,此即杂剧和南戏。杂剧以大都(今北京)一带为创作中心,演出也兴盛于北方广大地区。元成宗即位后的元贞、大德年间(1295—1307),杂剧的创作和演出达到极盛,这是中国戏剧史上最为光彩夺目的黄金时代。关汉卿是元杂剧的奠基人,不仅勤于创作,而且登场扮演,一生写下的杂剧多达60种以上,均为符合演出实际的"当行"之作。他的杂剧题材广阔,有历史剧如《单刀会》等,有公案剧如《窦娥冤》,又有爱情风月剧《救风尘》、《谢天香》等。他以可贵的平民意识,精心塑造了下层民众的艺术形象,反映他们的苦难,歌颂他们的智慧和善良,表现他们对美好生活的憧憬。其剧作以正义与邪恶为基本的戏剧冲突,结构紧凑,针线细密,语言本色。王实甫的《西厢记》是一部情采并茂的杂剧名作,在中国戏剧文学史上,《西厢记》首次提出以"有情"作为婚姻基础的理想。戏中男女主人公从一见钟情、私定终身、被迫分离到最后团圆,情节清晰,谨严中见跌宕,曲辞于本色中见华彩,洋溢着浓郁的诗意。其他重要的杂剧作家有康进之、白朴、马致远、郑光祖等,其代表作如《李逵负荆》、《赵氏孤儿》、《梧桐雨》、《汉宫秋》、《倩女离魂》等,或依据历史材料、或提炼现实生活加以编创,多能歌颂正义,鞭挞邪恶,直面人生,抒写人世沧桑之感。元杂剧兴盛于北方,其后沿京杭大运河向南方辐射,创作中心也南移至杭州,并渐趋衰落。

与北杂剧形成南北呼应的是流行于东南沿海一带的南戏。集中展现乱世中的个人遭遇及家庭夫妻间的悲欢离合,是南戏主要的题材内容;批判背亲弃妇,呼唤传统伦理的回归,是南戏中悲剧的思想核心。《荆钗记》、《刘知远白兔记》、《拜月亭记》和《杀狗记》简称"荆、刘、拜、杀",合称"四大传奇",是南戏中的著名作品。它们都以爱情婚姻和家庭伦理为故事内容,曲文通俗易懂,很少雕琢和文饰。南戏的集大成之作是高明的《琵琶记》,作者以忠君孝亲为旨归,精心设计了"三不从"的情节,通过蔡伯喈的形象塑造,反映了不合理制度对读书人人格的扭曲。而在赵五娘身上,更多地寄托着作者的道德理想,她吃苦耐劳,忍辱负重,最终苦尽甘来,善有善报,这类形象最能得到观众的认同。此剧在结构上发挥了双线发展的长处,舞台上浓缩了人间豪华与凄惨的鲜明反差,曲辞也切合人物身份。《琵琶记》因其多方面的成就,被誉为"南戏之祖"。南戏的兴盛,为明清传奇的发展奠定了基础。

散曲是元代流行最广的抒情诗体,体制上分为小令和套数两种。小令是单支曲子,套数由两支以上属同一宫调的曲子依次联缀而成。前期著名的散曲作家大都是杂剧作家,较重要的有关汉卿、马致远、白朴、睢景臣等。大都写叹世归隐和男女风情,带有较浓的市井情趣,语言

质朴自然,诙谐泼辣,体现了曲的本色。后期出现了一批专写散曲的作家,如张可久、乔吉等,注重字句的锤炼、对仗的工整和典故的运用,散曲风格也由前期的俚俗质朴转向高雅华美。

明代是小说、戏剧的时代。明代城市经济进一步繁荣,市民阶层不断壮大,市民形成了自己的审美情趣,而且叙事文学已出现了商品化倾向,从而促成通俗文学的繁荣。另一方面,社会上情欲的泛滥和自我的张扬,加之以李贽为代表的重个性、主情欲、倡导自我价值的异端思想的出现,使明代后期文学呈现主情浪漫的特色。明代文学成就的标志是小说和戏剧。诗、词、文等正统文学在明代已很难得到突破性的发展。

长篇章回小说的创作在明代形成高潮。明初即已问世的《三国演义》与《水浒传》堪称中国文学的瑰宝。《三国演义》描写了从汉末动乱、群雄并峙到三国鼎立、互相争雄、最终三分归晋的近百年历史。小说以宏大的结构、曲折的情节,艺术地反映了各统治集团政治、军事、外交等方面错综复杂的斗争。小说基本的思想倾向是"拥刘反曹",三分归晋的结局则表明小说体现了一种悲剧精神。刘备集团走向衰败和灭亡的本质原因是什么?这是小说留给读者的思考。作为历史题材小说,作者采用了七分实事、三分虚构的手法,几个主要人物写得比较出色,描写战争成就尤高,称得上是一部形象的百年战争史。《水浒传》艺术地表现了宋江等108名英雄好汉被逼上梁山、与官军对抗作战、最终接受招安的经过。小说完整展示了"逼上梁山"这一梁山好汉揭竿而起的原因、"替天行道"这一梁山义军的政治行动纲领,以及接受招安这一梁山起义的必然结局。小说中渗透着浓厚的忠义思想,同时也启示人们从文化根源思考起义失败的悲剧结局,即墨家所关注的生存与温饱及儒家所重视的温饱后的秩序与名分。《三国演义》的人物描写还存在类型化的不足,《水浒传》对人物塑造已开始向性格化发展,正如金圣叹所说:"《水浒》所叙,叙一百八人,人有其性情,人有其气质,人有其形状,人有其声口。"《三国演义》使用的语言为浅近的文言杂以白话,《水浒传》是第一部以比较成熟的白话文写成的长篇小说,简练流畅,富有表现力。

明代中叶以后出现了长篇小说创作的高潮。其中最令人瞩目的是《西游记》和《金瓶梅》。《西游记》是一部神魔小说,通过对唐僧师徒4人去西天取经的艰难历程,尤其是通过对孙悟空形象的塑造,反映了人类对追求真理执著不舍和冒险探索的精神,表现了人类对生命自由精神的向往和追求。小说将具有现实意义的幽默讽刺与富于浪漫色彩的幻想相结合,对形象的刻画能集动物性、神性和人性于一身,孙悟空堪称中国古典文学中最为受众喜闻乐见的文学形象之一。《金瓶梅》以全新写法反映人情世俗,围绕西门庆从经济上的发迹到政治上的得势,纵欲无度,最终乐极生悲、不得善终的人生历程,反映了封建末世的社会真相。小说形象地告诉人们,明代中叶以后,随着商品经济的迅速发展和资本主义生产关系的萌芽,封建的门第和礼教已无法与金钱的巨大力量相抗衡,而在封建制度超常稳定的社会土壤上,尚难哺育出类似欧洲早期运用已积累的财富扩大再生产的资产阶级。在中国小说发展史上,《金瓶梅》在历史演义小说、英雄传奇小说和神魔小说的基础上,开辟出世情小说的新天地,这意味着小说创作已由塑造帝王将相、英雄好汉和神魔形象,开始向描写普通的市井中人回归。

明代短篇小说的主要形式是拟话本,它由宋元供艺人讲述的话本发展为案头文学。著名的拟话本结集有冯梦龙的《喻世明言》、《警世通言》和《醒世恒言》,以及凌蒙初的《初刻拍案惊奇》、《二刻拍案惊奇》,合称"三言"、"二拍"。拟话本将普通市民及其生活作为主要表现对象,反映他们的社会观念和道德观念,其中肯定经商活动,肯定情欲的合理,主张对人格的尊重等,都是对传统观念的反拨,从而体现出新的时代特色。一些优秀作品在故事编创和人物塑造等方面,也具有较高的艺术水准。

明代戏剧创作继元杂剧后,又起高潮,明代戏剧的主流是由南戏发展而来的传奇。嘉靖以后,剧作家的创作视野转向现实生活。相传为王世贞所作的《鸣凤记》,将嘉靖间10位忠义之士与权奸严嵩的斗争搬上舞台,这是中国戏曲史上第一部描写现实重大政治斗争的时事剧。李开先的《宝剑记》虽以林冲被逼上梁山为题材,但影射的是明中叶奸臣当道的社会现实。两部作品都以强烈的忧患意识引人注目。梁辰鱼的《浣沙记》是第一部以经魏良甫改造后的昆山腔创作的传奇,昆山腔经成功的演出实践而走上典雅化的道路。明代最杰出的剧作家是汤显祖,奠定其地位的是爱情剧《牡丹亭》。作品赋予传统的还魂故事以人性解放的时代气息,突出了"情"与"理"的尖锐冲突。作者以富于理想色彩的浪漫手法,高奏了一曲"理之必无"而"情之必有"的真情的颂歌,塑造了杜丽娘这个为情而死、因情还魂复生的"至情"形象。曲辞文采斐然,如歌如诗,对人物情感心理的揭示细腻入微。除传奇外,明代杂剧也不无佳作,如康海的《中山狼》、徐渭的《四声猿》等,或针砭世风日下,或寄托独立精神,形式上也在元杂剧的基础上有所突破和创新。

清代戏剧创作的高峰在清初,当时主要有3种流派。一是以李玉为代表的苏州派,作者多为下层文人,既关注社会现实,又注重舞台演出效果,李玉等集体创作的《清忠谱》是该派的代表作。此剧反映苏州市民反对魏忠贤党羽、挽救周顺昌冤狱的斗争,是中国戏剧史上第一部"事俱按实"的历史剧,也是第一部对市民参与政治斗争持认同态度的剧作。一是以吴伟业、尤侗等为代表的文人派,作品具有明显的案头化倾向。一是以李渔为代表的形式派,注重戏曲的娱乐和消遣功能,题材未离才子佳人的格套。代表清代戏剧最高成就的是洪昇的《长生殿》和孔尚任的《桃花扇》。《长生殿》一剧,对唐明皇、杨贵妃爱情悲剧这一传统题材进行了改造,注入了更为丰富的社会历史内容,既赞赏其"占了情场",也批评其"弛了朝纲"。对李杨的"情缘"也不是驻足于歌颂其真挚永恒,而是升华到"情缘总归虚幻"的哲理高度。《桃花扇》是一部通过明末复社文人侯方域与秦淮名妓李香君的爱情故事,来反映朝代兴亡的历史剧。剧中,侯、李二人的爱情悲欢离合与南明弘光王朝的覆灭紧相关联,既具历史沧桑之感,又富人生哲理的意蕴。李香君出污泥而不染,重气节,有政治远见,已成为中国戏剧文学史上光彩照人的形象。清代传奇继"南洪北孔"的创作高潮之后,日趋衰落,但各地方民间声腔剧种从古老的戏曲文化遗产中汲取养料,彼此借鉴,相互促进,蓬蓬勃勃地发展起来,形成蔚为大观的新局面。

清代小说的创作最为繁盛,不仅数量居历代之首,而且题材类型不断扩大。白话小说在明代历史演义、英雄传奇、神魔小说和世情小说的基础上,发展出才子佳人小说、才学小说、讽刺小说、公案小说等新品种。文言小说在志怪、轶事、传奇的基础上衍生出"剪灯系列"、"虞初系列"、"聊斋系列"、"世说系列"等新类型。其中影响最大的是蒲松龄的《聊斋志异》、吴敬梓的《儒林外史》和曹雪芹的《红楼梦》。

中国的文言小说自唐代传奇后相对沉寂,《聊斋志异》的问世形成文言小说的第二个创作高峰。这部文言短篇小说集以描写婚恋的作品居多,且多半托之于狐魅妖异,甚至草木鸟兽虫鱼,通过花妖狐魅与人的恋爱,歌颂青年男女的真挚爱情。小说塑造了生活在封建社会,却分明具有重情与浪漫性格特点的女性形象系列。她们美丽纯真,洗净世俗的尘埃;开放大胆,摆脱了礼教的羁绊,表现出与温柔敦厚的旧式女性迥然相异的思想性格。蒲松龄按照自己的审美理想,让笔下的狐魅演化出一个个充满美丽幻想的故事。作者把狐魅精怪人格化,把幽冥世界世俗化,正如鲁迅所说:"花妖狐魅,多具人情,和易可亲。"[①]

《儒林外史》是讽刺小说的典范性作品。作者以严肃的态度,直面社会,始终把讽刺的矛头,指向八股取士制度。以满蕴着悲愤和辛酸的笔触,入木三分地揭示出儒林群丑在功名利禄引诱下人格的扭曲和堕落。从表面上看,小说是喜剧性的,但骨子里则是悲剧性的,作者正是通过以喜写悲的手法,可笑中饱含着可悲,滑稽中渗透着辛酸。小说的结构方式别具一格,采用了散中见骨的散点透视法,全书无中心事件和主要人物贯穿始末,看似松散,实则均统摄于八股取士摧残人心这一主干上。

《红楼梦》是中国古典小说中最优秀的作品,鲁迅说:"自有《红楼梦》出来以后,传统的思想和写法都打破了。"[②]《红楼梦》突破了传统的取材和构思方法,将社会高度浓缩在"百年望族"的贾府内。小说全面反映了封建官僚家族政治上的腐败、生活上的穷奢极欲和一代不如一代,贾府实际成了封建末世的缩影,从而揭示了封建社会走向衰败的内在原因和必然规律。小说表现了具有叛逆性格的青年的民主思想与传统思想的尖锐冲突,对主张个人服从社会的儒家思想提出了大胆质疑。小说还从哲学上思考生命的本质,昭示了人生无处不在的悲剧,并以贾宝玉出家的方式提出了解决人生悲剧的途径。小说在艺术上的成就主要体现在细微地描写日

---

① 鲁迅:《中国小说史略》,第179页,人民文学出版社,1973。
② 鲁迅:《中国小说的历史的变迁》,《中国小说史略》,第307页,人民文学出版社,1973。

常生活和形象地刻画人物的性格特征。作者以非凡的艺术才能，塑造出一批个性和共性高度统一的典型人物。如林黛玉的柔弱而多情，纯洁而多才，敏感而多疑，孤僻而高傲；薛宝钗的善于处世接物，娴于识事理家，有才却不轻易表露，语言温和而心性刚强。又如晴雯尖刻爽利，袭人阴柔温顺，平儿周到细心，鸳鸯刚烈不苟，紫鹃笃厚诚正，无不血肉丰满，但又毫不雷同。作者善于纤毫毕露地镂刻出人物相似中的细微差别，如林黛玉和妙玉性格孤高，但前者是入世的孤高，后者是出世的孤高。又如王熙凤泼辣中暗藏着狡诈，探春泼辣中体现着严正；平儿温顺中透露出善良，袭人温顺中表现出世故。在塑造文学典型方面，《红楼梦》不愧为中国古典小说的艺术高峰。

第二节　中国文学的文化精神

中国文学的产生和发展有其广阔的文化背景，中国文化的基本特征，诸如人文性、包容性、伦理型、和谐型和务实精神等，普遍而深刻地渗透在文学作品中。文化塑造作家，作家创作文学，文学自然地承载了中国文化的一些精神特质，二者相生相存。

一、忧患意识

一部中国古代文学史，以《诗经》、《楚辞》为发端，直至古典文学终结，忧患的情绪贯穿始末。对此，晚清刘鹗在《老残游记》序中有一段很形象的概括："《离骚》为屈大夫之哭泣，《庄子》为蒙叟之哭泣，《史记》为太史公之哭泣，《草堂诗集》为杜工部之哭泣。李后主以词哭，八大山人以画哭，王实甫寄哭泣于《西厢》，曹雪芹寄哭泣于《红楼梦》。"所谓"哭泣"，即指充溢于作品中的忧患情绪。忧患表现为对现实、对人生的关切。古代文学中的忧患意识，可归纳为以下3种类型。

第一，对国家前途和民族命运的忧患。在中国最早的诗歌总集《诗经》中，已有不少作品表露了对周朝王室命运的忧患，正如朱东润先生在《诗三百篇探故》中说："吾尝绎《诗》三百五篇之作而窥作者之用心，大抵言乐少而言忧者多。"《诗经·王风·黍离》云："彼黍离离，彼稷之苗。行彼靡靡，中心摇摇。知我者谓我心忧，不知我者谓我何求。"《毛诗序》说："周大夫行役至于宗周，过故宫宗庙，尽为禾黍，闵周室之颠覆，彷徨不忍去，而作是诗也。"屈原的《离骚》通篇贯穿着对楚国朝政和国家命运的忧患。汉代大赋虽以歌功颂德为主，但作者在为国势强盛所鼓舞的同时，君国命运仍萦绕心间，只是对忧患的表达多以"劝百讽一"的方式出之。魏晋南北朝兵连祸结，曹操等既有"周公吐哺，天下归心"的慷慨高歌，又多"不戚年往，忧世不治"的忧患之声。忧患时局也是唐代诗文的重要主题，一部杜甫诗集，十之八九抒写诗人对国家和时局的忧患。如其《北征》云："乾坤含疮痍，忧虞何时毕。"《谒先主庙》云："向来忧国泪，寂寞洒衣中。"

及至中晚唐,中国封建社会在越过盛唐这一顶峰后,开始缓慢地趋于衰颓,晚唐诗坛弥漫着浓重的忧患情绪,正如李商隐在《乐游原》诗中所言:"夕阳无限好,只是近黄昏。"忧心国事也是宋代诗文的惯见主题,尤其是南宋,家国之忧汇成创作的主流。辽金诗坛以元好问成就最著,最能代表其创作成就的是"丧乱诗"。元明清三朝,市民通俗文学兴起,但忧患感的表现未曾稍歇。《桃花扇》和《长生殿》表现的正是民族失败和家国毁灭的忧伤。《红楼梦》形象地反映了封建社会行将灭亡的历史大趋势,诚如作者所言:"满纸荒唐言,一把辛酸泪。"纳兰性德作为皇室近亲与贵族公子,作品中也满蕴着忧患意绪,其《饮水诗·填词》云:"诗亡词乃盛,比兴此焉托。往往欢娱工,不及忧患作。"

第二,对民生多艰的忧患。儒家历来主张"民为邦本",所以古典文学作品中忧国常与忧民联系在一起。从《诗经》"十五国风"起直至晚清,从文人作品到民间歌谣,忧民、伤农始终是重要的创作主题。百姓饥寒交迫的生活境遇、所受赋税剥削的痛苦,以及对温饱的渴求,总会通过文学作品表现出来。文学史上为民生而忧患的作品不胜枚举,如屈原的"长太息以掩涕兮,哀民生之多艰",杜甫的"穷年忧黎元,叹息肠内热",白居易的"惟歌生民病,愿得天子知"等,都是典型的代表。

第三,对人生的忧患。忧患个人身世的作品在古代文学的发展长河中触目皆是,这种忧患主要源于个人的社会使命感,其表现形式有二:一是理想与现实(社会政治)的冲突。在专制集权的政治背景下,许多正直文人怀抱济世拯物之志步入社会后,大都痛苦地发现仕途多舛,举步维艰,正如李白所说:"欲渡黄河冰塞川,将登太行雪满山。"于是,忧患理想破灭、壮志难酬成为古代作家屡写不衰的主题。同时,政治上的磨难蹭蹬又赋予文学创作以深刻的社会内容,此即陆游《读唐人愁诗戏作》所言:"天恐文人未尽才,常教零落在蒿莱。不为千载《离骚》计,屈子何由泽畔来。"二是人生短暂与宇宙永恒的矛盾。人生短暂,岁月无情,极易唤起有志之士的忧患感。古代作家或从哲理的层面,表达对人生的感悟,或从时光易逝、功业未就的角度,抒写社会责任感和使命感。如曹操《短歌行》"对酒当歌,人生几何?譬如朝露,去日苦多",陈子昂《登幽州台歌》"前不见古人,后不见来者。念天地之悠悠,独怆然而涕下",李白《将进酒》"君不见高堂明镜悲白发,朝如青丝暮成雪",杜甫《登高》"艰难苦恨繁霜鬓,潦倒新停浊酒杯",辛弃疾《破阵子》"了却君王天下事,赢得生前身后名,可怜白发生",陆游《金错刀行》"丈夫五十功未立,提刀独立顾八荒",无不表现出对生命的珍视和对理想的执著。

上述忧患意识以文学为表现形式,昭示了中国传统文化是一种非宗教的、世俗的文化,具有鲜明的人文精神。其主流不是力求构造彼岸世界和灵魂永存的幻象,而是鼓励入世以经世致用,在此岸世界"立德、立功、立言",此即所谓"三不朽",亦即人格的不朽。如果说,"立德"是追求个人在道德上的完善,"立功"是指建功立业,那么"立言"即如司马迁所说的"成一家之言"。就文学而言,传统文化把文学的功能主要界定为"经夫妇,成孝敬,厚人伦,美教化,移风俗"。① 古代作家大多把儒家的诗教奉为信条,以国家社稷为重,以民生民瘼为怀,直面社会与人生。如范仲淹《唐异诗序》中说:"羽翰乎教化之声,献酬乎仁义之醇,上以德于君,下以风于民。不然何以动天地而感鬼神哉?"又如郑燮在其《后叙》中说"叹老嗟卑,是一身一家之事;忧国忧民,是天地万物之事",都自觉地把文学与社会政治联系在一起,"文以载道"即是对此的高度概括。

二、 超脱意识

在封建中国,正直的文人士大夫常常以超脱作为对付严峻甚至不乏残酷的现实,并借此保持高洁的节操和审美创造的自由精神。士大夫文人超脱意识的产生,以古代社会的集权制度和农耕生活的社会形态为背景,以儒道佛三者的互补融汇为思想和哲学基础,以"士志于道"的群体心理为内在动因。其旨在超越的价值取向,使中国古典文学呈现下述重要特征:注重表现人品的高洁淡泊,游心自然、乐志畅神的美学趣味,静观默察、心随物化的审美态度,以及缘此而创造的旷达、闲适、宁静致远的艺术境界。

首先,中国传统文学尤为注重对自我人品的表现,而且认为这种表现应该排斥矫饰,无须关注取悦他人,只是从其内外表里相统一的风仪和心境出发,随兴所至,遣兴抒怀,使其人品跃然纸上。刘熙载《艺概·诗概》说:"诗品出于人品。"李贽《读律肤说》认为:"盖声色之来,发于性情,由乎自然……有是格,便有是调,皆性情自然之谓也。"薛雪《一瓢诗话》说:"诗文与书法一理,具得胸襟,人品必高。"这里说的"性情"、"胸襟",即指不为外物拘束的自由的心灵,它超越了尘俗之累,自然而无所矫饰,自由而天趣盎然,其表诸文学,虽未刻意表现自我的人品,但其人品朗然如见,以至笔下山川草木,无不著我之色彩。它意味着,从自我的自然出发,回到自然的自我,恰是中国古代艺术精神的一大特质,而其前提,就是抒情主体对外在羁绊的超越。出于这种共识,宫体、奉和、应制、侍宴、颂圣、八股之作,因多雕章绘句,意在取媚,一般不为文人所看重。反之,那些遣兴、娱己、怡神、畅神之作,因为是自由抒写心灵、表现人品的合适载体,所以得到了超乎寻常的繁荣。

其次,中国传统文人旨在超越尘俗的文化心理,使他们自觉地把山水自然视为自己的精神乐园,并力图创造生命与造化同体的艺术境界,这是中国山水文学发达的原因之一。庄子和孔子都曾提出"游"的命题。《庄子》一书"游"字贯穿始末,认为"游"是彻底超越生死、贵贱、得失、毁誉的"至美至乐"的境界。《论语·述而》中孔子提出君子应"志于道,据于德,依于仁,游于艺",主张游心自然,陶冶性情,精神高超脱俗。超脱意识为审美主体造就了平静的心境和艺术创造的自由,他们不仅发现和吟咏自然美,而且力求创造情与物融、思与境谐的艺术境界。例

---

① 《毛诗序》。

如王维《鸟鸣涧》一诗："人闲桂花落,夜静春山空。月出惊山鸟,时鸣深涧中。"这里,月、花、鸟都自然而然地在寂静中运动,又复归于静,从而显示着自然的生机。一方面,大自然把它清幽而本然的生机灌注到诗人的心灵中,另一方面,诗人把他超然的心境外射到花鸟风月之中,使之成为高洁淡泊乃至超然忘我的人品的象征。这种艺术境界,古代评论家称之为"心与物游"、"物我两忘"。

第三,超脱意识作用于审美活动和文学创作,便形成在静观默察中以素朴人性与客体本性自然契合,从而把握和反映事物的特点。这种审美方式,古代文艺理论家或称之为"妙悟"。刘勰《文心雕龙·神思》说:"陶钧文思,贵在虚静。"司空图的《二十四诗品》认为,只有"素处以默"才能"妙机其微",只有"超以象外"才能"得其环中"。都指出作家要净化精神,以虚静之心观照万物。就像陶渊明在《饮酒》(其五)一诗中所描写的"采菊东篱下,悠然见南山。山气日夕佳,飞鸟相与还",李白的《独作敬亭山》"众鸟高飞尽,孤云独去闲。相看两不厌,唯有敬亭山",作者宁静平和的审美态度具有超然、虚融、淡泊的思辨特点,它从生死、贵贱、荣辱等利害冲突中解脱出来,将精神上的自足自得不着痕迹地融入客体,达到宁静致远的境界。

第四,超越世俗和个人忧患,使作者在外在行为上表现为洒脱不羁,逍遥自在,在精神上则耿介绝俗,卓然自立。其表现于文学,便使作品充溢着旷达的精神。这在李白、苏轼等人的创作中尤为突出。李白诗中如"一醉累月轻王侯"的傲岸独立,"人生在世不称意,明朝散发弄扁舟"的无挂无碍,"安能摧眉折腰事权贵,使我不得开心颜"的不同流俗,无不体现出旷达的精神。苏轼一生沉浮不定,却能把儒家的用世之志与道家的顺应自然完满结合,如其《定风波》词云:"莫听穿林打叶声,何妨吟啸且徐行。竹杖芒鞋轻胜马,谁怕?一蓑烟雨任平生。　料峭春风吹酒醒,微冷。山头斜照却相迎。回首向来萧瑟处,归去,也无风雨也无晴。"上片表明任其自然、随遇而安的人生态度,下片则将看破忧患的哲理蕴于画面,自有旷达的精神贯注于字里行间。旷达虽然不无超脱,但终究未远离现实,闲适更显得真朴冲淡,高古闲逸。陶渊明的诗歌即以闲适见称,胡震亨《唐音癸签》说:"高闲一宗,在古则陶,在唐则王、孟、常、储、韦、柳诸家。"从陶渊明的田园诗中不难看到,生活中的种种矛盾和诗人的情感冲突已在超越中被暂时遗忘了,剩下的只是对一己性情和个人独善的珍视,对超然物外、了无世争的闲适生活的满足。在中国古典诗词中,闲适冲淡的风格一直被文人士大夫所趋慕,最终衍为具有东方风格的典型的艺术情调。

忧患与超脱,反映了中国传统知识分子的活动大抵不外"参与"与"超然"两个方面。参与反映了他们对社会的责任和对理想的履践,超然则体现了他们对个体人格的追求和对文化的自由创造。就文学与思想文化的关系言,可以看到儒、道、佛诸家思想经互补与融汇,对文人立身处事及艺术情趣的影响。儒家一方面倡导理想价值的自我实现,通过参政济世以立德、立功、立言;一方面又主张当"大伪斯兴"的社会现实与人的道德追求发生矛盾时,人要超功利而重精神，即重义轻利。所以儒家既讲"达则兼济天下"，也讲"穷则独善其身"。道家历来主张鄙弃功名，顺乎自然，无为遁世。为物所役的人生，在道家看来只能是悲剧。儒、道相殊而又相通的文化精神，又汇合佛教参禅悟道，超越尘俗以求得本心清静淡泊等禅宗哲理，共同铸造了正直文人的文化心理，既面向现实，忧患社稷国家，以民生民瘼为怀，又鄙夷世利，珍视自身人格的、文学的价值。在今天，超脱或许没有多少光彩之处，然而在封建中国，进步的文人士大夫却借此保持了高洁的节操和审美创造的精神自由。另一方面，借助超脱来消弭生活中的种种矛盾，难免会流露乐天知命的宿命思想。朱光潜在《悲剧心理学》中曾指出，中国人既然有此伦理信念，自然对人生悲剧性一面表现不够充分，他们认为乐天知命就是智慧。因此中国传统文学继屈原后，那种带着热血和躯温的悲歌相对少见，较多的是游心自然的闲适恬淡，鄙夷世利的超旷不羁，乐以忘忧的洒脱自在，摒弃尘俗的孤高自赏。就如梁启超在《饮冰室诗话》中所概括的部分作品"于发扬蹈厉之气尤缺"。

三、家国精神

家国精神集中表现为对乡土、对国家执著的热爱。中国古代文学中有难以计数的作品表现了对于乡土的眷恋，对于国家的深情。古代诗文中，对于故乡家园的执著思念是一个永恒的主题，它发端于先秦，绵延不绝于文学发展的长河中。

《诗经·采薇》写道："昔我往矣，杨柳依依。今我来思，雨雪霏霏。行道迟迟，载饥载渴。我心伤悲，莫知我哀。"那如泣如诉的怀乡之歌，一直震撼着后人的心灵。家国精神构成了屈原诗作的主旋律，其《离骚》结末写得尤为感人："陟升皇之赫戏兮，忽临睨夫旧乡。仆夫悲余马怀兮，蜷局顾而不行。"尽管朝政如此黑暗，但是家国难以离舍。《古诗十九首》以情真意切的笔墨，集中抒写了乡土情怀："还顾望旧乡，长路漫浩浩，思还故乡闾，欲归道无因。"及至魏晋南北朝，乡国情怀更成为文人普遍咏叹的主题。王粲《登楼赋》云"人情同于怀土兮，岂穷达而异心"，谢朓《晚登三山还望京邑》云"有情知望乡，谁能鬓不变"，至于庾信的《哀江南赋》，更是抒写乡关之思的千古绝唱。唐宋以后，抒写乡国情怀汇成一股洪流。李白《静夜思》"举头望明月，低头思故乡"，崔颢《黄鹤楼》"日暮乡关何处是，烟波江上使人愁"，岑参《逢入京使》"故园东望路漫漫，双袖龙钟泪不干。马上相逢无纸笔，凭君传语报平安"，无不满蕴着思乡深情。即便像范仲淹这样的出将入相、胸藏十万甲兵的风云人物，乡情也时时萦绕心中，难以排遣，其《苏幕遮》词中写道："黯乡魂，追旅思，夜夜除非，好梦留人睡。明月高楼休独倚，酒入愁肠，化作相思泪。"由于乡思主题佳作如林，令人瞩目，以致宋人严羽总结说："唐人好诗，多是征戍、迁谪、行旅、离别之作，往往能感动激发人意。"[①] 清人谢章铤也认为："夫词多发于临远送归，故不胜

---

① 严羽：《沧浪诗话校释·诗评》，人民文学出版社，1961。

其缠绵悱恻。"①

与乡情紧密关联的是对国家的爱恋。尤其是在家国存亡之际,对家国的挚爱深情表现得更为集中和充分。例如南北宋之交至宋亡前后,抒发恢复河山的壮志和报国无门的悲慨,抨击权奸误国和忧痛故国沦亡,成为文学创作的基本主题。即如女词人李清照,南渡后的作品也集中表达了物是人非的山河之痛、故国之思。陆游和辛弃疾更是突出的代表,系念国事、以身许国是其创作的基本主题。他们痛惜国家分裂的局面,如辛弃疾《汉宫秋》"山河举目虽异,风景非殊",《满江红》"吴楚地,东南坼";他们对中原故土和遗民时时牵挂在心,如陆游《关山月》"遗民忍死望恢复,几处今宵垂泪痕",辛弃疾《菩萨蛮》"郁孤台下清江水,中间多少行人泪。西北望长安,可怜无数山";他们渴望横戈跃马,驰骋疆场,不甘老迈,以英雄自许,一吐"男儿到死心如铁"的豪迈誓言。陆游临终前仍不忘祖国尚未统一,写下绝笔诗《示儿》:"死去原知万事空,但悲不见九州同。王师北定中原日,家祭毋忘告乃翁。"寄生前未遂之志于死后,企盼统一的爱国情怀一以贯之,感人至深。

家国精神作为中国文学的一种文化精神,其思想文化的来源之一是大一统思想。大一统思想形成于春秋末年,在多民族国家形成、巩固和发展的历史进程中,这一思想被不断充实和深化。从孔子的"一匡天下"、孟子的"定于一"、荀子的"文王载百里,而天下一"、董仲舒的"一统者,万物之统皆归一也",一直到清末康有为的"大同世界"、"炎黄子孙"、"华夏苗裔"、"人心思治"等观念已深深扎根在中国人的心中,成为一种理性自觉。尽管中国历史上治乱更迭,然而在分裂的时代,企盼统一是人心所向。其思想文化的来源之二是宗法制度与宗法精神,血缘、地缘观念一直是古代中国人根深蒂固的观念,诸如"父母在,不远游"、"叶落归根"等都是由此派生的社会心理。因此,思乡与尽孝尽人伦之间有着内在的联系,思乡恋土实为道德人伦的一种特殊表现。宗法精神与古代农业型自然经济结合,造就了人们安土重迁的恋乡情结,这都给中国文学刻下了深刻的文化烙印。

四、 亲情情结

表达爱情和友情,是中国古代文学又一个永恒的主题。从民间文学到文人之作,表现男女相悦的作品不仅数量众多,而且较充分地展示了人性的特点。

在民间,从《诗经》"国风"到两汉乐府民歌,对爱情的表白以大胆热烈为显著特点,很少受到礼的束缚。《诗经》情诗中表现男女求偶、思念情人等,多能真率地吐露自己对意中人的思慕和爱恋,不加掩饰地表达对理想婚姻的追求。《关雎》中男主人公爱上了一个女子,他唱道"窈窕淑女,君子好逑",并为"求之不得"而"辗转反侧"。《野有死麕》和《野有蔓草》写男女一见钟

---
① 谢章铤:《赌棋山庄词话》卷10,唐圭璋编:《词话丛编》第四册,中华书局,1986。

情而结合,"邂逅相遇,适我愿兮","邂逅相遇,与子偕臧","有女怀春,吉士诱之","舒而脱脱兮,无感我帨兮,无使尨也吠",写来毫不掩饰。如此大胆的情爱描写在以后的民歌中同样常见,如汉乐府民歌《有所思》:"有所思,乃在大海南。何用问遗君?双珠玳瑁簪,用玉绍缭之。闻君有他心,拉杂摧烧之。摧烧之,当风扬其灰。"诗中将爱之深而怨之切的情感表达得痛快明白。又如《上邪》:"上邪!我欲与君相知,长命无绝衰。山无陵,江水为竭,冬雷震震,夏雨雪,天地合,乃敢与君绝!"女主人公一连罗列5种不可能发生的自然现象,表明对爱情的坚贞不变,情感炽烈,言情爽直。南北朝以降,民间的爱情诗代有佳作,如南朝民歌《子夜四时歌•夏歌》,"青荷盖绿水,芙蓉葩红鲜。郎见欲采我,我心欲怀莲",温柔缠绵中极见真率之情。北朝民歌《折杨柳歌辞》通过男女对唱表达对对方的爱情:"上马不提鞭,反折杨柳枝。蹀坐吹长笛,愁杀行客儿。""腹中愁不乐,愿作郎马鞭。出入环郎臂,蹀坐郎膝边。"言情质朴真挚,最能体现人性的本真。

较之于民歌的直白与本真,文人对爱情的描写则体现出多样化的特点。首先是含蓄深婉。具有代表性的如李商隐的《无题》诗,大多以男女爱情相思为题材,不仅表现了对爱情的热烈追求,而且深婉地传达了期望与失望、痛苦与留恋、执著的向往与绝望的悲哀交织一体的复杂情思,意境深邃迷离,情思百转千回。"身无彩凤双飞翼,心有灵犀一点通"、"春蚕到死丝方尽,蜡炬成灰泪始干"、"刘郎已恨蓬山远,更隔蓬山一万重"、"春心莫共春花发,一寸相思一寸灰"等,极细腻真切地咏唱出一种失落的爱,一种一往情深、怅惘不甘的执著的爱,这种永恒的爱,饱含着生命情感之美。在宋词中,类似的物是人非、缱绻难忘的深情被表现得更为丰富和深婉。如晏几道《临江仙》:"记得小蘋初见,两重心字罗衣,琵琶弦上说相思。当时明月在,曾照彩云归。"由现在回溯过去,对消逝的往日之恋,一往情深,这也是宋词中最为常见的精神之恋。这种恋情如海底潜流,奔突激荡,内蕴极为深厚。中国古代作品中还有不少悼亡诗、悼亡词,如潘岳的《悼亡》、元稹的《遣悲怀三首》、苏轼的《江城子》("十年生死两茫茫")等,对亡妻的深切思念,出之肺腑,流于笔底,哀婉凄恻之情,十分感人。其次,文人在歌咏人间深挚纯真的爱情时,往往加入富有浪漫诗意的情节和理想的信念,以此表达对人性自由的追求与渴望。文人爱情之作中有大量描写人神之恋、人仙之恋、人鬼之恋的作品,多以充满奇情幻思的情节,来表现冲破外在限止、向往纯真爱情的人性之美。例如在郑光祖的《倩女离魂》中,张倩女为了无拘无束地追求意中人,其灵魂居然脱离躯体,追随对方而去。汤显祖的《牡丹亭》更是真情四溢,杜丽娘可以为真爱而死:"这般花花草草由人恋,生生死死随人愿,便酸酸楚楚无人怨。"进入鬼域后更为痴情,爱的力量使她还魂复生,富有浪漫诗意的情节安排,是对人间纯真爱情的讴歌,也是对人性自由的讴歌。

除讴歌爱情外,讴歌友情是文学中亲情情结的又一大系。古人说:"诗可以群"、"以亲心为己心"、"心与心通",这都内化为作家的群体心理。在大量的行旅怀思、酬答赠别之作中,对友情的忠贞,对朋友的诚信与关爱,汇聚成极富人伦意味的情感洪流。古代文人在其求学、游历和仕宦生涯中,多好结交朋友,文学史上留下无数患难中见真情、视友情如生命的佳话。例如李白与杜甫曾在漫游中结下兄弟般的情谊,他们"醉眠秋共被,携手日同游"。两人别后都深切地怀念着对方,李白是"思君若汶水,浩荡寄南征",杜甫更是相思心切,形诸梦寐,其《梦李白二首》云,"故人入我梦,明我长相忆","三夜频梦君,情亲见君意"。又如白居易与元稹政治与文学主张相同,共同倡导新乐府运动,创作上互相借鉴,互相启迪,坎坷磨难中相互慰藉,心灵相通。在两人的酬赠之作中,最能体现对友情的诚笃。如元稹得知白居易贬谪九江,悲情难抑,作《闻乐天授江州司马》以寄之:"残灯无焰影幢幢,此夕闻君谪九江。垂死病中惊坐起,暗风吹雨入寒窗。"白居易读后即作《舟中读元九诗》以和之:"把君诗卷灯前读,诗尽灯残天未明。眼痛灭灯犹暗坐,逆风吹浪打船声。"患难与共中最见情之深挚。中国古代有临别之际"赠人以言"的习俗,于是送别诗文成为抒写别情、传递友情的最好载体。在难以数计的送别诗文中,流注其中的无不是浓郁的友情,诸如李白《黄鹤楼送孟浩然之广陵》"孤帆远影碧空尽,唯见长江天际流",王维《送元二使安西》"劝君更尽一杯酒,西出阳关无故人",岑参的《白雪歌送武判官归京》"山回路转不见君,雪上空留马行处"等,千载后读来,那深挚的友情依然具有感动人心的力量。

亲情情结赋予中国文学以浓厚的人文情味,它植根于伦理型文化的深厚土壤中。儒家文化把人伦关系归结为君臣、父子、兄弟、夫妇、朋友等"五伦",一方面强调等级和威严,一方面又主张合乎人情,顺乎人情,强调"爱人"。《论语·学而》提出,人应"谨而信,泛爱众,而亲仁"。"仁"就是"爱人",亲情是对"仁"的一种情感体验,所以《论语·泰伯》说:"君子笃于亲,则民兴于仁。"儒家认为,如果用对待父母的亲情去对待其他社会成员,必然会使全社会成员和睦相亲。对于交友,中国文化历来主张以诚信待友,君子之交应该淡于利而重乎义,道相同则视朋友如兄弟。儒家肯定人情伦理的价值,有其合理和积极的一面,但同时又强调人情要符合礼乐政教的规范,从而对人性中发自天然的感情构成了束缚。然而,人对所爱总是一往情深,执著不已;人对生命自由也总是心向往之,毕生以赴。因此,中国文学史上尽管有不少才子佳人小说和宣扬五伦全备的戏剧,将人性淹没在礼法的说教中,成为伦理概念的图解,然而这些作品从来就被进步作家和评论家所贬斥。而赞美纯真爱情和友情的作品,在中国文学的发展史中始终占据着重要地位,代表着文学发展的方向。

关键词

《诗经》　　风雅颂　　赋比兴　　楚辞　　《离骚》　　诸子散文　　历史散文
《史记》　　汉赋　　汉乐府　　《古诗十九首》　　建安风骨　　正始诗歌

太康诗风　　田园诗　　山水诗　　南北朝乐府民歌　　骈文　　骈赋
志怪小说　　轶事小说　　《诗品》　　《文心雕龙》　　唐诗　　唐代古文运动
唐人传奇　　宋诗　　江西诗派　　宋词　　宋代散文　　杂剧　　南戏
散曲　　《三国演义》　　《水浒传》　　《西游记》　　《金瓶梅》
三言二拍　　《牡丹亭》《长生殿》《桃花扇》　　《聊斋志异》《儒林外史》
《红楼梦》　　忧患意识　　超脱意识　　家国精神　　亲情情结

思考与讨论

1. 赋、比、兴的含义各是什么？
2. 为什么说《诗经》与楚辞开创了中国古典诗歌写实与浪漫的创作传统？
3. 了解先秦散文的发展概况。
4. 《史记》的文学成就主要体现在哪些方面？
5. 汉代大赋的内容和艺术有哪些主要特点？
6. 怎样理解从建安到南北朝，文学进入了自觉的时代？
7. 了解唐诗的发展概况。
8. 与唐诗相比较，宋诗体现了哪些新的特点？
9. 了解宋词的发展概况。
10. 了解唐代传奇、宋元话本和明代拟话本的基本特点。
11. 元代杂剧和南戏有哪些代表作家和作品？
12. 为什么说长篇章回小说的创作在明代形成了高潮？
13. 了解明清戏剧的代表作家和作品。
14. 为什么说《红楼梦》达到了中国古代小说艺术的巅峰？
15. 举例说明中国古代文学所体现的忧患意识。
16. 怎样理解家国精神和亲情主题是中国文学人文精神的重要表现？
17. 林语堂在《中国人》一书中指出："诗歌教会了中国人一种生活观念，通过谚语的诗卷深切地渗入社会，给予他们一种悲天悯人的意识，使他们对大自然寄予无限的深情，并用一种艺术的眼光来看待人生。 诗歌通过抒发对大自然的感情，医治了人们心灵的创痛，诗歌通过享受简朴生活的教育，为中国文明保持了圣洁的理想。"请结合读过的中国古典诗歌，谈谈你对上述论述的理解。

拓展阅读

1. 《中国历代文学作品选》，朱东润主编，上海古籍出版社，2002。
2. 《中国古代文学史》，袁行霈主编，高等教育出版社，1999。
3. 《唐诗选》，中国社会科学院文学研究所编选，人民文学出版社，2009。
4. 《古文观止新编》，钱伯城主编，上海古籍出版社，1988。

思维导图

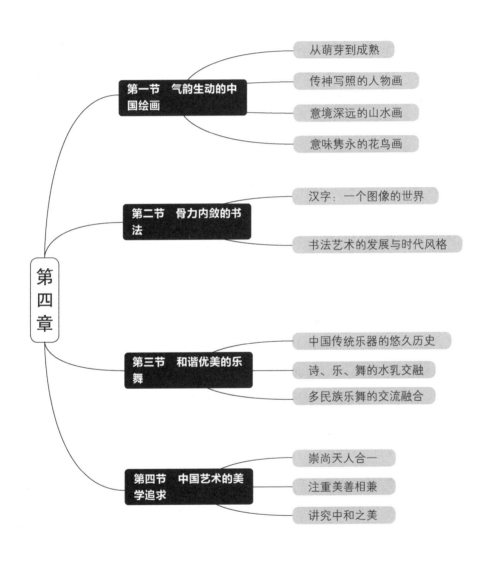

第四章 艺术

中国古代艺术的成就璀璨夺目,在源远流长的发展历程中,中国艺术从内涵到形式都形成了鲜明的民族特点。气韵生动的绘画、骨力内敛的书法、优美和谐的音乐,无不反映了古代中国人对宇宙、对生命的感悟。中国艺术执著于自然宇宙与社会人生合一的境界,注重表现艺术家的心灵感觉和生命意兴,重表现、重传神、重中和、重写意,在世界艺术殿堂中闪耀着独特的光辉。中国艺术犹如大海,古老、浩瀚而深邃,这里仅从绘画、书法和音乐舞蹈三个方面,借一勺之水来映现中国艺术的成就及其具有东方特色的艺术审美追求。

第一节 气韵生动的中国绘画

一、从萌芽到成熟

中国绘画起源于史前时代,存世的彩绘陶器上的纹饰,以及岩画、壁画、地画等绘画遗迹,那或浑厚、或纤细的线条,古朴生动地再现了先民的生产方式、生活状况和原始信仰。夏商周三代青铜器物上的装饰画,人物与兽类富于动感,刻画简练,已具有很强的艺术表现力。

战国时期的帛画是中国绘画艺术从萌芽走向成熟的标志,出土于长沙楚墓的《人物龙凤图》和《人物御龙图》是极其珍贵的战国帛画。帛画是用毛笔在绢帛上绘制而成,战国帛画开启了中国绘画材料运用的先河。它以线条为主要造型手段,在墨线勾勒的轮廓中加以色彩渲染,开始讲究气韵生动,这都标志着中国绘画民族风格的形成。秦汉帛画在战国的基础上又有长足的进步,所画物象繁密复杂,线条纤细精巧,敷涂的色彩也更为富丽。马王堆出土的西汉T形帛画,以线描为主骨,加以设色烘染,反映了传承战国帛画但技法更为成熟的特点。除帛画外,汉代的墓室壁画、画像石、画像砖空前繁荣。画像砖是汉代最富特色的美术样式,它是用刻有画面的木范压印在未干的砖坯上烧制而成,出窑后再涂上颜料,使画面更为绚丽。画像砖的题材广涉汉代社会生活的各方面,堪称一部刻画在砖上的历史教科书,而且线条简洁挺拔,形象生动传神。

魏晋南北朝时期,文人士大夫积极参与到绘画创作中,一种便于展玩的卷轴画开始流行,绘画逐渐成为独立的艺术门类。文人士大夫具有较高的文化艺术修养,加之这一时期学术思想活跃,儒、道、佛交汇融合,玄学勃兴,雅好山水、谈玄论道、品评人物、鉴赏诗画蔚成风气,这都有助于绘画艺术取得开创性的成就。

首先,随着人的觉醒和文艺的自觉,绘画中宗教神学色彩趋于淡化,人性的色彩日渐突出,人物画臻于成熟。

其次,除人物画外,中国画三大基本门类中的山水画和花鸟画此时已处于萌芽发展阶段。山水花木等自然景观虽然还只是人物画中的衬景,但线条勾勒中已见粗细疏密的变化之妙,别具古拙的情韵。

第三,壁画的创作繁盛一时,此时壁画主要有墓室壁画和石窟壁画。墓室壁画多取材于墓主生前的生活场景,生活气息浓郁,形象刻画细致入微。如发现于南京西善桥南朝墓的砖印壁画《竹林七贤与荣启期图》,画中8人的神态举止各异,个性特征十分鲜明。石窟壁画主要是以佛教为题材的宗教画。创建于前秦的敦煌莫高窟留存有北魏、西魏、北周时期的佛教壁画。莫高窟经以后历代的扩建,现有洞窟492个,窟内壁画达4.5万余平方米,规模之大举世罕见。

第四,绘画理论卓有建树。如东晋顾恺之提出的人物画重在"传神写照"、"以形写神",山水画贵在"迁想妙得"等理论,对于后世绘画追求形神兼备的境界具有深远的影响。南朝刘宋时的宗炳撰有中国第一部山水画理论文献《画山水序》,提出山水画的创作应以"畅神"为旨归,强调创作中的精神自由和主体意兴的表达。南朝齐、梁间的谢赫在所著《古画品录》中,提出气韵生动、骨法用笔、应物象形、随类赋彩、经营位置、传移模写等六法论,一直是中国古代品评绘画的最高美学准则。中国绘画的创作与理论经魏晋南北朝卓有成就的奠基,发展到隋唐宋元,人物、山水、花鸟画呈现缤纷多彩的全盛局面。

二、传神写照的人物画

人物画是中国画中成熟最早的画科。魏晋南北朝主要是人物画的时代,顾恺之的以形写神论就是针对人物画的创作提出的,他指出:"四体妍媸,本无关于妙处,传神写照,正在阿堵(眼睛)中。"①所谓"神"指的是人的精神和风采,眼睛正是人的心灵窗户。传神论的提出,标志着中国古代人物画从魏晋开始,已从表现外在美进入到表现内在精神美的阶段。顾恺之画人物注重人物神情的表现,尤其是对眼睛的描绘更是一丝不苟。相传他为殷仲堪画像,殷有目疾,便"明点眸子,飞白拂其上,使如轻云之蔽月",人之神情经独具匠心的处理便栩栩欲活了。

唐代是人物画创作的繁荣期,名家辈出,留下不少国宝级名作。唐初阎立本的《步辇图》描绘唐太宗李世民会见吐蕃使者禄东赞的情景,图中唐太宗气宇堂堂,禄东赞神情严肃,典礼官沉稳,扶辇侍女秀美,均得形神兼备之妙。其《历代帝王图》描绘了从西汉到隋代的13个帝王肖像,各帝王的外貌特征和精神气质逼真欲现。司马炎目光炯炯,不怒而威;刘备沉稳而略显疲惫;孙权潇洒旷达,神情闲逸;陈叔宝则神情尴尬,显得平庸无能。盛唐时道释人物画和仕女

---

① 《晋书·顾恺之传》。

画盛极一时,吴道子作为道释画大家,一生创作了大量的宗教壁画。其线条的运用于转折顿挫、飞扬流动中见功力,所描绘的人物服饰,有"天衣飞扬,满壁风动"的效果,画史上有"吴带当风"之说。吴道子的画作已无真迹存世,但其门徒甚多,现存托名吴道子的《送子天王图》等,体现了吴派绘画的风格。张萱和周昉都以仕女画著称,他们的绘画题材取之现实生活,以仕女活动反映盛唐的社会生活。张萱流传至今的重要作品是《虢国夫人游春图》和《捣练图》,均为宋人摹本。前者描绘虢国夫人一行游春的场景,图中8骑9人,缓缓而行。虢国夫人居中,秦国夫人侧向着她,两人体态丰润,神情悠闲自若。构图前疏后密,气脉贯通,设色明丽,线条流畅,自具华贵温婉的风格。后者描绘妇女的织纴场景,构图上分为木杵捣练、理线缝纫和熨烫3组,高低错落,井然有序,人物的姿态神情跃于画面。周昉的传世名作有《纨扇仕女图》、《簪花仕女图》等,画中人物均为贵族女性,衣着华丽,体态丰满,慵倦闲雅中流露出淡淡的惆怅与寂寞。唐代人物画家中成就杰出的还有韩滉、孙位等。孙位传世名作《高逸图》,所画为魏晋时高士逸人"竹林七贤",前3人在流传中已缺失,但从现存的4个人物来看,人物表情微妙,或傲世,或自得,或闲适,或清高,人物的不同个性逼真欲现,从其神态中,似乎可以揣摩到他们丰富的内心世界。五代时周文矩、顾闳中都是人物画大家,他们的人物画主要以贵族生活为题材。顾闳中的《韩熙载夜宴图》是名垂画史的宏篇巨制,全卷按时间顺序和空间转换分为5段,人物众多,神情各异。韩熙载由击鼓助兴、洗手间歇到持扇静听、挥手示意,过渡衔接真实生动。其神情于老成持重中微露抑郁,宾客与诸女的轻松快乐烘托了主人公纵情声色但心事重重的内心世界。

图3-4-1 韩熙载夜宴图(部分)

宋代人物画题材拓展,风格多样。武宗元长于宗教画,传世的《朝元仙仗图》为道教壁画稿本,此图纯为白描,描绘五方帝君率仙官、玉女、伎乐和仪仗朝拜元始天尊的情景。衣纹用兰叶描技法,行云流水般的线条产生迎风飘举、动态宛然的视觉效果,深得吴道子"吴带当风"的真髓。李公麟以白描人物画著称,代表作《五马图》主要以墨笔单线勾勒,略敷淡彩,通过线条刚柔粗细的变化,把5马5人的造型和神态描绘得呼之欲出。南宋后期的梁楷以减笔写意人物画独步当时画坛,《图绘宝鉴》称其画风"皆草草,谓之减笔"。唐以来吴道子、李公麟一系以勾勒工致见长,梁楷则以酣畅的泼墨画法别开蹊径,所作《泼墨仙人图》除人物五官及腹部作简括的细笔勾勒外,袖袍皆以阔笔水墨恣意刷扫,酣畅淋漓地表现了仙人的蹒跚醉态。这种大写意人物画法,开创了水墨写意的先河。此外,苏汉臣的儿童题材画,着意表现孩童天真烂漫的神情意态,也给人耳目一新的感觉。

宋代风俗画表现平民阶层和市民生活习俗,拢世相百态于笔底,成就令人瞩目。张择端的《清明上河图》是风俗画中的稀世珍品。整幅长卷生动反映了北宋汴梁的繁盛景象,图中各色人物多达550个,情貌兼具,历历在目。酒肆、茶坊、客栈、店铺鳞次栉比,大小船只或泊或驶。作者综合运用人物、山水等画科的技法,采用中国绘画的散点透视法,以长卷的形式表现宏阔的场景,对人情世态的描绘巨细无遗,具有极高的艺术价值和历史价值。

宋代以降,较之于山水画的繁荣,人物画相对沉寂,但历代仍有师承前代、力求创新的人物画高手,他们追求传神,彰显性灵,在美术史上留下不少极具个性的名作杰构。元代赵孟頫的人物画体现了用笔和施色的深厚功底,传世的《红衣罗汉图》绘一天竺僧,人物目光深邃,神情凝聚,线条凝练,设色浑穆,画法严谨。何澄的《归庄图》则另呈风貌,以方折笔画人,枯笔焦墨画山石树木,疏淡的笔墨与画中陶渊明的闲适气质相得益彰。

明代人物画或以白描取胜,或以工笔重彩见长,个性鲜明。吴伟的人物画精于白描,其《武陵春图》纯用白描,笔墨简练,形象清丽。唐寅、仇英的仕女画多工笔重彩,他们善用工细的线条勾画出人物秀美的造型,脸部用白粉烘染出脂玉般的质感,衣裙则敷色浓艳,斑斓绚丽中极富色彩对比的美感。唐寅的《孟蜀宫妓图》、仇英的《人物故事画册》等都是精湛之作。明末陈洪绶的人物画技法新颖、笔力矫健,自成风格。他擅长运用劲健的线条塑造人物,造型古拙,有金石质感,其画风人称"高古奇骇"。他在版画插图的领域也有杰出的贡献,重要的作品有《九歌图》、《水浒叶子》、《博古叶子》、《西厢记插图》等。如早年所作的《屈子行吟图》,以古树野花、顽石幽径和大块空白天地为背景,屈原形容枯槁,但神情坚毅,形与神高度统一。

清代画坛也涌现了不少开拓创新的人物画画家,清中叶寓居扬州的黄慎、金农、罗聘等,取象造型,注重传神写意,以简明的构图、夸张的造型和古朴的笔法新人眼目。如金农的自画像和佛像等肖像画,构思不守成法,线条简练疏朗,看似率意而为,实则拙中见巧,画如其人,不事雕绘的画风正是其率真性格的表露。又如黄慎的人物画以写意见长,泼墨处浓笔酣畅,勾画处丝丝入扣,《渔翁渔妇图》等都是神完气足的佳作。

三、 意境深远的山水画

山水画起源于六朝,发展到隋唐已成为完全独立的画科。隋唐杰出的山水画家有展子虔、李思训、李昭道、王维、张璪等。展子虔的《游春图》为青绿重彩画,用笔设色上用青绿勾填技法,画面万木吐绿,翠岫葱茏,此图开创了中国美术史上青绿山水画一系。李思训与李昭道父子继承展子虔画风并有所发展。李思训的代表作《江帆楼阁图》为绢本大青绿山水,近处密林清幽,远处烟波浩淼,空间深远,层次丰富,较之展子虔《游春图》,不仅气势雄浑,而且在青绿为质的基础上以金碧为纹,即在山石坡脚勾以金线,形成青绿山水和金碧山水的画法,这都标志着山水画技法的高度成熟。

盛唐山水画出现了变革创新,对此作出贡献的主要是吴道子和王维。吴道子山水画真迹已无存世,苏轼称其欣赏吴道子山水画真迹时,感受到"笔所未到气已吞"的震撼力,可以想见其画的大气磅礴。王维是文人画的始祖,苏轼曾说王维画"画中有诗",这已成为千古定评。王维将超越尘俗的精神意趣完全融入到静谧而又神秘的山容水态中,画意与诗情契合无间。技法上创立了"破墨山水"的画法,即墨经加水形成深浅浓淡的层次,所谓"墨分五色",用以渲染山石的凹凸、高下和阴阳,水墨代替了青绿敷色,浓丽也一变而为清淡。至此,山水画形成了青绿山水和水墨山水两系。

到了晚唐五代,山水画的皴法也已成熟。皴法用以表现山石、峰峦和树身表皮的各种脉络纹理。表现山石峰峦的主要有披麻皴、雨点皴、卷云皴等,表现树身表皮的则有鳞皴、绳皴等。五代时期北方以荆浩、关仝为代表,创立了全景式的水墨山水画派。荆浩的《匡庐图》以全景式构图画庐山的高山大岭,远近高低层次丰富,技法上已将皴法熟练地运用到对山石峰峦的描绘中。关仝的代表作为《关山行旅图》,所画为关陇一带的峻岭险山,旅人商贾点缀其中,于雄浑中平添了生活气息,笔力则雄健粗壮,颇具北方画派的特点。在南方,有以董源、巨然为代表的江南山水画派,他们擅长皴法,通过繁密浑圆的雨点皴等,着意表现江南云蒸霞蔚、草木葱郁、山水萦绕的景致。董源的《潇湘图》、巨然的《万壑松风图》等,都是水墨灵动、秀润清淡的杰作。

宋代山水画名家辈出,水墨山水和青绿山水画都有长足的发展。北宋前期李成、范宽独步画坛,李成长于"平远法",用如烟的淡墨创造空濛缥缈的意境,咫尺之间有千里之势;范宽善用雨点皴,笔墨浓重,精微出于雄健。前人称二人之画说:"李成之笔,视如千里之遥;范宽之笔,远望不离坐外。"北宋中期的郭熙是声望极高的山水画家,代表作《早春图》绘早春山水,画山用卷云皴,画树用蟹爪枝技法,画中峰峦轻烟缭绕,苍松古木虬枝似鹰爪,笔墨浓淡有致。他还著有画论《林泉高致》,其中对山水画"三远"构图法的总结对后世影响很大,即"自山下而仰山巅"的"高远","自山前而窥山后"的"深远","自近山而望远山"的"平远"。北宋中、后期米芾、米友仁父子创立"米点山水"画派,即以墨点形成墨韵迷离的效果,最适合表现江南烟雨迷濛的景致,传世的有米友仁的《潇湘奇观图》。南宋的刘松年、李唐、马远、夏圭被称为"南宋四家",他们的山水画又体现出新的特点。如李唐的《清溪渔隐图》采用局部特写的手法,删繁就简,笔墨刚劲,这种截景式构图和大斧劈皴的画法,代表了南宋山水画的新画风。

元代是中国古代山水画发展中的重要转折点,文人画家强调个性表现,于简率中体现意境的含蓄空灵,隽永传神。赵孟頫是元代山水画大家,他主张师法自然,提出"云山到处是吾师"的著名观点。并倡导"书画同源",以书入画,诗、书、画、印结合,奠定了中国古代后期山水画注重笔墨情韵和文人意趣的基础。著名的《鹊华秋色图》、《水村图》等,用披麻皴或荷叶皴法,干墨、淡墨层层点破,线条萧疏细秀,气韵深远灵动。元代后期,黄公望、王蒙、吴镇、倪瓒并称"元四家"。《富春山居图》、《九峰雪霁图》是黄公望的重要作品,其画构图简练,笔法丰富,干与湿参用,墨与色融合,具有古雅高洁的艺术魅力。倪瓒的山水画以疏简为特点,代表作《渔庄秋霁图》于近处描绘树数株,水面空阔,山峦平远,笔墨干枯简练,创造了一种荒寒旷远的画境,将元代山水画的用笔技巧推向新的高度,其技法与画品对明清画坛产生了深远的影响。

明代山水画繁荣兴盛,流派林立。明初山水画家师承元代,王绂综合各家之长,善画山水竹石,简逸与厚重兼而有之。戴进是浙派的主要开拓者,其后期画风由工整细腻一变而为粗放简逸,笔法犀利顿挫,苍劲淋漓,开浙派山水画风的先声,传世名作有《溪堂诗思图》、《春山积翠图》。吴伟也是浙派名家,他的《江山万里图》笔致简劲,结构疏朗,万里江山尽收笔底,画风酣畅洒脱。

明代中期苏州地区形成吴门画派,以号称"明四家"的沈周、文徵明、唐寅、仇英成就最高。沈周的《庐山高图》以细密的笔法表现层峦叠嶂的峻拔雄伟,山上林木的郁郁葱葱,最能代表其缜密工细的风格。文徵明多画江南的青山秀水,设色浓而不艳,《兰亭修禊图》就是一幅墨彩丰富、风致淡雅的青绿山水画。唐寅的山水画多为高山峻岭,善用细长的线条绘出山的轮廓,山势方折硬峭,烟江与垂柳则缥缈柔曲,于苍劲中透出秀逸,传世名作有《落霞孤鹜图》等。此外,漆工出身的仇英善画笔法谨严、设色浓丽的大青绿山水,《桃源仙境图》、《莲溪渔隐图》等都是画中精品。

明代晚期松江画派异军突起,松江古称华亭,故此派又称华亭派。董其昌作为华亭派的代表,在绘画理论和山水画创作方面颇多建树。他倡导文人画,主张"读万卷书,行

图3-4-2 唐寅《落霞孤鹜图》

万里路",以提高个人修养和人文底蕴。他提出"南北宗"之说,以南宗为文人画派,扬南抑北。他的山水画主要师法元四家,擅长运墨,墨色鲜明并富有层次,又长于设色,其青绿山水色彩淡雅,光色鲜润,从而形成古雅而简远、淡逸而洗练的风格特色。董其昌的传世作品较多,代表作品有《高逸图》、《关山雪霁图》、《秋兴八景图》等。

清代山水画家或追仿古人,或变异创新,风格多样,清初更是流派纷呈,山水画坛呈繁荣景象。

王时敏、王鉴、王翚和王原祁并称"清初四家",他们取法元人,刻意仿古,代表作多为临仿画,如王时敏的《仿王维江山雪霁图》、王鉴的《仿宋元山水册》、王原祁的《仿王蒙山水轴》等。由于他们对前人名作的艺术真髓体悟深切,加之笔墨功力深厚,画风高古,所以部分临仿佳作能呈现自家风貌,后人称其作品为"艺术史之艺术"。明末清初在安徽徽州地区形成了新安画派,该画派特色鲜明,成员多为明末遗民,其画大多表现山林荒寒萧疏的野趣,透露隐逸情调和感伤意趣。在南京有以描绘金陵一带山容水态为主的"金陵八家",其中龚贤成就尤高。他的画善用层层渲染的"积墨法",层岭叠嶂经墨色浓重的密笔皴染,更显得气象峥嵘。

清初富于创新精神的山水画家是"清初四僧",包括曾出家为僧的原济(石涛)、朱耷(八大山人)、髡残(石溪)、渐江(弘仁)。他们在明亡后遁迹释门,作消极反抗,艺术上不为旧法所囿,借古开新,利用经改造的传统艺术,抒写胸臆。四僧中弘仁喜画黄山松石,线条爽利,笔墨瘦洁,风格冷峭峻拔,代表作有《松壑清泉图》、《西岩松雪图》等。髡残所画山水,构图繁复,创造性地运用秃笔、渴笔皴擦出山重水复、藏密深远的境界,《苍翠凌天图》是其最具代表性的作品。八大山人精于花鸟,山水画也独具个性,如《秋山图》构图深远,以荒山、怪石、枯木、败叶等意象,营造出索漠萧条的况味,寄寓国破家亡的悲凉心境。石涛自称"搜尽奇峰打草稿",师法自然,鼎新革旧,他的山水画构图新奇,多用截取法,即把最富于自然美的一段截取下来,笔法灵活多变,不拘一格,代表作《搜尽奇峰图》、《山水清音图》等都是颇具灵心巧思的杰构。

清康熙、雍正年间扬州画派崛起,该画派名家众多,代表人物是被称为"扬州八怪"的8位画家。他们出身贫寒,体恤民情,艺术上勇于标新立异,个性鲜明,多作花卉,山水画也有佳作。如高翔的山水画笔墨清新凝练,画高远之景,笔法繁复,画平远之景,简洁明晰,构图平中见奇,意境清旷野逸,《水墨山水》轴、《樊川水榭图》诸作,反映了扬州画派山水画的成就。中国传统的山水画发展到清代后期,趋于衰微,而新的变革,也在酝酿之中。

四、 意味隽永的花鸟画

花鸟画是指以花卉、竹石、禽鸟等为描绘对象的画科,主要有工笔设色和水墨写意两大技法体系。相对于人物、山水而言,花鸟画产生较晚,其作为独立画科的出现,始于中唐。五代时花鸟画取得巨大的进步,徐熙和黄筌是这一时期重要的花鸟画大家。徐熙在画法上重视骨气、用笔和墨法,他的画先用墨笔绘出花卉的枝叶和花萼,然后施以轻色淡彩。黄筌在画法上讲究工整艳丽,先用淡墨细勾轮廓,然后用重彩渲染,从而形成徐熙野逸而黄筌富丽的两种画风,画史上称之为"徐黄体异"。徐、黄画花鸟都注重以形写神,形神兼备,其画法和艺术旨趣对后世有较大影响。

花鸟画发展到两宋空前鼎盛。借花鸟传递人的精神情感和生命力量,将人的心灵和性情浸润到花姿鸟态中,已成为花鸟画家的共识。他们在艺术上追求画法的创新,题材领域也不断拓展。北宋前期的赵昌、易元吉、崔白等长于写生花鸟,所画花卉色彩自然,禽兽栩栩欲活。宋徽宗赵佶是成就斐然的花鸟画大家,他的画取景构图慧眼独具,技法精湛,风格多样。就美学风格言,既有设色浓艳、富丽精工

图3-4-3 赵佶《瑞鹤图》

的绚烂之美,如《瑞鹤图》、《杏花鹦鹉图》、《芙蓉锦鸡图》等;又有水墨写意、朴素纯洁的平淡之美,如《柳鸦芦雁图》等。宋徽宗是宫廷画院的领袖人物,画史上称宫廷专职画家的作品为"院体画",当时的院体画形成了一种新的画风,被称为"宣和体"。它在造型上讲究工细规整,鲜艳富丽,形神兼备,对后世的工笔花鸟画具有深刻的影响。北宋中后期著名的文人画家有文同、苏轼、郑思肖等。文同善画墨竹,并提出"画竹必先得成竹于胸中"的著名理论。苏轼喜画枯木竹石,他将绘画、书法、文学熔于一炉,不求形似,但求神似,笔墨省净而意在象外。郑思肖的《墨兰图》是传世名作,画兰而不画土,谓之"露根兰",以此寄托国土沦丧之悲。

元代花鸟画创作的最大特色是水墨写意的梅、兰、竹、菊画盛极一时。水墨写意清逸雅致,正符合当时士大夫以素净为美的审美旨趣,而梅兰竹菊的清高坚贞,又能够寄托人品节操的正直有节。元代擅长画梅兰竹菊的画家很多,其中以画墨竹著称的就有柯九思、倪瓒等。所画墨竹追求笔墨韵味,如竹叶以浓墨画正面,以淡墨画背面,疏密相间,浓淡有致,趣味盎然。王冕以画墨梅见长,绘梅枝笔力遒劲,画梅花以色或墨没骨点出花瓣,又以浓墨勾蕊点萼,传世的《墨梅》画卷花繁蕊密,生气涌动。元代花鸟画大多注重移情于物,因而意味隽永,含不尽之意于画外,正如王冕《墨梅》题画诗所云:"吾家洗砚池头树,个个花开淡墨痕。不要人夸颜色好,只留清气满乾坤。"

明代的水墨写意花鸟画进一步发展。明四家中的沈周和唐寅,既工山水,也擅长写意花

鸟。如沈周的《牡丹图》为粗笔写意画，水墨厚润，笔法简练。其后的陈淳、徐渭诸家把水墨写意花鸟推向新的境界。陈淳号白阳山人，徐渭号青藤道人，画史上二人并称"青藤白阳"，均以大写意画风享誉画坛。如徐渭的《墨葡萄图》即是水墨大写意的杰作之一，此画纯用水墨画成，构图新奇，画面上老藤错落下垂，枝叶纷披，串串葡萄倒挂枝头，晶莹欲滴，运笔似草书飞动，酣畅淋漓。画上题诗云："半生落魄已成翁，独立书斋啸晚风。笔底明珠无处卖，闲抛闲掷野藤中。"画与诗珠联璧合，生动表现了作者才情卓绝而身世坎坷，以及对世道不公的愤慨不平，同时也体现了他"不求形似求生韵"的艺术追求。

花鸟画在清代同样争胜斗艳。清初恽寿平画花卉，以"没骨"点写，纯用彩色晕染出花的清新明媚，既有工笔画的形态逼真，更具写意画的传神写照，他所开创的花鸟画新画法，影响及于后世。朱耷是水墨写意花鸟画的巨匠，所画怪石、花草、虬松及虫鱼禽鸟，造型怪诞夸张，笔法雄健，墨色淋漓。如代表作《荷石水禽图》，画中两只水鸭单足而立，一仰头，一缩颈，皆白眼向人，活现出对俗世不屑一顾的孤傲神气。而所画荷花笔法纵恣简括，墨色浓淡相间，朴茂中洋溢着灵动的气韵。石涛的写意花卉也别开生面，传世作品有《花卉图》册。石涛作画讲究"不似之似"、"无法之法"，他画的荷花、芍药、秋菊与寒梅等，构图与笔墨的运用出人意表，不同凡响，笔下花卉神采飞扬，墨气四射。

扬州八怪也多擅长水墨写意花鸟。郑燮善画兰、竹、石，尤精墨竹，重要作品有《衙斋竹图》、《墨竹图》、《兰竹石图》等。其画多用墨笔，重在表现景物的清、劲、瘦、节。画面主体突出，竹虽几株，兰仅几丛，但风骨独标，神情逼肖，既是自然造化的艺术再现，也是思想与人品的写照。金农对梅情有独钟，他画梅之树干，施以淡墨，一笔而成，画梅枝则用浓墨，然后勾花点蕊，通过笔墨疏密浓淡的变化，写出寒梅清逸冷隽的精神。及至晚清，以赵之谦、虚谷、蒲华、任颐、吴昌硕为代表的海派花鸟画异军突起，他们兼采众家之长，锐意创新，既为晚清画坛添上了浓重一笔，也为近代绘画新格局的形成开启了先声。

第二节　骨力内敛的书法

书法是中国诸艺术门类中最具民族特色的表现形式。书法家凭借汉字字形结构，运用中国特有的毛笔、黑墨和纸张，营造出无比美妙的姿态风神。他们书写的笔画是仪态万方的线条笔触，这些线条笔触，贯穿着宇宙和心灵，蕴含着充沛的骨力和流动的美感。可以说，书法是无声的音乐、抽象的绘画、纸上的舞蹈。李泽厚先生在《美的历程》中把书法视为中国艺术精神的典型体现："书法由接近于绘画雕刻变而为可等同于音乐和舞蹈。并且，不是书法从绘画而是绘画要从书法中吸取经验、技巧和力量。运笔的轻重、疾涩、虚实、强弱、转折顿挫、节奏韵律，净化了的线条如同音乐旋律一般，它们竟成了中国各类造型艺术和表现艺术的魂灵。"

一、汉字：一个图像的世界

汉字作为与西方表音文字不同的文字系统，在字形方面有其鲜明的特征。表音文字是由一定数量的字母的不同线形排列构成字词的，因而它在视觉空间上表现为一维性。汉字的构件是笔画，由笔画组成的汉字，是一种平面性结构，因而它在视觉空间上表现为二维性，乃至有如绘画所表现的三维空间。汉字由横、竖、点、撇、捺等笔画构成的字型，犹如变化万千的拼板，空间的多维性为书法讲究构架、悬腕和笔法，提供了挥洒自如的艺术创造自由。因此，在中国书写之所以能够成为艺术，首先就在于书写对象是具有形体美的不同结构的汉字。

中国文字起源于形，它是根据事物的实际形状描摹而成的象形文字。按照东汉文字学家许慎的总结，汉字的造字方法为"六书"，即象形、指事、会意、形声、转注和假借。"六书"中的转注和假借实际上只是用字的方法，真正的造字方法有象形、指事、会意、形声4种。象形就是指字形描摹事物的实际形状。如"人"的甲骨文字体写作"𠂉"，像一个人侧立的形象；"牛"甲骨文作"𐅁"，取牛头形状。指事就是用简单的符号或用象形字加符号，来表示一些不能具体描画出来的抽象事物。如"本"最初的意思是指树的根部，为表达此意，古人就在"木"字下加一横来表示，写作"𐅁"。再如"孕"字以曲线包裹"子"字，形象地表明母亲怀胎于腹中。会意是用两个或两个以上的字合成一个字，表示一个新的意思。如"休"由"人"和"木"两个字组成，人靠着树，表示休息的意思。形声也是由两个字合成，一个字表示意义，叫形旁，一个字表示读音，叫声旁，如"梅"字中"木"是形旁，表示与树木有关，"每"是声旁，表示这个字的读音。由此可见，用上述方法造出的汉字，几乎都与图像有关，可以说，汉字组成了一个图像的世界。

古代中国人在用汉字进行记录书写时，又不断探索着汉字的书写快捷和形体之美，从而使汉字字体有了不断演变和积累的过程。商代甲骨文是中国现存最古老的成系统的汉字。甲骨主要出土于商代晚期都城殷（今河南安阳小屯村）。甲骨文是先民在俯仰观照自然万物的基础上产生的，它把事物的形态凝固为抽象的线条和结构，它与自然的这种亲缘关系，使得中国书法与自然形成了天然的内在联系。它的字形或正方或长方，基本奠定了汉字的方块形体。甲骨文的笔锋雄劲古拙，字形结构疏朗错综，体现了商代文字已具有了书法意趣。

金文是指铸造或刻凿在青铜器上的文字，产生于商代，兴盛于西周。商代金文的笔画首尾尖锐出锋，中画肥厚，直线条较多，行款错落参差，周代金文发展为工整平稳。甲骨文字大小不一，线条或粗或细，金文则用笔方正，粗细划一。周代金文肥笔已很少出现，不露或很少露锋，因而显得均匀圆润，规整完满。甲骨文和金文通过多样的曲直线条和空间构造，表现出或古拙或浑厚庄重的风格。书法运笔（用刀）已有轻重、徐疾、转折顿挫的变化，初步具备了用笔、结构、章法这三个书法要素。

秦统一中国后,出现了全国通用的文字,此即小篆。小篆是在战国时秦国文字大篆的基础上简化整理而来。小篆的字形是长方的,线条是圆转的,结构讲究均衡匀称,用笔追求瘦劲俊逸。流传至今的小篆作品有《泰山刻石》,为李斯所书写,所以中国书法史上一直推崇李斯是早期的书法家。此外还有一些刻在秦度量衡上的文字,较之于官方文字的典雅宽舒,这些文字则具有自然朴实的风貌。两汉以后,篆书的实用功能逐渐丧失,但在艺术和装饰领域仍然代不绝书,例如,印章上使用的字体大多选用篆书。

隶书产生于战国末年,极盛于东汉时期。隶书的出现,是中国文字史上的一次重要变化。它将小篆线条的圆转变为方折,形体上突破了线条结构,改变了结字原则,有了不同的点画用笔,书写时讲究提按轻重的变化。隶书为书法艺术的发展开拓了广阔的前景,也为草书与楷书的出现奠定了基础。隶书是实用的,其书写比小篆简易而疾速,保存至今的汉代隶书碑刻,以及上世纪后期出土的西汉帛书与竹简上的墨迹隶书,向我们展示了隶书的书法:笔法上藏锋起笔,厚重而富有内劲,笔毫效果显著;结构上字形多呈方正,结体庄重,点划均匀,给人以舒展大度的感觉。

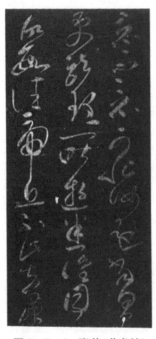

图3-4-4 张芝《草书帖》

用汉隶书写虽较小篆简捷,但仍不能适应快速书写的需要。西汉时期,人们为了更方便快捷地书写文字,将隶书结体变为简约,笔画出现牵带钩连的现象,但字与字之间仍相对独立,并保留了隶书的书写意味,这就是中国草书的最初形态,被称为"章草"。到了东汉末年,章草经进一步草化而发展出"今草"。今草已完全摆脱了隶书法则的束缚,体势变横为纵,字与字之间笔势相连。如今草创始人张芝的草书,笔势连绵,奔放而富于变化,草书特有的审美意趣和艺术风格开始形成。

东汉至魏晋,在隶书和章草的基础上孕育并形成了楷书,楷书比汉隶少波磔,形体方正,笔画平整,便于书写,又因书写规范,比草书好辨认,所以一直流行应用,至唐代已完全成熟。在楷书的基础上,人们又简化点面,吸收草书的连绵笔势,形成了行书。

中国书法在字体类型上分为篆、隶、楷、草、行5类,这5类字体在汉代已大体具备,为魏晋以后书法艺术各书体日趋成熟与完美,奠定了全面的基础。

在中国文字史和书法史上,各种字体和各种书体新旧共处,在积累中发展。一种新字体的出现,并不意味着旧字体的消亡,旧字体虽然失去了实用性,但其艺术价值却为后人所珍视,他们保留、积累旧体,并发展新体。于是,书法艺苑中各种品式的字体与各种风格的书体,百花齐放,争奇斗艳,蔚为大观。汉字字体的演变,也不意味着汉字图像化特征的丧失。各种书体充分利用线条在空间中流动的特点,极尽汉字线条的内部变化,从而,一个汉字可以在书法中有十几乃至上百种写法,变态万端,意蕴丰富,虽各具风貌,但线的结构、线的意味、线的流动不离汉字作为象形字的母型。正如宗白华先生在《中国书法里的美学思想》中所精辟分析的:"所以中国人这支笔,开始于一画,界破了虚空,留下了笔迹,既流出人心之美,也流出万象之美。罗丹所说的这根通贯宇宙、遍及于万物的线,中国的先民极早就在书法里、在殷墟甲骨文、在商周钟鼎文、在汉隶八分、在晋唐的真行草书里,做出极丰盛的、创造性的反映了。""通过结构的疏密、点画的轻重、行笔的缓急,表现作者对形象的情感,发抒自己的意境。"

二、书法艺术的发展与时代风格

魏晋是书法史上承上启下的重要时期,篆、隶、楷、行、草诸体渐臻完善。鲁迅说魏晋是"文学自觉的时代",魏晋既是"文学的自觉",同时也是其他艺术,特别是绘画和书法艺术的自觉。书法家们不仅探索着书法的体势、结体和章法之美,而且自觉追求笔意和笔韵,注重以形写神,通过优美的线条,表现自己对美的理解和对自然的体察和赏悟。王僧虔《笔意赞》说:"书道之妙,神彩为上,形质次之。"这里的"神"就是表现对象的个性特征和个性风采。如何做到"神彩为上",魏晋书法家在艺术实践中总结了意在笔先、调动想象、力求传神的创作三昧。王羲之《书论》对书法创作过程作了如下的总结:"夫欲书者,先乾研墨,凝神静思,预想字形大小、偃仰、平直、振动,令筋脉相连。意要笔前,然后作字。"这都表明,从魏晋开始书法已成为个性化的艺术。晋代是书法史上的黄金时代,代表人物有王羲之、王献之父子及钟繇。王氏父子并称"二王",在书法史上享有崇高的地位,对于促进楷书、行书、草书的成熟和发展有着重要的贡献。王羲之的代表作《兰亭集序》被誉为"天下第一行书"。其书法在结体上不囿于平正均匀,而是追求灵动流畅。一个字的线条有主有次,有正有侧,整行字似断还连,如行云流水,在流动中达到呼应平衡,诚如唐太宗在《晋书·王羲之传赞》中所称:"烟霏露结,状若断而还连;凤翥龙蟠,势如斜而反直。"在用笔上线形多变,运笔提按处,有顿挫,有轻重,骨力内蕴,圆润挺秀。

图3-4-5　王羲之《兰亭集序》(唐摹本)

王献之擅长行书与草书,传世的行草书《鸭头丸帖》笔致纵放,往往数字一笔通贯,气势酣畅,姿态横生,较之王羲之的书法,更具动态之美。人们常用"唐诗晋字汉文章"来概括不同时代文学艺术的标志性成果,"晋字"即指东晋书法,可见两晋书法在中国艺术史上地位之高。

南北朝时期楷书盛行。南朝重要的书法家僧智永是王羲之的七世孙,他的书法融多种书体之长,法度谨严,稳健秀雅,《真草千字文》为草、楷书结合的典范,极受后世推崇。他还将正楷用字的方法归结为"永字八法",即点为"侧",横画为"勒",直笔为"努",钩为"挑",仰横为"策",长撇为"掠",短撇为"啄",捺笔为"磔"。以"永"字的笔画为例,说明用笔方法,具有简便易学的功效。北朝书法以碑刻独步书法艺苑。北魏时的摩崖石刻、墓志等的书体,风格多样,有朴拙而尚存隶意的,有雄劲而含阳刚之气的,也有舒畅流丽、开隋唐楷法先河的。北朝碑以北魏成就最高,其书体被称为"魏碑体"或"魏体",是楷书的一种,对后世书法产生了重要的影响。

图 3-4-6　柳公权《玄秘塔碑》

唐代是书法艺术的高峰。欧阳询、虞世南、褚遂良是初唐书法名家,他们融二王之流美与魏碑之凝重于一体。其中欧阳询尤负盛名,其书法世称"欧体",所书写的《九成宫醴泉铭》是唐代楷书精品,标志着楷书入唐后已完全成熟。颜真卿的崛起为楷书带来刚劲雄健之气。他熔铸众长,丰富自己的创作,纳古法于新意之中,生新法于古意之外。颜体楷书刚健雄厚,大气磅礴,布局上字与字、行与行之间都较紧密,端庄稳重,最能反映大唐文化生气勃勃、厚重稳实的精神风貌。颜真卿字与杜甫诗、韩愈文、吴道子画被并称为"四绝",均为唐代艺术的标志性成果。颜真卿以后成就卓著的是柳公权。柳公权于颜体用笔肥厚、体法茂密的书风中另辟蹊径,转向清瘦一路。他的书法偏重骨力,笔画清瘦,体态峻丽,后人把颜书与柳书并称为"颜筋柳骨"。

唐代书法的成就是多方面的,欧阳询、颜真卿、柳公权所代表的一系工于楷书,善于新变但讲究法度;孙过庭、张旭、怀素为代表的一系长于草书,挥毫落纸自由率意,不为法度所拘。孙过庭在《书谱》中提出书法艺术要因时而变,重在表现性情。传世的草书《书谱》墨迹,笔势纵放不羁,摇曳多姿。张旭的草书较之孙过庭更为纵逸奔放,他的字大量使用连笔,如骏马驰坡,似飞流直下,用笔刚柔变化,字形跌宕多姿,纯以主观情感和意向为引导以游动笔线,结构点划,以及变换轻重缓疾的节奏。杜甫《饮中八仙歌》称张旭草书"挥毫落笔如云烟",他的草书当时已负盛名,被称为"狂草",与李白歌诗、裴旻剑舞同号为"三绝"。怀素也以狂草著称,《自叙帖》

共700多字的篇幅,写来笔无停滞,一气呵成,最能体现他的艺术才情和个性。

宋代书法注重表现文人意趣,苏轼、黄庭坚、米芾、蔡襄4位书法家成就最高,四家的成就集中体现在行书作品上。苏轼在艺术上追求独创与个性,所谓"出新意于法度之中";又崇尚自然与传神,所谓"如行云流水,初无定质"。他的行书时而工整若楷,丰腴淳厚,时而流走若草,自然天成,可谓笔随意转,触处生春。黄庭坚的行书也具有鲜明的个性,他运笔果断锋利,横画不平,竖画不直,长撇大捺,于线条变化中呈现奇崛峭拔的书风。康有为认为"宋人书以山谷为最,变化多端,深得《兰亭》三昧",这种创新书体对后人颇有影响。米芾运笔自成一家,大多迅疾灵动,结体与笔致独具机杼,变化多端,在腾挪跌宕中体现其矫健的笔力与直率的性情。苏轼评米书有"超逸入神","风樯阵马,沉着痛快"的称誉。较之于米书的俊迈壮伟,蔡襄的行书则以温雅端丽自成风貌。除四家外,宋徽宗赵佶的"瘦金体"也颇具特色。他的字线条纤细流畅,给人以优雅清新的感觉,传世名作有《瘦金体千字文》。

元代最有成就的书法家是赵孟頫。他取法魏晋,兼擅各体,尤以楷书与行书冠绝当时。他的楷书于法度严谨中见秀美,被称为"赵体",与欧阳询、颜真卿、柳公权等唐代名家齐名。

明清两朝,书法名家比肩接踵,佳作如云。明代后期"吴门书派"异军突起,代表者为祝允明、文徵明和王宠。祝允明楷书师魏晋,狂草师怀素,而以草书成就尤高。他的字笔画豪纵,墨气充盈,洋洋洒洒,绝无滞塞之感。文徵明精于楷书和行书,代表作《前后赤壁赋》通篇作蝇头小楷,写来清劲雅秀,笔笔法度俨然。王宠的小楷也自具面貌,前人对其小楷有"拙中见巧"之评。在文、祝、王的影响下,明末一些富有个性的书家在抒发胸臆、体现自我情趣方面有了更为执著的追求,代表书家有张瑞图、董其昌、倪元璐、黄道周、王铎和米万钟等。

清代因乾隆皇帝对赵孟頫的书法有专好,以致赵体风行天下。同时也有一批书法家勇于突破樊篱,另辟天地,以鲜明的艺术个性挺立书苑。如郑板桥融汇隶、楷、行、草、篆诸体,形成自具风格的"板桥体",线条洒脱,结构自由活泼,信手写来,天趣盎然。清代中后期由于金石出土较多,不少书家崇尚古代金石碑版的文字,并在书法中刻意效法,碑学因此取代帖学,涌现了一批篆隶名家,其中邓石如、赵之谦、吴昌硕等享誉极高。他们的作品兼有沉雄刚毅和安雅自然的意趣,为中国书法的继续发展开辟了新的局面。

第三节 和谐优美的乐舞

乐声袅袅,舞姿翩翩,载歌载舞的表演形式在中国流行久远。乐和舞在其起源之初曾经密不可分,随着诗歌的兴起,乐和舞又与诗结合在一起,成为中国传统表演艺术重要的文化特征。从远古迄于隋唐,歌舞一直是表演艺术的主流。隋唐以降,诗、乐、舞经综合提高,又把传统的戏曲表演艺术不断推向高峰。民间各族乐舞是中国传统音乐、舞蹈文化的重要资源,当其被采撷进入宫廷后,经专业乐师的加工提高,一方面彰显着礼仪的功能,一方面也趋于典雅华美。西周的雅乐、唐朝的燕乐凝聚着传统乐舞的精华。以佛教音乐和道教音乐为两大体系的宗教音乐,也丰富了中国传统的音乐文化。

一、中国传统乐器的悠久历史

《礼记·乐记》曾对早期诗、乐、舞三者结合的混生艺术的特征作过精辟概括:"金石丝竹,乐之器也;诗,言其志也;歌,咏其声也;舞,动其容也。三者本于心,然后乐器从之。"可见乐为歌、舞之伴奏,而音乐演奏中乐器是不可或缺的。在古文献所记载的有关远古音乐的传说中,曾提到鼓、磬、钟、箫、管、笙、琴、瑟等古乐器。其中部分实物经考古发掘相继面世。例如,山东大汶口文化遗址出土的"陶壶",蒙以鳄鱼皮即为早期的打击乐器鼓。山西一带出土的用天然石片打制的磬也为打击乐器。又如骨制或陶制的角、哨、笛等吹奏乐器,在考古发掘中也多有发现。20世纪80年代于河南舞阳贾湖出土的18支七音孔或八音孔的骨笛,距今已有8000年历史。

图 3-4-7 曾侯乙编钟

商代乐器中最引人注目的是出现了青铜制乐器,如湖北崇阳出土的马鞍钮铜鼓,为两面蒙皮的双面鼓,音响较之单面鼓更为洪亮。周代乐器的种类丰富多样,有文献可考的就达70多种。随着礼乐制度的完善,以钟磬为主配以多种乐器合奏的"金石之乐"臻于成熟。其中的甬钟在西周中晚期已发展到8件为一编,一钟可以发出不同的两音。1978年湖北随县曾侯乙墓中出土的战国乐器多达120余件,种类之丰富已囊括"八音"。"八音"是周代对乐器所作的系统分类,它是依据金、石、土、革、丝、木、匏、竹等不同的乐器制作材料来分类的。曾侯乙墓中出土的乐器,既有钟、磬、鼓等打击乐器,也有琴、瑟、箫、笙、篪等管弦乐器。令人叹为观止的是由多达65件大小不一的甬钟组成的大型编钟,可以演奏旋宫转调、旋律多变的乐曲,最能代表先秦时代乐器制作的水平。

秦汉以后,乐器的制作更为精良,如马王堆汉墓出土的琴已有 7 弦。随着中原与周边民族文化交流的日益密切,一些新乐器相继步入乐坛。如箜篌、琵琶在汉代传入中原后,经改进成为具有丰富表现力的民族乐器。唐代对多元文化兼收并蓄,许多外来的乐器已得到普遍使用,如琵琶、羯鼓等都是当时音乐演奏的主打乐器。宋元以后,不仅传统乐器继续沿用,而且琵琶等多种乐器经改进方便了演奏,扩大了音域。一些新的乐器也被创制出来,如嵇琴是一种拉弦乐器,它在北宋开始流行,此琴即胡琴类乐器的前身。各类擦弦乐器的发展,对于宋元琴乐的繁荣具有重要的意义。明清各民族文化进一步交融,与欧亚国家也有文化上的交往,中原本土乐器、少数民族乐器与外来乐器融通兼用,改进提高。这时的乐器总类已超过 400 种,中国传统音乐的配器已基本齐备。如拉弦类乐器除二胡外,又有了四胡、京胡、板胡,以及蒙古族的马头琴、维吾尔族的艾捷克、藏族的根卡等。乐器种类的多样与制作的精良,为乐舞的繁荣提供了物质条件。

二、 诗、乐、舞的水乳交融

在中国,乐与舞从其诞生之初就是混合共生的。《吕氏春秋·古乐》载:"昔葛天氏之乐,三人操牛尾,投足以歌八阕。"所谓"葛天氏之乐",就是上古传说时代的音乐,初民手握牛尾,伴着手击石器的节奏,边舞边唱,体现了乐与舞糅合的原始情状。《河图玉版》载:"古越俗祭防风神,奏防风古乐。截竹长三尺,吹之如嗥,三人被发而舞。"表明原始乐、舞的产生,与初民切身的生活密切相关,或是日常生活情状的重演,或是巫术活动的重要组成部分,载歌载舞既是情感宣泄,也用以祈求"神人以和"。可以推测,在文字产生之前漫长的历史长河中,初民不断创造着新的歌舞,原始乐舞的数量是巨大的。

据史书记载,周王朝建立后,周公"制礼作乐","乐"就是与"礼"互为表里的音乐歌舞和乐队编制。周代将传说中的黄帝、尧、舜和夏、商、周三代的乐舞合为六部,此即"六代之乐",包括黄帝之乐《云门》、尧之乐《咸池》、舜之乐《大磬》、禹之乐《大夏》、商之乐《大濩》、周之乐《大武》。这是历史上第一个雅乐体系。"六乐"又称"六舞",表明在周代礼乐文化中,乐与舞是合二为一的。据《周礼》记载,西周以"大司乐"为首的宫廷乐师多达 1400 余人,不仅表演各类乐舞,而且采集民间诗歌及各地乐曲。《诗经》的作品涵盖地域广,历时长,其收集、整理和编辑,主要借助于周朝的"采诗"制度和王朝乐师。《诗经》中的风、雅、颂也因音乐而得名,"风"是各地的俗乐,"雅"是王朝京畿地区的音乐,西周雅乐兴盛,其歌词大都载于"大雅"、"小雅"中,"颂"是宗庙祭祀的舞曲。《诗经》时代,乐、舞、诗三者已经紧密地结合在一起,奠定了三位一体的艺术文化传统。

战国时代,地处南方的楚国盛行"南音",诸如《劳商》、《涉江》、《采菱》、《阳春》、《白雪》等乐曲名,在楚辞中均有提及。王逸《楚辞章句·九歌序》说:"昔楚国南郢之邑、沅湘之间,其俗信鬼而好祠,其祠,必作乐鼓舞以乐诸神。"流行于楚地的热烈而浪漫的祭祀歌舞,曾经为屈原创作《九歌》提供了丰富的养料。楚国乐歌已有了雅、俗之分,《阳春》《白雪》和《下里巴人》也因此成为雅乐和俗乐的代名词。显然,当周代宫廷雅乐随礼崩乐坏而日趋衰落时,民间乐舞仍蓬勃发展,南楚之乐、郑卫之音都是广受民众喜爱的民间音乐。

在汉朝,百戏和相和歌十分流行。百戏融音乐、舞蹈、竞技、杂技、魔术等于一体,所谓"俳优歌舞杂奏",折射出汉代兼容并包的时代风采。至迟在汉武帝时,朝廷专设掌管乐舞的机构,此即"乐府"。乐府机构庞大,全盛时多达千人,其职能之一是采集民间歌诗并加工演唱,使之成为统治者"观风俗,知厚薄"的重要渠道之一。于是,"赵、代、秦、楚之讴"兼收并蓄,经综合提高,形成乐舞史上著名的"相和歌"。相和歌最初的表演形式为一人唱,三人和,称为"但歌",以后为适应宴会歌舞的需要,发展出由丝竹乐队伴奏,配以歌诗和舞蹈的大型歌舞曲,此即相和歌中的"大曲"。

魏晋南北朝时期清商曲和琴曲成就最高,前者流行于民间,后者为文人琴乐。由于政治中心的南移,北方的相和歌与江南吴歌、荆楚西曲结合,形成清商曲。清商曲辞多表现男女爱情,五言四句,语短情长,曲调则为新声艳曲,与宫廷雅乐的庄重肃穆相比,具有格调明快、清新婉丽的鲜明特征。清商曲在南朝时盛行于长江中下游地区及汉水两岸的都邑城镇,据《南史·循吏传》载:"凡百户之乡,有市之邑,歌谣舞蹈,触处成群。"以清商曲为表现形式的民间情歌恋曲之发达,可见一斑。魏晋时文人士大夫对琴曲的喜好,促进了琴乐艺术的日趋成熟。当时琴的制作已基本定型,并有了记录琴曲的文字谱及理论探讨。"竹林七贤"中的阮籍、嵇康都善弹琴。相传阮籍曾创作琴曲《酒狂》,嵇康善弹《广陵散》。嵇康的《声无哀乐论》是中国古代重要的音乐美学论著。其理论一反"礼乐刑政"并举的官方音乐思想,主张音乐应摆脱政治功利的束缚,超越现象,回归本体。认为"乐和"不应理解为"政和",而应视为人与宇宙的和谐。正如他在《赠秀才入军》其十五中所描绘的:"目送归鸿,手挥五弦。俯仰自得,游心太玄。"

唐代国力强盛,经济繁荣,各民族间文化交流密切,这都给音乐、舞蹈的全面兴盛提供了条件。

首先,宫廷设有称为"教坊"的机构,排演歌舞戏和优戏,皇帝还亲自挑选坐部伎子弟习演"丝竹之戏",称为"梨园弟子"。教坊组织完备,伎艺上有分工,如长安右教坊善歌,左教坊善舞。教坊中各类专职艺人人数众多,据《新唐书·礼乐志》载:"唐之盛时,凡乐人、音声人、太常杂户子弟隶太常及鼓吹署,皆番上,总号音声人,至数万人。"安史之乱后,部分宫廷艺人流向民间,促进了民间乐舞水平的提高。

其次,歌舞戏极其兴盛,它不仅保留了前代载歌载舞的艺术传统,而且有了初步的情节结构,从而为中国戏曲的形成奠定了基础。唐代歌舞戏曲的著名曲目有《霓裳羽衣曲》、《秦王破阵乐》等,这类歌舞大曲集器乐、声乐、歌唱、舞蹈于一体,结构复杂庞大。白居易在其长诗《霓裳羽衣歌》中述及该曲达 36 段,曲式多变,所谓"繁音急节十二遍,跳珠撼玉何铿铮"。不仅乐声美妙,而且舞姿翩翩,诗人对此赞叹道:"千歌百舞不可数,就中最爱《霓裳》舞。"

第三,宫廷燕乐的创作与演奏达到巅峰。燕乐又称"宴乐",它是在隋唐统一中国后,将胡部乐和中原乐结合起来而形成的一种新乐。《旧唐书·音乐志》称:"自开元以来,歌者杂用胡夷、里巷之曲。"胡夷之曲指的是外族、外国的乐曲,里巷之曲指的是中原民间流行的乐曲。教坊曲是隋唐燕乐的典型代表,崔令钦《教坊记》所录曲名多达 320 多个,都是当时流行的燕乐新曲。在中国音乐发展史上,秦以前流行的主要是雅乐,汉魏六朝流行清乐,隋唐的新乐即是燕乐。燕乐曲调丰富,乐器众多,旋律节奏变化多端。燕乐的广泛流播需要歌辞配合,而音乐本身的发展也要求歌辞形式有所更新。本来,唐诗入乐已是普遍的现象,情辞兼胜而又迎合大众审美需求的诗作往往被音乐人配乐演唱,王维、李白、王昌龄、王之涣、白居易等大家的不少名篇佳作当时就广为传唱。由于燕乐的旋律节奏更为繁复多变,从而促成新的诗体——词的诞生。唐五代曲子词大都出于《教坊记》中所录的曲名,便是明证。它还表明,诗与乐密切结合,确是中国传统艺术的一大特点。

词在宋代一跃而为主流文学,依曲作词,按谱填词,词与音乐同步繁荣,宋词是音乐与文学完美结合的艺术。宋代不少词人精通音律,熟悉曲子,他们能不断地编配新曲,创造新词调,这种新创的词调被称为"自度曲"。柳永、周邦彦、姜夔、张炎等都是长于作词又娴于谱曲、配曲的大家。柳永的词采撷并加工市井俗乐新声,自制新腔,"一时动听,转播四方","凡有井水饮处,即能歌柳词"。①辛弃疾"每燕(宴)必命侍妓歌其所作",②吴文英在其《还京乐》序中自述,他一词填罢,即"命乐工以筝、笙、琵琶、方响迭奏",以检验曲拍腔调是否完美。这都表明,词为合乐、应歌而作,它与音乐是一种水乳交融的关系。

宋金时期市井文化繁荣,说唱艺术因此得到长足的发展。董解元的《西厢记诸宫调》是说唱艺术的杰出代表。所谓诸宫调是指取同一宫调的若干曲牌联成首尾一韵的短套,再用不同宫调的短套联成长篇的说唱艺术形式。诸宫调所取用的曲牌几乎包容了前代各种歌曲,唱词用韵文,说白用散文,对戏曲的成熟有很大的影响。北宋时,杂剧也已

图 3-4-8 杂剧陶俑

---

① 叶梦得:《避暑录话》卷下,中华书局,1985。
② 岳珂:《桯史》卷三,中华书局,1981。

出现,发展到南宋,渐趋成熟。与南宋对峙的金朝则流行院本。宋金杂剧与院本,歌唱的成分不断增加,有说白,也有歌舞表演,并有多人组成的乐队伴奏。自北宋始,在浙江永嘉地区形成了南戏,南戏以歌唱为主要表演手段,并穿插念和做,共同展开剧情。歌唱有独唱、对唱、轮唱和合唱等多种形式,音乐用五声音阶,风格婉丽。宋金时的诸宫调、杂剧、院本和南戏基本上属于叙事体,尚非成熟戏剧的代言体,但成熟的戏剧已酝酿其中,呼之欲出了。就音乐而言,中国古乐发展到宋金,已由隋唐的伎乐时代步入了更具世俗色彩的戏曲音乐时代。

元代吸收前代音乐、舞蹈、文学、美术和其他艺术文化的养料,将杂剧发展到鼎盛。杂剧通常由四折一楔子构成,折是音乐单位,一折中用同一宫调的一套曲子,四折也就是四大套曲子。在表演上由一人主唱,其余角色只说不唱。音乐用七声音阶,字多调促,风格豪迈遒劲,通称北曲,主要伴奏乐器有琵琶、鼓、笛、拍板等。

南方流行的南戏在元代也逐渐成为成熟的戏剧样式,并与杂剧南北呼应,各具风貌。南戏的体制结构灵活自由,不受每折一个宫调的限制,而且各类角色都能歌唱。音乐上南戏以唱南曲为主,字少调缓,风格委婉细腻。徐渭在《南词叙录》中对北曲、南曲的不同风格作过如下对比:"听北曲使人神气鹰扬,毛发洒淅,足以作人勇往之志,信胡人善于鼓怒也,所谓'其声噍杀以立怨'是也;南曲则纡徐绵眇,流丽婉转,使人飘飘然丧其所守而不自觉,信南方之柔媚也。"在南北文化的交流中,杂剧与南戏又相互借鉴,彼此吸收,创造了"南北合套"的新形式,即将同一宫调中的南北曲牌联缀成为一套演唱,大大丰富了音乐的表现力。

元代的杂剧与南戏,标志着中国戏曲的完全成熟。"戏曲"一名由"戏"与"曲"二字组成,表明音乐是戏曲的必备要素之一。同时,曲词充分发挥了古典诗歌语言凝练、声情并茂的特点,戏曲中的唱词十分讲究词章之美,许多唱词如同一首首优美的抒情诗,如王实甫的《西厢记》就堪称一部情、采并茂的诗剧。

明清声腔剧种百花灿烂。被明人称作"传奇"的南戏与南方各地民间音乐结合,派生出种种新声腔调,著名的有昆山腔、弋阳腔、余姚腔和海盐腔。昆山腔后经魏良辅改造,唱法吸收了北曲技巧,伴奏加入了管弦乐器,使之集南北曲之大成。艺术上精致细腻,圆润悠缓,往往一字数转,细若游丝,时称"水磨腔",因此一跃而"出乎三腔之上"。清中叶以后,地方戏雨后春笋般兴起,昆曲趋于衰落,逐渐分化为苏昆、武林昆曲、永嘉昆曲、高昆等,并融入到各地方戏中。弋阳腔与各地民间音乐结合,演变为唱腔高亢直劲的高腔系列,主要有广东潮州高腔、湖南长沙高腔、四川高腔等。陕西一带则流行以梆子为板的梆子腔,风格高亢激越。清代乾隆以后,安徽徽调和湖北汉调传入北京,以它们为基础,又融合京腔、昆曲等多种音乐、唱腔和表演技巧,逐渐形成具有独特民族风格的京剧。京剧唱腔以二黄调和西皮调为主,伴奏乐器有京胡、二胡、月琴、三弦、鼓、笛、锣、铙钹等。角色分生、旦、净、丑四行。京剧唱、做、念、打结合,动作虚拟化、表演程式化，融声乐、器乐、舞蹈、文学于一体，是多种艺术形式综合的结晶。

三、多民族乐舞的交流融合

多民族乐舞的交流融合，是中国乐舞艺术发展的又一特点。早在周代已形成了以"六乐"为主体的雅乐体系，雅乐为宫廷乐舞，流行于贵族阶层。但统治者并不排斥俗乐，各地民间乐舞经采集进入宫廷。春秋战国时随礼崩乐坏与文化下移，一方面王室雅乐向外播散，一方面世俗新乐赢得贵族阶层的喜好，大大促进了雅乐与俗乐的交流促进。

汉代乐府的职能不仅是将贵族、文人的诗歌编配成曲，用于宫廷演出，而且还负责采集、加工各地民歌及少数民族乐舞。乐府采用的曲种主要有相和歌和鼓吹曲。鼓吹曲就源于北方民族北狄，本是一种马上之乐，用鼓、钲、箫、笳合奏。鼓吹及其他域外音乐输入后，经改造融合有了很大的发展。鼓吹曲用鼓、铙等打击乐器和箫、笛、角、笳等吹管乐器，较之于以钟磬为主打乐器的雅乐，具有演奏便捷灵活的特点，所以汉代的鼓吹曲广泛用于朝会、道路等场合。

魏晋南北朝时期，与民族大迁徙相伴随的是民族文化的大融合。北方相和歌与南方的吴声、西曲相结合，形成了清商曲。被统称为"胡乐"的各种西域音乐也相继传入内地，鲜卑族音乐经吸收被融入到南朝宫廷演奏的鼓角横吹曲；龟兹乐与中原音乐结合，形成了西凉乐。从而，南方音乐的悠扬婉转与"胡乐"的刚健直劲结合，艺术上具有刚柔相济的新特点。从少数民族及域外传入的许多新乐器，也大大丰富了音乐表现力。随着佛教的流行，来自印度的佛曲在其流传过程中，吸收了中国本土的民族音乐，形成融汇中外的宗教音乐，此即所谓"改梵为秦"，这也表明中国乐舞艺术多民族融合的特点。

唐代文化昌明，对各民族乐舞兼收并蓄。唐代乐舞汇集各种胡乐、俗乐和伎乐，经不断充实，至唐太宗贞观年间扩展为十部乐，它包括燕乐、清商、西凉、天竺、高丽、龟兹、安国、康国、疏勒及高昌乐。这是一个开放而多元的乐舞体系，囊括了汉族与少数民族、本土与域外的多姿多彩的音乐、舞蹈艺术。宋元以后，各民族间的文化交流进一步密切，少数民族统治者入主中原，带动了南北文化的融通。特别是市民文艺的蓬勃兴起，哺育出各地独具特色的民歌、说唱、歌舞、曲艺，它们交流融合，彼此促进，蔚成百花齐放的繁荣景象。

第四节 中国艺术的美学追求

中国古代艺术不仅成果灿烂夺目，而且民族特色鲜明，在中华传统文化的滋润下，形成了独特的美学追求。崇尚天人合一，注重美善相兼，讲究中和之美，都是中国艺术精神的内涵。

一、崇尚天人合一

中国哲学把人与自然的关系界定为亲和关系。儒家讲"天人合一"，道家讲"万物与我为一",强调的都是人与自然的和谐相通。天人合一作为中国艺术精神的哲学基础,渗透到绘画、书法、音乐等艺术门类。艺术家们在创作过程中,总是把宇宙自然视为自己的精神乐园,用整个身心去感觉宇宙生命,用虚静之心纳受万物精魂。一方面,大自然把它的生机灌注到主体的心灵中,另一方面,主体将其人格精神投射到客体中,从而创造出生命与造化同体的艺术境界。

宗白华先生在《中国艺术意境之诞生》一文中,曾引用方士庶《天慵庵随笔》中的一段画论:"山川草木,造化自然,此实境也。因心造境,以手运心,此虚境也。虚而为实,是在笔墨有无间。故古人笔墨具此山苍树秀,水活石润,于天地之外,别构一种灵奇。"宗先生认为,"中国绘画的整个精粹在这几句话里"。这是因为,"艺术家以心灵映射万象,代山川而立言,他所表现的是主观的生命情调与客观的自然景象交融互渗,成就一个鸢飞鱼跃,活泼玲珑,渊然而深的灵境;这灵境就是构成艺术之所以为艺术的'意境'"。山水画和花鸟画之所以成为中国画的主要画料,也在于它们是表现"生命情调"、象征高洁人品的完美载体。中国古代思维方式注重直觉内省,审美主体善于在自然的外在形态中直接感悟到其内蕴所在。孔子说"知者乐水,仁者乐山",即直觉到山与水同智与仁的精神品质在形式特点上能产生异质同构的对应的联系。

中国古代艺术崇尚天人合一的美学追求,首先表现为师法自然,心物相契,创造人与自然和谐相通的艺术境界。古代艺术家的师法自然,要求通过对自然的仰观俯察,深切体悟自然宇宙生生不息的内在精神。"搜尽奇峰打草稿",然后进入构思与命笔。在其创作过程中,从凝神静思到点画用笔,始终"神与物游",从自然之我出发,回到我的自然,这一过程是熔裁物我,再造一个"宇宙"的过程。伍蠡甫先生在《中国画论研究》中总结道:中国传统绘画"意境的抒发过程,同时也是笔下线条的盘旋、往复、曲折、顿挫以及疏荡、绵密、聚散、交错的过程。线条的每一运动和动向,都紧扣着刹那间心境的活动"。古人说"书画同源",同为笔墨艺术的书法,也追求物我合一的意境创造。中国书法那仪态万方的章法布局,似"横看成岭侧成峰";气脉贯穿的线条,似宇宙气化流行,生生不息。卫夫人《笔法阵》形容书法的基本笔画时说:"横,如千里阵云,隐隐然其实有形;点,如高峰坠石,磕磕然实如崩也;撇,陆断犀象;挑,百钧弩发;竖,万岁枯藤;捺,崩浪雷奔;弯勾,劲弩筋节。"古代哲学认为天下万物无不有生气贯于其中,古代书论认为笔势、字势、一行之势再到通篇之势,唯有内气贯通,才能真力弥满。线条流衍变化而形成的韵律节奏之美,与宇宙大化之生机运转是相通的。古代书家正是以线的结构、线的流动、线的意味来表现"心中的宇宙",来传递自己对宇宙生命的体认。"天人合一"又是中国古代音乐美学思想的核心。《乐记》说:"凡音之起,由人心生也。人心之动,物使之然也。感于物而后动,故形于声,声相应,故生变,变成方,谓之音。""乐者,天地之和也。"表明音乐产生的基础是大自然之"声"和人的感情,音乐体现了宇宙和谐的特征。中国古代音乐重视与宇宙造化、高山流水的和谐相通,认为最好的音乐应能传达无限的大化,就如伯牙演奏表现高山的乐曲时,钟子期赞叹说:"善哉,峨峨兮若泰山!"当演奏表现流水的乐曲时,钟子期又赞道:"善哉,洋洋兮若江河!"

其次表现为注重传神。顾恺之论画,强调"传神写照","迁想妙得",即不仅要传写出客观对象的"神",而且要迁融入主体情感的"想"。中国画的美学追求,主要不在于是否逼真,而在于能否表现出山水、草木、人物的神采及其内在生命精神。唐志契在《绘事微言》中说,"凡画山水,最要得山水性情","岂独山水,虽一草一木亦莫不有性情"。画中自然万物的"性情",既是万物本身具有的神采风韵,更源自画家对生命、自我、人生、社会乃至宇宙的深刻体悟。中国绘画历来注重气韵,讲究意境,谢赫提出的绘画六法,就以"气韵生动"为第一法。气韵和意境的涵意十分丰富,主要要求以形写神,形神兼备。元代画家倪瓒称自己作画"逸笔草草,不求形似","聊写胸中逸气"。在倪瓒看来,有形无神还只是绘画的初级阶段,表现为心由境造;以形写神才是绘画的高级阶段,表现为境由心造。传神论主张的形神兼备,是指艺术家不应拘泥于形似,而应追求更高层次的不似之似。以形写神的"形",已不再是像不像那个形,而是画中需要不需要那个形,应该不应该有那个形。画家从美的需要去创造和安排形,于是造型便于形美中包蕴了神美,他的画也因此具有了独立的生命。倪瓒所谓的"不求形似","聊写胸中逸气",表明他是深得天人合一、物我交融的艺术真谛的。

二、 注重美善相兼

中国传统艺术注重美善相兼,美从属于善,把道德教化作为重要的审美标准和价值尺度。《论语·八佾》记载了孔子论乐时提出的观点:"子谓《韶》,尽美矣,又尽善也。谓《武》,尽美矣,未尽善也。"据郑玄的解释,《韶》是颂美舜的乐曲,舜从尧的禅让取得天下,并以文德治天下,所以得到孔子的高度赞许。《武》是歌颂周武王的乐曲,武王以武功平定天下,与孔子"远人不服则修文德以来之"的一贯主张不尽相符,所以说它虽美而未能尽善。孔子以美善合一、尽善尽美的标准评判文艺,对后世有着深远的影响。在中国伦理型文化的背景下,艺术一直被视为道德教化的重要手段,一方面追求艺术的美,一方面强调符合政教伦理的善。

就善而言,主要体现在"明道"和"致用"这两个方面。"道"以儒家的伦理道德为基本内容,艺术家高尚的道德修养被认为是明道的关键。"用"指艺术的社会功用,《荀子·王制》就明确指出,"论礼乐,正身行,广教化,美风俗",统治者对"礼"与"乐"要"兼覆而调一之"。唐代张彦远的《历代名画记》被称为"画史之祖",书中对绘画的教化功能也作了明确的表述,"夫画者,成教化,助人伦",使观者"见善足以戒恶,见恶足以思贤"。

出于对美善相兼的追求,中国传统艺术尤其重视对高尚人品的表现,认为画品出于人品,二者是表里对应关系。画中的一山一水、一草一木都是人格精神的象征。古代山水画的艺术境界，大多具有虚融、宁静、清远、空灵、有限中包蕴无限的特点，所象征的正是文人士大夫其心所尚的高洁、淡泊乃至超然忘我的人品。古代画家喜画竹，宋代文同就以画墨竹著称。其《咏竹》诗云"心虚异众草，节劲愈万木"，并明言"竹如我，我如竹"，认为竹品与人品相通。由于心与物游，以物写心，所以他画的墨竹能脱略形似，独标高格。在比德传统的影响下，劲拔的松柏、清雅的梅兰竹菊等，因与主体的精神品质相联系，成为文人画家的惯见题材，而且代有佳作。就"善"而言，他们所标举的正是冰清玉洁般的品格精神；就"美"而言，他们于同类题材中彰显艺术个性，如所画之竹就有孤竹、丛竹、折枝竹、无根竹、雨竹、雪竹、风竹、壮竹、瘦竹等，形态各异，笔墨技巧有别。书法同样重品，古代书论认为，书法与书家的性情、品节相表里，"写字者，写人也"，"用笔在心，心正则字正"，说的就是这个道理。

三、讲究中和之美

中国文化具有包容性的特点，善于将各种文化因素融汇统一，强调整体内部的有机联系和统一，使矛盾对立的双方经平衡协调而归于和谐。与学术上儒、道、佛三家互补、人生态度上入世与出世融通一样，艺术上讲究以理节情、刚柔相兼等中和之美。

中和之美要求艺术所表现的思想情感不要越出传统的道德规范，即"发乎情，止乎礼义"。仅就先秦的音乐思想来看，就集中反映了情理中和这一美学原则。孔子论诗乐，赞美《关雎》乐而不淫，哀而不伤。《乐记》论音乐说："凡音者，生于人心者也；乐者，通伦理者也。"《左传·昭公二十年》载晏婴对音乐的中和之美的理解是："清浊、大小、短长、疾徐、哀乐、刚柔、迟速、高下、出入、周疏，以相济也。君子听之，以平其心，心平德和。"《荀子·乐论》论音乐，以为"乐行而志清，礼修而行成，耳目聪明，血气和平，移风易俗，天下皆宁"。他们都肯定音乐是表达人的感情的艺术，但是情感的表达要有所节制，富有节度，旋律平和的音乐诉诸人的心灵，能净化人的感情，提升人的道德。按传统的音乐思想，音乐是审美的，也是伦理的，"乐和"不仅反映了人与自然的和谐相通，也体现了政通人和的社会和谐。所以，《乐记》把"大乐与天地同和"视为音乐艺术的最高境界。

中和之美要求在艺术创作上将二元对立的因素融汇结合。中国艺术在其发展史中形成了许多相反相成的审美范畴，如历代书论家都主张书法创作要讲究奇与正、方与圆、肥与瘦、曲与直、伸与缩、藏与露等的对立统一，书法家的灵心与功力正体现在将多元对立的审美因素统一成中和之美。写字讲求筋骨，但筋骨宜藏不宜露，骨力内敛、柔中寓刚就别具神采。楷书的特点在正，草书的特点在奇，但楷书正有见奇，草书奇而反正，就别具风貌。中国绘画注重构图布局中的虚实、宾主、疏密、参差等关系的辩证处理，清代邹一桂在《小山画谱》中说："章法者，以一幅之大势而言，幅无大小，必分宾主，一实一虚，一疏一密，一参一差，即阴阳昼夜消息之理也。"中国画的章法布局和笔墨运用遵从对立统一的规则,通过黑白对比、虚实对比、长短对比、大小对比、浓淡对比、疏密对比等,来创造整体的和谐之美。如水墨画中黑与白的处理,最能体现画家将二元对立的艺术因素融汇统一的匠心。"以白当黑",以虚映实,黑与白在画面上表现为实与虚,二者有无相生,如同音乐上的"无声胜有声",画中的布白实为无形胜有形。如八大山人画条生动的游鱼于纸上,别无一物,令人感到满幅是水;齐白石画一枯枝横出,上立一鸟,别无他物,令人联想到广袤无垠的天宇。对此,宗白华先生在《中西画法的渊源与基础》中分析说:"空白在中国画里不复是包举万象位置万物的轮廓,而是溶入万物内部,参加万象之动的虚灵的'道'。画幅中虚实明暗交融互映,构成飘缈浮动的氤氲气韵,真如我们目睹的山川真景。此中有明暗、有凹凸、有宇宙空间的深远……乃是一片神游的意境。"

宗白华曾提出六境界说,即功利、伦理、政治、学术、宗教和艺术境界,认为艺术境界亦即审美追求是人类世界的终极境界。功利是人类为创造物质财富以解决生存的动力,艺术境界的创造及其对美的追求,则反映了人类对精神自由与审美自由的执著。古代中国人所创造的洋洋大观的艺术珍品,以及重表现、重传神、重写意、重美善相兼的美学追求,集中体现了崇尚自然、体征生生、实践德行,以及以自我生命去契合宇宙生命等民族特色,它是中国文化的瑰宝,也是全人类文化的瑰宝。

关键词

战国帛画	画像砖	卷轴画	墓室壁画	石窟壁画	人物画	风俗画
《清明上河图》		山水画	青绿山水	皴法	元四家	明四家
清初四僧	扬州八怪	花鸟画	院体画	工笔	写意	六书
甲骨文	金文	秦小篆	隶书	草书	楷书	行书
二王	唐代楷书	宋四家	晚明书风	清代碑学	周代雅乐	汉代乐府
相和歌	鼓吹曲	清商曲	琴曲	唐代教坊	歌舞戏	燕乐
戏曲音乐	天人合一	以形写神	美善相兼	中和之美		

思考与讨论

1. 长沙战国楚墓出土的帛画在中国绘画史上有何标志性意义?
2. 魏晋南北朝时期的绘画创作和绘画理论取得了哪些成就?
3. 举例说明唐代人物画的成就。
4. 举例说明宋代风俗画的成就。
5. 宋代的山水画、花鸟画在中国绘画史上的地位如何?
6. 赵孟頫在宋元画风转变之际起到了什么作用?
7. 举例说明"清初四僧"和"扬州八怪"在绘画艺术上的创新之处。

8. 阐述汉字字体的演变过程。
9. 中国书法在字体类型上可分为哪几个大类?
10. 简述晋代书法的成就。
11. 唐代有哪些书法名家? 其成就如何?
12. 何谓"八音"? 试举实例说明。
13. "制礼作乐"和"礼崩乐坏"的含义是什么?
14. "乐府"是一个怎样的机构? 其职能是什么?
15. 清商曲盛行于何时何地? 其曲辞和曲调有何特点?
16. 何谓"燕乐"? 它与词的繁荣有什么内在联系?
17. 宋代说唱有哪些主要种类?
18. 中国早期戏曲有哪两个主要剧种? 它们的音乐各有什么特点?
19. 理解中国古代艺术诗、乐、舞三位一体的文化传统。
20. 举例说明中国古代乐舞多民族融合的特点。
21. 中国古代艺术在美学追求上有哪些主要特点? 任选一个角度作简要分析。

拓展阅读

1. 《美的历程》,李泽厚著,三联书店,2009。
2. 《中国美学史大纲》,叶朗著,上海人民出版社,2005。
3. 《美学散步》,宗白华著,上海人民出版社,2005。
4. 《中国绘画史》,俞剑华著,东南大学出版社,2009。
5. 《书法鉴赏》,路云亭著,上海教育出版社,2011。
6. 《中国音乐通史简编》,孙继南,周柱铨著,山东教育出版社,2012。
7. 《舞蹈与传统文化》,袁禾著,北京大学出版社,2011。
8. 《中国戏曲艺术通论》,俞为民主编,南京大学出版社,2009。

思维导图

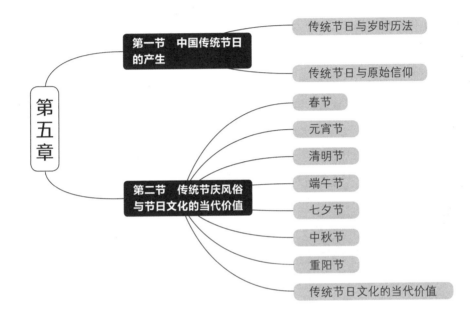

第五章 节日

在有着五千年文明史的中国,传统节日及节庆习俗源远流长,丰富多彩,是国家极其珍贵的非物质文化遗产。中国传统节日的产生与古代岁时历法和岁时信仰等有着密切的关系。节日是一个民族文化的集中展示,节庆习俗经传承发展和代代相继,已内化为民族成员根深蒂固的文化情结,积淀为民族特有的文化生存方式。中国传统节日是民族文化的重要载体之一,彰显着民族约定俗成的生活方式和精神追求。节庆习俗包含着丰富的文化内涵,民众通过节日活动表达欢乐吉庆、平安和顺等内心情感,寄托丰收富裕、健康长寿等共同理想,反映了民族乃至人类的普适精神。

第一节 中国传统节日的产生

一、传统节日与岁时历法

节日作为民族的文化活动,具有周期循环、全民参与和模式化等鲜明特点。节日以年度为周期,一年一度循环往复。每个节日都有固定的时间节点。中国的传统节日大都以中国的传统历法为时间节点,因此,古代岁时历法是中国传统节日产生的基础。

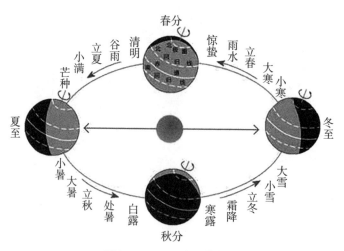

图3-5-1 二十四节气图

中国传统的历法是阴阳合历,它以回归年为一年,以朔望月为一月。古代中国人把月亮和太阳出现在地球同一方向,月亮对着地球的一面完全不被太阳光照射到的时刻称为"朔";把月亮和太阳出现在地球两个相反方向,月亮对着地球的一面全部被太阳光照射到的时刻称为

"望"。从这一次朔到下一次朔的时间间隔,称为"朔望月",它等于29.53059天。为了弥合朔望月与回归年的差距,阴阳合历采用了隔若干年添加一个闰月的办法,从而使阴阳合历平均每年也是365天左右。春秋后期,中国已采用19年7闰的制历方法,它的岁实是365.25日,这是当时世界上最精确的回归年数值。

二十四节气是中国古代阴阳合历的产物。成书于公元前137年的《淮南子》,已完整记录了二十四节气。二十四节气包括立春、雨水、惊蛰、春分、清明、谷雨、立夏、小满、芒种、夏至、小暑、大暑、立秋、处暑、白露、秋分、寒露、霜降、立冬、小雪、大雪、冬至、小寒、大寒。节气是按地球在绕太阳公转轨道上的位置划分的。地球从春分点出发,绕太阳运转一周设为360度,每隔15度就是一个节气。按阴阳合历规定,每个月必须有一个中气节,由于阴阳合历月平均为29天半,而每个节气是15天左右,两个中气节平均间隔30天半。因此,中气节被逐月推迟一天左右。如果中气节被后推到月末,下个月又是小月,则该月可能没有中气。中国古代历法就把没有中气节的月份视作上个月的闰月。二十四节气的制定,依据中国独特的气候环境和自然地理条件,反映了季节变化、气候特点和物候现象的规律,有利于安排农时,指导农业生产,使民间的生产和生活习俗与大自然的律动保持和谐平衡。二十四节气是中华民族农耕文明的结晶,也是世界上独一无二的文化现象。基于古代岁时历法而产生的中国传统节日,因此打上了农业社会和中国文化的鲜明烙印。

秦以前,岁时与季节紧密结合,很少有独立的节日。如果用后世的节日标准看先秦的岁时节日,只有社与蜡这两种发生于年初岁末的宗教祭礼,堪称中国上古时期全民的狂欢节。"社"是土地神,《说文解字》云,"社,地主也";祭土地神称为"社祀",《礼记·郊特牲》云:"社祭土。""蜡"同"腊",祭祀祖先称为"蜡祭",《风俗通·祀典》云:"礼传曰,夏曰嘉平,殷曰清祀,周曰大蜡,汉改为腊。腊者猎也,言田猎以兽祭祀其先祖也。"

自汉魏起,岁时节日逐渐成型,托名东汉崔寔的《四民月令》就记录了一些特殊的时日,如正月、社日、伏日、蜡日以及三月三、四月四、五月五、七月七、八月八、九月九等,这些时日后来大多成为传统节日。所以说历法为节日的产生提供了必备的条件。例如,春节定型的前提首先是正月初一的确定;清明节与清明这一节气有着渊源关系;七月初七、八月十五和九月初九分别是七夕、中秋和重阳的时间节点;端午节的起源或认为与夏至有着密切关系,那么夏至的确定就为端午节的产生提供了条件。

二、传统节日与原始信仰

传统节日的产生还与原始信仰和禁忌密切相关。原始信仰的产生,以神灵观念的形成为标志。而神灵观念的出现,表明人已从整个客体中分离出来,开始意识到自身的存在,有了自我意识。他们相信不仅人有灵,客体都有灵,人与客体通过巫术等仪式可以彼此交流,以原始思维为内核的原始崇拜正是为了人与神的沟通。原始信仰有下列几个基本特征:第一是自发性。先民创造的虚幻的神话与神秘的巫术,与他们的认识水平及当时的生产力水平相一致,它是自然而又自发地产生的。例如,远古时代取火种不易,人们认为火是神圣的,火种在过去的一年中会成精,因此当上一年火种到期限后,便将所有火种扑灭,由专人钻木取火,并将新的火种分配给众人,无火的这天后世即演化为寒食节。第二是广泛的参与性。原始宗教为氏族部落的全体成员所共同信仰,宗教事务就是公共事务,祭祀仪式是集体参与的仪式,渗透到每个成员的观念和行为中。原始宗教作为社会性行为,使祭祀与习俗融为一体,人们因共同信从,从而形成全体成员参与的信仰活动。第三是岁时观念。上古时期人们通过观测天象和物候,逐渐形成表示年度周期的"岁"和表示季节段落的"时"的观念,所以顾炎武在《日知录》中说:"三代以上,人人皆知天文。"据古籍记载,原始宗教的祭祀活动已体现了周期性特点,所谓"岁时祭祀"、"岁时伏腊"。第四是为人生的目的。就古代中国而言,原始初民的宗教祭祀活动不是为了追求来世的幸福,而是为了祈求大自然的异己力量转化为顺己力量,希图与宇宙自然互相依赖,和谐相通,最终目的是为了解决生存和种的繁衍,因此贯穿着为人生的意义。原始崇拜是传统节日产生的最早渊源之一,而且上述原始崇拜的自发性、广泛的参与性、周期性以及为人生的目的,与传统节日文化的某些特点不谋而合。

根据考古发现和文献记载,中国早在远古时期就已流行有自然崇拜、鬼魂崇拜、图腾崇拜和生殖崇拜等原始宗教形式。自然崇拜的对象涉及天地日月星辰等,先民祭祀天地的习俗,后来就演变为社日的节日习俗;祭月的习俗演变为中秋拜月的节日习俗;星辰崇拜演变为七夕拜星和乞巧等节日风俗。鬼魂崇拜催生出古代禁忌和鬼神迷信,并形成三月上巳日水边招魂、洗濯去秽、辟邪防疫等节日习俗。祖先崇拜直接促成寒食与清明通过扫墓以祭奠祖先的风俗的形成。图腾崇拜中以龙图腾崇拜对中华民族的影响最为深远,相传江浙一带的古越民族每年端午流行有祭祀龙图腾的龙舟竞渡活动。闻一多曾指出,龙图腾崇拜是端午风俗形成的渊源。再如二月二日龙抬头节与龙在"春分而登天"的信仰也有直接关系。

中国传统节日的产生渊源虽与原始信仰密切相关,但是随着时代的推移和中国文化注重人文的文化倾向的影响,节日文化中的宗教因素逐渐淡化,世俗的色彩不断增加。中国传统节日与欧洲及西亚诸国的节日的主要不同是,欧洲和西亚诸国的不少节日具有鲜明的宗教色彩,如基督教的圣诞节、复活节、感恩节以及伊斯兰教的开斋节、宰牲节等,节日活动中都有相关的宗教仪式。中国的传统节日则更多带有世俗的农业文化的特色,民众通过节日活动表达的主要是世俗的理想,诸如丰收富裕、健康长寿、团圆美满、平安和顺,等等。

第二节　传统节庆风俗与节日文化的当代价值

一、春节

岁时循环以年度为周期，一元复始，万象更新。百节年为首，正月初一的春节作为岁首大节，是中华民族最隆重和最富有民族特色的节日。春节最早确立于汉朝。广义的春节包括年前和岁后两个部分，春节正值中国农历年岁时循环和时节转换的节点，辞旧和迎新就成为节日的两大主题。过春节的传统习俗名目繁多，有扫尘、办年货、贴春联、贴"福"字、祭灶神、祭祖先、守岁、放鞭炮、吃饺子、拜年等。丰富的春节活动围绕着岁前驱邪除秽和岁后迎新纳福这两大节日主题，其中贯穿着两种浓郁的民族感情：一是浓烈的亲情和友情，一是虔诚的敬神和祈福。祭祖宗和向亲人朋友拜年，表达的是对祖先的怀念和对伦理人情的珍视；祭灶神、贴春联和放鞭炮，表达的是驱邪迎福和对天地的感恩。亲情、和谐、团圆和吉利是每逢春节中国人心中难以割舍的情结。火红、热闹、喜庆、吉祥是春节特有的节日氛围，大红的春联、震耳的爆竹、吉庆的年画、腾越的舞龙，烘托出盎然的春意。春节团团圆圆是每个中国人最大的节日愿望，"有钱没钱，回家过年"、"一年不赶，赶三十晚"等俗语，折射出春节所负载的厚重的民族感情。

二、元宵节

正月十五夜元宵节古称"上元节"。由于正月十五是一年中第一个圆月之日，故名之"元宵"；因该节通宵挂灯结彩，故又名"灯节"。元宵张灯结彩的习俗始于东汉。它的起源与天地崇拜有关。据载，汉武帝曾于此日彻夜点灯祭祀太一神，以后佛教东来，于是点灯祭太一神的古俗与"燃灯表佛"的佛教礼仪结合，成为节日习俗。这一节日习俗自唐代起在民间普遍流行，官商士庶，无不门前高悬彩灯，彻夜通明。火树银花中，游人如潮；乐声响起处，百戏纷呈。中国人将过元宵叫做"闹元宵"，"闹"字形象地反映了元宵节全民欢乐的情状。人们作彩灯，吃元宵，敲锣打鼓，列队游行，品灯赏灯，竞猜灯谜。元宵灯节不仅充满着世俗生活的风俗情趣，而且文人墨客在节日氛围的感召下，创作了大量歌咏元宵的诗词。如唐代诗人苏味道《正月十五夜》："火树银花合，星桥铁锁开"；崔液《上元夜六首》："谁家见月能闲坐，何处闻灯不看来"；白居易《正月十五夜》"灯火家家市，笙歌处处楼"；宋代词人辛弃疾《青玉案·元宵》："东风夜放花千树，更吹落，星如雨。宝马雕车香满路。凤箫声动，玉壶光转，一夜鱼龙舞。"元宵之夜彩灯叠映生辉、众民游览达旦的盛况，宛然如在目前。

三、清明节

清明是二十四节气之一，寒食节在清明前三日，古代有寒食禁火、清明扫墓的习俗。大约从隋唐起，清明扫墓普及民间，并见诸官方文书。中国文化历来有着"慎终追远"的传统，《论语》说："生，事之以礼；死，葬之以礼，祭之以礼。"民间谚语说："三月清明雨纷纷，家家户户上祖坟。"祭祖扫墓是清明节俗中最重要的民俗事项,在中国人看来,祖先墓地是家族的生命之根,上坟祭扫是联结祖先和后人的感情纽带,祭奠祖先,缅怀先人,以尽孝心,正体现了中华民族认祖归宗的孝道人伦。在古代传承至今的节日中,唯有清明是节气兼节日的民俗大节。清明时节,和风送爽,天地明净,万物生机盎然,所以清明节又是一个远足踏青、亲近自然的节日。清明与寒食在时间上紧密相连,古代寒食禁火,寒食后重生新火,既表示辞旧迎新,也表示随着季节交替,新生命和新循环的开始。入宋以后,寒食和清明作为节日合并为一,因此,传承至今的清明节既是慎终追远、感恩祖宗、纪念先人的节日,也是踏青春游、亲近自然、感恩自然的节日。

四、端午节

农历五月初五的端午节又称"端阳节"、"重五节"等。端午节的起源自古就有"辟邪说"、"祭龙说"、"纪念屈原说"、"纪念伍子胥说"等多种说法。一般认为,辟邪是该节产生的最早源头。端午节形成于汉代,东汉应劭的《风俗通义》中就有五月初五防病防疫的记载。端午时节已入初夏,古人认为进入五月夏至,阴阳二气此消彼长,虫毒病疫开始流行,故《礼记·月令》云:"是月也,日长至,阴阳争,死生分。君子斋戒,处必掩身。"民间在五月夏初注重卫护正气,抑制邪气。人们认为雄黄有杀虫消毒的功效,艾叶则有避瘟的效果,所以为了防毒避疫,卫生保健,民间流行有喝雄黄酒、用雄黄酒拌水洒庭院,以及兰汤洗浴、挂艾蒿菖蒲等习俗,以顺应季节变化,清洁自身和环境,保持人与自然的阴阳平衡。相传屈原于五月初五投江而死,当地人曾划船救助,出于对爱国诗人屈原的景仰,及至后世,又演化出龙舟竞渡的节日活动;为了保护屈原的尸体不受损害,人们用箬叶包米投入江中喂鱼,于是粽子就成了端午节最具标志性的节日食品。除五毒、吃粽子、赛龙舟和纪念屈原等民俗活动,为端午节增添了厚重的历史文化内涵。

五、七夕节

七月初七的七夕节又称"乞巧节",这一节日源于牛郎织女的传说。相传牛郎织女夫妻情深,却因银河阻隔,相思而不得相见,《古诗十九首》写道:"盈盈一水间,脉脉不得语。"这对恩爱的夫妻每年只有在七月七日这天,才能在鹊桥相会。这个美丽而感人的传说在民间广为流传,逐渐演变为民间的传统节日。七月初七是牛郎织女相会的日子,织女美丽聪明,心灵手巧,感情专一,古代女性都会在这天向织女乞求智慧和灵巧。据记载,南北朝时已形成七夕乞巧的节日风俗,七月初七晚,人们在庭院摆上几案,供上美酒菜肴、时令瓜果,妇女们在月下比赛穿针,穿得快者为巧。北朝诗人刘孝威《七夕穿针》诗云:"缕乱恐风来,衫轻羞指现。故穿双眼针,特缝合欢扇。"唐代诗人崔颢《七夕》诗云:"长安城中月如练,家家此夜持针线。"唐代以后,唐玄宗和杨贵妃七月七日在长生殿发下爱情盟誓的故事随着文学作品广泛流传,白居易曾在《长恨歌》中写道:"七月七日长生殿,夜半无人私语时。在天愿作比翼鸟,在地愿为连理枝。"于是,七夕节又被赋予浓郁的爱情色彩。宋代词人秦观的七夕词《鹊桥仙》以歌颂坚贞爱情著称,历来脍炙人口,词云:"纤云弄巧,飞星传恨,银河迢迢暗度。金风玉露一相逢,便胜却人间无数。柔情似水,佳期如梦,忍顾鹊桥归路。两情若是久长时,又岂在朝朝暮暮。"就节日文化的内涵而言,中国的七夕节犹如西方的情人节,最具浪漫色彩。有情人于七夕仰望星空,赞美牛郎织女爱情的坚贞,并为自己的姻缘美满而祈祷。

六、中秋节

八月十五中秋节是仅次于春节的中国秋季大节,形成于南北朝以后。八月中秋时处秋季正中,此时天高气爽,云稀雾淡,月光最为明亮,皎洁柔和的清辉洒满大地,令人神清气爽。中秋又是庆贺丰收的时节,大地秋熟,果实累累,对月祭天,祈盼花好月圆,人寿年丰。嫦娥奔月、玉兔蟾宫等美丽的神话传说,也给中秋节增添了浪漫而迷人的情调。古代中国人历来有祭月的习俗,北京的月坛就是专为皇室祭月修建的。中秋赏月的节庆活动传承至今,今天的中秋节庆,宗教性的神圣祭祀已转变为普适性的大众情感,团圆成为中秋节俗的核心。每逢中秋佳节,人们既祈盼天行有常,宇宙和谐,如《礼记·祭义》所言"日出于东,月出于西,阴阳长短,始终相巡,以致天下之和",更寄托对人事团圆的祝愿。中秋之夜,沐浴在皎洁的月光之下,共享象征团圆的月饼,表达对人事团圆的祝福,已成为中秋节最重要的精神追求。苏轼"但愿人长久,千里共婵娟"的词句,所以成为最能引起人们共鸣的千古名句,就是因为人月两圆自古以来就是中国人执著追求的人伦境界。

七、重阳节

"九"在中国古代被视为极阳之数,农历九月初九,日月逢九,双阳相重,故名"重阳"。重阳节的产生年代,尚无定论,但据古籍记载,至少在汉代,九月初九重阳日已流行有登高、佩茱萸、饮菊花酒、吃重阳糕等习俗。《西京杂记》载"九月重阳,士女游戏,就此被禊登高","九月九日,佩茱萸、食蓬饵,饮菊花酒,令人长寿。""被禊"是除灾去邪的仪式,"蓬饵"在后世习称"重阳糕"。汉语中"九九"与"久久"谐音,"糕"与"高"同音,人寿年丰、步步登高、百事皆高是人们的共同心理。以去邪求吉、祈寿祈福为核心的重阳习俗传承至今。九月九日正值仲秋季节,秋高气爽,云淡山青,金桂飘香,亲朋好友结伴出游,登高赏景,饮酒赋诗,放眼锦绣河山,倍感心旷神怡。古代文人值此良辰美景,创作了不计其数的咏重阳诗作,著名的如王维《九月九日忆山东兄弟》:"独在异乡为异客,每逢佳节倍思亲。遥知兄弟登高处,遍插茱萸少一人。"抒发了重阳佳节思念亲人的真挚感情。又清人申时行《吴山行》云:"九月九日风色佳,吴山胜事俗相夸。阛闠城中十万户,争门出郭纷如麻。拍手齐歌太平曲,满头争插茱萸花。"以生动笔墨描绘了满城老少于重阳日争相出城郊游的盛况。

八、传统节日文化的当代价值

在博大精深、源远流长的中国传统文化中,节日文化是传承至今且全民参与的周期性节庆活动。多姿多彩的节日风俗中所凝聚的民族的精神和理想追求,在历史的传承中已积淀为民族的集体无意识,成为民众基本的文化生存方式,因此,节日文化集中体现了文化的亲和力、向心力和凝聚力,具有促进民众情感和谐与社会和谐的功能。

具有浓郁中国特色的节日仪式和节日习俗,还具有形象而生动地彰显民族文化的功能,是向世界展示中国文化的重要窗口。传统节日文化承载着中华民族的生活方式和精神追求,既反映了中国文化的悠久历史,体现着中华民族的生活方式和精神追求,也展示了中国民间的智慧和风情。例如春节已被世界许多国家视为中国文化的特有标志,春节所反映的人与天、人与社会和人与人和谐的中国文化精神,已被越来越多的海外人士所认同。我国已将春节、清明节、端午节和中秋节列入法定节假日,这一新的制度安排,对于通过传统节日彰显和弘扬中国文化具有深远的意义。

关键词

非物质文化遗产	岁时历法	阴阳合历	二十四节气	原始信仰	世俗理想
春节	元宵节	清明节	端午节	七夕节	中秋节
重阳节	法定节假日	当代价值	生活方式	精神追求	

思考与讨论

1. 简述中国传统节日的产生与岁时历法的关系。
2. 你认为原始信仰的哪些特点与传统节日文化的特点不谋而合?
3. 以某一中国传统节日为例,简述该节日的民间习俗及其所包含的民众理想。
4. 2007年,国家法定节假日调整方案的出台曾引起广大民众的关切热议,你认为我国对节假日制度作出调整有何现实意义?

拓展阅读

1. 《中国民俗学》,陈勤建著,华东师范大学出版社,2006。
2. 《传统节日与非物质文化遗产》,萧放著,学苑出版社,2011。